"中国新闻学丛书"编辑委员会

顾　问：柳斌杰　南振中

主　任：李　彬　赵月枝

委　员：（按姓氏笔画顺序排序）
　　　　王君超　王润泽　王维佳　王鹏飞　史安斌　吕新雨
　　　　李　珮　李　彬　李希光　杨萌芽　吴　玫　吴　靖
　　　　张　垒　张　桐　赵月枝　胡　钰　俞　凡　洪　宇
　　　　程曼丽

"中国新闻学丛书"出版委员会

主　任：杨国安　杨萌芽

委　员：（按姓氏笔画顺序排序）
　　　　马　龙　王鹏飞　纪庆芳　杨　波　杨国安　杨萌芽
　　　　陈建恩　郑　鑫　胡玲霞　姜　畅　谌洪波　薛建立

从清华到河大
——一个黄河学者的新闻思考

李彬 著

河南大学出版社
·郑州·

图书在版编目（CIP）数据

从清华到河大：一个黄河学者的新闻思考 / 李彬著
. -- 郑州：河南大学出版社，2023.4
 ISBN 978-7-5649-5381-2

Ⅰ．①从… Ⅱ．①李… Ⅲ．①新闻学－研究－中国
Ⅳ．① G210

中国版本图书馆 CIP 数据核字（2022）第252449号

责任编辑	陈　巧　时　海
责任校对	孙增科
装帧设计	翟淼淼　高枫叶
出版发行	河南大学出版社
	地址：郑州市郑东新区商务外环中华大厦2401号　　邮　编：450046
	电话：0371-86059715（高等教育与职业教育出版分社）
	0371-86059701（营销部）
	网址：hupress.henu.edu.cn
排　版	河南大学出版社设计排版部
印　刷	河南瑞之光印刷股份有限公司
经　销	全国新华书店
版　次	2023年4月第1版　　　　　　　印　次　2023年4月第1次印刷
开　本	710 mm×1010 mm　1/16　　　 印　张　29.25
字　数	541 千字　　　　　　　　　　 定　价　88.00 元

（本书如有印装质量问题，请与河南大学出版社营销部联系调换。）

总序：新时代　新征程　新闻学　新探索

李　彬　赵月枝

中国共产党成立一百年前夕，酝酿有年的"中国新闻学丛书"开始问世。"中国新闻学"自然指立足于中国的新闻学，它离不开中华民族5000多年源远流长的文明史、中国人民近代以来180余年屡挫屡奋的斗争史、中华人民共和国70多年正道沧桑的发展史，以及其中蔚为大观的新闻与传播实践史，包括新闻学与传播学的学术传统。同时，由于主流传统同马克思主义道统水乳交融，中国新闻学又始终心系天下，关注人类命运共同体及其新闻传播实践，离不开《国际歌》寄寓的国际主义情怀——"英特纳雄耐尔"(international)。充分展现这些学术内涵，乃是这套丛书的学术工作任务，而非一篇总序所能应对的。而说明丛书的缘起，至少可以彰显"中国新闻学"的立意与定位。

早在2002年，范敬宜甫任清华大学新闻与传播学院首任院长之际，高瞻远瞩，身体力行，积极倡导以马克思主义为指导，建设具有"中国特色、中国风格、中国气派"的新闻学及其学科体系与教育体系，一时影响广泛。2008年，由于金融危机爆发以及全球资本主义体系性危机进一步加重，"马克思归来"日益成为汇聚中外前沿学术思想的时代强音，而如何赓续中国新闻学的马克思主义中国化传统，进而创新网络时代的马克思主义新闻学，愈发成为中国新闻学人迫在眉睫的时代使命。

党的十八大后，随着新时代的气息春风徐来，新闻学也迎来前所未有的良机。2016年，习近平主持召开哲学社会科学工作座谈会并发表讲话，强调加快构建中国特色哲学社会科学及其学科体系、学术体系和话语体系，并重点建设具有"支撑作用"的学科（其中引人注目地提到了新闻学），令人倍感鼓舞。

为了响应新时代召唤，中信改革发展研究基金会（后面简称"中信基金会"）于2014年成立，聚集了一批各学科守正创新的一流学者，致力于推进中国特色、中国风格、中国气派的哲学社会科学建设。2017年，中国特色新闻学研究会在清华成立伊始，就与中信基金会密切合作，举办了首届"中国特色新闻学高级研讨班"。其间，我们同来自五湖四海的青年学者一起，从不忘本来、吸收外来、面向未来的视角畅谈了理论逻辑与历史逻辑有机统一、普遍意义与中国特色若合一契的中国新闻学构想。

在此基础上，中信基金会将"中国新闻学丛书"作为重点研究项目列入基金会工作计划。之所以亮出"中国"的旗号，当然不是也不可能是"囊括四海，并吞八荒"，而只是凸显梁启超所谓"中国之中国、亚洲之中国、世界之中国"的历史意识，表明更自觉地面向中国实践、更深入地扎根中国大地、更自信地践行中国道路的学术追求，也就是中信基金会的三句宗旨——坚持实事求是、践行中国道路、发展中国学派。

——坚持实事求是。丛书作者术有专攻，论著也是各抱地势，但无论是深入历史，还是透视现实；无论是穷究学理，还是钻研实务：无不遵循实事求是的治学精神，如一代马克思主义新闻学家甘惜分晚年希冀的"立足中国土，请教马克思"。

——践行中国道路。坚持实事求是为的是践行中国道路，正如解释世界为的是改变世界。何谓中国道路？一句话，就是中国共产党领导的革命、建设、改革所开辟的道路。而这条道路的灵魂在于社会主义，即习近平所言，中国特色社会主义不是别的什么主义而是社会主义。中国新闻学说到底也是为社会主义新闻业立魂，立言，立心。

——发展中国学派。随着中国道路日渐开阔，文化自觉与学术自觉日益醒悟，中国学派也呼之欲出。事实上，近代以来，特别是新中国成立70多年以来，中国新闻学已经取得长足进展，从梁启超到邵飘萍，从邹韬奋到范长江，从邓拓到穆青，从延安窑洞人民广播的手摇发电机到数字时代融媒体，一代代中国记者以及学者以其辛勤耕耘和开创性工作奉献了无数心血和智慧，也为中国新闻学及其学派奠定了厚实基础。现在的关键在于我辈是否具有足够自信，摆脱制约中国新闻学想象力与创造力的"学术殖民"心态，用中信基金会理事长孔丹的话说，将"他信"变为"自信"，将著书立说的立足点从"彼岸"转到"此岸"。

19世纪初，西方文脉俨然在欧陆，德国柏林洪堡大学等更是文化圣城，吸引着东西南北的欧美知识精英，而在立国不过六十多年的美国，哈佛文人R. W. 爱默生（Ralph Waldo Emerson）却提出了美国文化走自己路的主张，发表了美国文化的独立宣言《美国学者》（"American Scholar"）。如今，经过建设和改革开放锻造的中华人民共和国，已经进入建设中国特色社会主义的新时代，发展中国学派以审视中国经验、提炼中国理论、贡献中国方案，更可谓名正言顺、水到渠成。

2019年立春时节，河南大学新闻与传播学院与河南大学出版社同意，将这套丛书纳入河南大学献礼中华人民共和国成立70周年的重点图书。河南，向称中原，数千年来一直被视为中华文明的腹心，一句"逐鹿中原"总能激荡人心。而河南大学又是百年名校，文脉悠长，俊采星驰，校友中就包括一代中国名记者邓拓。"中国新闻学丛书"能够落户河南大学，也是得其所哉。

大鹏之动，非一羽之轻也；骐骥之速，非一足之力也。十多年来，我们一直勉力耕耘，与各方有生力量一道推进中国特色、中国风格、中国气派的新闻学建设，这套丛书就是一批阶段性成果。我们深知，无论是中国特色社会主义事业，还是中国特色社会主义学术事业，都不可能一蹴而就，也不可能仅凭少数人埋头苦干就获得成功，而需要持之以恒的扎实工作，更需要一批又一批、一代又一代的中国学者共襄此举。

2022年6月

李　彬，清华大学新闻与传播学院教授，河南大学黄河学者（2013~2018）

赵月枝，清华大学人文讲席教授，加拿大皇家学会院士

代前言：读书得间　创获新见

王振铎

南振中说李彬是个"真正的读书人"。我很有同感。读李彬的文章和他的专著，感到李彬读书甚多。他不仅读马列，读文学，读历史，读政治，读社会，读经济，读新闻传播，还读法学、哲学、科学、艺术、美学、心理学和人类学。他在郑州大学给学生开列过400种书目，专业必读书只占四分之一，四分之三是基础知识和文化理论书。"学者"也是低头族，把头埋在书堆里，而不仅仅是低头埋在荧幕上，尤其是做学问的人，头脑里不装备三五百种书，是很难做学术研究的。读书是学者的基本功。学会尊敬前人和他人，虚心向学，充实、丰富和提高自己，逐渐养成学术人格。

李彬很善于读书。他就像民国初年清华国学研究院导师梁启超说的，善于"读书得间"，发现问题，深入思考，比较研究，创获独到的见解，进而，入于学者之室，登上学术殿堂。他在《新闻与历史：且谈明朝那些事》一文中，引用蔡元培先生"新闻者，史之流裔耳"，阐释了新闻与历史的渊源，说明读史可以知晓新闻之源。他的博士毕业论文写的就是《唐代文明与新闻传播》，颇有新闻发生学的创见。论文修订后，正式出版为一部学术专著。这部书文笔灵动，犹如水清木华，颇有荷塘月色般的音乐旋律和韵味。见解多，故事也多，分析晶莹透辟，可读性也很强，有发人遐思之趣。中国新闻起源有多种说法，如先秦说、唐代说、宋代说、近代说、舶来说等，问题都集中在新闻与历史的关系上。

蔡元培那一代学者，也是首鼠两端，既要提倡新学，又要守持国学。20世纪初，清代学术衰微，经史子集四大学门都已被科学民主革得性命难保。史学界爱史，认为论从史出，一切皆史学。蔡元培校长很开明，主张引进新闻学，为新闻学辩护说："新闻者，史之流裔耳。"意谓，既是"流裔"，也可为学。但"裔者"之流，在北大终未登上大雅之堂，只存在几个边缘省份的大学里，办出个新闻学科。新闻学大发展还是在20世纪80年代党的改革开放政策之后，看起来中国现代化建设的文化教育需要，才是新闻学的生命发展之源，而不是

"史之流裔"。所以,又有"新闻是历史的开端"一说。那证据,可追溯到"百家争鸣"的春秋时期。

孔子编辑了一部《春秋》,内容是记录鲁国隐公元年(前722)到鲁哀公二十七年(前468),计254年间的官廷"时事"。"时事"被记下来,传出来,人们听了,就是"新闻"。新闻一天天、一年年积淀起来,就是历史。新闻中有"时事评论",即理论观点、思想意识、政治倾向、善恶是非的评价。这都是当时就事而作出的"理论",怎么能说论从史出呢?应该是论从事出或论从实出嘛。孔子编《春秋》,有褒有贬,就是评论。对有的记事删掉,有的记事选取,就是编辑家决定其传与不传的问题。在编辑过程中的"是是非非",该传者传下去,不该传者删了去,决定了记录稿是否变成媒体的文化命运。这部鲁国新闻时事记录即《春秋》流传下来,被人们尊为"经",敬为"典",构成"六经"这个元典性学术文化结构。春秋经一直传播到现代中学生的课本媒体里。《郑伯克段于鄢》就是一篇新闻报道,从中可以找到新闻五要素,与现代新闻写作模式几乎完全相同。这样看来说新闻是历史的开端,而非"史之流裔",也就不无道理。说历史是从当时的社会实践出发,观察天人际遇的诸事件中流传出来的,道理就是当时人和后来人对那些延续下来,不断发生发展的事迹的认知、讨论、推理、总结及其规律性研究,系统性概括,抽象为一系列的概念、范畴、定律等。这就不仅是"论从史出",而且是理论高于事实。我们的"史学"不就是如此产生和发展起来的吗?倘无春秋百家经论,何来两汉马班历史?可见,论乃对事实之创识,故可以论治史,以史证论。

这是我从李彬《水木书谭——新闻与社会的交响》中想到的一些问题。是为序。

作者系河南大学新闻与传播学院教授

写在前面

为了迎接建党百年，习近平号召学"四史"，即党史、新中国史、改革开放史和社会主义发展史。这些年的教学科研经历，也让我对学"四史"的重要性深有感触。

1995年，我考入中国人民大学读博，入学后不久给甘惜分老师去电话，当时他的一番话让我记忆犹新。他说：李彬同志，我现在不研究新闻学了，以后就关注党史、历史了。当年，我以为甘老师退休后，做自己感兴趣的事儿，不再过问专业。后来才渐渐懂得，原来这个时候他开始深入新闻学的纵深地带，探究其大本大源及其辐辏肌理，"立足中国土，请教马克思"，做新闻学的大学问了。

2001年5月18日，是我来清华报到的日子。清华园的时光，让我越来越体悟到甘老师的点拨。其间，感触尤深的有两点。第一点，当代新闻学子以及年轻学者与记者，思想开放，见多识广，随着国家综合实力增长而愈发自信，特别是新冠肺炎病毒全球流行，更让他们对胡适及其朋友们心仪的"天堂"日渐平视而非仰视。第二点，他们对党史、新中国史、改革开放史和社会主义发展史，往往一知半解，还满足于此，常常一叶障目，又振振有词。

因此，学"四史"，看新闻，重点不在专业乃至主义，而在党史、新中国史、改革开放史和社会主义发展史的大本大源。也因如此，这些年我在读书、教书、写书之际大多着眼"四史"，从而也愈发理解甘老师的良苦用心：不把握党史、历史及其大势所趋，就新闻谈新闻，就专业谈专业，总是不得要领而只得皮毛。举例来说，在"民国范儿"的新潮中，新记《大公报》从"小骂大帮忙"的蒋家王朝喉舌，华丽转身为新闻专业主义的典范，连一个闻所未闻的方大曾都暴得大名，进课堂，进教材，进头脑，成为中国记者的神话般存在。与之相对，新中国七十多年特别是前三十年的新闻，似乎就剩一笔"血泪账"，除了控诉，便乏善可陈了。

所谓党史、新中国史、改革开放史和社会主义发展史，一言以蔽之，就是中国道路，王绍光形象地表述为"左一脚、右一脚，深一脚、浅一脚"。一百年来走出的这条道路，不仅开辟了中国历史上前所未有的、以人民为中心的现代化路径，而且也如邓小平说的，"为世界四分之三的人口指出了奋斗方向"。新中国的新闻业新闻学自然也处于这条大道之行，不可能脱离甚至背离这一大势所趋，成为一种想当然的"独立王国"专业圈儿，即使一时脱离或背离，也势必成为不痛不痒自娱自乐的学术游戏。就像时下一些言必称希腊、死不说中国的学术流行语，无论文献多么翔实、方法多么科学、数据多么充分、发表多么"国际"，都近乎精致的平庸，恰似齐梁文学，看起来辞藻华丽、格律考究、形式精美，但又苍白贫血、有气无力。

清华110周年校庆前夕，拙著《中国道路新闻论》出版发行，新华社发了一则通稿，既简明扼要概括了新作内容，又无异于对作者二十年的探索挽个小结：

> 日前，《中国道路新闻论》由新华出版社出版，面向全国发行。这是继《新中国新闻论》和《新时代新闻论》之后，清华大学新闻与传播学院李彬教授撰写的又一部新闻学理论专著。
>
> 该书史论结合，运用马克思主义的立场、观点和方法对中国共产党百年新闻实践进行了深入浅出的理论分析，从"实事求是""思想解放""中国道路""新闻话题""方法问题"等十个方面对中国新闻学的知识图谱、演进脉络及未来发展进行了探讨与阐发，以期在建构中国新闻学的学科体系、学术体系和话语体系中彰显自信。

什么是中国新闻学的知识图谱？2021年恰逢《文史哲》杂志创刊七十年，现任主编王学典总结七十年办刊历程，提炼了新中国人文社会科学的三次转型。第一次从1949年开始，经历了从民国学术到共和国学术的转型。第二次从1978年开始，经历了"以阶级论为纲"到"以现代化为纲"的转型。眼下，正在经历从"以西方化为纲"到"以中国化为纲"的第三次转型。与此相似，2019年新中国七十年的节点上，我们有篇文章，题为《新中国新闻学知识图谱：从人民新闻学到中国新闻学》，也谈到新闻学的"一波三折"：我们称为"三十年河东"的人民新闻学、"三十年河西"的现代新闻学与"三十年再河东"的中国新闻学。

"三十年河东"的人民新闻学一方面发扬光大延安传统，一方面探索新中国的新闻道路，"左一脚、右一脚，深一脚、浅一脚"的进程中，既布满一串熠熠生辉的足迹，包括培养造就了成千上万正心诚意为人民的新闻工作者与数不胜数扎根大地的工农兵通讯员，又留下一些值得反思的"失足"记录。而这一切又同新中国新文化密不可分，与任继愈概括的中华文明五千年的两件大事若合一契。第一件大事，就是已成完成时的秦皇汉武、唐宗宋祖，不妨称为老中国，其中尤为珍贵的是多民族、大一统、家国一体、四海混一等历史遗产，这也是中国人文社会科学的底气与骨气之来源。第二件大事，则是进行时的少年中国新中国，也就是鸦片战争以来，不断摆脱帝国主义和封建主义，开辟人民民主的现代化进程，特别是两个百年中国梦。为了建设一个现代化的、人民当家做主的新中国，就需要意识形态领域的除旧布新，也就是新文化，人民新闻学无非是新文化在新闻领域的延伸，说到底同中国道路及其艰辛探索一脉相通。

"三十年河西"的现代新闻学，在面向西方全面开放，学习其科学技术、管理经验以及现代化理论的大背景下，一步步形成以欧美为师特别是以美国为样板的学科体系、学术体系和话语体系。这一转型犹如汉代雄浑与盛唐健爽之间的齐梁文学，虽在音韵、格律、用典上日臻完善，精雕细刻，为唐诗宋词的高峰铺平了道路，但自身未免沦为空洞无物的靡靡之音或亡国之音。同样，现代新闻学一方面，拓宽了我们的学术视野，提升了学术研究的科学化程度，也在一定意义上丰富了新闻学的学科内涵；另一方面，在这套"现代，太现代"的话语体系中，美国的一套"地方性"知识经过数十年的精心锤炼，一步步成为"普适性"的规律、定理或真理，而中国道路及其新闻实践则一步步陷入失语、失声、失踪，新闻学也从社会动员与政治运动的有机经验，一步步蜕变为自足的、封闭的、学院化的知识生产。光明日报社新任总编辑王慧敏，撰文回忆二十多年前作为研究生，在导师范敬宜指导下的一段学术经历，颇能说明问题：

做毕业论文时，范敬宜约我到其家中详谈。这次我做了充分准备，西方传播学的原理整了一套一套的。

听我谈了大约20分钟，他便打断我说："新闻是门实践学科，没必要搞那么多复杂的理论，更不要言必称西方。现在一谈做学问，就从西方书籍中去找理论根据，这种风气很不好……"

进入新时代以来，日益学院化并深度内卷化的现代新闻学，俨然到了一个何去何从的十字路口。越来越多的人意识到，这套知识体系中当作中国新闻业与新闻学之典范的西方，不过是想象的乌托邦。尤其是近年来，西方建制派政客、媒体集团、全球资本精英媾和而形成的利益共同体，导致欧美主流媒体与民众的信任关系严重破裂，更使旧的新闻知识生产的神话几近破灭。与此同时，随着中国不断走向世界中心舞台，开启全面建设社会主义现代化国家新征程，从"一部分人的现代化"转向"多数人的现代化"，包括精准扶贫、全面小康、乡村振兴以及"一带一路"、人类命运共同体等，那种以洋为尊、以洋为美、唯洋是从的现代新闻学，同历史大势日益形格势禁，显然圆凿方枘。为此，习近平提出"打造具有中国特色和普遍意义的学科体系"，并将新闻学列为哲学社会科学的支撑性学科，既体现了高度的政治自觉与文化自觉，也反映了中国道路对知识体系中国化的时代呼唤。为了因应世界百年未有之大变局，现代新闻学不得不主动或被动地向"三十年再河东"的中国新闻学转型。

中国新闻学既不是对人民新闻学的简单回归，也不是对现代新闻学的简单否定，而是一种辩证取舍、守正创新的综合性方案。这里，中国新闻学一方面离不开梁启超阐发的"中国之中国、亚洲之中国、世界之中国"，以及其中蔚为大观的新闻遗产；一方面，由于同马克思主义一脉相通，又离不开《国际歌》里寄寓的国际主义情怀而非所谓"国际接轨国际化"（西方接轨美国化）。事实上，近代以来，从梁启超到邵飘萍，从邹韬奋到范长江，从邓拓到穆青，从延安窑洞人民广播的手摇发电机到数字时代融媒体，一代代中国记者与学者，以其辛勤耕耘和开创性工作，已为中国新闻学奠定了厚实的基础。现在关键在于我辈是否有足够的自信与勇气，摆脱制约新闻学想象力与创造力的一套"东方学"，在中国革命与中国共产党开辟的中国道路上，重塑新闻学的学科体系、学术体系和话语体系。

在2018年第十六届开放时代论坛上，贺雪峰提出中国研究的两种进路，同样适用于中国新闻学：一是从理论到经验再到理论的小循环；一是从实践到理论再到实践的大循环。小循环中的经验是片段的、支离破碎的，旨在服务于具体理论的论证需要；而大循环中，实践则是本体的、完整的、有机联系的。以理论对话为主的小循环，是用中国经验与西方社会科学的具体研究及其理论进行对话；而从实践中来到实践中去的大循环，是通过对模糊的、暧昧的、复杂的、全息的中国实践与中国经验的整体把握，发展具有中国主体性的中国社会科学。他认为，未来二十年，中国社会科学的重点不是规范化，而是在深入田野调查基础上的"野蛮成长"，没有大循环基础上厚重的经验研究，小循环基础上的精致研究没有意义。所以，中国学者应该"呼啸"着走向中国实践，在深入实践、理解实践的过程中，形成具有逻辑自洽性和具有实践解释力的概念体系。这个过程一定是大破大立的、大开大合的。（贺雪峰《中国社会科学需

要"野蛮生长"》)

总之,新闻学的黄钟大吕只能立足中国大地,植根五千年源远流长的文明史与两个百年波澜壮阔的现代史,特别是共产党领导人民开辟的中国道路及其新闻实践。随着金融危机爆发以及全球资本主义体系性危机进一步加重,"马克思归来"已经成为汇聚中外前沿学术思想的时代强音。如何赓续新闻学的马克思主义道统与中国的社会主义传统,进而创新网络时代的学科体系、学术体系和话语体系,日益成为迫在眉睫的时代命题。借用复旦一代新闻大家李龙牧先生半个世纪前在一篇讨论新闻学建设的文章中的话:

> 从总结经验中提升出理论来,这是马克思主义新闻学建设的基本道路。继续坚定地沿着这条道路前进,是新闻学迅速发展的根本保证。

目　录

理论脉络 ··· **001**
新时代新闻学若干问题辨析 ·· 003
重塑新闻魂——马克思主义新闻观再审视 ······································ 015
中国新闻学的春天与冬天 ·· 035
传播学在中国：四十年，五十年，何日是归年 ······························· 043

历史经纬 ··· **049**
再谈马克思主义的新闻观与历史观 ·· 051
想念红星照耀中国的日子 ·· 066
从历史虚无到价值虚无 ·· 070
新记《大公报》与文化政治 ·· 078

业务纵横 ··· **089**
学南振中，当好记者 ··· 091
培养有梦想、有灵魂、有文化的中国记者——在第二届范敬宜新闻教育
奖颁奖仪式上的获奖感言 ·· 098
闻鼓鼙而思将帅——重读段连城《对外传播学初探》 ······················ 102
也谈记者 ·· 113

学术管窥 ··· **121**

"小方是谁?"——兼谈当下新闻研究的一些学风问题 ············· 123

学术与政治:传播学哪儿去了——"却顾所来径:改革开放与中国传播学的发展与反思学术论坛"上的发言 ·· 133

追忆一次阳光灿烂的学术会议 ··· 138

知行合一新探索——从"第五届河阳论坛暨乡村、文化与传播学术周"说开去 ·· 143

杏坛流连 ··· **149**

一位马克思主义新闻教育家——读《仅仅是起点:项德生新闻论文集》而想到的 ··· 151

我们需要这样的新闻学院院长 ··· 158

弹在时代绷得最紧的弦儿上——清华博士生新闻课堂漫谈 ············· 161

文化掠影 ··· **175**

新中国与新文化 ··· 177

不学诗,无以言 ··· 201

同新闻学子漫谈读书——为何读、读什么、怎么读 ······················· 217

中原六日新闻行 ··· 229

书林撷英 ··· **239**

学海漫游 ··· **337**

附录 **411**

传播学即宣传学——兼论传播学在我国的发展方向 413
反思：传播研究本土化的困惑 423
学统与学院派 426

写在后面 437
代后记：将充满希望的主题灿烂导出 .... 张　珂 441

理论脉络
LILUN MAILUO

新时代新闻学若干问题辨析

历史上一些重要关口，往往是学术思想骤然活跃的时刻。近年来，因应中国与世界的历史性变革，随着中国发展开始走向政治自觉与文化自觉的"新时代"，学术论争也渐趋蓬勃，关于新闻学何去何从的文章同样接踵而至。蔡惠福、顾黎《关于中国特色新闻传播学术话语体系自主建构的几点思考》(2013)，赵月枝《被劫持的"新闻自由"与文化领导权》(2014)，胡钰、虞鑫《构建中国特色新闻学：何以可能与何以可为》(2016)，丁柏铨《中国新闻理论体系调整之我见》(2017)，吴晓坤、童峥《大数据背景下新闻价值体系的嬗变与重构》(2017)，陈力丹《新闻传播学学科建设若干问题的思考》(2017)等，一方面给人以新鲜有益的启发，另一方面也不免促发一些新的思考与困惑。鉴于兹事体大而错综交织，笔者无力穷根究底，只能权且提出新时代新闻学的若干命题，并略作阐发。

新闻学还是新闻传播学

名不正则言不顺，言不顺则事不成。学科建设的主攻方向是新闻学，还是新闻传播学，这一点不仅涉及名分问题，而且更关乎事功问题。

从毛泽东到习近平，党和国家文献中向来都用"新闻学"。如《中央宣传思想工作领导小组关于实施马克思主义理论研究和建设工程的意见》(2004)，提出编写哲学、政治经济学、科学社会主义、政治学、社会学、法学、史学、新闻学和文学等9个重点学科教材。习近平2016年在哲学社会科学工作座谈会上的讲话中，谈到重点建设"具有支撑作用的学科"时，也明确提及哲学、历史学、经济学、政治学、法学、社会学、民族学、新闻学、人口学、宗教学、心理学十一门学科。

作为见仁见智的个人理解，我以为国家层面主要关心的应该还是名副其实的新闻学而非"新闻传播学"。原因不难想象：新闻学同共产党、共和国的新闻舆论工作息息相关，也同当下治国理政、定国安邦的伟大斗争生死攸关，故曰"新闻舆论工作处在意识形态斗争最前沿"。事实上，共产党、共和国的新闻学既融会着党性原则、群众路线、实事求是等思想，也折射着延安《解放日报》、《人民日报》、新华社、人民广播，以及范长江、邹韬奋、邓拓、穆青、齐越、范敬宜等一代人民记者的身影，既彰显着马克思主义的人类自由解放的天下理想，也体现着家事国事天下事事事关心的中华传统，包括梁启超、邵飘萍、戈公振、张季鸾等报人的志向。至于作为"舶来品"的传播学[1]，虽然为新闻学带来一些新鲜新奇的"立场、观点和方法"，有助于学术研究的百花齐放、百家争鸣，但迄今为止总体看来还不脱一套"西化"或"美化"的学科体系、学术体系、话语体系，距离中国化依然任重道远，其中浸透的价值观、方法论更与中国道路不免抵牾（批判传播学虽然具有马克思的思想基因，可惜既不属于主流传播研究，又与中国实践时有龃龉），同立足中国大地、以人民为中心、培养社会主义新闻事业的建设者接班人等，不说格格不入，也是各说各话。

关于中国学派

不止一位论者指出，与其他学科相比，目前新闻学还缺乏系统的学理，没有形成体系，更没有形成学派。笼统地看，确实存在诸如此类的情况，但具体问题具体分析则另当别论。一方面，说新闻学缺乏"自身系统的学理""没有形成体系""更没有形成学派"，那么，当代中国社会科学细究起来恐怕概莫能外，经济学、法学、政治学、传播学等大抵如此，无不照搬照抄欧美的学术思想。正因如此，如今才着力建设和发展"具有中国特色和普遍意义"的学科体系、学术体系和话语体系。

另一方面，说中国新闻学缺乏"学理""体系""学派"，也并不完全符合历史事实，至少新中国曾经形成独具特色且系统完整的新闻学及其学科体系、

---

[1] 传播学有广狭两义，广义往往被理解为一种古今中外、包罗万象的社会生活"领域"及其研究；狭义则专指以美国主流研究为典范的建制化"学科"，包括其理论、历史、方法等。本文所指为狭义的传播学。

学术体系和话语体系，[1] 由此也可以说形成新闻学的中国学派。其中，甘惜分、王中等人的新闻理论，方汉奇、丁淦林等人的中国新闻史，张隆栋、梁洪浩等人的外国新闻史，蓝鸿文、郑兴东等人的新闻采编，齐越、张颂等人的播音学等，都达到较高的系统化水平，不仅为新中国新闻业提供了有力的学术理论支撑，而且培养了一批"政治坚定、业务精湛、作风优良、党和人民放心"的新闻舆论人才。如北京大学新闻专业郭超人、中国人民大学新闻系杨伟光、复旦大学新闻系周瑞金、北京广播学院杨正泉、杭州大学新闻专业慎海雄等，当代新闻学界老中青几代人才的成长说到底也无不受惠于此。对此，今人应予充分肯定和崇高敬意，我们既不能故步自封，也不能妄自菲薄，而是不忘本来，吸收外来，面向未来。

即便说当今新闻学没有形成"中国学派"，那么关键还不在于未建立学术上的"体系""话语"，而首先在于未能充分自觉自信地立足中国大地，正心诚意地致力于中国化的学术目标。相反，习见的往往更多是从理论到理论，从纽约到伦敦，从而与共产党、共和国的中国道路与新闻实践，也与亿万各族人民的光荣与梦想渐行渐远。众所周知，唯一得到国际学界公认的社会学"中国学派"，恰恰源于吴文藻、费孝通等一代大家将社会学中国化的实践。就像李培林说的：

> 20世纪初期的中国学界，社会学在教学和研究上有两种趋势：一是很多社会学家热衷用中国已有的书本资料，特别是历史资料填入西方社会和人文科学的理论，二是用当时英美社会学通行的社会调查方法来描述中国社会。吴文藻回国后，正值社会学和人类学在中国广泛开拓之际，他大力提倡和推行社会学中国化的学术运动，并苦苦思索社会学中国化的路子，认为社会学要中国化，最主要的是要研究中国国情……吴文藻培养了大批具有国外教育背景又扎根于中国国情的学术人才，如林耀华、

---

[1] 丁耘论新中国学术传统与学术主权时谈道，"新中国在这个问题上，前三十年非常明确有自己的学术传统，也有自己的学术贡献，它一定是自己立法，自己治理的；它有自己的主权，有自己的道"。而当下中国学术，越来越明显的趋势是几乎失去学术主权意识，学术界的"肉食者"与管理者都在自觉不自觉地推动中国学术与西方接轨（美其名曰"国际接轨"）。"中国现在正面临一个有史以来最大的留学文化运动和科研换血运动……留学运动会接着什么传统非常清楚，就是留学生的国外导师的学术传统"。参见张志强、李放春、潘维等：《人民共和国的文明内涵》，《开放时代》2018年第1期，第79—80页。

费孝通、李安宅、瞿同祖等。[1]

至于从毛泽东到习近平等中国道路的先驱者与开拓者，在近百年的革命、建设、改革实践中大刀阔斧，披荆斩棘，以及由此开创的一整套中国特色、中国风格、中国气派的思想理论体系，更是中国学派当之无愧的引领者与集大成者。马克思主义中国化正是立足中国大地，广泛吸收"五四"以来中国新文化的众多优秀成果，包括哲学、经济学、政治学、法学、历史学、社会学、新闻学等一大批学术思想，创造性地发展出既融汇古今中西又切合中国实际的现代思想，无论对社会政治实践，还是对文化政治实践，都提供了生机勃勃中国化的理论话语，不仅赢得天下与天下归心，而且形成现代世界独树一帜的思想理论体系。正如张文木举例说明的："毛泽东写《论持久战》也没到哈佛去查资料，什么都没有，没必要。毛泽东在延安能写出《论持久战》，我们的研究一定要扎根自己的本土，写中国的东西，这就是'中国学派'的特点。"[2] 解志熙针对革命文艺现代性从一个侧面提示的历史图景，又何尝不是延安以来中国新闻业与新闻学的人间正道：

> 现代中国的革命和革命文艺之被当今的一些先进之士所否斥，这反倒证明当年的革命和革命文艺是真正的并且是成功的革命和革命文艺，而被他们交口称赞的另一些革命者、革命思想家和文艺家，如葛兰西、卢森堡及本雅明等"西马"之流，则都是失败的革命者或书斋里的革命者，所以他们也就只好或在狱中深刻地思想着革命或在书斋里诗意地想像着革命，而如今称扬他们，诚然是既深刻悲壮也浪漫诗意而又很安全之举，因为那本来就是些美妙博辩的革命精神胜利法，说来好听好玩而已，并不当真的，也不能当真的。[3]

---

[1] 李培林：《20世纪上半叶社会学的"中国学派"》，《社会科学战线》2008年第12期。
[2] 张文木：《毛泽东诗词中的战略思想》，《经济导刊》2018年第2期。
[3] 解志熙：《与革命相向而行——〈丁玲传〉及革命文艺的现代性序论》，载李向东、王增如：《丁玲传》，中国大百科全书出版社，2015，"序"第18—19页。

新闻与传闻和新闻的源与流

由于新媒体的冲击,各方不免一惊一乍,种种学术流行语更是纷至沓来,浮想联翩。其中,有的自然包含一些新认识、新思考、新理论,有的则未免以偏概全,似是而非,甚至把清楚的事情又捣成糨糊,包括新闻、新闻价值、新闻真实等概念。比如,有论者在权威期刊撰文,纵论新媒体时代采访如何过时;更有论者认为,"新闻"原来是"关于事实的知识",而在新的传播环境下,新闻源从河流变成了海洋,记者需要从这片无限的海洋里打捞新闻,提供关于"事实的知识的知识"。且不论新闻是"关于事实的报道",还是"关于事实的知识"或"知识的知识",这里有两点值得深究:一是新闻与传闻;一是新闻的源与流。

面临新媒体异军突起,狂飙突进,社会信息山洪倾泻,汹涌澎湃,有人不免失其魂魄,五色无主,乃至将新闻与传闻("路透社"与"路边社")、新闻的源与流混为一谈,不顾由此导致的一系列理论与实践的困扰。比如,新媒体固然深刻影响"传播环境"而非流行思维所言"颠覆社会结构"(批判传播学倒是证实新媒体不是颠覆而是进一步固化新自由主义的"政治经济秩序"),但网络上、手机中、微信群、朋友圈的信息海洋究竟有多少属于"新闻",又有多少属于"传闻",不能不划开一条清晰的楚河汉界。而不少新说对此或视而不见,或不以为意,仿佛只要传播,就是新闻,就像是周麟之《海陵集》描绘的南宋"小报"情景:往往以虚为实,以无为有,官绅士大夫只要看到小报登载,就不论新闻与传闻,统统信以为真,"曰已有小报矣"。[1]

关于新闻的源与流问题同样颠倒混乱。按照马克思唯物史观及其新闻观,先有事实,后有新闻或传闻,事实在先,新闻或传闻在后,事实是第一性的,新闻或传闻是第二性的。这也是古今中外新闻业与新闻学的常识,源与流的关系一清二楚。所以,严肃认真的新闻记者无不把亲历新闻现场把握事实,把亲眼看、亲耳听、亲身感受、亲身经历等,视为新闻工作的天经地义或第一要义,古今中外没有哪个以新闻为天职的记者愿意"吃别人嚼过的馒头",而不愿如

---

[1] 周麟之:《海陵集》卷3《论禁小报》,影印文渊阁四库全书本,第1142册,第18—19页。

王慧敏定位的"记者，就是把新闻现场作为战场的战士"[1]。而时下，网络手机新媒体及其流行说辞却不仅混淆新闻的源与流，而且还自觉不自觉地颠倒源与流，好像记者不用再去新闻源头"采集新闻"，只需"白发渔樵江渚上"似的在浩浩荡荡的传闻洪流中"打捞新闻"。更有论者认为，随着大数据、云计算风起云涌，新闻报道可以据此作出"未来"的报道，而不必基于"过去"的事实。换言之，即便没有事实存在，同样可以写出报道。如此说来，新闻不用再像马克思说的"根据事实描写事实"，而可以根据预测预判"描写事实"。[2] 假如新闻的立足点从实际发生的"过去"，转向可能发生的或预期发生的"未来"，那么，世人是把新闻作为实实在在的事实，还是作为仅供参考的天气预报呢。[3] 更何况，新闻报道的社会意义除了真切描绘现实世界的历史方位，更在于通过影响每日每时的社会认知而影响历史前行的不同方向。

普遍性与中国特色

关于新闻学是否应该属意中国特色，或者说中国特色新闻学是否成立，仁者见仁，智者见智。有学者以自然科学为例，认为不需要划分某个阶级、某个党派、某个民族、某个国家的新闻学。拿新闻学与自然科学作比，可谓差之毫厘，谬以千里。不要说现代的自然科学，即使一加一等于二、放之四海而皆准的数学，都难免带有不同文明认知的鲜明胎记。比如，中国数千年的算术始终联系着阴阳、五行、天干、地支、六十四卦、九五之尊等，罗马数字与阿拉伯数字（实为印度数字）也不是一个繁复与简单的单纯运算问题，而是同样涉及

---

[1] 王慧敏：《做有职业品格的记者》，《中国记者》2007年第12期，第42页。

[2] 这种所谓新闻，在欧美称为"推想性新闻"（speculative journalism），一直饱受争议与质疑，最近又开始盛行，如《华尔街日报》报道"谁将成为2020年的美国总统"。过去，此类对未来事态走向的推测与讨论，往往在报纸的"观点"与"专栏"版块，而时下往往以新闻报道的形式刊登在时事新闻版块。

[3] 美国学者 Christy Wampole 认为，这种所谓新闻的假设性成分更多而真实性成分渐少。她质疑，如今最好的、最有洞察力的记者，难道并不需要告诉人们已经发生的事实，而只是告诉人们未来可能发生的事实吗？她认为，许多虚假离谱的信息都是出自不负责任的推测推想，即预测预判。所以，还是把推测推想的工作留给小说家，而把实事求是的责任留给新闻人吧。参见邱迪玉编译《写新闻需要推想吗？》，《文汇学人》2018年2月6日，第11版。

思维方式以及理解宇宙万物的文化传统。看似超然物外的数学深究起来尚且如此，那么，与现实政治与社会历史息息相关的新闻学，又如何能够等同于一般自然科学呢？其实，现代科学按照福柯的看法，追根溯源无不关乎现代文明征服世界、征服自然的"权力意志"如永无止境的欲望，而并不纯属探究科学规律的"宁馨儿"。所以，江晓原在破解"科学"意识形态迷思之际，就屡屡强调——科学不等于正确。[1]

至于"同一个学科划分某阶级、某党派、某民族、某国家的"新闻学，乃是不以人的意志为转移的客观现实，是否承认是一回事，是否存在是另一回事。马列道统的新闻学与新闻业，一向以唯物史观的阶级论即现实世界的阶级关系以及政党、国家等权力关系为立足点，正如形形色色的资本主义新闻学总以唯心史观及其"人性论"为立足点。拿时下自我设限的"新闻自由"为例，本来现实世界存在着不同阶级的新闻自由及其理论表达，何梓华教授的《两种社会制度　两种出版自由》一文曾有透彻论述。[2] 赵月枝在2014年发表的《被劫持的"新闻自由"与文化领导权》一文中也谈道："新闻自由的关键，不在于要不要言论表达的自由，而在于谁的自由——是媒体拥有者的自由，还是全体人民的自由？谁的需要——是商业牟利和资本积累的需要，还是人民言论表达的需要？在一个资本主导的世界里，表达自由是被阶级关系构建的。"[3] 正由于流行的新闻学不讲"某阶级、某党派、某民族、某国家"，于是一说起新闻自由，就俨然只剩西方或精英的"新闻自由"，而无关中国共产党与人民共和国的新闻实践。这类"新闻自由"同马克思所言"热情维护人民自由精神的千呼万应的喉舌"，以及摆脱人对物、人对人等依赖关系而实现人的自由全面发展，相距不啻以道里计。这里，应星对中国革命中阶级话语及其政治性与伦理性的解读，倒是更值得新闻学思考：

> 阶级斗争概念在战争年代主要表现出来的是夺取政权的政治内涵，但这往往使人忽略了阶级斗争概念所具有的更为重要的伦理内涵。夺取政权只是革命的手段，通过阶级斗争谋求社会平等，塑造社会主义"新人"

---

[1] 江晓原：《科学的三大误导》，《文汇报》2009年2月26日，第11版。

[2] 何梓华：《两种社会制度　两种出版自由》，载中国新闻学会编《新闻自由论集》，文汇出版社，1988，第139—160页。

[3] 赵月枝：《被劫持的"新闻自由"与文化领导权》，《经济导刊》2014年第7期，第50页。

和"新世界",才是革命的真正目的。[1]

由此说来,强调"中国特色"不仅不是形式主义,相反,恰恰是新闻学健全发展而非畸形生长的前提。着眼"中国特色"与"中国大地",一方面固然是坚持新闻学的马克思主义属性和社会主义定位,明确新闻学研究和教学中"为什么人"这一根本性问题、原则性问题;一方面也并非为了凸显特殊性而向普遍性告别。没有普遍性的维度,即毛泽东从青年时代起执着探求的"大本大源""宇宙真理",实事求是的"是"即真知与真理,就有可能沦为各行其"是"、自以为"是"。事实上中国特色的历史实践包括革命、建设与改革及其新闻舆论工作,既属于社会主义与共产主义的普遍性愿景,又为人类命运共同体提供了中国智慧与中国方案。"这个世界充斥了太多神仙的说教,而我们已经很难听到'英特纳雄耐尔'的歌谣"[2],英特纳雄耐尔的歌谣正是共产主义普遍性的象征,也是人类命运共同体的福音,丰盈的中国大地及其理论求索则是这种普遍性与人类福音的具体体现,如同中国化的马克思主义对马克思主义的贡献。由于当今世界一整套既定的学术秩序和固化的理论思维基本源于西方中心论的地方性知识,而且是打着普遍性旗号的一套隐含傲慢与偏见的胁迫性知识,如刘禾等《世界秩序与文明等级》、辛普森等《胁迫之术》一系列新作揭示的,故而"中国特色"的道路、实践及理论如新闻学,无论基于现实问题,还是为了求索创新,都拒绝从这种地方性知识出发,更拒绝沉迷于学术移植、理论旅行、思想穿越,而首先立足现实土壤,面向具体国情,聆听时代心声,在人民创造世界历史的大潮中把握真问题、大问题,研究真学问、大学问。借用曼海姆的思想表达:"如果我们想要实现分析现代思想的需要向我们提出要求,我们就必须能够使社会学的观念史关注现实的社会思想,而不是仅仅关注在僵化的学术传统中精心制作的以为可以永久长存的自满自足的思想体系。"[3]

莫言对马尔克斯与福克纳一向推崇备至,视为"两座灼热的高炉",而面对外国文学典范,他的态度却是:"我如果不能去创造一个、开辟一个属于我自己的地区,我就永远不能具有自己的特色。我如果无法深入进我的只能供我

---

[1] 应星:《"把革命带回来":社会学新视野的拓展》,《社会》2016年第4期,第18页。

[2] 昌耀:《一个中国诗人在俄罗斯》,载《昌耀诗文总集》(增编版),作家出版社,2010,第672页。

[3] 卡尔·曼海姆:《意识形态与乌托邦》,李步楼、尚伟、祁阿红等译,商务印书馆,2014,第102页。

生长的土壤，我的根就无法发达、蓬松。我如果继续迷恋长翅膀老头、坐床单升天之类鬼奇细节，我就死了。"[1] 同样道理，我们的新闻学如果不能去创造开辟一个属于自己的地区，扎根在供自己生长的学术土壤，而是像邓实一百多年前批评的"尊西人若帝天，视西籍如神圣"，那么也将死去，并且死有葬身之地——唯洋是从的"西学"。因此，"中国特色"看似强调特殊性，实则重新高扬探求真知、探求真理的学术精神，重新探索现实世界的普遍性并追求自主性，从而自立于人类学术之林。

"普世化"还是"中国化"

当下中国文化政治语境中流行的所谓"普世化"，说白了不过是胡适"全盘西化"的代名词、委婉语，故实际等同于"西化"。中国新闻学应该致力于"中国化"，还是"普世化"即"西化"，也可谓两条道路、两种命运、两种前途的抉择。近些年的新闻学思考，归根结底大多直接、间接地触及这一核心问题。

其间，有学者为了论证"普世化"，甚至说马克思主义新闻观也是一种"西化"。这种说法未免混淆视听，因为马克思主义及其新闻观与"西化"风马牛不相及。虽然马克思主义源于西方，但"西化"是个政治概念而非地理概念，如同日本在地理上属于东方，在政治上属于西方。社会政治意义上的"西化"，不是针对地理上的西方及其文化、文明、学术思想，更不是针对马克思主义以及西方马克思主义，而是具有明确的现实政治意味，即瓦解、倾覆两个百年中国梦，包括马克思主义学说、共产主义理想、社会主义道路为宗旨的文化政治思潮，如"普世价值"云云。"西化"乃是这样一类政治意识形态，而非针对人类文明组成部分的西方文化。习近平2015年在全国党校工作会议上的讲话中一语中的地指出："我主持起草党的十八大报告时，专门要求写了这样一段话：'对马克思主义的信仰，对社会主义和共产主义的信念，是共产党人的政治灵魂，是共产党人经受住任何考验的精神支柱'。""国内外各种敌对势力，总是企图让我们党改旗易帜、改名换姓，其要害就是企图让我们丢掉对马克思主义的信仰，丢掉对社会主义、共产主义的信念。而我们有些人甚至党内有的同志

---

[1] 莫言：《两座灼热的高炉——加西亚·马尔克斯和福克纳》，《世界文学》1986年第3期，第299页。

却没有看清这里面暗藏的玄机,认为西方'普世价值'经过了几百年,为什么不能认同?西方一些政治话语为什么不能借用?接受了我们也不会有什么大的损失,为什么非要拧着来?有的人奉西方理论、西方话语为金科玉律,不知不觉成了西方资本主义意识形态的吹鼓手。""中国特色社会主义理论体系归根到底是以马克思主义基本理论为指导的,是把这些基本理论同中国具体实际相结合的结果。马克思主义就是我们共产党人的'真经','真经'没念好,总想着'西天取经',就要贻误大事!"[1]

还有学者认为,现在中国新闻学的基本结构与各国的新闻学大同小异,因为是应用学科,不多的理论均来自新闻实践,而各国的新闻实践是差不多的。说新闻学是应用学科没有问题,说新闻理论来自新闻实践同样不错,但说各国新闻实践差不多已经匪夷所思,进而断言各国新闻学也大同小异就更莫名其妙。正如世界各国的武装力量枪杆子能打仗、打胜仗"其致一也",但是,为谁扛枪、为谁打仗则千差万别,甚至天差地别。同样,即使不懂新闻学也多少明白,世界各国的新闻实践笔杆子看起来好像差不多,实际上貌合神离,尤其在为什么人的问题上更是分道扬镳,这也是各国新闻学得以存在的基础。且不说施拉姆等冷战新闻学生硬区分的四种新闻体制、哈林和曼奇尼《比较媒介体制》探讨西方内部新闻实践的差异,也不说张威、童兵等有关比较新闻学的研究,更不说巴尔扎克的《幻灭》、马克·吐温的《竞选州长》、埃科的《试刊号》等入木三分的世界名作,仅看新世纪的"伊拉克战争"报道就略见一斑。其时,美国媒体几乎众口一词地鼓噪所谓"大规模杀伤性武器",对中国媒体基于实事求是的传统以及宣传纪律则不置一词。事后证明,伊拉克拥有"大规模杀伤性武器"纯属子虚乌有,原来是美国政府对世界人民包括美国人民撒下的又一弥天大谎,而此类谎言及其美国报道在历史上屡见不鲜。如此说来,中国的新闻业与新闻学是青睐美国的所谓"专业主义"呢,还是尊奉甘惜分的"立足中国土,回到马克思"呢?具体说来,我们是把美国的"三个代表"(李零教授指称犹太集团、军工集团、金融集团)[2]的新闻学奉为圭臬呢,还是追求为人民服务、为社会主义服务的新闻志向呢?新闻工作是像马克思所言,根据事实描写事实呢,还是根据希望描写事实呢?是像列宁所言从整体上、联系中掌握

---

[1] 习近平:《在全国党校工作会议上的讲话》(2015年12月11日),《求是》2016年第9期,第5—8页。

[2] 李零:《鸟儿歌唱——二十世纪猛回头》,北京大学出版社,2014,第235页。

事实呢，还是零碎地、随意地挑选事实如同"儿戏"[1]一般呢？是像习近平所言，"既准确报道个别事实，又从宏观上把握和反映事件或事物的全貌"[2]，即着眼于微观真实与宏观真实的有机统一呢，还是满足一鳞一爪的孤立现象并视为天经地义呢？是在社会主义媒介公有基础上旗帜鲜明以人民为中心呢，还是在资本主义媒介私有潮流中以所谓独立客观第三方自居呢？此类分野无不关乎大是大非，不能此亦一是非，彼也一是非，公说公有理，婆说婆有理，须知各种自圆其说的道理之上还有至高至大的"真理"。

总之，新闻学也如吴易风教授对经济学的判断，"仍然存在着两大对立的理论体系：一是马克思主义经济学，一是西方经济学"，而对西方新闻学如新闻专业主义，也应秉持他对西方经济学的态度："西方经济学植根于西方国家，是西方国家统治阶级关于资本主义市场经济看法的理论表现。因此它具有二重性：一是阶级性，二是特定条件下的实用性。阶级性主要表现为维护资产阶级利益、维护资本主义制度、维护有利于西方发达国家的国际经济秩序和宣传资本主义的意识形态。特定条件下的实用性主要表现为对资本主义市场经济的病症进行病理分析，做出诊断，并开出药方。在我国，研究西方经济学存在两种错误倾向：一种是只看到西方经济学的阶级性而看不到它在特定条件下的实用性，另一种是只看到了西方经济学在特定条件下的实用性而看不到它的阶级性。这两种倾向都是将西方经济学极端化、片面化的结果。完全肯定和完全否定都是错误的，因为这两种认识都不符合实际。既然西方经济学具有二重性，就应该用一分为二的观点对它进行科学的和全面的剖析，分清哪些是意识形态成分，哪些是特定条件下有用的成分。对于前者，要进行必要的批判和揭露；对于后者，要借鉴和吸收。借鉴和吸收也需要科学的态度，借鉴是把他人的经验和教训当作镜子，而不是照抄照搬；吸收是要经过消化系统的分解和吸收功能来摄取有营养的成分，而不是囫囵吞枣。"[3]

---

[1] 列宁：《列宁全集》第28卷，人民出版社，1990，第364页。

[2] 杜尚泽：《习近平在党的新闻舆论工作座谈会上强调：坚持正确方向创新方法手段 提高新闻舆论传播力引导力》，《人民日报》2016年2月20日，第1版。

[3] 张林：《吴易风教授访谈录》，《经济学动态》2017年第10期，第12页。

结语

跑沙跑雪独嘶,东望西望路迷,新闻学再次处于何去何从的十字路口。是因应世界百年未有之大变局,还是停留在二三十年前原地踏步,是践行大道之行的人间正道,还是执着专业主义迷思,日益成为关系重大的理论问题与政治问题。方向决定道路,道路决定命运。如果说四十年前的"新时期"一度激活新闻学的生机和活力,那么,如今的"新时代"则更为新闻学敞开前所未有的学术空间,我们又面临着破除迷信、解放思想的历史抉择。

附识:

本文杀青后,看到吕新雨教授《学术、传媒与公共性》一书所附一封读者来信,这位"名不见经传"的思想者谈及的话题,令人钦佩,也让人汗颜,这里谈论的问题,人家20年前就说得很清楚了:

新闻仅是一种认识活动吗?不是,它不仅是认识活动,同时还是实践活动、评价活动。新闻学是一门自然科学吗?不是,它是一门社会科学,是研究以人的社会存在为背景的新闻与新闻事业为对象的学科。新闻是注定要拒绝意识形态、不能为政治服务吗?不是,恰恰相反,它本身就是一种政治性很强的社会意识形态,是为一定的政治,一定的国家、民族、阶级、政党的利益服务的。……事实仅是报道的基础,而价值才是报道的"决定因素"。马克思说:"哲学家们只是用不同的方式解释世界,而问题在于改变世界。"新闻工作者运用着大众传播媒介不仅在"解释世界",而且参与了"改变世界"的伟大事业。[1]

---

[1] 陈坚:《"再讨论"是迟早要发生的——读吕新雨〈以人的社会存在为背景的新闻与新闻事业〉及〈新闻大学〉"编者按"》,载吕新雨:《学术、传媒与公共性》,华东师范大学出版社,2015,第193页。

重塑新闻魂

——马克思主义新闻观再审视

马克思主义新闻观始终是中国新闻业的灵魂。它既是理论，更是关乎国家发展、人民福祉的政治。然而，毋庸讳言，如今又似乎成为人人皆知，而又常常"风干后挂在墙上"的招贴。为此，重新审视马克思主义新闻观的科学与价值，正本清源，守正出新，对于新闻工作及其研究无不关系重大。

当下问题：失序与失魂

当下触目所见的问题当属"失序"，可谓乱象丛生。先看几个案例。

首先是《新闻记者》杂志评选的年度十大假新闻。2000年，《新闻记者》策划评选年度十大假新闻，希望通过这种方式对开始泛滥成灾的虚假报道产生一种制约。没想到，评选之后，一切照旧。于是，第二年又评了一次，还是一如既往。结果，就这么一年一年评下来，评出的虚假新闻千奇百怪，如新浪网的"千年木乃伊出土后怀孕"等。评到第八个年头，杂志编辑部无奈叹息，艰苦卓绝的全面抗日八年都打赢了，而杜绝假新闻还遥遥无望。[1]

再看一个新近的典型案例，《财经》杂志的假新闻事件。2016年春节，《财经》官方微信公众号的一篇报道《春节纪事：一个病情加重的东北村庄》，引起社会关注与舆论热议。报道反映的一系列农村问题令人惊愕，包括"村妇密谋组团'约炮'"。这篇报道开宗明义写道："我要写的故乡杂记却显得些许残

---

[1] 贾亦凡、陈斌、阿仁：《2008年十大假新闻》，《新闻记者》2009年第1期，第4—13页。

酷和悲戚，可惜这并非杜撰虚构，而是真实的写照。"[1] 然而，新华社记者去东北调查实情时，却发现这篇报道纯属杜撰虚构。[2] 这比假新闻更令人震惊。因为，《财经》自诩专业媒体，向以《纽约时报》等为楷模，在海内外享有盛誉，竟刊发如此赤裸裸的假新闻。更奇葩的还在于，出现这一丑闻，媒体没有反思，主编没有辞职，记者没有受到处理。相反，《财经》的道歉信中反而曲意回护与辩解，说微信公众号由于把关不严，发了一篇随笔。[3] 什么？随笔？《财经》何时改为文学期刊了？即便是随笔，也不能不讲事实，胡编乱造。作为对比，看看《财经》引为楷模的《纽约时报》怎么处理类似问题——2003年，《纽约时报》曝出记者的系列造假丑闻，引起举世震惊，总编辑与执行总编辑宣布辞职，记者永不续用。[4]

如果说，上述案例还仅关乎职业道德的话，那么下面的案例就涉及政治价值了。2013年10月19日，《新快报》记者涉嫌违法，被警方刑事拘留。没想到23日《新快报》编了一个耸人听闻的头版——《请放人：敝报虽小，穷骨头，还是有那么两根的》，一副为民请命、铁骨铮铮的架势。尤其触目惊心的是，"请放人"三个大字通贯版面，覆盖整个版面的三分之一，仿佛"黑奴吁天录"。然而，事实表明该记者确实涉嫌违法，警方不过依法行事，于是该报不得不发了一则不起眼的致歉声明："受人指使收人钱财，发布大量失实报道。"类似案例还有2013年《南方周末》的新年献词事件，把中国梦称之为"宪政梦""自由梦"云云，一度还在海内外炒成沸沸扬扬的热点事件。让人想到习近平2015年在全国党校工作会议上的讲话："有的人奉西方理论、西方话语为金科玉律，

---

[1] 高胜科：《春节纪事：一个病情加重的东北村庄》，"《财经》杂志"（《财经》官方微信公众号），2016年2月14日。

[2] 李铮、彭卓、马剑：《哪来"礼崩乐坏"的东北村庄？——一则虚构报道的背后》，新华社沈阳2016年2月25日电，新华网，http://www.xinhuanet.com/politics/2016-02/25/c_1118161698.htm。

[3] 《财经》编辑部：《关于随笔〈春节纪事：一个病情加重的东北村庄〉的说明与致歉》，"《财经》杂志"（《财经》官方微信公众号），2016年2月26日。

[4] 2016年4月22日，国家新闻出版广电总局通报了对《财经》等15家媒体发布虚假报道的查办情况，依法吊销《财经》涉事记者的新闻记者证，并将其列入新闻采编不良从业行为记录，对《财经》以及未经核实而转载这一虚假新闻的相关媒体作出行政处罚，并追究相关人员责任。

不知不觉成了西方资本主义意识形态的吹鼓手。"[1]

最后,再看一个更令人深思的案例,2013年底央视对曼德拉逝世的报道。上述案例要么出自商业动机,要么出自政治取向,而这个案例则纯属主流媒体加强国际传播能力的动机。作为一代政治领袖,曼德拉去世自然是重要的国际新闻,央视第一时间做了集中报道,新闻频道从早到晚滚动播报,时间及时,信息充足。那么还有什么问题呢?问题在于这些报道缺乏中国对这一新闻以及相关背景的独立判断,不自觉地成为西方媒体及其话语的传声筒。换言之,我们虽然看的是中央电视台的曼德拉逝世报道,实际上受的却是西方一套政治宣传。

对此,青年学者王维佳写下一篇影响广泛的文章《中国媒体曼德拉逝世报道的问题》,令人悚然而惊,豁然而醒。文章指出,中国媒体对曼德拉逝世的集中报道,无视20世纪六七十年代反帝反殖的时代潮流与正义力量,无视社会主义国家特别是新中国,毛泽东、周恩来等对亚非拉人民反抗斗争的大力支持,将曼德拉塑造成个人英雄,信奉一套西方自由民主宽容理念,仿佛通过个人魅力就化解了种族冲突,这种形象与话语恰恰是欧美刻意塑造的。事实上,曼德拉当年曾经积极从事革命斗争,组织武装暴动,不幸被捕入狱,而为南非当局提供曼德拉行踪情报的正是美国中情局。曼德拉入狱后,与世隔绝几十年,同后来的历史进程基本隔绝。而央视的报道却遵循西方媒体的口吻,按照欧美刻意扭曲的曼德拉形象,讲述了一个西方乐观其成的曼德拉神话,失去了自己的政治立场与政治判断。正如王维佳文章所言:"在所有的报道中,曼德拉的革命生涯基本上孤立于那个特定的历史背景,也孤立于所有国际力量,这样的报道不是真实客观的,它基本上等于是一场政治宣传。在曼德拉逝世的节点上,中国的媒体积极主动地参与了欧美主流新闻媒体所主导的一场声势浩大的全球政治宣传。"[2]

此事还有一个下文,同样让人哭笑不得。王维佳的文章发表后,引起业界学界普遍关注,有识之士也不由反思。不料,时隔一年,某所名校联合名流,搞了一个年度电视节目评选活动,名列第一的竟是央视的曼德拉报道,而获奖

---

[1] 习近平:《在全国党校工作会议上的讲话》(2015年12月11日),《求是》2016年第9期,第5页。

[2] 王维佳:《中国媒体曼德拉逝世报道的问题》,《青年记者》2014年第1期,第32页。

理由则是"国际接轨"！[1]

  以上是一些失序的案例，而失序背后是失魂。换言之，"失序"的根源是"失魂"，也就是魂儿没了，魂儿丢了。那么，什么是魂儿？毛泽东说过："没有正确的政治观点，就等于没有灵魂。"[2] 我们看看欧美记者，无论报道什么新闻，往往体现着鲜明的政治立场、政治价值、政治观点，也就是他们的新闻魂。习近平在新闻舆论工作座谈会上的讲话指出："新闻观是新闻舆论工作的灵魂。"[3] 当然，这里的新闻观不是别的新闻观如"美新观"，而是"马新观"，马克思主义新闻观是中国新闻工作者的灵魂。失去这个灵魂，就好像一个人失魂落魄，势必导致乱象丛生的问题。

  关于失魂问题，当代诗人昌耀在平生最后一首长诗《一个中国诗人在俄罗斯》中，写下一段耐人寻味的诗句："这个世界充斥了太多神仙的说教，而我们已经很难听到'英特纳雄耐尔'的歌谣。"[4] 何谓神仙的说教？举个例子，某位已经离职的央视记者，在一篇访谈中侃侃而谈，说新闻的核心就是一个"知"："记者只是观察、记录、认识这个世界，而不是去干预世界……"[5] 自相矛盾的是，这位据说不去干预而只是"知"的记者，却在2015年两会前夕，与境内外势力合纵连横，策划了一个满城风雨的大动作，借着环保话题做了一篇文章，看来所谓"知"不过是自欺欺人。当然，此类新闻观不必特别介意，倒是学界业界的"流行曲"更有影响力，试举几例。一是信息论，信息时代，传播共享，新闻只是提供信息；一是专业论，所谓专业主义、新闻专业主义，客观中立，不偏不倚云云；一是公器论，新闻媒体属于"社会公器"，公器自然公用；最后也是最流行的，是自由论，记者是无冕之王，新闻是第四等级。诸

---

  [1] 北京大学电视研究中心：《"2014中国电视年度掌声•嘘声"12月19日在北京大学发布》，"北京大学新闻中心"官网，2014年12月21日，http://pkunews.pku.edu.cn/xxfz/2014-12/21/content_286621.htm。

  [2] 毛泽东：《关于正确处理人民内部矛盾的问题》（1957年2月27日），载《毛泽东选集》第五卷，人民出版社，1977，第385页。

  [3] 杜尚泽：《习近平在党的新闻舆论工作座谈会上强调：坚持正确方向 创新方法手段 提高新闻舆论传播力引导力》，《人民日报》2016年2月20日，第1版。

  [4] 昌耀：《一个中国诗人在俄罗斯》，载《昌耀诗文总集》（增编版），作家出版社，2010，第672页。

  [5] 柴静：《把世界呈现出来已经了不起》，载《南方都市报》编《十人：大时代中的我们》，南方日报出版社，2012，第163—178页。

如此类的理论早已成为业界学界暗流涌动的新闻观，同马克思主义新闻观不说分庭抗礼，至少也是分道扬镳。

这就是所谓"失魂"问题。对此，北京大学潘维教授前些年尖锐指出：自上而下的价值观混乱和媒体从业人员的价值观混乱互为因果，已经危及国本。[1]

现代中国：为什么选择马克思主义

以上从失序到失魂，谈了一些触目可见的现象和问题，下面讨论怎样再塑新闻魂。鉴古知今，我们先从历史的角度谈起。

中国现代新闻业曾经形成三种主要形态，三种形态又对应着三种主义，三种主义实际上代表着三种道路：第一种是自由主义与私营报业，像《申报》《大公报》《新闻报》等；第二种是文化保守主义与党国报业，如国民党的《中央日报》《扫荡报》及中央社等；第三种是延续至今的马克思主义与革命报业、人民报业。

先看自由主义。清华大学教授胡伟希说，近代中国的主题是独立与富强，反帝反封建，对广大劳苦大众来说，这一主题一点儿也不深奥，相反十分浅显，无非是一个生存权利与基本温饱的问题。[2] 萧红的名著《呼兰河传》里有一段朴实文字："他们不知道光明在哪里，可是他们实实在在地感得到寒凉就在他们的身上……（他们）只希望吃饱了，穿暖了。但也吃不饱，也穿不暖。"[3] 面对这个问题，自由主义的方略要么是与列强军阀当权者合作，实际上是助纣为虐，要么是同他们讲道理，说白了是与虎谋皮。他们想以此解决中国的危局，不仅没有发生效果，而且使他们失去了广大民众。美国学者格里德（Jerome Grieder）对胡适的总括性评价，也适用于现代自由主义文人及其道路："胡适的价值标准和思想抱负表明，他对于他的人民的'社会愿望'或他们的生活的'实际条件'几乎完全没有什么真正的认识。"[4]

---

[1] 本刊编辑部：《重建社会核心价值观共识——中国媒体现状检讨（二）》，《经济导刊》2014年第6期，第8—16页。

[2] 胡伟希：《中国近现代思想与哲学传统》，浙江工商大学出版社，2009，第59页。

[3] 萧红：《呼兰河传》，江苏文艺出版社，2016，第93页。

[4] 格里德：《胡适与中国的文艺复兴——中国革命中的自由主义（1917—1937）》，鲁奇译，江苏人民出版社，2005，第290页。

思想史学者何晓明将现代中国的自由主义喻为"不结果实的精神之花",异曲同工,形象生动。他在对比了三种主义、三条道路后指出:激进主义以其昂扬的气势、痛快彻底的解决问题方式以及英雄主义的精神感召力量,比较容易赢得苦难民众的认可。文化保守主义迎合了社会大众既想改变现状,又怕打破坛坛罐罐的普遍心理,从而在历史遗产格外丰厚的中国拥有宽广的社会基础。唯独自由主义,先天不足,后天失调,既缺乏与中国文化的接榫机理,又生不逢时,加之自由知识分子一贯的精英做派和鄙视民众的贵族心理,与几万万民众的"悲惨经验之间几乎存在着无限的差距",自然与大众相疏远、相隔膜,他们的主张也就无法得到历史的青睐和社会的采纳。结果,自由主义终究只能在精英知识分子中流行,在教授的沙龙、太太的客厅、文人的书斋中高谈阔论,而无法成为激励社会各阶层,尤其是劳苦大众争取自身解放的思想旗帜。[1] 海外传播学者李金铨教授讲到"文人论政"时,也谈到类似看法:自由主义知识分子及其报刊,凭借良心和理念讲话,针砭时弊,只有抽象想法,没有具体主张和运动策略,他们的社会地位高高在上,他们关注的民主、言论自由、宪政对那些为温饱而挣扎的普通百姓来说未免陈义太高。[2] 结果,自由主义及其报业的命运,最后就像徐志摩诗中写到的:

> 我不知道风
> 是在哪一个方向吹——
> 我是在梦中,
> 在梦的悲哀里心碎![3]

再看马克思主义和保守主义。也以两个代表人物及其代表作为例,前者是毛泽东的《新民主主义论》(1940),后者是蒋介石的《中国之命运》(1943)。抗战后期问世的《中国之命运》堪称保守主义的政治宣言,蒋介石由此不仅失去民心,而且也失去曾经对其寄予厚望的自由知识分子。因为这些知识分子经过"五四"洗礼,自由、民主、科学等现代意识深入骨髓,而《中国之命运》却固守仁义礼智的儒家传统。毛泽东的《新民主主义论》则充满生机勃勃的现

---

[1] 何晓明:《近代中国自由主义:不结果实的精神之花》,载郑大华、邹小站编《中国近代史上的自由主义》,社会科学文献出版社,2008,第14—26页。

[2] 李金铨:《超越西方霸权:传媒与文化中国的现代性》,牛津大学出版社,2004,第72页。

[3] 徐志摩著,顾永棣编《徐志摩全集·诗歌卷》,浙江人民出版社,2015,第252页。

代精神、现代意识，如一把光明的火炬照亮黑箱子的中国，最终成为人民民主新中国的奠基石。而历史也由此给出答案：马克思主义赢得中国。

那么，现代中国为什么选择马克思主义，而不是其他主义？政治学泰斗、天津师范大学教授徐大同先生从文化基因的角度对此作了独到剖析。他认为，中国人民拒绝西方自由主义，接受共产主义自然有多方面的原因，其中文化基因是一个重要原因。在中国文化基因中，也有一套"自由观"。这种自由观简单说就是我行我素，不要任何干涉。这种意识同西方自由观很不一样，后者是在现代资本主义社会基础上，形成的一套以私有财产为基础，以个人权利为诉求，负有相应社会责任的政治价值观。而中国文化传统的"自由观"，则是不要任何约束，天马行空，自行其是，无挂无碍，如老庄，如禅宗。最早一例，是上古歌谣《击壤歌》，表现一位农夫耕田之余，悠然吟唱的心声："日出而作，日入而息。凿井而饮，耕田而食。帝力于我何有哉！"他是何等自由自在，天王老子也管不着。这种自由自在的意识，在几千年隐逸文化中更是绵延不绝："采菊东篱下，悠然见南山"；"永忆江湖归白发，欲回天地入扁舟"。这样一脉自由散漫的传统，到近代列强入侵，积贫积弱之际就成为致命问题了。孙中山先生就曾指出，中国社会的主要问题不是专制，不是缺乏自由，而是自由过度，一盘散沙。所以，现代中国拒绝自由主义就是势所必然了。

同样，现代中国选择共产主义，也是文化基因使然。中国的文化基因的主体是连绵不绝的大同思想，而大同思想与共产主义心心相印，息息相通。如同器官移植，外来的共产主义同中国的社会肌体若合一契，源远流长的大同思想成为中国人民接受共产主义的文化基因。关于大同，儒家典籍《礼记·礼运篇》有段经典文字："大道之行也，天下为公。选贤与能，讲信修睦，故人不独亲其亲，不独子其子，使老有所终，壮有所用，幼有所长，鳏寡孤独废疾者皆有所养……是谓大同。"这段话凝练地表达了中国文化一脉源远流长的意识，即有福同享，有难同当，天下为公，四海一家，如同一种原始共产主义思想。这种大同意识在历代农民起义中都有强大的感召力，如唐末黄巢自号"均平大将军"，北宋钟相、杨幺起义的"等贵贱，均贫富"，太平天国的《天朝田亩制度》等。康有为的《大同书》、孙中山的天下为公，更是大同思想的近代范本。孙中山说过，三民主义的民生主义就是社会主义，又名共产主义，即是大同主义。作为一种深入骨髓的文化基因，大同思想自然使中国人更容易接受社会主义。[1]

---

[1] 徐大同：《中国人民拒绝自由主义，接受共产主义的文化基因》，《政治学研究》2012年第3期，第14—19页。

北京大学政治学教授强世功在《中国香港》一书里说得好：中国选择马克思主义，与其说是出于民族主义或国家主义的现实动机，不如说是基于国际主义和天下大同的古典理想，这是共产党与国民党、新中国与旧中国的根本区别。我们说十月革命一声炮响，给我们送来了马克思列宁主义，只有马克思主义才能救中国。而强世功教授进一步指出，中国人民信奉马克思主义不只是为了自己的翻身解放、独立自由，在这一救国救民的现实追求背后还有更深刻的历史内涵，那就是马克思主义与中国古典大同理想一脉相通，中国人民信仰马克思主义也是基于心目中还憧憬着一个天下为公的理想世界。[1] 这一点，就像天安门城楼的两句标语所示：中华人民共和国万岁、世界人民大团结万岁！

改革开放后，邓小平反复强调：我们干的是社会主义事业，最终目的是实现共产主义，这一点，我希望宣传方面任何时候都不要忽略，搞四个现代化，是搞社会主义的四个现代化，而不是搞别的现代化。[2] 后来，他同新一届中央领导集体谈话时又明确指出，如果我们不坚持社会主义，最终发展起来也不过成为一个附庸国，而且就连想要发展起来也不容易。[3] 1992年，在平生最后一次公开讲话中，他再次重申：不坚持社会主义，不改革开放，不发展经济，不改善人民生活，只能是死路一条。[4] 这段话前些年一度被断章取义炒作一番，所谓不改革就死路一条云云。事实上，邓小平的思路一以贯之，用他的话说就是"改革是社会主义制度的自我完善"[5]。所以，党的十八大后启动全面改革的三中全会公报提出，"全面深化改革的总目标，是完善和发展中国特色社会主义制度，推进国家治理体系和治理能力现代化"。习近平还用两句话简明扼要地说明：改革开放的旗帜必须继续高高举起，中国特色社会主义道路的正确方

---

[1] 强世功：《中国香港：政治与文化的视野》，生活·读书·新知三联书店，2010，第101—106页。

[2] 邓小平：《一靠理想二靠纪律才能团结起来》（1985年3月7日），载《邓小平文选》第三卷，人民出版社，1993，第110页。

[3] 邓小平：《第三代领导集体的当务之急》（1989年6月16日），载《邓小平文选》第三卷，人民出版社，1993，第311页。

[4] 邓小平：《在武昌、深圳、珠海、上海等地的谈话要点》（1992年1月18日—2月21日），载《邓小平文选》第三卷，人民出版社，1993，第370页。

[5] 邓小平：《在中国共产党全国代表大会上的讲话》（1985年9月23日），载《邓小平文选》第三卷，人民出版社，1993，第142页。

向必须牢牢坚持。[1] 强世功在解读党的十九大报告时特别谈道：

> 如果说在邓小平时代，"有中国特色社会主义"这个概念的重心在"中国特色"，那么在习近平时代，中国特色社会主义的重心则在"社会主义"，用社会主义的基本政治原则来校正自由派和保守派对中华民族伟大复兴的各种解释。[2]

实事求是：新闻魂的科学内涵

前面回顾了现代中国的三种报业、三种主义、三条道路，最后万水朝东归结到马克思主义与革命报业，共产党新中国的新闻业就是革命报业的历史延续。下面通过革命报业的理论与实践，着重谈谈我们的新闻魂。

革命报业在中国新闻史上属于重头戏，人们耳熟能详，大略说来从建党前后萌芽形成，《新青年》《向导》《热血日报》等均为先驱，经过北伐战争、土地革命、抗日救亡运动，一步步成长壮大，到延安时代总其大成，走向成熟。延安整风以及《解放日报》改版更是一个里程碑，不仅形成了新中国新闻业一系列传统、精神、机制等，而且牢固确立了马克思主义新闻观的指导思想，为共产党新中国的新闻业注入了鲜活的生命和灵魂。

关于革命报业以及《解放日报》改版，可用两个关键词概括，即实事求是与群众路线。1981年《关于建国以来党的若干历史问题的决议》，对毛泽东思想的概括有三个关键词：实事求是、群众路线、独立自主。2013年毛泽东诞辰120周年时，习近平在纪念讲话中再次重申了这三个关键词，并围绕三个关键词做文章。可以说，实事求是、群众路线、独立自主既是毛泽东思想的活的灵魂，也是共产党新中国的活的灵魂。这里，我们也用这三个关键词追溯《解放日报》改版和共产党新中国的新闻魂。不过，我们把独立自主作为一种总体性追求，共产党的革命路线，新中国的建设路线，改革开放的发展路线，无不体现了独立自主的追求，常说的"中国特色"也可谓独立自主的宣示与诉求。从

---

[1] 习近平：《关于〈中共中央关于全面深化改革若干重大问题的决定〉的说明》，《人民日报》2013年11月16日，第1版。

[2] 强世功：《哲学与历史——从党的十九大报告解读"习近平时代"》，《开放时代》2018第1期，第20页。

革命报业到新中国新闻业，同样贯穿了这种独立自主的意识，从而使新中国新闻业在世界新闻业中独树一帜。而这一追求与意识，集中体现为实事求是与群众路线。所以，下面重点讲实事求是和群众路线。

先看实事求是。马克思在《好报刊和坏报刊》一文中，写下一段经典精辟的论述："谁是根据事实来描写事实，而谁是根据希望来描写事实呢？"[1]这句话举重若轻地一举区分了两种基本的新闻观：一是唯物论的；一是唯心论的。古今中外的新闻与新闻观，说到底无非马克思说的这两种。唯物论的新闻观自然是根据事实描写事实，唯心论的新闻观则根据希望描写事实，也就是根据记者头脑中的想象描写事实、报道新闻，就像《财经》记者的东北农村报道，美国媒体配合伊拉克战争而想象的"大规模杀伤性武器"。毛泽东在国共第一次合作期间，出任国民党中宣部代部长，创办了《政治周报》并撰写发刊词，其中写道：

> 敌人说："广东共产"，我们说："请看事实"。敌人说："广东内讧"，我们说："请看事实"。敌人说："广州政府勾联俄国丧权辱国"，我们说："请看事实"。敌人说："广州政府治下水深火热民不聊生"，我们说："请看事实"。
>
> 《政治周报》的体裁，十分之九是实际事实之叙述，只有十分之一是对于反革命派宣传的辩论。[2]

周恩来对实事求是的表述同样精辟：尊重事实才能尊重真理。如果连基本事实都不尊重，那么何谈尊重真理呢？邓小平的说法更是干脆：拿事实来！《解放日报》改版期间，陆定一发表了《我们对于新闻学的基本观点》。文章要点有二：一是新闻的实事求是；一是新闻的群众路线。关于实事求是，他写道：

> 唯物论者认为，新闻的本源乃是物质的东西，乃是事实，就是人类在与自然斗争中和在社会斗争中所发生的事实。因此，新闻的定义，就是新近发生的事实的报道。
>
> 新闻的本源是事实，新闻是事实的报道，事实是第一性的，新闻是

---

[1] 中国社会科学院新闻研究所编《马克思恩格斯论新闻》，新华出版社，1985，第107页。

[2] 毛泽东：《〈政治周报〉发刊理由》（1925年12月5日），载中共中央文献研究室、新华通讯社编《毛泽东新闻工作文选》，新华出版社，2014，第2页。

第二性的，事实在先，新闻（报道）在后，这是唯物论者的观点。

因此，唯物主义的新闻工作者，必须尊重事实，无论在采访中，在编辑中，都要力求尊重客观的事实。[1]

陆定一的文章是《解放日报》改版的成果之一。以此为契机，解放区新闻界展开大规模的马克思主义新闻观教育，其间，《晋绥日报》发起的"反客里空运动"，对新闻记者确立实事求是意识，老老实实做新闻产生了深远影响。什么叫老老实实？陆定一的文章开宗明义也讲道：

辩证唯物主义，主张依照事物的本来面目去解释它，而不作任何曲解或增减。通俗一点说：辩证唯物主义就是老老实实主义，这就是实事求是的主义，就是科学的主义。除了无产阶级以外，别的阶级，因为他们自己的狭隘利益，对于事物的理解是不能够彻底老老实实的，或者是干脆不老实的。只有无产阶级，由于它是最进步的生产者的阶级，能够老老实实的理解事物，按其本来面目而不加以任何曲解、任何加添或减损，不但这样，而且它能够反对一切不老实，反对一切曲解。

在新闻事业方面，我们的观点也是老老实实的观点。[2]

老老实实说白了就是"一是一，二是二"，甚至"增一分则太长，减一分则太短"。这一点，倒是近似于胡适讲的有一分证据说一分话，有十分证据说十分话，没有证据就不说话。今天强调老老实实新闻观，更有现实针对性，因为，大多数记者与报道的问题还不是有意无意地弄虚作假，而是不由自主地增一分，减一分，随心所欲而非实事求是，即老老实实。这种问题体现在日常报道的点点滴滴，举不胜举，防不胜防。有的采访不实，有的知识不足，有的立场偏差，不一而足，但归结起来总是不够老老实实。做老实人，办老实事，说老实话，一直是共产党人的好传统，也是共产党、共和国新闻业的好作风，说到底体现的是真心诚意的态度与正道沧桑的自信。也正是凭借这种态度与自信，才使得天下归心，换了人间。如今，纠正新闻业的乱象纷纷，首先还得回归老老实实的初心。否则，各种东倒西歪的不实之词与虚假报道势必你方唱罢我登场。这里讲两个小故事，以见老老实实的新闻观。

---

[1] 陆定一：《我们对于新闻学的基本观点》，《解放日报》1943年9月1日，第4版。

[2] 同上。

新华社原社长穆青，毕业于延安鲁艺，本想从事文学创作，没想到分到《解放日报》，干了一辈子新闻。穆青初当记者时，遇见一件事，让他铭记终生，直到晚年接受新华社记者访谈时还念念不忘。当时，博古派他去采访一个苏联专家的报告会，他写完报道，拿给社长审阅，博古一看，脸色就沉下来了，问：你去现场了吗？你看报道里是怎么写的？——"会场上自始至终掌声不断"。博古说，如果大家一直拍巴掌，那么专家还怎么做报告？这就是陆定一说到的"老老实实主义"。

无独有偶。清华大学新闻与传播学院已故老院长、《人民日报》原总编辑范敬宜，也有过类似经历。他年轻时跟穆青一样同属文学青年，文采风流，妙笔生花。20世纪50年代，他在《东北日报》当记者。一次，去采访乌兰诺娃。乌兰诺娃是世界首屈一指的芭蕾舞大师，习近平在文艺工作座谈会上的讲话中提到一批古今中外的文学艺术家，其中就有乌兰诺娃。范敬宜采访乌兰诺娃后，写了一篇可想而知的优美报道。然而，当他拿给总编辑，心里兀自得意时，不料总编辑批了八个字——涂粉太厚，未必是美，让他刻骨铭心。这里，同样体现了一种老老实实的新闻观。

范敬宜二十多年前，还写了一首打油诗，善意批评当时新闻界一些不良作风：朝辞宾馆彩云间，百里方圆一日还。群众声音听不到，小车已过万重山。这是二十多年前的情况，现在一些记者恐怕连宾馆小车都省了，蹲在写字楼，看看微信，玩玩手机，网上扒拉扒拉就可以捣鼓一篇"新闻"了。甚至还有专家学者为此鼓吹，说什么互联网时代采访都过时了，用电子邮件、视频连线，再看看网上评论，搞些大数据，就可以"生产"新闻了。甚至说"只需采，不需访"，就是说不必深入新闻现场，只需像客里空趴在后方掩体，就可以编排前线的战地报道了。范敬宜的高徒、2021年就任《光明日报》总编辑的王慧敏，批评这种脱离实际、脱离群众的做派："不少记者走出校门便跨进了现代化设施齐全的编采大楼，风刮不着雨淋不着，了解社会靠的是网络。即便下去采访，也是星级宾馆听汇报，隔着玻璃看庄稼，围着饭桌话桑麻。"[1]

关于实事求是，最后还需强调一点，我们说的唯物论是辩证唯物论，不是机械唯物论。什么叫机械唯物论？举个例子，网络上林林总总的东西，东一下，西一下，鸡一嘴，鸭一嘴，即便桩桩件件都是事实，人物、时间、地点、事件等全都确凿无疑，也不叫实事求是，而是典型的机械唯物论。这种所谓事实，堆积得越多，真实世界的面貌反而越模糊，越让人恍兮惚兮，云里雾里。什么

---

[1] 王慧敏：《不改初衷》，《新闻战线》2016年第5期，第24页。

叫辩证唯物论？列宁有段话说得好："社会生活现象极其复杂，随时都可以找到任何数量的例子或个别的材料来证实任何一个论点。"[1]"如果不是从整体上、不是从联系中去掌握事实，如果事实是零碎的和随意挑出来的，那么它们就只能是一种儿戏，或者连儿戏也不如。"[2] 只有在联系的、辩证的、总体的意义上把握事实，才能趋近真实世界及其本质，这就是辩证唯物论。

习近平在新闻舆论工作座谈会上的讲话，就体现了马克思主义的辩证唯物论及其新闻观："真实性是新闻的生命。要根据事实来描述事实，既准确报道个别事实，又从宏观上把握和反映事件或事物的全貌。"[3] 这也是王慧敏等人民记者的共识："只有把握了宏观真实与微观真实的统一，才能抓住事物的本质，才能秉持新闻真实性的原则。"[4]

群众路线：新闻魂的价值内涵

1942年3月31日《解放日报》改版前夕，毛泽东在中共中央办公厅召开的改版座谈会上，开篇第一句话就是："共产党的路线，就是人民的路线。"[5] 延安时期，他为《解放日报》副刊版题词：深入群众，不尚空谈。走进清凉山延安新闻纪念馆，一眼就能看到这个题词。经过延安整风和《解放日报》改版，革命报业形成一整套马克思主义"为人民"的新闻传统，概括起来就是两句话：全党办报，群众办报。

这两句话看似寻常，深究起来大有文章，其中蕴含着一整套独立自主的专业内涵与价值追求。清华博士李海波在其学位论文中，提出一个概念"业余"。何谓"业余"？业余是针对专业主义而言的。按照专业主义的逻辑，新闻是一门专业，有一道专业门槛，需要经过专业训练，门外汉自然与之无缘。而共产

---

[1] 列宁：《列宁全集》第27卷，人民出版社，1990，第326页。

[2] 列宁：《统计学与社会学》（1917年1月），载《列宁全集》第28卷，人民出版社，1990，第364页。

[3] 杜尚泽：《习近平在党的新闻舆论工作座谈会上强调：坚持正确方向 创新方法手段 提高新闻舆论传播力引导力》，《人民日报》2016年2月20日第1版。

[4] 王慧敏：《不改初衷》，《新闻战线》2016年第5期，第26页。

[5] 毛泽东：《在〈解放日报〉改版座谈会上的讲话》（1942年3月31日），载中共中央文献研究室、新华通讯社编《毛泽东新闻工作文选》，新华出版社，2014，第109页。

党新中国的新闻传统正在于打破这种专业壁垒，把新闻当作全党的事业、全体人民的事业，为人民所共享，为人民所参与。在新闻传播中，群众不再是被动的看客或"受众"，而是积极主动介入其中的主人或"主体"，相对于新闻媒体与记者，仿佛处于一种貌似"业余"的状态。

全党办报、群众办报的典范，是延安时期一份有中国气派、中国作风、为老百姓所喜闻乐见的《边区群众报》。报纸创办者周文（1907—1952），是左翼新文化运动的代表，文艺大众化、群众化、民族化的先驱，25岁参加革命，26岁入党，曾任"左联"党团成员，作品获得鲁迅先生赏识。他于1940年来到延安，在毛泽东的窑洞中就大众化问题作了深入交谈，然后在毛泽东支持下，筹办大众读物社，创办《边区群众报》，调胡绩伟任主编（改革开放后出任人民日报社社长）。

在《大众化工作研究》序言中，周文谈了大众读物社及其创办的《边区群众报》，指出这一大众化新闻传播网络形成的有机环节：首先是大众化的报纸。《边区群众报》通俗易懂，生动活泼，略识几个字都能看得懂，即使不识字也能听得懂。其次是大众化的新闻通讯网，报纸不仅是几个专业记者的工作，而且更有一批工农兵通讯员，遍布各行各业，提供各方新闻，传达人民心声。最后是大众化的读报组，报纸发到基层后，组织大家，由识文断字的人念给大家听。所以，这份报纸与群众的日常生活深度融合，成为全党办报、群众办报的一面旗帜。[1]

为此，《边区群众报》创刊六周年之际，习仲勋写来贺信，称赞它为群众服务，当得起"群众报"的光荣称号。1950年，37岁的习仲勋奉调进京，出任中宣部部长，毛泽东向胡乔木、周扬等副部长介绍他，说是"一位活的马克思主义者"。习仲勋在1951年西北区报纸工作会议上的讲话，就是活的马克思主义的典范。仅看这篇共产党新闻经典的标题，就不难体会新中国的新闻魂——《新闻工作就是群众工作》。这种新闻观在林林总总的西方新闻教科书中自然看不到，在时下流行"去政治化"的新闻学与新闻业中也难觅踪迹，而这正是马克思主义及其人民报刊的灵魂。按照马克思的经典说法：报刊按其使命来说，是社会的捍卫者，是针对当权者的孜孜不倦的揭露者，是无处不在的耳目，是热情维护自己自由的人民精神的千呼万应的喉舌。[2]

---

[1] 周文：《〈大众化工作研究〉序》（1941年3月6日），载《周文文集》第三卷《文论杂文》，作家出版社，2010，第398页。

[2] 中国社会科学院新闻研究所编《马克思恩格斯论新闻》，新华出版社，1985，第234页。

在大革命时代创办的《政治周报》发刊词中，毛泽东开宗明义写道，为什么出版《政治周报》？为了使中华民族得到解放，为了实现人民的统治，为了使人民得到经济的幸福。[1] 也就是说，为什么办报，为什么发展新闻业，不是为了专业主义的客观中立、不偏不倚，更不是为了一个所谓"知"，而是为了人民当家做主。重庆谈判期间，有一次毛泽东应《大公报》总编辑王芸生邀请，去报社访问参观，临别时，王芸生请他留下墨宝，毛泽东挥笔写下"为人民服务"。新闻工作就是为人民服务，新闻记者就是为人民服务，这也是对新闻魂的生动表述。

如前所述，陆定一《我们对于新闻学的基本观点》一文有两个要点：一是实事求是；一是群众路线。他问：怎样才能做到实事求是，得到真实的新闻呢？他的回答是：只有为人民服务的报纸，与人民有密切联系的报纸，才能得到真实的新闻。他还特别提到，这种报纸，不但有自己的专业的记者，而且，更重要的是它有广大的与人民血肉相连的非专业的记者。[2] 正如王维佳就此阐发的："在传播实践中，从事新闻工作的知识分子面向劳工、走向基层、服务大众，与社会底层相结合，由此形成的'群众路线'传统是党办媒体中最重要的政治特色"；"在抗日战争时期的延安，'群众路线'凭借组织工作的完善而得到进一步发展。编辑和记者不但被要求走向基层去采访，还被要求到基层参加生产劳动，并加强自己的'思想改造'。更引人注目的是，当时共产党报刊普遍实行通讯员制度，数以万计遍布基层的报纸通讯员为党办的这些新闻媒体提供了大量群众新闻，打破了新闻职业的分工边界，推动了新闻的大众化。这种所谓'群众办报'的理念，'把专业的新闻工作者与非专业的新闻工作者结合起来'，相比新闻专业主义，显然更具有民主进步色彩"。[3]

既然新闻工作是为人民服务，那么，新闻记者就必须时刻勉励自己要做人民的公仆，要有群众的观点，千万不要有"报阀"的观点。陆定一的这番话当下更有现实针对性，是俯首甘为孺子牛，做人民的公仆，还是高高在上，做颐指气使的报阀，已经成为业界学界不得不面对、不得不回答的一个根本的问题、原则性的问题。如今还有多少人甘做人民的公仆，又有多少人想做炙手可热的报阀——讲马新观新闻魂时不得不严肃面对这个问题。从一些新闻名流的王婆

---

[1] 毛泽东：《〈政治周报〉发刊理由》（1925年12月5日），载中共中央文献研究室、新华通讯社编《毛泽东新闻工作文选》，新华出版社，2014，第2页。

[2] 陆定一：《我们对于新闻学的基本观点》，《解放日报》1943年9月1日，第4版。

[3] 王维佳：《"党管媒体"理念的历史生成与现实挑战》，《经济导刊》2016年第4期，第29页。

卖瓜中，从党的十八大之前纷纷攘攘的传媒"领袖"大讲堂、传媒"领袖"讲习班中，不难发现公仆意识越来越淡，而报阀意识越来越浓。延安整风期间，毛泽东在文艺座谈会上谈到一个关键问题——为什么人？他说：为什么人的问题，是一个根本的问题，原则的问题。习近平2014年在文艺工作座谈会上的讲话重申这一点，他说社会主义文艺从根本上讲就是人民的文艺。延伸一下，也可以说社会主义新闻事业根本上讲就是人民的新闻事业。

为什么共产党、新中国的新闻业如此注重人民，如此强调人民主体？说到底是由共产党、新中国的根本性质所决定的，既然共产党是马克思主义政党，奉行全心全意为人民服务的宗旨，既然共和国是工人阶级领导的、以工农联盟为基础的人民民主国家，奉行人民当家做主的政治价值，那么全党办报、群众办报就是题中应有之义，由此形成党性与人民性水乳交融的生命纽带。为什么说党性和人民性有机统一？一次，我同几位硕士生、博士生聊天，谈及这个话题，请他们谈谈各自的看法。于是，大家滚瓜烂熟地复述了一通书本理论。我说，这么说政治上无疑是正确的，问题是道理上似乎还难以让人信服，恐怕你们自己也未必真心相信吧。马克思有句名言："理论只要说服人，就能掌握群众；而理论只要彻底，就能说服人。"[1] 我试着说说这个问题，看看能不能达到"彻底"的程度，说明党性与人民性是有机统一的。

一方面，没有先进的政党及其党性，就没有人民及其人民性。有人说，人民是永恒的，也是永远正确的，而党是一个历史性产物，常常犯错误，所以人民性高于党性。如果不加深究的话，这套逻辑听起来貌似振振有词。其实，没有先进政党及其党性，哪儿来人民及其人民性；没有现代意义的政党，哪儿有人民这一政治主体。这里，需要明确一点，人民是一个现代概念，属于几百年来逐渐通行于世的现代政治。现代政治无论采用什么国体政体，均以人民作为立国之本，从资产阶级的人民主权到社会主义的人民主体无不如此。而人民这一政治主体与政治概念，追根溯源同文艺复兴、启蒙运动所召唤的价值相关，如自由、民主、人权，如人人生而平等。按照现代这套政治价值，国家是属于人民的，权力是人民赋予的，政府是人民授权的，就像林肯《葛底斯堡演说》的著名表述：民有、民治、民享。总之，人民是一个现代政治概念，而不是一个从古及今天然如此的东西。

有人会问：古代难道没有人民吗？孟子不是讲"民为贵，君为轻"，魏徵不是也讲"民如水，君如舟"，民可载舟，亦可覆舟吗？其实，此民非彼民，

---

[1]《马克思恩格斯选集》第1卷，人民出版社，1995，第9页。

古代所谓民以及民本思想，同现代政治意义的人民格格不入。当官不为民做主，不如回家卖红薯的那个"民"，不过是马克思形象概括的一个个土豆，一麻袋的土豆搁在一起还是土豆，故需大人先生为其做主。也就是说，古代的所谓民，是没有政治意识、独立意识和主体意识的小民、草民，是马克思所谓人的依赖关系中的附庸，同现代意义上独立自主的政治主体风马牛不相及。当然，现代资本社会的人民虽然摆脱人的依赖关系，又陷于物的依赖关系，沦为物化体系的附庸。

相对于现代政治意义的人民，传统中国的"民"就像鲁迅笔下的祥林嫂、孔乙己、闰土，平日里逆来顺受，听天由命，一旦小日子实在过不下去，就揭竿而起，杀进东京，夺了鸟位，然后一切又恢复老样儿。正如青年学者谢保杰在博士论文中写到的，传统民本思想的"民"，只是"被动接受施恩的客体，而不是社会和国家的主体，更不是国家和社会的主人"[1]。将散沙一盘的小民草民，召唤为独立、自由、平等的现代政治主体，成为创造历史的主人，则有赖于现代的先进政党以现代政治理念的启蒙，具体说来有赖于中国革命与中国共产党。1921年中共中央颁布的《关于建立与发展党团工会组织及宣传工作等》通告，就对人民以及组织发动人民有清晰的认识：

> 中共将组织工农劳动者、实现社会革命作为它的根本任务，认为具体的路径就是要组织三个运动，就是劳动运动、青年运动和妇女运动……这三类人也构成了未来的"人民群众"最为主体的部分。可以说，中共在形成"人民群众"这一基础的时候，实际上是通过对基层人群的分类分层的动员、组织和改造来实施的，这样才形成了"人民群众"这一具有广泛动员力的核心概念及其作为历史实践主体的存在。[2]

五四运动、《新青年》、新文化以及李大钊、陈独秀、瞿秋白等先驱，通过他们发起的文化革命，推动的文化运动，特别是中国共产党领导的革命实践，更是一步步召唤起老百姓的主体意识，借用毛泽东的诗句：唤起工农千百万，同心干。哈佛燕京学社原社长、汉学家裴宜理（Elizabeth Perry），对共产党领

---

[1] 谢保杰：《主体、想象与表达——1949—1966年工农兵写作的历史考察》，北京大学出版社，2015，第9—10页。

[2] 董丽敏：《从延安到共和国》，参见张志强、李放春、潘维等：《人民共和国的文明内涵》，《开放时代》2018年第1期，第72—73页。

导的安源罢工进行了专题研究，发现中国革命的一大贡献是把人的尊严带给了底层，安源罢工有句口号"从前是牛马，现在要做人"，这正是现代政治特别是社会主义、共产主义的核心理念。[1] 与此相似，在革命报业艰苦卓绝的风雨进程中，《新青年》《共产党》《劳动界》《劳动者》等一大批进步报刊，"都开始大量关注劳工问题，他们不仅用通俗易懂的语言向工人传播共产主义理念，而且展开与工人生存状况和抵抗运动相关的调查，更可贵的是，这些媒体都开辟专栏让工人发表自己的作品，表达自己的思想。在农村，沿着同样的方式，中国共产党负责组织农民运动的机构主办了中国历史上最早的一批农民报刊，宣传农民革命的墙报、传单、标语、漫画等宣传品更是到处可见"。[2]

由此可见，没有先进政党——共产党，没有先进理念——马列主义以及现代的自由、民主、平等，不是先进政党运用这些先进理念去启蒙，去召唤，怎么可能有千千万万觉醒的现代政治主体——人民，低眉顺眼的祥林嫂怎么可能成为自立自强的吴琼花、李双双？所以说，没有先进政党及其党性，就没有创造新政治的主体即人民及其人民性，就像《娘子军连歌》唱的：共产主义真，党是领路人。

另外，没有人民以及人民性，先进政党及其党性也就无所依托，失去意义，成为无源之水、无本之木。换句话说，没有人民以及人民性，也就无所谓党性了。《共产党宣言》有段名言："代替那存在着阶级和阶级对立的资产阶级旧社会的，将是这样一个联合体，在那里，每个人的自由发展是一切人的自由发展的条件。"[3] 如果离开了人民，离开了每个人自由而全面的发展，既摆脱人的依赖关系，又摆脱物的依赖关系，那么成立共产党干什么？传播马克思主义干什么？同样，如果没有人民，不是为了人民，李大钊、陈独秀、瞿秋白、毛泽东等还忙活什么？千千万万共产党人前赴后继，抛头颅，洒热血，又图什么？他们的一切追求、奋斗与梦想，点点滴滴不都是为了人民吗？对此，毛泽东讲过一番通俗而深刻的道理："共产党人好比种子，人民好比土地。我们到了一个地方，就要同那里的人民结合起来，在人民中间生根、开花。"[4] 这个说法既形象，又深刻，共产党人好比是种子，没有这个种子，就什么东西都长不出来，

---

[1] 裴宜理：《安源：发掘中国革命之传统》，阎小骏译，香港大学出版社，2014。

[2] 王维佳：《"党管媒体"理念的历史生成与现实挑战》，《经济导刊》2016年第4期，第29页。

[3] 《马克思恩格斯选集》第1卷，人民出版社，1995，第294页。

[4] 毛泽东：《关于重庆谈判》（1945年10月17日），载《毛泽东选集》第四卷，人民出版社，1991，第1162页。

故没有党性就没有人民性；而只有种子，没有土地，没有人民，那么再好的种子，也只是优良品种而已，同样什么东西也长不出来。青年学者章永乐的阐述进一步揭示了这一关系：

> 党并不外在于人民，而是在人民自我解放的事业中起到了先锋队的作用；党所表现出来的力量，其实也就是组织起来的人民的力量。当党没有能力组织人民的时候，她自身也将是孱弱的。党要获得力量，恰恰是需要相信，"人民"这个母体，拥有源源不断的力量。[1]

总而言之，没有现代政党及其先进理念，就没有人民这一政治主体以及人民性；而没有人民以及人民性，先进政党及其党性也就失去了意义与活力。所以，党性与人民性是有机统一的。

应该看到，当下问题正如王维佳所言，一套所谓"专业主义"新闻观及其价值观已经广泛渗透于中国新闻教育和新闻实践，正在逐步对"群众路线"和"党性原则"进行改头换面。一旦离开"群众路线"和"党性原则"的相互统一，新闻业的"党性和人民性相统一"也就失去合法性基础。

为此，习近平在新闻舆论工作座谈会上特别谈道：新闻记者要解决好"为了谁、依靠谁、我是谁"这个根本问题。

结语

什么是我们的新闻魂？一言以蔽之，就是马克思主义新闻观。关于马克思主义及其新闻观，我的理解有两点：科学与价值。一方面，马克思主义是一套博大精深的科学体系，特别是剩余价值理论和唯物史观更是震古烁今，深刻揭示了人类社会的基本规律。故新千年之际，马克思被西方评为千年第一思想家。与此同时，仅讲马克思主义是科学体系还远远不够，因为任何科学都有缺陷，任何科学理论早晚都可能被新的理论所超越，如同爱因斯坦体系超越牛顿体系。所以，仅仅承认马克思主义是伟大的科学还远远不够，同时还应看到马

---

[1] 章永乐：《如何从"敬畏人民"走向"信仰人民"》，《中华读书报》2017年7月19日，第10版。

克思主义更是一套伟大的价值，是为天下苍生谋福祉的思想体系，犹如释迦牟尼、穆罕默德、耶稣基督、孔子、老子等圣人及其向往的美好世界，而这一价值无疑是永恒的。只要人类社会存在，人人平等，相亲相爱，四海一家，天下为公，就永远是人类向往的美好理想，马克思主义作为伟大的价值体系也就永远不会过时。与此相应，就马克思主义新闻观而言，同样是科学与价值的有机统一，事实判断与价值判断的有机统一。科学性体现于实事求是，尊重事实，尊重真理，既注重微观事实的准确无误，又强调宏观事实的完整把握。价值性体现于为人民服务，最终为了每个人自由而全面地发展。

人民，只有人民，才是创造世界历史的动力，这一认识论与价值论已经深深印在人民共和国的历史上。中南海的正门影壁上，镌刻着毛泽东的手书"为人民服务"，清华园的心脏"工字厅"同样悬挂着"为人民服务"的匾额。新华社记者穆青将"勿忘人民"作为座右铭。《人民日报》记者范敬宜在一首词里抒写同样的情感："念白云深处千万家，情难抑。"中央电视台年轻记者何盈，以《新疆塔县皮里村蹲点日记》获得中国新闻奖一等奖，她的新闻理想是"做一个裤腿上永远沾着泥巴的记者"。清华园有处景观，大礼堂西侧苍松翠柏间，矗立着闻一多先生塑像，后边的影壁上镌刻着他的两句手书，上一句是"诗人主要的天赋是爱"。如果只有这一句，那么一切诗人都会这么说，不足为奇，而只有说出下一句，才无愧是伟大的诗人闻一多："爱他的祖国，爱他的人民。"

中国新闻学的春天与冬天

"中国新闻学"自然指立足中国的新闻学,离不开五千多年源远流长的文明史、一百八十多年屡挫屡奋的近代史、新中国七十多年正道沧桑的奋斗史,以及其中蔚为大观的新闻传播遗产。所以,一句话,中国新闻学关乎中国道路,说到底是为中国道路新闻业立魂,立言,立心。同时,由于其中主流传统同马克思主义道统水乳交融,中国新闻学又始终心系天下,关注人类命运共同体及其新闻传播,离不开《国际歌》寄寓的国际主义情怀——"英特纳雄耐尔"(international)。

作为一门学科,中国新闻学起源于五四时期的北京大学新闻学研究会,北京大学校长蔡元培、中共秘密党员、一代名记者邵飘萍等均为先驱者,而新中国开国领袖毛泽东堪称研究会最有名气也最有成就的学员与教员。今天,回望"五四"一百多年和新中国七十多年的中国新闻学,我辈学人不由审视自己所处的历史方位,而无论怎么见仁见智[1],中国新闻学的现状都难脱狄更斯那段名言说的矛盾状态——最好与最糟的时代抵牾,蓬勃的春天与寂寥的冬天相对。

一方面,"五四"一百多年特别是新中国七十多年来,中国新闻学已经取得长足进展,特别是从梁启超到邵飘萍,从邹韬奋到范长江,从邓拓到穆青,从延安窑洞人民广播的手摇发电机到数字时代融媒体,一代代中国记者以及学者以其辛勤耕耘和开创性工作奉献了无数心血和智慧,也为中国新闻学及其学派奠定了厚实的基础。党的十八大以来,随着中国特色社会主义进入新时代,新闻学也迎来前所未有的良机。2016年,党的哲学社会科学工作座谈会召开,强调加快建设中国特色哲学社会科学及其学科体系、学术体系和话语体系,并

---

[1] 2009年,一家权威期刊就曾发表文章,称中国新闻学"走入黄昏",为此还引起一场"保卫新闻学"的学术讨论。见郜书锴:《走入黄昏的中国新闻学——30年中国新闻学的回望与反思》,《现代传播》2009年第3期;郑保卫:《迈向辉煌的中国新闻学——与郜书锴同志商榷》,《现代传播》2009年第6期。

重点建设具有"支撑作用"的11门学科，其中包括新闻学。这一引人注目的学科布局，让人仿佛看到了中国新闻学的春天。另一方面，我们又不能不清醒地意识到，中国新闻学又遭逢前所未有的现实困境和学科危机。不说别的，如学术腐败、学术江湖、学风浇薄等天下共知而痛心无奈的普遍问题[1]，仅就每年发表约五万篇论文、招收约两百名新闻传播博士生等理应欣慰的局面而言，至少三个迹象又显示了中国新闻学冬天般的寂寥。

其一，学科萎缩——"失地"。在整个新闻传播学科，新闻学明显萎缩，边缘化趋势有增无减，大量人力、物力、精力日渐投向时兴方向，如媒体技术、经营管理、广告公关、研究方法、影视传播等，与新闻学"支撑作用"的战略定位相去甚远。当然，其他学科方向均属同一大树的枝干，盘根交错，浑然一体，也均为时代所趋、国家所需。但问题在于如果枝叶繁茂而主干枯萎，那么，对新闻学而言，与其说是繁荣景象，不如说是颓败征兆。

其二，队伍涣散——"失人"。不仅学科领域萎缩，而且有志于新闻学的学人与学子也与时俱减。在一些流行思维中，研究新闻学尤其是中国新闻学，既不时尚，又不学术，更不高大上，远非"西潮新潮"所能比。翻检一下每年各类学位论文及其选题，看看还有多少在关注新闻业与新闻学，对此"散兵游勇"状况就一目了然了。因为，学位论文尤其是硕士论文与博士论文，基本上决定了其学术志业。

其三，价值失落——"失魂"。如果说学科萎缩、队伍涣散还可归结为学术的"前沿冲动"，犹如李金铨教授形容的"学术猎狗"，从一个猎物不断扑向新的猎物，那么，价值失落对中国新闻学则是致命痼疾。所谓失魂，既指缺失中国文化的主体意识与自觉意识，更指丧失马克思主义及其中国化的精神价值，集中表现为"去政治化"，以及相关的"去历史化""去中国化""去价值化""去主流化"等，而尤为致命的是"去马克思主义化"。试看一点，即知大概。四十年前，甘惜分先生指导第一批硕士生时，曾经要求弟子首先通读《马克思恩格斯全集》，而如今众多博士生中能翻翻数万字《共产党宣言》者恐怕

---

[1] 对此，批评之声备矣。比如，应星说道："许多圈子都具有或浓或淡的江湖气息……自觉不自觉地把世俗的那套手腕和心机带到圈子中，带进学术中。"（见应星：《且看今日学界"新父"之朽败》，《文化纵横》2009年第8期）孙歌为《读书》创刊四十周年写的文章，也谈及此类二十年目睹之怪现状："学术评价标准的堕落，普遍性的知识腐败，在学界几乎是有目共睹的现象，但是批评归批评，腐败归腐败，这井水不犯河水的现实格局才是问题的关键。其实大家都心知肚明，各种跟利益链直接配合的'学术评价'机制，绝不会因为舆论界指出它的丑恶而有所改变。"（见孙歌：《伴跑〈读书〉》，《读书》2019年第4期）

都寥寥无几了。与此同时，非马乃至反马的东西却前呼后拥地进课堂，进教材，进头脑，如冷战斗士施拉姆及其反共的《报刊的四种理论》，至今依然顶着所谓"大师"光环受到学界主流的推崇。

失魂的要害还不在于新闻学中马克思主义是否在场，而在于是否拥有名实相符的"指导地位"。就此而言，当下状况一边是马克思主义新闻观看上去如火如荼，一边是新闻专业主义即西方新闻观实际上席卷天下，这一态势是否表明马克思主义虽然拥有政治权威而未必拥有学术地位；或者说马克思主义新闻观及其立场、观点和方法，只有政治领导权而难说文化领导权，或者说只有管理权而尚无领导权。比如，在学术期刊上，宣扬专业主义的文字你方唱罢我登场，而秉持马克思主义立场，剖析专业主义的批判声音却很难听到。另外，经过李零所说的"去政治化、国际化和学术化"，马克思主义也差不多成了无关宏旨的学术研究对象，"正在变成古董，一件打碎的古董""沦为经学考据"[1]，从而丧失生机勃勃的革命性、斗争性和实践性。于是，残存的新闻学研究以及其他学科领域日益成为"价值中立""价值无涉"的学术操练，看不懂"为谁著书、为谁立说"，从毛泽东到习近平反复强调的根本问题、原则问题即"为什么人"的问题，越来越漫漶不清了。

上述局面渊源有自，冰冻三尺非一日之寒。从社会政治视角看，党的十八大之前相当时期的"一手硬，一手软"，以及思想文化和意识形态工作的不得力、不得法，是导致这一局面的大气候。一些体制机制的主导性作用，如随波逐流的"国际接轨"、对标美国的"一流大学"、盲目跟风的"英文发表"，以及某些既无助于探求真知，更有碍于追求真理的"清规戒律"[2]，与其说有助于坚持和发展马克思主义及其中国化的哲学社会科学包括新闻学，不如说有意无意地"管死马克思主义多学派的发展，放活非马克思主义多元化的扩张"[3]。黄宗智揭示的问题同样值得新闻学反思："如今中国的学术管理者已经完全采纳了 WoS 三大'航母'引文索引的科学主义学术评估方法，并把其官僚化到当代的美国学者都不能想象的地步。"[4] 所谓 WoS，就是 C 刊 S 刊以及影响因子

---

[1] 李零：《重读马克思》（上），《读书》2019年第4期，第16—17页。

[2] 如中国大学评中国教授必须先去欧美大学访学一年，少一天都不算数，否则就得重新再走一趟；学术论文必须遵循一套刻板程式，诸如文献、假设、方法、讨论，否则就可能遭遇"不规范"质疑；等等。

[3] 程恩富：《"刘（国光）旋风"——掀翻新自由主义经济思潮〉感评》，见程恩富、顾海良主编《海派经济学》（第15辑），上海财经大学出版社，2007，第214页。

[4] 黄宗智：《引文索引的使用和滥用》，《开放时代》2018年第5期，第214页。

等。既然现行体制机制限定如此,趋奉西潮新潮又常常吃香喝辣,而听从甘惜分指教的"立足中国土,请教马克思"往往喝西北风,那么,就无怪乎学者学子竞相"去政治化"了。

除此之外,中国新闻学面临的现实困境和学科危机也在于文化政治的观念性影响。2019年适逢新中国七十华诞与五四运动百年纪念,"五四"与新中国无论在历史上,还是在现实中都互为镜像,也就是说如何看待"五四"与如何看待新中国恰似一枚硬币之两面,而且这种相辅相成的认识逻辑还由于不同的文化政治而不断主导着大相径庭的历史潮流。把"五四"仅仅视为西方中心视野的现代启蒙运动是智识阶层或者说知识精英的一贯思路,其典型代表前有胡适从全盘西化走进"蒋公"幕府,后有李泽厚从20世纪80年代"救亡压倒启蒙"之说走向90年代"告别革命"之论。关于如此一脉延续欧洲启蒙运动的文化政治,再没有恩格斯说得那么清晰透彻了。在《反杜林论》中,他结合法国启蒙思想家的理论主张、时代背景及其阶级本质所作的深刻分析,也完全适用于上述"五四"以降的启蒙思潮:

> 他们不承认任何外界的权威,不管这种权威是什么样的。宗教、自然观、社会、国家制度,一切都受到了最无情的批判;一切都必须在理性的法庭面前为自己的存在作辩护或者放弃存在的权利。思维着的知性成了衡量一切的唯一尺度。……以往的一切社会形式和国家形式、一切传统观念,都被当做不合理性的东西扔到垃圾堆里去了;到现在为止,世界所遵循的只是一些成见;过去的一切只值得怜悯和鄙视。只是现在阳光才照射出来。从今以后,迷信、非正义、特权和压迫,必将为永恒的真理、永恒的正义、基于自然的平等和不可剥夺的人权所取代。
>
> 现在我们知道,这个理性的王国不过是资产阶级的理想化的王国;永恒的正义在资产阶级的司法中得到实现;平等归结为法律面前的资产阶级的平等;被宣布为最主要的人权之一的是资产阶级的所有权;而理性的国家、卢梭的社会契约在实践中表现为,而且也只能表现为资产阶级的民主共和国。[1]

如果说以"自由、平等、博爱"为旗号的法国大革命最终成就的不过是资

---

[1] 恩格斯:《反杜林论》,见《马克思恩格斯选集》第3卷,人民出版社,2012,第391—392页。

产阶级共和国,那么将"五四"归结为启蒙理性的认识也难免趋向同样结局,仅看胡适及其朋友们何曾有志于人民当家做主的政治愿景便可明白大半了。与之相对,中国革命与中国共产党以及千百万为新中国流血流汗的仁人志士,始终把"五四"看作彻底反帝反封建的一次高潮,并在这一历史延长线上继承发扬"五四"的革命精神[1]。即使所谓"启蒙",同样尊奉人民大众为创造历史的主体而非浑浑噩噩的群氓,并且"启蒙"本身也同属反帝反封建的革命大潮。[2] 五四时代的学生,曾任新四军秘书长的革命家、文化人李一氓,晚年在其回忆录里就曾明确写道:

> 现在有些人把五四运动概括为民主与科学,所谓"德"先生与"赛"先生者,并把这二者当成运动的目标,可能不符合实际。合于实际的,并且一直是中国革命之所以坚持并为之奋勇斗争的,恐怕还是以反对帝国主义为主要目标。不反对帝国主义而空谈科学与民主,则五四以后的许多社会变革的运动,甚至包括1921年中国共产党的成立,就都无法作逻辑和历史性的说明了。[3]

回顾与研究"五四"以来百年中国新闻学,也一直隐然存在这样两种不无交集如反封建而又迥异其趣如反帝的思路或者说范式。遵循所谓启蒙思路,就

---

[1] 五四运动两周年之际,李大钊就曾发表文章《中国学生界的"May Day"》,明确指出:"五月四日这一天……中国学生界用一种直接行动反抗强权世界,与劳动界的五月一日有同一的意味。"

[2] 李零就此写道:"中国的启蒙是个大词,不光是北大、清华,不光是商务、中华,不光是知识分子,不光是'德先生'和'赛先生',它也包括革命,它也包括战争,它也包括全民族的动员和劳苦大众的觉醒。""五四运动是爱国运动。爱国的意思并不复杂,当时叫救亡图存。爱国是救国,又不是打别人。自己的国家要亡了,怎么就不能救一下?现在有人说,救亡图存挡了启蒙的道,这叫什么话?"(见李零:《鸟儿歌唱——二十世纪猛回头》,北京大学出版社,2014,第97页、262页)

[3] 李一氓:《李一氓回忆录》,人民出版社,2015,第12页。如今,人们又开始重新认识并认同后发国家的"反帝"意味。温铁军就认为,第三世界国家不经过革命,就只能同帝国主义妥协并让渡政治主权,以此推行国家现代化。潘卡吉·米什拉(Pankaj Mishra)的《从帝国废墟中崛起》(*From Ruins of Empire: The Revolt Against the West and the Remaking of Asia*)一书,也从历史与逻辑方面对此作出新的更深入的论述。

顺理成章地勾画并趋向从新记《大公报》到新闻专业主义的一脉逻辑。当然，所谓新记《大公报》传统不过是从专业主义视角投射历史的唯心想象而非唯物事实，事实还是蒋家王朝"小骂大帮忙"的喉舌[1]。按照同样的启蒙思路，范长江、邹韬奋也貌似成为"自由民主"人士，而无视他们以及一代进步知识分子走向革命、走向人民、走向社会主义的心路历程。由此可见，仅以启蒙视角看待中国新闻业与新闻学的偏颇和局限。相反，信守反帝反封建的思路，则无论"五四"以来一百多年，还是新中国七十多年的新闻业新闻学，都不能不置身于中国革命的大历史、大脉络、大视野之中，并势必以人民为中心而非以精英为中心，从而内与国家独立、民族解放、人民当家做主等历史巨流息息相通，外与马克思主义、国际共产主义、十月革命一声炮响以及亚非拉反帝反殖浪潮，包括争取世界新闻新秩序等历史脉络有机关联。

中国新闻学失地、失人、失魂的问题，从文化政治的观念视角追根溯源，也在于20世纪80年代以来，学界主流由于过犹不及地反思历史和饥不择食地吸纳西学，对五四以降反帝反封建传统，特别是其中的革命斗争、阶级政治、群众路线、唤起工农千百万以及"政治家办报"等新闻传统日渐疏离，隔膜，冷漠。日积月累，有意无意，中国新闻学也就不可避免地日渐陷入"瀚海阑干百丈冰"的处境。

如果正心诚意走中国道路，也就是中国的革命、建设与改革开辟的道路，那么，新闻学的总体状态无疑与新时代日益错位。而脱离时代的大势所趋，虽然可能繁兴一时，但终究难逃大浪淘沙的命运。一度红红火火的中国传播学，如今消失于国家战略层面的学科布局，就是令人扼腕的前车之鉴。那么，中国新闻学如何走出暮气沉沉的冬天，迈向生机勃勃的春天？说到底还在于立足中国大地，为人民著书立说，深刻解读新中国七十多年历史性变革中所蕴藏的内在逻辑，讲清楚中国特色社会主义道路、理论、制度、文化优势。离开这些"大本大源"，缺乏文化自觉与学术自觉，沉溺于"学术共同体"及其杯水风波，如李书磊二十年前指出的"被知识分子自身的趣味和利益集团囚禁起来，变得日益地孤立、孱弱而苍白"[2]，中国新闻学就难有出息、有出路，只能捧着金碗讨饭吃。房宁呼吁青年学者多"写生"，少"临摹"，也是这个道理。"临摹"

---

[1] 俞凡教授以十年磨一剑的功夫，在《新记〈大公报〉再研究》一书中，以实事求是的科学研究再次确认历史的不易事实。（见俞凡：《新记〈大公报〉再研究》，中国社会科学出版社，2015）

[2] 李书磊：《重读古典》，中国广播电视出版社，1997，第188页。

是照猫画虎,临摹得再好也是赝品,而"写生"是面对自然、沉浸人生的创作,即便是粗糙、生涩、稚嫩,也难掩鲜活生动的气息:

> 我多么希望更多地看到我们的学者,特别是年轻学者,能做时代的学问,能为国家为人民做学问,而不是躲在象牙塔里翻书本。我多么希望年轻学者们趁着年轻,去行万里路读万卷书,读大地之书,读社会之书,读人性之书。总之是读社会实践这本"无字天书",多"写生",少"临摹"。[1]

具体来说有三点,还需进一步明确。

第一,确立道路自信与学术自信,彻底摆脱不同程度的"学术殖民"状态与心态,用中信基金会理事长孔丹的话说,将"他信"变为"自信",将著书立说的立足点从"彼岸"转到"此岸"。[2]一位新闻学刊编辑干脆用"理论野心",表达了同样的自觉意识。19世纪初,西方文脉俨然还在欧陆,德国柏林洪堡大学等更是文化圣城,吸引着东西南北的欧美知识精英,而在立国不过六十多年的美国,哈佛文人R. W. 爱默生(Ralph Waldo Emerson)却提出了美国文化走自己路的主张,发表了美国文化的独立宣言《美国学者》("American Scholar")。如今,新中国已经走过七十多年,发展中国学术与学派更可谓名正言顺,水到渠成。

第二,确立马克思主义的立场、观点和方法。这个问题无须赘言,现在的症结不在于说而在于做。这里可用一位马克思主义新闻学者项德生教授的论述强调一点,即反思时下一边倒的研究方法问题。众所周知,如今新闻院系都把一套源于美国实证主义的传播研究方法奉若神明,有的新闻学院大一新生就开设"研究方法"课程,好像不学这套方法就不入流,而一旦掌握这套方法,就能方便地打开新闻传播规律的大门。从古今学术史看,具体的研究方法从来都是多种多样而非独此一家,而各种方法无非是发现问题、研究问题、解决问题的不同工具。既是工具,适用即可。科学家钱伟长针对自然科学说过:"做一番事业,用的工具要恰到好处,目的是解决问题。就像屠夫杀猪要用好刀,但这把刀刚好就行,不要整天磨刀,欣赏刀,磨得多好啊!那是刀匠的事。"三十多年前,项德生教授就指出中国新闻学一味推崇实证方法的致命隐患,强

---

[1] 房宁:《社科学者应多"写生"少"临摹"》,《环球时报》2019年4月24日,第14版。
[2] 孔丹:《"中国学派集成"总序言》,见中信出版集团"中国学派集成"丛书。

调坚持马克思主义方法论的决定意义:"对这些方法作用不能夸大,要向学生说明它们的适用范围,不能把现代科学方法和传统科学方法对立起来,更不能给学生造成一个错觉,似乎只有这种方法灵,其他方法都不中用了。尤其需要向学生反复说明,无论是传统的还是现代的,一切方法都不能代替马克思主义的哲学方法,所有的方法都只能在马克思主义哲学方法的统摄下,才能恰当而有力地发挥其局部性作用。"[1]

第三,确立新中国的研究主体地位。总体来看,学界主流要么习惯于"以洋为尊,以洋为美,唯洋是从",要么止步于晚清民国,而热火朝天的技术探讨又大多着眼于社会管理而非学科体系、学术体系和话语体系。在2018年北京大学新闻学研究会的年会上,我曾谈及民国三十年新闻史加上清末民初半个世纪的情况,牵扯了新闻史研究多半注意力,而新中国七十年加上之前共产党新闻工作三十年的万千气象在相关研究中却只占零头。当然,无论五千多年的古代新闻,还是一百八十多年的近代新闻,都是中国新闻学的研究对象。同时,也应明确,如果回望历史在于瞩望未来,那么,中国新闻学的未来毫无疑问主要系于新中国七十年,以及继承"五四"反帝反封建精神的中国共产党一百多年的新闻历程而非民国三十年,更不用说晚清七十年的新闻业。其实,一旦我们解放思想,突破固化思路,当不难发现共产党与新中国在新闻传播方面创造了何等高天厚土的业绩,留下了取之不尽、用之不竭的遗产,足够支撑中国新闻学的学术大厦。

站在新时代,回望和前瞻中国新闻学,至少可以确定一点:我辈是否具有学术的想象力和理论的创造力,主要不取决于唯人马首是瞻,而在于是否有心有能耐将五千年文明史、一百多年近代史,特别是共产党一百多年和新中国七十多年的历史功业及其新闻遗产,包括制度、观念、实践、文化等转换为一整套历史与逻辑有机统一的思想、理论和学说,并自立于世界新闻学术之林。倘若做得到,那么,我们就有信心期待——冬天终将过去,春天不会遥远了。

---

[1] 项德生:《仅仅是起点:项德生新闻论文集》,新华出版社,2018,第127页。

传播学在中国：四十年，五十年，何日是归年

1995年盛夏，第四届中国传播学研讨会在成都召开，我从郑州登上绿皮火车，同北京出发的中国社会科学院新闻所明安香、陈力丹、王怡红等同人会合，入关中，过秦岭，攀蜀道，其情其景恍如昨日。没想到，此后再无缘这个全国首屈一指的传播学平台。直到2022年夏季，受邀参加苏州大学举办的"第十五届中国传播学大会暨中国传播学40周年纪念大会"并发表演讲。如果我能忝列中国传播学的一介后学，那么，但见前辈老人一个个遽归道山，同辈老友一个个淡出江湖，树犹如此，人何以堪！

也就在2022年开春时节，新时代传播学研讨会针对早先传播学的十六字方针，形成新时代的新十六字方针：守正创新、融通中外、根植实践、引领时代。这里，我就围绕传播学的学科体系、学术体系和话语体系及其"转型升级"问题谈点感想，与其说审视中国传播学的小路、大路与出路，不如说反省自己走过的弯路，并向这个学术平台惜别。

科学方法论证废话

我在准备本次大会演讲时，看到中国社科院新闻所最早一批研究生熊蕾老师讲的一个故事，深有同感：

十几年前（大致相当于改革开放三十年反思传播学之际），一位从美国回来的博士跟我一起听论文答辩。我是临答辩前一天才收到其中三篇论文。校方的意思就是都得过，否则不给过的老师比答辩学生还麻烦。那就过呗。偏偏那博士还要给她指导的一篇论文以优秀，讲中国青春偶像电视剧如何才能超过日剧韩剧。学生只研究了一部电视剧，然后按套路写了理论方法一堆八股，最后的结论是，青春偶像剧要想成功，首先

要有好的演员,其次是编剧,再次是导演。我说,这不都是废话吗?怎么优秀了?过就行了。那博士说:熊老师你不懂,我们写论文,就是要用科学的方法论证在你们看来是废话的东西。

确实,如今不可胜数的传播学论文,包括貌似"高大上"的国际会议、国际期刊,有多少不是在用科学方法论证废话。刚刚过去的答辩季,想来各方又经历一轮煎熬。一方面从本科生到博士生,不管水平如何,反正论文大多会过;一方面从选题到文本,又有多少不是在用科学方法论证废话,或者说在用西方理论敷衍中国现实。而不过或缓过的个别论文中,除了确有问题的,反倒可能见到真知灼见真问题。清华大学也曾出现类似情况,为此一向温文尔雅的老院长范敬宜,第一次让人见识了他的声色俱厉。

面对二十年目睹之怪现状,我常常想起鲁迅先生的话——"救救孩子"。"孩子"包括青年学子与学者。人在屋檐下,怎敢不低头,眼看众生一茬一茬陷入内卷学术、异化学术,最后即便熬成教授、博导,荣膺这个学者、那个学者的头衔,但从追求真知、追求真理的角度看,从解释世界、改变世界的意义看,从藏之名山、传之其人的追求看,不知有多少能够心安理得呢,又同日益智能的机器人有多少本质区别呢。这里,有一点倒是众所周知:在用科学方法论证废话、用西方理论敷衍中国现实之际,在日复一日年复一年的机械化、程式化或所谓专业化操作中,传播学与酸甜苦辣的人间烟火相距遥远,与跌宕起伏的时代风云相看两厌,与为人民著书立说更是了不相干。

然而,"救救孩子"谈何容易。因为,多年形成的评价体系以及相应的体制机制就像皇帝的新衣,即便人人心知肚明,但又往往趋之若鹜,不得不奉命唯谨。于是,用科学方法论证废话无论怎样匪夷所思,但也只有顺着这条道儿走才可能顺风顺水,吃香喝辣。于是,一批批青年学子与学者不得不耗费青春年华,不断投入不痛不痒、装神弄鬼、云里雾里、自娱自乐的"学术游戏",不知不觉也成为轻车熟路的"学术玩家"。

用科学的方法论证废话,用西方的理论敷衍现实——这套学术流行语是怎么形成的?我从1986年参加第二届全国传播学研讨会,数十年下来感觉就像海涅说的:"播下龙种,收获跳蚤。"但是,认真反思,扪心自问,如果说种瓜得瓜,种豆得豆,那么,也许开始播下的就不是龙种而是跳蚤。龙种还是跳蚤,也涉及此次年会的主题词:中国传播学四十年还是五十年。这个问题绝非一个学术史的考据问题,而是关乎学科方向与定位的根本问题。

两个人物,两个节点

说到中国传播学,流行叙事是把1982年"冷战斗士"施拉姆及其香港弟子来华,一路北上,播撒冷战传播学种子视为缘起,迄今(2022年)四十年。而遵循马列主义与中国道路的叙事,则把尼克松访华同年即1972年,一代马克思主义传播学家斯迈思"不远万里,来到中国",研究社会主义道路及其传播实践视为人间正道传播学的中国元年,迄今五十年。两个人物,两个节点,代表着两条传播学进路:一条通着资本主义与国际化即美西化,一条通着社会主义与国际主义即人类命运共同体。

由此可见,中国传播学四十年还是五十年,就不仅仅是个缘起问题,而是关乎中国道路及其传播研究何去何从的根本问题。五十年前斯迈斯在中国的传播研究,既坚持马克思主义政治经济学的立场、观点和方法,又面向中国社会主义实践的艰辛探索与独立创造,由此提炼的一套既有中国特色,又有普遍意义的传播理论,如意识工业、文化甄别、依附之路,与冷战传播学以及此起彼伏的时兴传播学迥异其趣。也正是由于施拉姆以来,我们一度自觉不自觉地拆除文化甄别的思想长城,美西方意识形态以及新闻传播各种理论才攻城略地,如入无人之境,各路大师包括施拉姆也乱纷纷你方唱罢我登场。20世纪80年代,邓小平反对自由化思潮时就曾批评过:"对于西方各种哲学的、经济学的、社会政治的和文学艺术的思潮,不分析、不鉴别、不批判,而是一窝蜂地盲目推崇。"[1] 对此,连海外一些自由主义人士都看不下去,余英时就认为,中国知识界还没有完全摆脱殖民地的心态,一切以西方的观念为最后依据,只要西方思想家稍有风吹草动(主要是从美国转贩的),便有一批中国知识分子兴风作浪一番,这不是中西会通,而是随着外国调子起舞,像被人牵着线的傀儡一样,青年朋友如果不幸而入此魔道,则从此便断送了自己的学问前途。[2]

除了政治倾向,四十年与五十年也涉及不同的学术取向。首先应该说,中国传播学孜孜矻矻数十年,已经形成一套学科体系、学术体系和话语体系,没有功劳,也有苦劳;没有苦劳,也有辛劳。1984年我开始从教时,郑州最大的

---

[1] 邓小平:《邓小平文选》第三卷,人民出版社,1993,第44页。

[2] 余英时:《中国文化的重建》,中信出版社,2011,第237—238页。

新华书店也找不到几本参考书，而今传播学著述早已盈箱累箧。其中，实事求是的研究赓续不断，守正创新的成果时有所见，从而延续着人间正道的思想火种，传承着大道之行的精神血脉。特别是新时代以来，一批青年才俊守正创新，气象为之一新，如潘佼佼的农村广播网、张慧瑜的基层传播、王洪喆的人民无线电、盛阳的中苏论战、沙垚的乡村文化站等研究，落木千山天远大，澄江一道月分明。但从总体走势看，中国传播学又脱实向虚，形成一种"新四化"——美化、西化、八股化、玄虚化。如果说以施拉姆为标志的中国传播学倾心于脱实向虚，那么以斯迈思为象征的传播研究则致力于实事求是。脱实向虚的公式是理论—经验—理论，实事求是的公式则是经验—理论—经验。按贺雪峰的形象说法，前者是小循环，后者是大循环，小循环的路线是从书斋到田野再回书斋，大循环的路线是从田野到书斋再到田野。

脱实向虚还是实事求是，"躲进小楼成一统"还是"万类霜天竞自由"，也在于哲学认识论的分殊。具体说来，理论的源头在哪里？"人的正确思想是从哪里来的"？是经验，还是理论？脱实向虚小循环是因为信奉理论源于大脑，虽然需要一些经验化过程，如调查问卷民族志，但出发点与落脚点都在大脑，如恩格斯揭示的情形——"以哲学家头脑中臆造的联系来代替应当在事变中去证实的现实的联系"[1]，故曰唯心论。相反，实事求是大循环则信奉理论植根经验，源于实践，只有通过深入、细致、全面的考察，以及去粗取精、去伪存真、由此及彼、由表及里的分析，才可能把握事物规律，形成系统性认识即理论，然后再回到经验中检验，如此循环往复，使大脑与现实、理论与实践、解释世界与改变世界逐步趋向有机统一。由于出发点与落脚点都在外物，故曰唯物论。[2]

解释世界与改变世界

这些都是老生常谈，老生常谈又不得不谈，也在于时下传播学唯心学风大畅，形而上学猖獗。比如从本科到博士，从开题到答辩，普遍关注的第一个问

---

[1]《马克思恩格斯选集》第4卷，人民出版社，2012，第253页。

[2] 唯心论自有其思想价值，如古希腊哲人痴迷的逻各斯以及古往今来不结果实的智慧花朵，也由于唯心论的深化与刺激，才使唯物论从朴素不断走向深刻。但这同脱实向虚小循环的传播研究不可同日而语。

题都是所谓理论，悠悠万事理论为大，兵马未动理论先行，写论文先得找一套理论并以此统摄全文。而且，不言自明的是，所谓理论特指美西方某个学者，哪怕刚刚拿到学位的硕士博士，在某个书稿或论文里提出的某个观点。有了这种观点或理论，本硕博论文就合格，否则就不合格。运用之妙，存乎一心，如果理论用得好，用得妙，用得出神入化、天衣无缝，如高僧讲法，牧师布道，那么就是一流水平，否则就是一般水平。另外，同样不言自明的是，假定用了印度、巴西、阿根廷、俄罗斯等学术理论，则不仅不入流，还仿佛冒天下之大不韪。总之，一切均以美西方理论为准绳——"以洋为尊，以洋为美，唯洋是从"。实际上，不仅学位论文如此，主流研究及其创新套路何尝不然，如前些年时兴的建设性新闻，这些年热火的具身性、物质性等。当然，不是说美西方的理论无足称道，这些理论引人注目，表明在特定时期与条件下具有科学性或有效性，能够解释甚至改变世界，如战胜苏联的"文化冷战"及其冷战传播学，同时也给其他时期与条件下的传播实践与研究提供了参考和借鉴。但是，参考和借鉴绝不是神学教义，更不是先验正确的清规戒律。

林毅夫对经济学的批评，对照传播学何其相似。他在2022年4月23日第四届"国家发展青年论坛"的主旨演讲中特别说到，我们最重要的事情是必须改变现在的学习方式以及做研究的方式，因为经济学界普遍的是拿发达国家的理论来解释我们国家的现象，而且普遍看到的是这个问题、那个问题，或者用我们国家的资料来检验发达国家的理论，而这种研究的方式不就是在验证发达国家的主流理论嘛，但是你有理论贡献吗？我们学理论的目的是什么？是解释世界、改变世界。这样的学习方式能改变世界吗？[1]

他所关心的首要问题，即必须改变学习方式以及做研究的方式，延安整风时期毛泽东发表的《改造我们的学习》已经作出精辟论述。《改造我们的学习》以及《反对党八股》《在延安文艺座谈会上的讲话》等经典文献，核心思想一言以蔽之就是辩证唯物论。按照韩毓海教授的概括，辩证唯物论一分为三：一是立足实际的唯物论，二是革命批判的辩证法，三是以人民为中心的历史观。[2]新中国七十多年学术史也表明，只有遵循辩证唯物论，才可能有真问题、真研究和真学问，也才有望深刻把握社会实践及其传播规律，并摆脱奴化、异化或自我异化的研究，从而让学术为人民服务。

---

[1] 林毅夫：《第七代知识分子的使命》，《大学生》2022年第6期，第38—41页。

[2] 韩毓海：《马克思主义与中国文明的结合》，《文艺理论与批评》2022年第3期，第85—102页。

对中国这样拥有五千年文明传统，拥有十四亿各族人民，又处于不平衡不充分发展阶段的超大共同体来说，没有比脱实向虚更简单、更容易的，也没有比实事求是更麻烦、更困难的。脱实向虚的向壁虚构，就像那个古希腊寓言故事揭示的：有个人夸口，说自己在远方的罗德斯跳得多么远，蹦得多么高，胜过奥林匹亚的健将。旁观者说，就当这里是罗德斯，你不妨跳给我们看看吧。至于实事求是的真问题、真研究、真学问，以一百余年来共产党引领的"民族的、科学的、大众的"新文化为例，有多少值得中国传播学深究的学术课题：新旧融合，中西汇通，传播老百姓喜闻乐见的马列主义以及新社会新风尚；扫盲运动、简化汉字、汉语拼音、爱国卫生运动等一整套提升人民科学文化素质的教育教化；普及广播网、电视网、通信网等一系列保障人民基本媒体使用权的基础设施；俱乐部、文化站、读报组、乌兰牧骑、文艺会演、广场舞等组织形态，使亿万各族人民作为主人公而非旁观者融入文化与传播活动；"向科学进军"、"学哲学、用哲学"、工农兵通讯员，召唤起千千万万普通人参与精神生产、科学研究、新闻传播，20世纪六七十年代遍及城乡如火如荼的"无线电热"世所罕见；高张反帝反殖反霸大纛以及和平共处五项原则，同各国人民以及世界一切进步人士广泛交往；新时代国家传播治理体系与治理能力的现代化问题；等等。

总之，无论旧中国，还是新中国，无论完成时，还是进行时，五千年文明史沉淀了源远流长的传播宝藏，两个百年奋斗史更开创了天翻地覆的传播新局，加上数十年辛辛苦苦的学科积累，中国传播学拥有无可比拟的丰厚遗产与家当，现在关键在于破除"半殖民"的学术心态，确立中国道路的历史自信，发挥新时代的历史主动。中国特色社会主义已经进入新时代，世界也面临百年未有之大变局，人们有理由期待中国传播学摆脱用科学的方法论证废话的邪路，用西方的理论敷衍中国现实的绝路，更期待一批批新时代新青年走向天地阔远随飞扬的中国道路。

历史经纬
LISHI JINGWEI

再谈马克思主义的新闻观与历史观

无论理论,还是实践,新闻观与历史观都息息相关,新闻观是"表",历史观是"里",故任何新闻观和历史观都得表里如一而不能表里不一。或者说新闻观是"毛",历史观是"皮",皮之不存,毛将焉附,故没有历史观,新闻观就只剩徒有其表的"皮毛"。20世纪80年代,一代马克思主义新闻学家甘惜分曾在兰州大学新闻系,两度开讲"新闻学与历史学"。按照冯友兰的说法,学问之道,无非"照着讲"与"接着讲",本文也算对甘惜分之说的"照着讲"与"接着讲"。

一

马克思主义的新闻观与历史观始终表里如一,无不秉持辩证唯物主义与历史唯物主义的立场、观点和方法,即实事求是与人民主体。同样,各种非马克思主义的新闻观与历史观也同样一脉相通,就像新自由主义的历史观及其专业主义的新闻观,总不离唯心论、人性论、精英论的立场、观点和方法。借用张文木的简要概括,一者"以事说理",一者"以理说事"。

改革开放初,建立学位制度时,针对新闻学授什么学位问题,甘惜分与王中分别提出自己的主张。甘惜分主张史学学位,王中主张法学学位。他们的想法貌似不同,实则如出一辙,都是基于实事求是的思路。授史学学位,是因为历史必须依据事实,没有事实,就没有历史,如同没有事实,就没有新闻。即便历史叙事与新闻报道难免于选择,没有选择就无从谈论历史,也无从述说新闻,但选择的基础与前提必须是事实,就算"后现代""后真相"也得以事实为基础与前提,特别是经济、政治、文化、心理等构成的总体性事实,比如以下提问所针对的历史背景:"为什么唐太宗再开明也不可能签署中国的《自由宪章》,为什么拿破仑再强霸也不可能成为法兰西的苏丹,为什么老子再睿智也不可能在竹简上创立后现代主义。"[1] 与此相同，王中主张新闻学授法学学位，同样着眼于事实，因为新闻与法律一样，都必须以事实为依据，而不能以其他任何东西如想象为依据。

与形形色色非马克思主义的新闻观与历史观相比，马克思主义的新闻观与历史观有两个突出特征，一是认识层面讲究辩证唯物论而非机械唯物论，如联系的而非割裂的、运动的而非静止的、全面的而非片面的视角。借用列宁的精辟概括："社会生活现象极其复杂，随时都可以找到任何数量的例子或个别的材料来证实任何一个论点。"[2] "如果不是从整体上、不是从联系中去掌握事实，如果事实是零碎的和随意挑出来的，那么它们就只能是一种儿戏，或者连儿戏也不如。"[3]

今天看来，80年代新闻界在拨乱反正之际，为了强调微观真实而拒绝宏观真实，为了突出表象真实而批判本质真实，也可谓陷入另一种形而上学。时下一些"东一榔头，西一棒子"的新闻报道，以及新媒体更有甚者的"一闪一闪亮晶晶，满天都是小星星"，虽与市场化、逐利化、娱乐化、低俗化等西潮新潮息息相关，但形而上学的新闻观及其哲学认识论同样难辞其咎。离开马克思主义的新闻学人看问题，想问题，难免抓住一点，不及其余，只知其一，不知其二，更别说其三、其四等，就体现着机械唯物论的简单化与片面化。在2016年新闻舆论工作座谈会上，习近平谈到辩证唯物论的新闻观无疑具有针对性："要根据事实来描述事实，既准确报道个别事实，又从宏观上把握和反映事件或事物的全貌。"

马克思主义的新闻观与历史观的第二个突出特征在于，价值层面始终以人民为中心。如前所述，历史与新闻都是选择的学问，没有选择就没有历史，也没有新闻，而任何选择说到底都体现着不同的价值取向。一百余年前，梁启超在《新史学》中揭示了两种史学，一是以帝王将相即精英为中心的"君史"，一是以黎民百姓即人民为中心的"民史"，就揭示了历史书写的两种价值取向。[4] 马克思主义的历史观与新闻观，自然选择人民而非精英作为历史的主体与主人，因而致力于人民当家做主而非精英当家做主的历史实践与社会愿景，

---

[1] 韩少功：《"文革学"的三大泡沫》，观察者网，2014年9月23日，http://www.guancha.cn/HanShaoGong/2014_09_23_269671.shtml。

[2] 列宁：《列宁全集》第27卷，人民出版社，2017，第326页。

[3] 列宁：《统计学和社会学》，载《列宁选集》第28卷，人民出版社，2017，第364页。

[4] 梁启超：《新史学》，商务印书馆，2014，第85—91页。

包括"热情维护自己自由的人民精神的千呼万应的喉舌""全党办报,群众办报""新闻工作就是群众工作",以及毛泽东为《大公报》的题词"为人民服务"。

需要强调的是,马克思的奋斗,共产主义的理想,人民当家做主的实践与愿景,并非单纯源于想象中的美好愿望,如同古今中西各方圣贤一直向往的、描绘的、召唤的桃花源、理想国,而是以科学坚实的唯物史观为依据并磅礴于全球的伟大斗争、伟大事业、伟大工程、伟大梦想。2018年是马克思诞辰两百年,以人民为中心的思想理论与历史实践已从涓涓细流,蔚为长江大河,波澜壮阔。这里结合现实简单谈一个问题,即数十年来不断边缘化、简单化、标签化,乃至妖魔化的阶级论。习近平在哲学社会科学工作座谈会上,谈到现实问题时说道,马克思主义在一些学科中"失语"、教材中"失踪"、论坛上"失声"。而弃置阶级论,当数马克思主义"失语""失踪""失声"的一个表征。赵月枝教授的亲身经历就是一例:"在我熟悉的西方批判学术界,诸如'意识形态斗争''资本主义''阶级'这些词,现在都还常见。但是在国内的语境下,这些词汇却变得特别刺眼。比如我的一篇文章在某大学新闻学院一个学术刊物上发表的过程中,审稿的编辑一定要我把'资本主义'改成'市场经济','阶级'改成'阶层'。"[1] 为此,不妨先重温一下被恩格斯誉为"全部社会主义文献中传播最广和最具有国际性的著作"《共产党宣言》的核心思想:

> 这个思想就是:每一历史时代主要的经济生产方式和交换方式以及必然由此产生的社会结构,是该时代政治的和精神的历史所赖以确立的基础,并且只有从这一基础出发,这一历史才能得到说明;因此人类的全部历史(从土地公有的原始氏族社会解体以来)都是阶级斗争的历史,即剥削阶级和被剥削阶级之间、统治阶级和被压迫阶级之间斗争的历史;这个阶级斗争的历史包括有一系列发展阶段,现在已经达到这样一个阶段,即被剥削被压迫的阶级(无产阶级),如果不同时使整个社会一劳永逸地摆脱一切剥削、压迫以及阶级差别和阶级斗争,就不能使自己从进行剥削和统治的那个阶级(资产阶级)的奴役下解放出来。[2]

---

[1] 赵月枝:《被劫持的"新闻自由"与文化领导权》,《经济导刊》2014年第7期,第45—46页。
[2] 《马克思恩格斯文集》第2卷,人民出版社,2009,第14页。

二

什么是阶级与阶级论？列宁有个经典的定义："所谓阶级，就是这样一些集团，这些集团在历史上一定社会生产体系中所处的地位不同，对生产资料的关系（这种关系大部分是在法律上明文规定了的）不同，在社会劳动组织中所起的作用不同，因而领得自己所支配的那份社会财富的方式和多寡也不同。所谓阶级，就是这样一些集团，由于它们在一定社会经济结构中所处的地位不同，其中一个集团能够占有另一个集团的劳动。"[1] 比如，《白鹿原》上的乡绅白嘉轩与长工鹿三就属于这个意义上的不同阶级，由于它们在帝制时代与宗法社会的经济结构中所处的地位不同，因而支配社会财富的方式和多寡也不同。小小白鹿原，事虽虚构，理则实存，堪称毛泽东《中国社会各阶级的分析》的一个样本与缩影。[2]

关于阶级问题，除了列宁所论的社会经济关系及其本质，还包括马克思、恩格斯《德意志意识形态》等经典理论，以及西方马克思主义的各路理论，如葛兰西的文化领导权、布尔迪厄的阶级趣味、福柯的话语政治等学术思想及其揭示的精神状况。程巍的博士论文《中产阶级的孩子们》（2006），就以马克思的阶级分析、黑格尔的历史哲学和葛兰西的文化领导权理论，对欧美资产阶级取得政治经济主导权之后，又如何在精神文化上战胜贵族阶级、工人阶级，最终夺取文化领导权作出颇有启发的分析与阐述，犹如大观园的文人雅集对刘姥姥的村妇野语，而《红楼梦》被毛泽东视为"一部形象的阶级斗争史"。1973

---

[1] 列宁：《伟大的创举》，见韦建桦主编《列宁专题文集·论社会主义》，人民出版社，2009，第145页。

[2] 王奇生认为，中共阶级论的基本思想虽然源于马列关于阶级和阶级斗争的学说，但在革命过程中又有所调整与修正，大体具有如下特征：一是依贫富划分阶级，以阶级划分敌友；二是强调阶级之间的对抗与斗争，反对阶级之间的妥协调和；三是将革命视同为阶级斗争，以革命伦理、革命立场评断各阶级的政治属性；四是阶级概念的衍生，由阶级本体扩大到"阶级性""阶级化""阶级意识""阶级代表"，而这些"阶级性""阶级化""阶级意识"与"阶级代表"经常脱离阶级本体而存在，甚至与阶级本体相错位；五是阶级概念的泛化，将一切不平等视为阶级的不平等，将一切斗争视为阶级斗争。（见王奇生：《从"泛阶级化"到"去阶级化"——阶级话语在中国的兴衰》，《苏区研究》2017年第4期）

年5月25日的政治局会议上,他还谈道:"读《红楼梦》,不读五遍,根本不要发言。因为你不能把它的阶级关系弄清楚。"[1] 至于《共产党宣言》,开篇更是一句先声夺人的名言:"至今一切社会的历史都是阶级斗争的历史。"[2] 毛泽东于1949年为新华社撰写评论《丢掉幻想,准备斗争》,写下一段广为人知的话:"阶级斗争,一些阶级胜利了,一些阶级消灭了。这就是历史,这就是几千年的文明史。拿这个观点解释历史的就叫做历史的唯物主义,站在这个观点的反面的是历史的唯心主义。"

其实,阶级论并非共产党的专利,亦非马克思的发明,而是近代资产阶级学者的贡献,马克思1852年致约瑟夫·魏德迈的信说得很清楚:

> 至于讲到我,无论是发现现代社会中有阶级存在或发现各阶级间的斗争,都不是我的功劳。在我以前很久,资产阶级历史编纂学家就已经叙述过阶级斗争的历史发展,资产阶级经济学家也已经对各个阶级作过经济上的分析。我所加上的新内容就是证明了下列几点:(1)阶级的存在仅仅同生产发展的一定历史阶段相联系;(2)阶级斗争必然导致无产阶级专政;(3)这个专政不过是达到消灭一切阶级和进入无阶级社会的过渡……[3]

弃置或悬置马克思主义的阶级论,则不仅人民、人民主体、人民当家做主等难免成为空洞无物的虚言浮词,工人阶级、工农联盟、无产阶级专政等也如失去所指的能指,而且无论汹涌一两百年的国际共产主义运动,包括庄严场合必唱必奏的《国际歌》——英特纳雄耐尔一定要实现,还是伟大的中国革命及其价值理想,从人民英雄纪念碑碑文,到"两个百年""三大飞跃""两大革命"等,都同样变得恍兮惚兮,莫名其妙。因为没有阶级,何来消灭一切阶级?不讲阶级论,鸦片战争以来的苦难辉煌革命史以及新闻史也无所谓"革命化范式",包括"反帝反封建"的主线主题,只能归之为全盘西化的"现代化

---

[1] 转引自陈晋:《毛泽东是怎样把〈红楼梦〉当作历史读的》,载《党的文献》2013年第6期,第121页。

[2] 《马克思恩格斯文集》第2卷,人民出版社,2009,第31页。

[3] 《马克思恩格斯文集》第10卷,人民出版社,2009,第106页。

范式"——而这正是当今"虚无主义""普世价值"波涌浪翻的思想源头。[1]

需要强调的是,新时期确立以经济建设为中心而否定以阶级斗争为纲,并不意味着否定马克思主义的阶级分析法和阶级斗争论。无论邓小平于1979年提出的四项基本原则,还是习近平2016年提出的"初心",无不蕴含着社会主义超越资本主义的阶级政治与政治理想。"文革"结束后,《关于建国以来党的若干历史问题的决议》在中国共产党成立六十周年前夕正式发布,其中写道:"社会主义不但要消灭一切剥削制度和剥削阶级,而且要大大发展社会生产力,完善和发展社会主义的生产关系和上层建筑,并在这个基础上逐步消灭一切阶级差别,逐步消灭一切主要由于社会生产力发展不足而造成的重大社会差别和社会不平等,直到共产主义的实现。"[2]1992年邓小平《在武昌、深圳、珠海、上海等地的谈话要点》也谈道:

> 依靠无产阶级专政保卫社会主义制度,这是马克思主义的一个基本观点。马克思说过,阶级斗争学说不是他的发明,真正的发明是关于无产阶级专政的理论。历史经验证明,刚刚掌握政权的新兴阶级,一般说来,总是弱于敌对阶级的力量,因此,要用专政的手段来巩固政权。对人民实行民主,对敌人实行专政,这就是人民民主专政。运用人民民主专政的力量,巩固人民的政权,是正义的事情,没有什么输理的地方。[3]

1966年,毛泽东在推动"无产阶级文化大革命"的《五七指示》中,曾经作出一个错误判断:"资产阶级知识分子统治我们学校的现象,再也不能继续下去了。"这一有悖实事求是的判断,一度成为束缚知识分子的紧箍咒。为此,

---

[1] 在《从"泛阶级化"到"去阶级化"——阶级话语在中国的兴衰》一文中,王奇生指出:近20年来,中国学界日益呈现"去阶级化"的趋势。对革命年代阶级与阶级斗争话语泛化、滥化的反思与反弹,经过20年左右的过渡,多数学者几乎完全抛弃了阶级概念与阶级分析方法,呈现"去阶级化"的趋势。官方意识形态亦以和谐社会理论取代了阶级斗争学说。在此过程中,与中国史学界对"革命史范式"的告别潮流相一致,取而代之的"现代化范式"在很大程度上解构了阶级理论。(载《苏区研究》2017年第4期)

[2] 中共中央文献研究室:《三中全会以来重要文献选编》(下),人民出版社,1982,第845页。

[3] 邓小平:《在武昌、深圳、珠海、上海等地的谈话要点》,《邓小平文选》第三卷,人民出版社,1993,第379页。

1978年3月18日在全国科学大会开幕式上，刚刚复出工作的邓小平代表党中央第一次明确宣布知识分子是工人阶级的一部分："在社会主义历史时期中，只要还存在着阶级矛盾和阶级斗争，知识分子就需要注意解决是否坚持工人阶级立场的问题。但总的说来，他们的绝大多数已经是工人阶级和劳动人民自己的知识分子，因此也可以说，已经是工人阶级自己的一部分。"[1] 这个著名论断依然具有突出的现实意义，因为人们可以据此判断知识分子有多少属于工人阶级的一部分，有多少已经远离或背离工人阶级，青年知识分子又有多少属于毛泽东、邓小平、习近平念兹在兹的"为人民服务、为社会主义服务"的建设者、接班人，有多少属于其他阶级的后备军、接班人。[2]

其实，即使作为一种学术理论与方法，阶级论也因其深刻与独到而一向独树一帜，并受到不同学科与学者的青睐，王奇生就指出："在西方学界，除了马克思主义阶级分析之外，还有其他的阶级分析理论，如韦伯主义、涂尔干主义、托克维尔主义以及布迪厄的阶级分析等"，"无论当下还是未来，阶级研究与阶级分析方法仍具有重要的学术价值与学术意义，不能因为阶级与阶级斗争问题在中国一度有过混乱与荒谬而影响今天对阶级进行严谨的学理探讨"。[3]

当然，如今对阶级、阶级斗争及其历史可以有也应有与时俱进的理解，除了敌对阶级你死我活的搏杀，更涉及不同阶级在日常生活领域的博弈，包括教育、传播。赵月枝于2014年谈道："当下，媒体表达权在不同社会群体中的实际分配非常不平等，不同社会个体的表达能力也极不平衡；媒体机构本身已被商业化，并在此过程中催生了既得利益群体，而新的资本拥有阶层也已形成。在这样的社会政治经济背景下，我们有必要对非党政机关的权力保持警觉，包括资本拥有者和媒体管理者的权力。"[4] 党的十九大明确我国社会的主要矛盾是人民日益增长的美好生活需要和不平衡不充分的发展之间的矛盾，同时也指出，由于国内的因素和国际的影响，阶级斗争还在一定范围内长期存在，在

---

[1] 邓小平：《在全国科学大会开幕式上的讲话》，《邓小平文选》第二卷，人民出版社，1994，第89页。

[2] 2018年上映的现实题材影片《暴裂无声》，淋漓尽致地展现了三个不同阶级的故事：资产无良，中产无能，无产无声。

[3] 王奇生：《从"泛阶级化"到"去阶级化"——阶级话语在中国的兴衰》，《苏区研究》2017年第4期，第38—39页。

[4] 赵月枝：《被劫持的"新闻自由"与文化领导权》，《经济导刊》2017年12月号。

某种条件下还有可能激化。党的十九大闭幕不久，韩少功在《"阶级"长成了啥模样？》的文章中，针对当代世界错综复杂的阶级问题作了细致分析，于此可见一斑："把一些胼手胝足带领乡亲们致富的企业家看成'资'方，倒把一些炒房获利千万的单干户看成'劳'方，这样说有哪里感觉不对吗？""当然，取消'阶级'说的修正主义同样可能把大家搞崩溃。因为事实同样摆在面前：马克思说的贫富不是一个假问题——尽管贫富关系已不一定完全对应劳资关系；马克思说的剥削也不是一个假问题——尽管剥削正发生在实业经济和虚拟经济等不同层面；马克思说的'阶级斗争'更不是一个假问题——尽管斗争双方可能戴上了种族、宗教、文化等面具，或与种族、宗教、文化等矛盾相交集。""眼下'阶级'不是消失了，只是变化了，成了一种流动的定位，多面的形体，犬牙交错的局面。若从剥削这一点看，其实不难看出一种新的剥削方式正异军突起，正蔚为大势，通常在经济'脱实向虚'的临界线周围滑动，以双虚（虚拟／虚高）财富为大杀器，力推金融财富、智能财富、身份财富、贷租财富的恶变，正在实现对民众最疯狂、最凶险、最快捷、最全面、最大规模的洗劫。亚洲1997年金融危机，整个西方2008年以来的经济连环地震……不过是最早的几个血腥屠场。俄罗斯的'休克'崩溃也与之部分有关。那些厌劳动、不劳动、反劳动、灭劳动的洗劫者，玩的就是以虚博实，以懒搏勤，以伪搏真，力图用大大小小的'庞氏骗局'乱中取胜轻取天下。他们庶几乎已形成一个投机自肥阶级，或叫'快钱'阶级，或叫'快钱'资产阶级——其危害远超其他剥削者。""这难道不是一种阶级斗争？在这里，几乎用不着道德评价出场——前者的掠夺性、寄生性、反社会性，还有隐秘的腐蚀性，已不难辨别。"[1]

三

现代中国，与马克思主义及其阶级论相对的，除了钱穆等文化保守主义思潮，当数自由主义及其抽象人性论了，代表人物有胡适以及"胡适之的朋友们"。在当下新闻业与新闻学的表现，则是马克思主义新闻观与专业主义新闻观的分庭抗礼。不用看林林总总的学术期刊、专著教材、文章演讲，仅看一

---

[1] 韩少功：《"阶级"长成了啥模样？》，《文化纵横》2014年第7期，第63—65页。

份高校学生报纸上的新闻论即学界流行语,就不难体味一者徒有其表而一者入脑入心:"一个好记者应当是旁观者,而不是某一利益集团的宣传员,或政治、经济冲突的参与者或鼓动者,他们应当不带有感情色彩去观察这个世界的瞬息变化,并将其冷静、客观地记录下来。"学生难免人云亦云,而其他则未必尽然[1],甘惜分就毫不含糊地指出:

  新闻与政治是分离不了的,新闻与政治紧密相连,虽然不能说报纸上每一角落都与政治有关(例如有些娱乐性的版面、关于自然界的版面以及广告之类),但就一张报纸的整体来说,很难说与政治无关。问题是什么样的政治,是资产阶级的政治,还是马克思主义的政治;是先进的政治,还是保守落后的政治,报纸总是与某一政治立场相联系。不为这种政治服务就为另一种政治服务。……如果他们说自己只是编辑,不懂政治,那他们不是装蒜,就是傻瓜。[2]

  马克思主义新闻观的认识论基础是阶级论,自由主义新闻观的认识论基础是抽象人性论。阶级论以唯物论为前提,人性论以唯心论为基石。只要秉持阶级论,人们就不得不面对活生生的现实世界,如经济条件、社会地位、权力关系等人生在世的实际状况。而只要一谈抽象人性,思路就势必陷入空泛的、玄想的、横看成岭侧成峰的脑海图景,人性这样,人性那样,"来的都是客,全凭嘴一张",从而不是忽略就是遮蔽人性及其存在的现实基础。这里,所谓人性好比风筝,观者一般只顾仰望自由翱翔、上下翻飞、五彩斑斓的风筝——人性,而往往看不见地面上扯着风筝的细线——人性的现实基础。离开现实基础

---

[1] 柴静说,新闻的核心就是一个"知","记者只是观察、记录、认识这个世界,而不是去干预世界……"(见《南方都市报》编《十人:大时代中的我们》,南方日报出版社,2012)。

[2] 甘惜分:《一个新闻学者的自白》,未名出版社,2005,第21页。

谈人性，就像断了线的风筝，浮云柳絮无根蒂，天地阔远随飞扬。[1]

所谓人性，追根溯源无非是人的现实存在及其社会关系的折射与体现，即马克思概括的"一切社会关系的总和"。以人性自私及其说辞为例，深究起来不过是私有制占主导地位的社会形态在观念形态中的反映，或曰观念形态的拜物教于现实形态的私有制。与之相对，无论在财产共有、财富共享的各种原始共产主义社会形态中，还是在《共产党宣言》揭示的，代替那存在着阶级和阶级压迫的资产阶级旧社会的命运共同体中，在每个人的自由发展是一切人自由发展的社会条件下，自私的观念、唯利是图的意识自然没有存身之地。正因如此，在《1844年经济学哲学手稿》里，马克思写道："私有制使我们变得如此愚蠢而片面，以致一个对象，只有当它为我们所拥有的时候，就是说，当它对我们来说作为资本而存在，或者它被我们直接占有，被我们吃、喝、穿、住等等的时候，简言之，在它被我们使用的时候，才是我们的。"[2]

当然，马克思主义阶级论并不否定人性，更不否定美好人性，恰恰相反，马克思主义以及共产主义的宗旨不仅在于人类的解放，而且也在于或更在于人的解放以及人性的解放，既摆脱古代社会人对人的依赖关系，又摆脱现代社会人对物的依赖关系，实现人的自由而全面的发展，如同马克思《给燕妮》一诗中抒发的理想："让整个诗的世界在人类历史上出现！"所以，钱学森晚年说道："马克思、恩格斯提出的人类共产主义文明更高阶段的理想，是真善美的统一，是真正合乎人性的，是真正人道主义的，它确实是人类社会文明的理想境界。"[3]唯物史观阶级论否定的人性，仅仅是脱离人的社会性包括阶级性的抽

---

[1] 2018年《光明日报》刊发一篇张艺谋访谈录，其中对"好"电影的理解就是所谓"永恒的人性"："艺术最重要的是关于情感和人性的刻画，这种对人性的呈现，未必和当下产生立竿见影的联系，但几百年过去看莎士比亚的故事，依然会有共鸣，因为他就是在讲人性的复杂与挣扎"；"一个人的隐忍，看到一个人的意志，看到一个人对爱情、权力、生存的态度，所有这些都是人性"；"人性也是张艺谋观察电影行业的重要视角"。见张焱：《一个"好"字，涵盖多少代电影人的努力——专访导演张艺谋》，载《光明日报》2018年10月11日。对此，建议这些人士最好再读读鲁迅的名篇《文学与出汗》，先生简直就像在对他们如是说。

[2] 马克思：《1844年经济学哲学手稿》，见《马克思恩格斯文集》第1卷，人民出版社，2009，第189页。

[3] 钱学森、孙凯飞、于景元：《社会主义文明的协调发展需要社会主义政治文明建设》，《政治学研究》1989年第5期，第6页。

象人性,如电影《无问西东》里的"爱你所爱、行你所行、听从你心、无问西东"一类心灵鸡汤。举例来说,爱美之心,人皆有之,作为一种"人性",显然放之四海而皆准。但美的答案不是唯心的、任性的、随心所欲的,而是无所不在地根植于千姿百态的现实世界土壤。换句话说,人性对美的普遍向往归根结底离不开历史、文化与生活的具体情景与现实经验,如同那个耳熟能详的例子:唐人以丰腴为美,今人以消瘦为美。再如,有部抗美援朝影片《我的战争》,主打"人性"套路,把一场壮怀激烈的正义之战、立国之战,弄成"一个女人与两个男人"的三角恋,这是"人民战士"的人性呢,还是"白领小资"的人性呢?对比一下同类题材的《英雄儿女》就清楚了。

四

弃置唯物史观阶级论,畅叙唯心史观人性论,就无法在理论上心悦诚服地认同并在实践上正心诚意地践行马克思主义新闻观。

以新闻自由为例,按照唯物史观阶级论,本来并不难说清道明。自由包括新闻自由,首先得面对展现于具体社会历史条件下的实际情形与现实状况,核心关切也由此聚焦于谁的自由、如何自由、体现哪个阶级意志的自由等[1],特别是《共产党宣言》所言现代社会两大阶级的自由:资产者的自由与无产者的自由,或曰精英的自由与人民的自由。对此,列宁在《关于"出版自由"》一文中也指出,笼统的出版自由包括新闻自由犹如"闪烁不定"的鬼火,我们首先需要弄清楚的是哪一个阶级的出版自由。在他看来,作为历史性产物,"出版自由"一方面反映了从中世纪末到19世纪资产阶级的进步性,即资产阶级反对僧侣、国王、封建主和地主的斗争,另一方面又在20世纪的世界上,成为资本家收买报纸、收买作家的自由(21世纪更成为收买电台、电视台、新媒体、电影院、广告公关公司、演艺产业等的自由),即买通和炮制"舆论"以有助于资产阶级的自由。由于当今世界垄断资产阶级财大气粗,资本操控的媒体往往富可敌国,如苹果、脸书、谷歌、BAT等,如果只是笼统谈论新闻自由,那么实际上就是在助力资产阶级营造更有利于本阶级的舆论与舆论空间。所

---

[1] 针对计算机通信网络,1978年赫伯特·席勒提出一个基本问题:"谁的自由?为何自由?"转引自丹·席勒:《信息资本主义的兴起与扩张:网络与尼克松时代》,翟秀凤译,王维佳校译,北京大学出版社,2018,第106页。

以，列宁明确说，不讲阶级性的出版自由包括新闻自由是不合乎党性的，是反无产阶级的。[1]

这里的核心问题是，如同经济基础与经济关系在一切社会生活中的决定性作用，媒介所有权及其延伸的实在问题而非漂亮言说更是新闻自由的关键。正因如此，赵月枝才说：

> 中国共产党本来是有一套新闻自由理论的，就是基于马克思主义阶级理论的新闻自由观。这个理论认为，新闻自由是有阶级性的。回顾历史，中华人民共和国的立国过程包括了共产党领导的中国革命以"人民"的名义剥夺"资产阶级新闻自由"的过程；包括了在宪法序言中所言的"工人阶级领导的、以工农联盟为基础的人民民主专政，实质上即无产阶级专政"的基础上，建立起"无产阶级新闻自由"的过程。在这一语境中，"无产阶级新闻自由"首先被定义为，新闻机构摆脱国内外私人资本控制的自由。[2]

不面对、不解决媒介所有权以及文化领导权问题，只是高谈生而平等、不可剥夺的神圣权利，放言人民当家做主以及人人都有麦克风、人人都是记者等大话空话，那么，不要说人民大众的知情权、表达权、话语权无法真正落在实地，就是貌似公允的公共领域公共性，也难免属于可见不可及的海市蜃楼。

而唯心论与人性论恰恰将自由包括新闻自由归入人的天性、人的本性等空幻想当然的范畴，由此俨然形成貌似普遍的、唯一的、放之四海而皆准、人人平等而享有的天赐良缘，从而回避或遮蔽现实中的新闻自由无所不在地与社会经济状况，以及相关的政治文化关系密不可分，也就是说回避或遮蔽新闻自由的社会性、历史性与阶级性："这些自由派以为，把自由从现实的坚实土地上

---

[1] 列宁：《关于"出版自由"》（1921年8月5日），《列宁专题文集·论无产阶级政党》，人民出版社，2009，第310—316页。苏联时代记者阿列克谢耶维奇在《二手时间》中，通过一些访谈对象表达了类似的切肤之痛："金钱已经成为自由的同义词，令所有人亢奋激动。""自由就是金钱，金钱就是自由。自由的人民没有出现，却出现了这些千万富翁和十亿富翁，黑帮！"

[2] 赵月枝：《被劫持的"新闻自由"与文化领导权》，《经济导刊》2014年第7期，第46页。

移到幻想的太空就是尊重自由。"[1] 这种基于人性、耽于玄想的新闻自由观，正如马克思对资产阶级国民经济学即当今主流经济学的批判，把应当说明的东西如"经济人""理性人"，假定为具有历史形式的事实："当他想说明什么的时候，总是置身于一种虚构的原始状态。这样的原始状态什么问题也说明不了。国民经济学家只是使问题堕入五里雾中。他把应当加以推论的东西即两个事物之间的例如分工和交换之间的必然关系，假定为事实、事件。"[2]

进而言之，弃置唯物史观阶级论，畅叙唯心史观人性论，不仅落入爱丽丝梦游仙境的奇思妙想，扭曲现实中的真问题、大问题，而且实际上往往沦为古往今来精英阶级的帮凶或帮闲。桑兵对胡适《自由中国》的来龙去脉所作的剖析，为此提供了一个典型案例："胡适不能不依附的国民党政权，非但不能担负自由民主的责任，而且是专制独裁的化身。国民政府得到美国的支持，反而使后者声称的维护自由民主显得相当虚伪。但在胡适眼中，这些都似乎视而不见。"[3] 当今各色唯心论、人性论及其新闻观，也并非真不关涉阶级与阶级问题，实际上，在听上去只谈风月不谈风云的"去政治化"话语中，在看起来逻辑自洽的一套又一套的理论推演中，深究下来都不难透视精英当家做主的阶级意识。换言之，唯心论、人性论、精英论血脉相连，水乳交融，说到底不过是另一种阶级论，正如电影《色·戒》所演绎的。《北京青年报》记者所思就敏锐地揭示了此路作品所隐含的政治意识与阶级立场："从思想层面来讲，《色·戒》巧妙地呼应了当前中国由来已久的主流话语——用个体生命消解宏大叙事，并视之为人的解放。这股思想潮流，本质上就是'不讲政治'，不讲性政治也不讲时代政治，消解历史意识，高扬人性旗帜，认为人性具有先天的超越性，而政治必定局限于一时一地，而且是暴力的、反人性的"；"这种'不讲政治的政治'，主打的正是'人性'这张牌，它的具体表现方式往往是'情感'，并附加审美包装"；"所谓'人性'，不过是另一种形式的政治和历史批判。在当代中国的文化语境中，它往往指向二十世纪乃至近代以来的革命史，通过批判革命的暴力，表达个体的悲剧，来否认革命这个所谓'宏大叙事'的合法性，并为

---

[1] 马克思：《第六届莱茵省议会的辩论（第一篇论文）》，见《马克思恩格斯全集》第1卷，人民出版社，1995，第188—189页。

[2] 《马克思恩格斯选集》第1卷，人民出版社，2012，第50页。

[3] 桑兵：《〈自由中国〉与冷战思维——以胡适为视角》，《澳门理工学报》2018年第3期。

今日形形色色的利益阶层铺路"。[1]

为形形色色的利益阶层铺路，说白了就是一种阶级政治。与《色·戒》相隔十三年的影片《无问西东》，也同样赤裸裸展现了这样一路阶级政治，其中民国精英、富家子弟、五代三将以及被中国革命推翻的"三座大山"，特别是"美蒋集团"得到浓墨重彩的渲染，而人民大众的身影以及人民当家做主的百年风云或被虚化，或被丑化，体现了何等鲜明的阶级意识。用一位独立学者的话说："这些电影的共同特点是美化资本，丑化劳动者，膜拜权力，控诉革命，价值观是极其腐朽的，其秉持的历史观是唯心主义、精英史观。"[2] 中国人民大学副教授孙柏针对《无问西东》也撰文指出："影片完全被一种个人主义的贵族精英意识所笼罩，而且充斥着乏味无聊的人性论和美国式的普世主义。中国的救亡、革命、民族解放和社会主义事业无论谱写了什么样的历史篇章，如果不能归置到这普世主义的'真实'里面便无以自立；而与之不相契合的种种既然不符合那种精神的本质，则大可以尽数删蔽。"[3] 问题的严重性还在于，面对《色·戒》《无问西东》一路文化政治与阶级政治，一些主流媒体要么鼓噪，要么沉默，要么争做鲁迅笔下的"帮闲"，要么扮演习近平点到的"绅士"。[4]

2018年，华东师范大学政治学教授田雷，在为美国政治学家、哈佛大学教授帕特南的新作《我们的孩子》撰写书评时写道："当我们的主流社会科学仍视'阶级'分析法为洪水猛兽，避之唯恐不及时，美国最杰出的社会科学家却在研究中身体力行地将'阶级'带回来。"[5] 帕特南的《我们的孩子》，正是阶级论的力作。假如正心诚意而非花拳绣腿地奉行马克思主义及其新闻观与历史

---

[1] 所思：《只谈风月，不谈风云？》，《读书》2008年第4期，第55—56页。

[2] 郭松民：《对左翼电影的期盼》，红歌会网，2018年7月8日，http : //www.szhgh.com/Article/opinion/xuezhe/2018-07-08/174270.html。

[3] 孙柏：《〈无问西东〉的青春叙事和历史书写》，《电影艺术》2018年第2期，第55页。

[4] 2008年改革开放30年之际，新华社记者熊蕾就曾撰文指出：近30年中国媒体新闻价值观的变迁，历史观的改变是不能忽视的一个方面，这种改变是全方位的，渗透到很多新闻人的潜意识中。比如，把人民共和国的历史人为割断，用1978年后近30年的历史否定以前的30年，似乎前30年一无是处，共和国的历史，似乎也是从1978年以后开始的，之前的中国只有封闭，好像是中国自己在"闭关锁国"，完全不顾美国主导的巴黎统筹委员会对新中国封锁禁运的历史……（《报，还是不报？——近30年中国媒体新闻价值观的变迁》）

[5] 田雷：《再见美国梦，警惕美国病》，《中央社会主义学院学报》2018年第3期，第84页。

观,假如面对非马克思主义及其新闻观与历史观敢于开展伟大斗争而非虚应故事,那么更得坚持唯物史观阶级论,同时拒绝唯心史观人性论。否则,你方唱罢我登场而尽是"花腔",无数铃声遥过碛而多是"皮毛"——"把原则的斗争变为无力量的原则与无原则的力量之间的斗争"[1]。

---

[1] 马克思:《第六届莱茵省议会的辩论(第一篇论文)》,见《马克思恩格斯全集》第1卷,人民出版社,1995,第172页。

想念红星照耀中国的日子

2016年是长征胜利八十年,也是斯诺西北之行八十年,此时重温他31岁采写的新闻名篇《西行漫记》(*Red Star Over China*),自然别有意味,也让我再次领略长征的伟大,再次赞叹一代记者斯诺的伟大。1971年,叶嘉莹在哈佛大学遇见费正清的两位台湾学生,他们向她推荐《西行漫记》,叶先生读后感叹道:"我很感动,没想到共产党这么了不起,共产党人为了理想艰苦奋斗真是不容易,他们爬雪山、过草地真是不简单,共产党的成功不是偶然的,我真的很佩服。"[1] 叶先生的赞叹,让我重读《西行漫记》时深有同感。

这部享誉世界的新闻经典,包罗广泛,多彩多姿,将历史的严谨、文学的生动、哲学的洞明、新闻的真切有机融汇,淋漓尽致地展现了红星照耀中国的"那种精神,那种力量,那种欲望,那种热情"。斯诺曾经自谦也如实地说道:"凡是这些,断不是一个作家所能创造出来的。这些是人类历史本身的丰富而灿烂的精华。"

如果说中国五千年历史是任继愈提炼的两件大事——建立多民族大一统的封建国家和建立现代化的人民民主国家,那么,长征无疑是第二件大事中的史诗、传奇与华彩。没有长征,现代化的人民民主国家不可能浴火重生,费正清所谓"伟大的中国革命"也将黯然失色,正如《西行漫记》中写的:"无论你对红军有什么看法,对他们的政治立场有什么看法(在这方面有很多辩论的余地),但是不能不承认他们的长征是军事史上伟大的业绩之一……与之相比,汉尼拔经过阿尔卑斯山的行军看上去像一场假日远足。"

1964年,适逢长征三十年和中华人民共和国成立十五年,诞生了两部经典名曲,一是最年轻的开国上将萧华创作歌词的声乐套曲《长征组歌》,一是由周恩来总理指导的大型音乐舞蹈史诗《东方红》里的女声独唱《情深意长》,

---

[1] 叶嘉莹口述,张候萍撰写《红蕖留梦:叶嘉莹谈诗忆往》,生活•读书•新知三联书店,2013,第227—228页。

两部作品尽情抒写了各族人民心目中美丽如歌的长征：无论是慷慨悲歌的"革命理想高于天"，还是深情委婉的"索玛花一朵朵，红军从咱家乡过"。

八十年来，长征史诗壮怀激烈，可歌可泣，强渡大渡河、飞夺泸定桥、爬雪山、过草地，构成现代中国荡气回肠的集体记忆，留下数不胜数的历史书写。"西风烈，长空雁叫霜晨月，霜晨月，马蹄声碎，喇叭声咽。雄关漫道真如铁，而今迈步从头越，从头越，苍山如海，残阳如血。"而我对长征途中的一幕尤其印象鲜明：野外宿营，篝火映红，红军将士有的用法语唱起《马赛曲》，有的用德语背诵《共产党宣言》"一个幽灵，共产主义的幽灵"，还有的跳起风风火火的俄罗斯《水兵舞》……这幕如诗如画的场景不仅象征着长征以及中国道路的愿景与方向，而且也显示着衣衫褴褛的红军如同党史专家陈晋所言，其实是"很洋气的"，这些泥腿子的精神世界原是充盈着现代优秀文化的基因。

在春水般清澈迷人的叙述中，斯诺也用一个个鲜活的人物、画面、故事、细节等细致入微地描绘了红军的精神世界，让世人看到了红军非但不是蒋介石"文化围剿"刻画的草莽流寇，相反，红军是用先进文化塑造引领的，有灵魂、有信仰、有理想的"中国唯一的一支从政治上来说是铁打的军队"。正是浩浩汤汤的共产主义精神伟力，铸就了铁流两万五千里，红军威名天下扬的英雄史诗。就像斯诺笔下那位从康梁到孙中山，从无政府主义到马克思主义的彭大将军：

> 1926年彭德怀已读了《共产党宣言》、《资本论》简介、《新社会》（一个著名中国共产党员著）、考茨基的《阶级斗争》以及许多对中国革命作了唯物主义解释的文章和小册子。彭德怀说，"以前我只是对社会不满，看不到有什么进行根本改革的希望。在读了《共产党宣言》以后，我不再悲观，开始怀着社会是可以改造的新信念而工作"。

除了毛泽东、周恩来、彭德怀、林伯渠、徐海东、徐特立、林彪等中共领袖或红军将领，《西行漫记》中的一个个普通士兵也同样展现了生机勃勃的精神气象。在《"真正的"红军》一节中，斯诺说道："要了解这些所谓的土匪，最好的方法也许是用统计数字。因为我发现红军对全部正规人员都有完整的数据。下面的事实，我觉得极有兴趣和意义，是一方面军政治部主任、能说俄语的二十九岁的杨尚昆从他的档案中找出来的。"

书中提到的一个现象现在看来依然让人觉得不可思议："百分之六十到百分之七十的士兵是有文化的——这就是说，他们能够写简单的信件、文章、标语、传单等。这比白区中普通军队的平均数高得多了,比西北农民中的平均数更高。"而且,"所有的连长以上的军官都有文化,虽然我遇见过几位军官,他们参加红军以前还不能认字、写字"。

这里,斯诺绘声绘色记述的一幕幕红军将士的精神世界图景,既无关苍白的风花雪月,也无关贫血的子曰诗云,更无关鲁迅一生横眉冷对的买办流风,而是应和着英特纳雄耐尔的歌谣,熔铸着共产主义自由、民主、独立、平等的精神价值,洋溢着清新刚健的新文化青春气息,仿佛苏区的"新三字经":"天地间,人最灵,创造者,工农兵,男和女,都是人……"下面是斯诺记录的一幕生动文化课:

"这是什么?"
"这是红旗。"
"这是谁?"
"这是一个穷人。"
"什么是红旗?"
"红旗是红军的旗。"
"什么是红军?"
"红军是穷人的队伍!"
…………

我认为这比教人们用学"这是一只猫,那是一只老鼠,猫在干什么,猫在捉老鼠"来识字的方法有趣。为什么要教现实主义者学寓言呢?

毛泽东说,长征是宣言书,长征是宣传队,长征是播种机。斯诺用一个伟大记者的笔触同样写道,你可以把整个中国共产主义运动史看成是一个盛大的巡回宣传演出,这很可能是红军最有永久价值的贡献。千百万年轻的农民听到了他们传播的马克思主义福音,红军真诚迫切的目标始终是要震撼并唤起亿万人民,召唤起他们为"人民当家做主"而斗争,为正义、平等、自由、有尊严的生活而斗争。这种理想,这种信仰,不仅伴随红军走过万水千山,而且锻造了一个青春做伴的人民共和国。

今天,重温经典,再读斯诺,作为新闻中人,不由不钦佩他穿越时空的慧眼,心中也不由漾起一位学者笔下的诗情画意:

想念青春,想念红星照耀中国的日子

想念斗争,想念他长征时代枯瘦的面容、革命家的腿
想念真理,想念雄关漫道
少年中国如麦浪般前赴后继

从历史虚无到价值虚无

这个话题原是中国社会科学院"2015第一届新闻史青年学术论坛"出的命题作文,下面就从学术和现实两方面试着谈谈这个话题。

学术层面

先看学术方面的相关问题。在《德意志意识形态》的手稿中,马克思、恩格斯写下一段名言"我们仅仅知道一门唯一的科学,即历史科学……"[1]正式发表时,这段话又删去了,我想原因或在历史横看成岭侧成峰,还难以构成一加一等于二的科学吧。仅看迄今为止的历史,似乎三句话就可以概括:明修栈道说过去,暗度陈仓指现在,曲径通幽看未来。常说以史为鉴,无非也是这个意思:回望过去,观照当下,展望未来。20世纪的"语言学转向",更使人们意识到无论是历史的资料,还是历史的叙事,无不需要经过语言这个中介,而语言又不是统一的、一律的、超然物外的一面镜子,所以,言人人殊的结果就使同一件事讲出来总像罗生门。弗里曼(Joseph Freeman)就说道:"每个人都会歪曲历史,哪怕是他的个人经历。有时,歪曲是有意的;有时,歪曲是无意识的。不管有意还是无意,过往总是被改造用以服务当今。"[2]

人事有代谢,往来成古今。关于历史,古往今来总是难脱两个与生俱来的特性,一是历史事实的无限性,一是历史叙事的有限性。换句话说,有史以来的人事如同弱水三千,而能够讲述的不过一瓢。这一不言而喻的矛盾,先天决定了不可能将实际发生的一切纤毫无遗地呈现出来,否则岂不得将历史原原本

---

[1]《马克思恩格斯文集》第1卷,人民出版社,2009,第516页。
[2] 转引自王绍光:《超凡领袖的挫败——文化大革命在武汉》,王红续主译,香港中文大学出版社,2009,"自序"第XIII页。

本重来一遍。且不说重来是否可能，假定可能又有什么意义呢？一遍遍重演历史吗？如此看来，历史同新闻一样，只能是选择的学问。不经选择，就无法报道日新月异的新闻；不经选择，就无从讲述千变万化的历史。众所周知，阿芙乐尔号巡洋舰一声炮响，成为十月革命的象征，而据俄罗斯《论据与事实》周刊2002年一篇文章，当年阿芙乐尔号只对冬宫放了一枚空炮。[1] 在历史现场纷繁错综、混乱矛盾的无数事实中，这枚无足轻重的空炮就这样选择性地进入历史，并成为世界史上一个天翻地覆大事变的标志。

既然历史是选择的学问，那么说什么、怎么说就成为题中之义。为此，历史难免淡化、虚化某些内容，然后才能彰显、突出某些内容，无论是轻描淡写，还是浓墨重彩，常态的历史叙事都不能不在浩如烟海的史实史料中有所选择，既要去粗取精，去伪存真，又得由此及彼，由表及里，否则历史便无法书写，也没有意义。与此相似，所谓历史虚无主义，固然在虚无历史如视而不见，同时又必定在彰显某些内容如指鹿为马，就像日本教科书将"侵略"称为"进入"。所以，虚无与彰显总是随时随地相伴相生的。举例来说，二十四史彰显的是帝王将相、英雄豪杰的经国大业，虚无的是升斗小民、乱臣贼子的所作所为；欧洲中世纪彰显的是圣父、圣子、圣灵的万世一系，虚无的是衣食住行的世俗人生；现代史在马克思传统之外，基本都在彰显资本魔力，包括现代化、科技革命、大众教育、繁华的都市、便利的交通、五光十色的生活以及资产阶级自由民主等价值，而虚无人、社会与自然由此遭遇的一系列异化，正如卡尔·马克思在《资本论》、卡尔·波兰尼在《大转型》中的深刻批判，且不说国家武装走私毒品、贩卖黑奴以及奴隶制、屠杀数以千万计的原住民等反人类暴行。与此相似，空前但愿绝后的第二次世界大战之叙事，也主要彰显英美军队的神勇与正义，如2017年热映的《敦刻尔克》《至暗时刻》，而虚无苏联红军首屈一指的贡献（依据德国历史档案准确统计，战时丧命的480万纳粹军人中380万为苏军击毙，百万日寇关东军也被苏军歼灭），以及东方主战场的战略地位，同时更虚无战争的深刻根源，包括法西斯并非天外飞来的文明怪物，而无非是资本主义贪婪欲望及其最高阶段帝国主义疯狂争夺的结果，如波兰尼所言"要了解德国的法西斯主义，我们必须回到李嘉图的英国"[2]，或钱乘旦谈"二战"的东

---

[1] 转引自高放：《美国教授笔下的这部俄国史值得借鉴》，载沃尔特·G. 莫斯：《俄国史（1855—1996）》，张冰译，海南出版社，2008，"中译本序言"第4页。

[2] 卡尔·波兰尼：《巨变：当代政治与经济的起源》，黄树民译，社会科学文献出版社，2013，第92页。

方起源:"到第一次世界大战结束的时候,偌大的一个太平洋几乎全都落入美国之手。但恰恰在这个时候,它与正在疯狂扩张的日本正面相撞。"[1]

再以中国现代历史为例,也能随处看到这一虚无与彰显的交织。当虚无太平军、义和团、辛亥起义、土地革命、八路军、新四军时,就不可避免地彰显曾国藩、传教士、慈禧、袁世凯、蒋公蒋介石、汪逆汪精卫。同样,当虚无李大钊、鲁迅、邹韬奋、范长江、邹韬奋时,就彰显胡适、张爱玲、张季鸾、储安平……正如北京大学原中文系主任温儒敏教授在一篇文章中写到的:一些文人可以"同情"土改中被镇压的地主阶级,而对千百万农民的翻身解放却无动于衷。[2] 显而易见,类似选择性学问如今比比皆是,比如:可以欣赏民国十里洋场"小资"范儿,而对天下百姓的苦难深重无动于衷;可以讴歌"西方文明现代化",而对亚非拉遭逢的旷古浩劫无动于衷;可以赞美"文人论政""私营报业",而对"工农兵通讯员""人民千呼万应的喉舌"无动于衷;可以对新中国成立后政治运动中受到伤害的部分精英知识分子耿耿于怀,而对亿万各族人民包括众多人民知识分子的创业史无动于衷……德里克在清华大学国学院演讲中谈及的两点情况,也揭示了此类流行叙事及其相似的逻辑:

> 孔子被从博物馆中请了出来,而革命却要被放进博物馆了。
> 对"历史的主人"(即劳动人民)的兴趣也开始减弱,因为劳动人民已经失去了政治上的重要性,并且在经济上被边缘化了。[3]

2018年热映的《无问西东》,将这种历史虚无主义思潮推向又一高潮。虽然据说影片为2011年清华百年献礼并经过六七年审查,尽管时下对影视界的历史虚无问题,人们早已司空见惯,"审美疲劳",但《无问西东》还是让人感到前所未有的"挑战极限"。2014年,习近平在文艺工作座谈会上提到的五化——"去思想化""去价值化""去历史化""去中国化""去主流化",在这部影片中可谓一个都不少。这种"全盘五化"的东西如果非同清华扯上关系,那么充其量也不过是"清华小时代",同大江东去的历史了不相干。最明显的一点是,风雨如磐长夜难明的旧中国竟被演绎得有情有义、重情重义、诗情画意,什么

---

[1] 钱乘旦:《世界大格局中的二战东方战场》,《光明日报》2015年8月15日,第11版。
[2] 温儒敏:《文学研究中的"汉学心态"》,《文艺争鸣》2007年第7期,第52页。
[3] 阿里夫·德里克主讲,刘东评议主持:《后革命时代的中国》,李冠男、董一格译,上海人民出版社,2015,第43页、96页。

云淡风轻气宇轩昂的民国大师、英俊帅气满口正义的美国大兵、爱意浓浓感天动地的传教士、风吹仙乐飘飘舞的教堂歌曲等；而亿万各族人民翻身解放站起来，意气风发做主人的新中国，却是一派秋风秋雨愁煞人、巫山巫峡气萧森的肃杀，连保卫干部普通人都不放过丑化一笔：或一瘸一拐，或自私懦弱，或暴戾恣睢。至于清华百年壮怀激烈的大历史，在影片中几乎荡然无存，既没有我以我血荐轩辕的"一二·九"学生运动、"拍案而起"的闻一多、"宁可饿死，不领美国救济粮"的朱自清、"我愿以身许国"的万千"两弹一星""三线建设"科学家与工程师，也没有"自强不息"、"又红又专"、"两个服务"（服务祖国、服务人民）、"两个拥护"（拥护共产党、拥护社会主义）等精神血脉。难怪一些校友看完电影互相调侃，莫非自己上的是冒牌清华。一位北大博士也以旁观者清的视角打抱不平："百年清华有两个传统，一个是革命的传统，一个是买办洋奴的传统。在民国时代，洋奴买办的传统是主流，革命的传统是潜流；在新中国的时代，革命的传统是主流，买办的传统是暗流；而到了今天，我们看了《无问西东》，百年一梦，清华又轮回了……"[1]更匪夷所思的是，从鸦片战争到新中国成立的一百多年间，中国人民饱受帝国主义、封建主义、官僚资本主义欺凌压榨的滔滔血泪，中国共产党领导亿万人民艰苦卓绝的苦难辉煌，从站起来到富起来再到强起来的伟大斗争、伟大工程、伟大事业、伟大梦想，在《无问西东》以及同类作品中更是虚无殆尽，甚至遭到为所欲为的恣意糟践，如王敏佳的悲情故事与离谱传奇。《环球时报》曾发表社评《病态的"民国热"是对历史的侮辱》，标题可谓一针见血。[2]

由此看来，真正问题并不仅仅在于虚无历史，而在于虚无什么的同时又彰显什么。从学理上看，一方面，人的认识、知识总是有限的，凤毛麟角的"百科全书学者"也难脱这一局限；另一方面，人的认识、知识又必受所处时代政治经济关系及其意识形态的结构性制约，就像唯物史观揭橥的包括历史认识在内的精神现象："统治阶级的思想在每一时代都是占统治地位的思想。这就是说，一个阶级是社会上占统治地位的物质力量，同时也是社会上占统治地位的精神力量。"[3]

---

[1] 王诚：《从"不是东西"到"无问西东"百年清华的轮回》，2018年2月7日，金桥智库，http://www.wyzxwk.com/Article/wenyi/2018/02/387132.html。

[2] 《病态的"民国热"是对历史的侮辱》，《环球时报》2014年10月12日，第14版。

[3] 《马克思恩格斯文集》第1卷，人民出版社，2009，第550页。

现实层面

下面再从现实维度看看这个问题。历史虚无主义的提法近年来日渐流行，它所针对的并非一切历史，而是特定历史。稍微作点知识考古就知道，这一思潮从"文革"后兴起，经过党的十八大之前数十年的交融汇流，如今貌似形成精英知识界的主流认识，它所针对的特定历史说白了就是中国革命与中国共产党，也就是费正清代表作标题所言的"伟大的中国革命"。习近平曾一针见血指出，历史虚无主义的要害，是从根本上否定马克思主义指导地位和中国走向社会主义的历史必然性，否定中国共产党的领导。

以流行说辞"建政"为例。不知起于何时，1949年不叫"建国"，而称"建政"，据说"中国"自古就有，故不能称建国而只能是建政。这套说辞听上去振振有词，深究起来则似是而非。[1] 因为，1949年建立的是一个新中国，一个不仅是近代所有仁人志士梦寐以求前赴后继的新中国，如梁启超流亡日本期间创作的政治幻想小说《新中国未来记》，如孙中山先生念兹在兹的"振兴中华"，而且更是一个以人民为政治主体，如人民创造历史、人民当家做主、为人民服务的现代国家，无论从哪方面讲都同上古的小国寡民或历朝历代的帝制王朝，包括"国将不国"的蒋家王朝完全不可同日而语。其中，既体现着之前"工农政权""边区政府"与之后人民共和国显现出来的非同一般的国家能力或治理能力，也蕴含着一整套现代文明现代性的要素，特别是现代国家无不秉持的人民主权，同时更寄托着天下大同的古典理想与世界主义的普世情怀——天下一家、人人平等、共同富裕、反对压迫、反对奴役、反对剥削等。所以，无论是说1949年建立的新中国，还是简称建国，都是无法否认也不容曲解的历史，所谓建政云云要么是标新立异，要么是别有用心，都抹杀了新中国与旧中国、新政治与旧政治的根本区别。

进而言之，历史虚无主义不仅质疑、解构、挑战中国革命及其价值，而且自觉不自觉地为形形色色的利益集团张目。具体来说，这股思潮的主攻方向是新中国前三十年，其中以反右等政治运动为外围战，以"文革"十年为攻坚战，

---

[1] 关于"中国"的意义及其演化，葛剑雄在一篇演讲中作了简明扼要的阐述，参见葛剑雄：《地名、历史和文化》，《光明日报》2015年9月24日，第11版。

辅以"小细节颠覆大道理"等游击战。令人纠结困扰的一点是,这方面也有执政党自我反思的问题,特别是黄宗智所论"表达性现实"与"客观性现实"渐行渐远的阶级斗争话语[1],于是党内党外一度貌似"志同道合",或有意或无心导致共和国前三十年历史不断淡化、虚化、弱化,其实就是虚无,直到习近平提出两个三十年不能互相否定的新思想,才从根本上划清这一"貌合神离"的反思界限。正是由于虚化虚无了前三十年,后三十年中国道路也就失去了历史根基与价值依托,所谓道路自信、理论自信、制度自信、文化自信自然形同虚设。同样,由于虚化虚无了人民共和国前三十年的历史与价值,从而使得此前的解放战争、延安整风、《解放日报》改版、抗战的中流砥柱、耕者有其田的土地革命、鲁迅为旗手的左翼新文化运动,以及狼牙山五壮士、董存瑞、黄继光、刘胡兰等,也无不陷入恍兮惚兮不明不白的境地。如同一副多米诺骨牌,一旦颠覆新中国前三十年的历史,中国共产党与人民共和国的一切苦难辉煌,近代以来中国人民及其仁人志士争取独立、自由、解放的一切光荣梦想,最终都势必变得虚无缥缈,莫名其妙。正如北京大学原副校长梁柱教授所言:历史虚无主义作为一种政治思潮,是企图通过否定革命改变共产党的领导和社会主义制度,其中危害最烈的是否定毛泽东领导时期的成就,割裂新中国两个发展时期的辩证统一关系。[2]

类似趋势,亦即消解中国革命的主潮及其价值,同时彰显一些历史的支流及其价值,在新闻史研究中也在所难免,甚至成为不少新兴研究的主导性叙事。仅看两例,即知大概:一是近代传教士及其报刊;二是新记《大公报》研究。关于传教士报刊,方汉奇先生作出全面而公允的三点评价:列强侵略的文化工具;客观上促进了中西文化的交流;推动了近代中文报业的发展。[3]而时新研究不仅回避"文化侵略急先锋"问题,而且越来越不吝溢美之词。一些论述传教士中文报刊的近作,更是一边倒地对传教士及其报刊极尽赞美,现代文明的播火者、科学启蒙的先驱者、理性精神的传播者云云,看过之后真是觉得"比西施还美,比王昭君还美,还比得上杨贵妃"。有位地方记者为本地传教士树碑立传,中国社会科学院近代史专家站台推荐之际,更是恨不得向传教士长跪

---

[1] 黄宗智:《经验与理论:中国社会、经济与法律的实践历史研究》,中国人民大学出版社,2007,第90页。

[2] 梁柱:《全面完整地维护人民共和国的历史——新中国"两个30年"辩证统一的视角》,《中国延安干部学院学报》2017年第5期,第23页。

[3] 方汉奇:《中国近代报刊史》,山西人民出版社,1981,第32页。

不起叩首谢恩：我们今天对利玛窦以来的传教士还缺少一个道歉，缺少一声感谢，缺少一句对不起！

中国历史学会会长、中国社会科学院学部委员张海鹏主编的十卷本《中国近代通史》，对19世纪来华传教士群体及其所作所为从四个方面展开翔实论述：扩大政治干预；攫取经济权益；兴办慈善事业；实施"文字播道"。看看当年不断频发的"教案"，就不难想象传教士群体狐假虎威的霸道与张狂。依据不同的统计，从鸦片战争到辛亥革命，大大小小的教案总计440—1600起。1870年震惊中外的天津教案最为人知，在国人心头留下刻骨铭心的痛楚记忆。督办此案的中兴名臣曾国藩由于"内疚神明，外惭清议"，在一片"谤讥纷纷，举国欲杀"的声浪中郁郁而终。[1] 蒋梦麟用一句鲜明的对比，记述了当时国人的普遍印象："如来佛是骑着白象到中国的，耶稣基督却是骑在炮弹上飞过来的。"[2]

至于新记《大公报》从"小骂大帮忙"的国民党、蒋介石的喉舌，一步步变成"文人论政""专业主义""独立之精神，自由之思想"的"楷模"，更是新闻史研究模糊历史真相及其本质的突出一例。[3]

由此可见，历史虚无主义的根本问题不在历史事实，而在历史价值，即国史专家李捷挑明的虚无主义虚无的不是历史而是价值。[4] 自从唯物史观问世后，人民就成为创造历史、书写历史的主人或主体，从此历史不再是个人英雄主义的神话传奇，也不再是张家长李家短的碎嘴婆子，而成为千千万万人的生产生活实践及其社会关系的总和，特别是阶级关系、政治关系或者时新说法"权力关系"的综合运动，而革命更是推动历史的火车头——解放生产力，破除形形色色束缚人奴役人的关系等，从而为把握历史及其规律提供了科学的世界观与方法论。既然历史不再是传统观念上或轰轰烈烈或生动有趣的个人故事，而是人民生活汇聚而成的生产力与生产关系、经济基础与上层建筑的有机运动，那么如此总体运动及其合力就只能显而易见而不可能虚无缥缈，就必然铁证如山而拒绝见仁见智。

---

[1] 参见张海鹏主编《中国近代通史》第三卷，江苏人民出版社，2007，第182—227页。

[2] 蒋梦麟：《西潮与新潮》，中华书局，2017，第4页。

[3] 参见李彬：《正本清源，论从史出——读俞凡《新记〈大公报〉再研究》，《新闻记者》2015年第8期，第46—53页。

[4] 参见李小佳：《不能以猎奇的心态读党史——访中国社会科学院副院长、当代中国研究所所长李捷》，《解放日报》2013年10月31日，第14版。

拿中国革命来说，正是由于帝国主义列强与中华民族的矛盾，由于这一矛盾推动下统治阶级与人民大众的矛盾相互交织，愈演愈烈，才导致近代中国一系列天崩地坼的大事变、大转型。毛泽东当年为批判影片《清宫秘史》所加的批语一针见血，言简意赅："究竟是中国人民组织义和团跑到欧美、日本各帝国主义国家去造反，去'杀人放火'呢？还是各帝国主义国家跑到中国这块地方来侵略中国、压迫剥削中国人民，因而激起中国人民群众奋起反抗帝国主义及其在中国的走狗、贪官污吏？这是大是大非问题，不可以不辩论清楚。"[1] 置身于一百多年的历史大势，以五百年来中国与世界的大分流、大变局审视，现代中国的社会主义革命、建设与改革也无不属于上述矛盾错综交织的历史合力之结果。借用一位电影学者的嘉言隽语："历史，从短时段来看，确实是一个任人打扮的小姑娘，但是从长时段来看，历史就成了阿尔卑斯山，不用说打扮它，就是动它一下都不可能，而且你还得冒天下之大不韪。"[2]

总之，对待历史虚无主义，既得强调史实的实在性与叙事的客观性，更得明确唯物史观的立场、观点与方法。《共产党宣言》的论断简洁明了："至今一切社会的历史都是阶级斗争的历史。"一篇读罢头飞雪，上疆场彼此弯弓月。历史学家黄仁宇的话入木三分："我们纵使把郭松龄和殷汝耕的事迹写得不失毫厘，又牵涉到本庄繁和冈村宁次的秘幕，在当中更投入梅兰芳和阮玲玉的琐闻轶事，也只是增长历史的篇幅，仍未掌握中国长期革命的真实性格。"[3] 至于历史虚无主义的说法，黄纪苏的看法醍醐灌顶，以此作结也恰如其分：

> 对这一两年"历史虚无主义"的提法，我有点不同意见：太绕圈子了，您就直接说有人否定中国革命不就行了么？绕圈子不但容易掩盖问题的本质，还会把自己绕进去——现当代史您不也是这段不让说，那段不许提么？

---

[1] 见《建国以来毛泽东文稿》第十二册中，对《爱国主义还是卖国主义？》一文的批语和修改（一九六七年三月二十三日）。

[2] 启之（吴迪）：《中西风马牛》（修订版），世界图书出版公司，2014，第118页。

[3] 黄仁宇：《资本主义与二十一世纪》，九州出版社，2011，第375页。

新记《大公报》与文化政治

俞凡博士的《新记〈大公报〉再研究》（以下简称《再研究》）付梓之际，来函嘱我作序。之前听他谈及这一研究，也读到一些有关成果，已为其葳郁蓬勃的学术活力所感染，可打开书稿还是不免惊异于其间万千气象，忍不住一气读完，掩卷而思，感触良多。

会当凌绝顶，长啸气若兰。这部十年磨一剑的《再研究》，才、学、识无不可圈可点，才学固然丰盈，识见更觉不凡。孙正聿教授认为："一篇好的学术论文，一部好的学术著作，既要有深刻的思想，又要有厚重的论证，还要有优雅的叙述。"[1] 类似清季桐城派的三位一体说：义理、考据、辞章。以此衡量，这部新闻学新作既有竭泽而渔、无征不信的考据，又有抽丝剥茧、步步为营的论证与义理，还有严谨而不失鲜活、科学而不失优雅的辞章。

拿辞章来说，《大公报》早期与蒋介石及其领导的南京国民政府"就像一对新婚夫妻，在磕磕碰碰中相互了解，最终走到一起"，而晚期则是"哀其不幸，怒其不争"。再比如，"《大公报》所经历的年代，恰好是中国近代史上最为风云诡谲的年代。皇亲国戚、军阀官僚、各路神仙你方唱罢我登场，城头变幻大王旗，言论控制时松时紧，报人一会儿是众星捧月的无冕之王，一会儿又成了噤若寒蝉的秋扇流萤"……凡此种种，都让我不由勾连起拜读方汉奇教授《中国近代报刊史》的印象。说起来，不少名山之作大多出自血气方刚的青春岁月，至少在我有限的专业阅读中，诸多新闻传播代表作确实成于而立不惑之年，这部《再研究》同样如此。

既然名为"再研究"，那么显然是针对已有研究及其不足而展开的。关于新记《大公报》研究，近二三十年来不断升温，早已成为热潮，仅看博士、硕士乃至学士论文的相关题目就可略见一斑。但凡一种学术思潮的潮起潮涌，都可以说既有学科自身演化的内因，包括李金铨提到的"学术猎狗转而追逐更鲜

---

[1] 孙正聿：《做学问就是要"跟自己过不去"》，《光明日报》2015年6月4日，第16版。

美的新猎物"[1]，更有社会政治变迁的外因，新闻传播研究更是如此，因为新闻传播与社会政治息息相关。力主新闻的阶级性与政治性的"无产阶级新闻学"固属政治化的学术思想，如一代新闻学家、法学家张友渔的论断——"新闻是阶级斗争之武器"[2]，而貌似不讲政治、不论阶级的"新闻专业主义"又何尝不是高度政治化的理论说辞呢？其中一整套现代性逻辑包括市场经济、选举政治、公民社会、自由至上等，大抵属于中产阶级的意识形态（"中产阶级"这一话语就是意识形态的表征）。

新记《大公报》研究的火热，归根结底也在于这种"去政治化的政治"。举例来说，相对当年对《大公报》的定性——"小骂大帮忙"，当下喜谈新记《大公报》标举的"四不主义"——不党、不卖、不私、不盲；针对当年党报的"四性一统"——党性、群众性、战斗性、指导性而统一于党性实即政治性，当下研究几乎无不将"专业主义"奉为圭臬，乃至为《大公报》戴上大公无私超政治的桂冠。俞凡不仅以实事求是的考据、义理、辞章，以其才、学、识对新记《大公报》进行再研究，而且也隐含着对时下学术思潮的批判性反思。借用马克思的用语，可谓"批判的批判之批判"或者"否定的否定之否定"。什么意思呢？新中国前三十年，鉴于新记《大公报》与"蒋家王朝"的关联，各界的态度自然是"批判"与"否定"，"小骂大帮忙"的定性更是广为人知。随着20世纪80年代"新启蒙"以及西方新闻思潮的起伏涌动，如史学的"现代化范式消解革命范式"与新闻学的"人民性高于党性论"，对《大公报》的认识开始逐渐发生变化，乃至最后完全逆转，是为"批判的批判""否定的否定"。而今，《再研究》以一人之力，穷十年之功，凭借大卫对阵歌利亚的学术勇气与担当，将颠倒的历史重新颠倒过来，故曰"批判的批判之批判"或者"否定的否定之否定"。

全书以新记《大公报》与蒋介石及其领导的南京国民政府的关系为主线，以吴鼎昌、胡政之、张季鸾、王芸生等新闻巨头在国、共、日三方关系中的重要事件为节点，借助一手的档案、精审的辨析、严谨的方法，合情合理地阐述了一系列既关乎新闻史，更涉及新闻学的重大命题，通过分析《大公报》以及相关新闻与社会历史，澄清了近代私营报刊与民国政府的复杂关系，包括

---

[1] 李金铨：《在地经验，全球视野：国际传播研究的文化性》，《开放时代》2014年第2期，第141页。

[2] 张友渔：《新闻的性质和任务》（1933年），载张友渔：《报人生涯三十年》，新华出版社，1982，第119页。

"四不主义""文人论政""小骂大帮忙""新闻专业主义"等关键问题,达到历史与逻辑的有机统一。具体说来,《再研究》将《大公报》与南京国民政府二十四年的"爱恨情仇"分为四个时期:试探时期(1926—1933)、合流时期(1933—1941)、分歧时期(1941—1946)、决裂时期(1946—1949)。

经过由此及彼、由表及里的实证研究与理论分析,作者最后在结论部分表达了四个核心思想:第一,不能抛开政治的影响而单纯谈新闻观念;第二,《大公报》大体经历了从疑蒋反共到拥蒋反共再到反蒋反共三个阶段,对蒋介石的态度虽有变化,但反共却一以贯之;第三,"小骂大帮忙"是客观事实,而"文人论政"和"四不主义"则是虚幻的标榜;第四,所谓"新闻专业主义",对新记《大公报》而言只是一个附会的概念。下面不妨看看书中论述的几个具体问题。

——四维互动模式

从1939年1月吴鼎昌与蒋介石就热河事变初次互动开始,到1941年底王芸生发表《拥护修明政治案》而引起蒋介石暴怒为止,是《大公报》与南京国民政府热络合流的蜜月时期。这一时期,双方互动频繁,通过热河事变、福建事变、华北事变等一系列问题的频繁函电往来,形成一种四维互动模式,即一方面是公开的政府与《大公报》互动,一方面是私下的蒋介石与吴鼎昌、胡政之、张季鸾等互动:

> 具体来说,有些纯属台下交易,如蒋有时需要《大公报》为其政策帮忙,便会直接指示,吴接令后,便会在该报发文回应;有些则是从台上到台下,比如吴对当时北方时局、中日中苏关系等问题有些意见,不便或不及向蒋直接汇报时,便会在该报撰文,蒋看到后会酌情考虑采纳,发电回复,从而由台上的"吾人以为"进入台下的暗箱操作;也有从台下到台上,比如蒋有些政策即将执行,需要试探外界意见,或幕后交易引起坊议汹汹,需要平息舆论,又或是蒋在对日交涉中难以承受日方压力,需要制造舆论以利谈判,这些时候便需要有人对外适当吹风,而台下的交易,究竟有哪些可以对外明言,又究竟说到何种程度合适,此中机微,甚难把握,而对新闻工作谙熟于心的吴、胡、张正是最合适的人选,三人正可以在其中长袖善舞。

——国家中心论

纵观新记《大公报》的历史,特别是"三驾马车"与南京国民政府的关系,支撑其立身行事的思想基础并非津津乐道的"四不主义""文人论政",而是国家中心论。《再研究》揭示了不党、不卖之自欺欺人,不私、不盲也形同虚设,而"文人论政"更像一种理想姿态。[1] 与之相对,"国家中心论"倒是《大公报》切实践行的核心价值观,其中又集中体现为对南京国民政府的拥戴和对共产党的拒斥:

> 抗战期间,《大公报》坚定地支持政府抗战到底,决不妥协,功不可没,而就当时中国的形势来看,也的确需要维护一个"国家中心"团结全民族共同抗战,但是该报的"国家中心论"却并不仅限于抗战时期,在该报24年的历史中,除了初期和后期的一小段时间外,这种主张可以说是一以贯之的。1935—1936年间,该报在东北沦陷,平津危急的情况下,仍然坚定地支持蒋政府"围剿"红军的行动;在"七君子事件"和"西安事变"中,该报旗帜鲜明地反对建立抗日民族统一战线,坚决"拥护国家中心组织,为建国御侮之前提条件";抗战胜利后,该报总编王芸生面劝毛泽东"不要另起炉灶",并且发表包括《东北的阴云》《为交通问题着急》《质中共》等多篇文章,在国共内战中为蒋政府摇旗呐喊,所有这些表现,恐怕很难说是"渴望团结、共御外侮"。

——对日和谈问题

抗战期间,张季鸾、胡政之屡受蒋介石委托,前往中国香港、日本同日方

---

[1] 北京大学新闻学院博士李杰琼在其学位论文中,也对此作了专题研究和深刻阐述,她以"报格断裂"概括这一半殖民主义语境中的现象,认为根本上是由资本主义新闻商品化的内在矛盾造成的。参见李杰琼:《半殖民主义语境中的"断裂"报格:北方小型报先驱〈实报〉与报人管翼贤》,中国社会科学出版社,2015。

代表进行私下秘密的"和谈",几乎达成内含承认"满洲国"意向的停战协议,如1938年的"张季鸾—神尾路线"、1939年的"小川平吉路线"。对此,作者在《抗战初期中日和谈"张季鸾—神尾路线"始末析》《1939年中日和谈"小川路线"始末析》等文章中作出翔实论述,并投寄《历史研究》与《中国社会科学》。这也是《再研究》及其前期成果引人注目的一个亮点。当然,作者也分析了这些"路线"与汪伪投敌的本质区别,指出其中爱国的底线所在,同方汉奇主编《中国新闻事业通史》对《大公报》的评价所见略同:爱国、拥蒋、反共。

——官价外汇事件

1945年4月,胡政之向蒋介石申请购买20万美元的官价外汇,并迅速得到批复,成为《大公报》历史上最具争议的事件。按照过去的历史叙事,这一事件显然是《大公报》依附蒋家王朝、为虎作伥的铁证。而随着《大公报》研究的逆转,官价外汇事件渐渐淡化为"正常的商业行为"。《再研究》也对此进行了专题考察,以期弄清楚这一事件的经过、性质、结果,最后得出的结论是:

1. 《大公报》申请这笔官价外汇,未循正常渠道申请,乃是靠胡走"上层路线"所得,并在其中获得了巨大的利益。
2. 蒋批准这一申请,乃是出于维护双方良好关系的考虑,也是政府关照该报诸多行动中的一例。
3. 胡申请这笔外汇,既有发展该报事业的考虑,也有其政治态度的影响。
4. 《大公报》在接受这笔外汇前后,对共产党的态度发生了明显的变化,虽然我们无法确定这一事件在其中起了多大作用,但该报却难脱瓜田李下之嫌。

——小骂大帮忙

如前所述,关于这一定性,当下时论多予否认。大略来说,《大公报》对南京国民政府既有小骂,也有大骂;同时,对共产党也有骂有帮忙。换言之,无论对谁，《大公报》都是客观的、公正的、不偏不倚的，是所谓新闻专业主义。对此，《再研究》一书进行了系统的而非零碎的、联系的而非孤立的、总体的而非局部的、演变的而非静止的辨析，从而发现如下普遍问题，并得出令人服膺的科学结论：

> 在该报24年历史上的绝大部分时间里，《大公报》关注国民党方面的频率要远高于中共；该报对中共的负态度也远高于对国民党；中共阵营中，毛、周、朱等人物都曾被"骂"，而国民党方面的蒋介石却始终幸免；《大公报》对国民党的批评，多针对具体政策，且多是出于一种"恨铁不成钢"的心态，而对中共则多次声明反对其意识形态，并一再宣称共产主义不适于中国；至少在1933年至1940年间，《大公报》与蒋介石之间一直存在密切互动，双方就该报言论问题多有探讨，而中共则从未有类似待遇。
>
> 基于以上分析，笔者认为，我们似乎可以得出如下结论：
>
> 1. 就"骂"而言，《大公报》骂国民党比骂共产党更频繁，但这并非是由于该报对中共更加友善，而是由于其对中共的轻视与漠视；同时，《大公报》骂共产党人物的级别更高，用词更狠，且直指其意识形态基础。
>
> 2. 就"帮忙"而言，除了最后很短的一段时间之外，《大公报》一直在积极地向国民党当局提出建议，同时在很长一段时间里与其最高层人物保持密切互动，甚至主动要求其对言论方针加以指导。
>
> 3. 基于前述1、2两点，笔者认为，所谓"小骂大帮忙"，在《大公报》历史上的绝大部分时间里，确实存在。

道可道，非常道。有非常之功，自有非常之道。这里所谓"道"，不仅指达至目标的路径，而且指为文立论的道义。如果说前者这些年借研究方法畅通无阻，那么后者则被一套价值中立的说辞一步步流放远方。然而，看似矛盾的一点是，就在"热情维护自己自由的人民精神的千呼万应的喉舌"（马克思）、"集体的宣传员、鼓动员、组织者"（列宁）、"为人民服务"（毛泽东为新记《大公报》的题词）等道义渐行渐远之际，"独立报刊""专业主义""文人论政"等价值又日益高视阔步。而不管是路径，还是道义，《再研究》都无愧"非常道"。

就研究方法而言，《再研究》在两点上尤为突出。一是量化实证方法。量化统计在传播学中屡见不鲜，有时甚至走火入魔，而在新闻学中运用得恰如其分尚不多见。《再研究》既科学、有效、适度地采用了这种方法，又具有明确的问题意识与方法自觉。也就是说，不是为方法而方法，而是基于特定问题而选用相应方法，就像作者说的，"定量只是手段，定性才是目的"。他在全书最后采用定量方法，对新记《大公报》1926年续刊到1949年在大陆终刊的24年报纸进行了抽样、编码、统计，为的是进一步验证"小骂大帮忙"问题，使自己的研究及其结论更有科学性、更具说服力。

二是档案文献的发掘与运用。《再研究》作者以上穷碧落下黄泉、动手动脚找材料的钻劲儿，以蚂蚁啃骨头的韧劲儿，搜集了一批前所未闻的珍贵档案资料，包括日本、中国台湾等地的档案，然后，参酌互证，去伪存真，从而见前人所未见，发前人所未发。目前，台海两岸关于《大公报》的研究，主要基于三种史料：报纸原件、时人评述和回忆录。这三种史料，都各有缺陷：作为公开出版物的报纸虽然内含办报人的思想，但毕竟隔了一层；时人述评各有立场，不免偏颇，而且云里雾里，让人不得要领；回忆、自传更是免不了有所选择、遗忘、隐藏、美化。因此，档案文献就显现首屈一指的价值，如作者所言，"我们必须从档案入手，去厘清作者与各方间复杂的关系，才可能真正读懂文章"，也才可能真切把握《大公报》在风云变幻的民国年月长袖善舞的一招一式。这些年，我审阅的一些复旦大学、暨南大学等新闻学博士论文，也都采用了这一方法，取得同样"不凡"的研究进展。《再研究》在几近汗牛充栋的《大公报》研究中脱颖而出，应该说首先得益于同一研究路径，也印证了尼采的论断："最有价值的洞见最迟被发现：而最有价值的洞见乃是方法。"[1]

一手档案与量化统计固然是此项成果在研究方法上的突出特征，但《再研究》之所以超越林林总总的新记《大公报》研究，关键还在于唯物史观及其"立场、观点和方法"，包括总体史的视野、阶级分析法、具体问题具体分析，以及联系的、变动的、对立统一的辩证法。正是由于作者一方面掌握了闻所未闻、见所未见的档案文献以及科学的研究方法，一方面将研究对象置于现代中国勾连繁复的社会政治语境之中，综合考察政治的、经济的、文化的、社会的多重因素，加之十分明确的政治意识与问题意识，也就是卓南生教授谈及新闻史研究所说的"为何研究"和"为谁研究"，《再研究》才得以对横看成岭侧成峰的问题作出实事求是的研究与论述，进而对批判的批判进行再批判，对否定的否定进行再否定。

---

[1] 转引自海德格尔：《在通向语言的途中》，孙周兴译，商务印书馆，2015，第168—169页。

当然，按照辩证法，这一批判与否定不是简单的推翻，而是对既往研究的扬弃和对前人成果的超越。恰似批判的批判之批判、否定的否定之否定，是在更开阔的学术视野上，在更深邃的思想认识上的批判与否定。同理，按照辩证法，也需特别厘清若干界限：《大公报》的总体倾向并不意味着一一落实在具体新闻人的具体行为上；《大公报》特定阶段的政治立场并不意味着体现在每篇新闻与评论中；《大公报》的舆论导向并不意味着其他方面的内容也随之"舆论一律"；对《大公报》的"再研究"更不意味着其他论说失去意义，相反，在百花齐放、百家争鸣的对话中，才能不断推进和深化《大公报》以及新闻学研究。

这里之所以特别提及唯物史观辩证法，也是因为随着马克思主义事实上的边缘化，思想文化领域包括新闻学中形而上学日见流行。比如，抓住一点，不及其余，习见手法就是用小细节模糊、混乱、颠覆大道理。举例来说，袁世凯如何孝顺，民国学术如何发达（许多不过是想当然），大学教授（其实只是少数精英教授）如何自由，诸如此类，不一而足，以此表明袁世凯并不是"窃国大盗"，民国乃是所谓"黄金时代"等。同样，以往对蒋家王朝早有定论，如"三座大山""四大家族"，而如今一些翻案文章恨不得奉蒋介石为"民族英雄"，更有文人盛赞认贼作父的汪精卫与所谓"才情人品"。《大公报》从南京国民政府的"诤友"或"帮闲"，一步步走上"独立之精神，自由之思想"的圣坛，也同这种形而上学之风不无关系。有个流行的说法就认为，由于《大公报》里有中共地下党员，如浦熙修、杨刚、彭子冈、李纯清等，《大公报》的"小骂大帮忙"就不成立了。照此逻辑，南京国民政府中埋伏了一批共产党"卧底"，是不是也成为共产党的天下呢？

虽然我对新记《大公报》毫无研究，但相信诸多历史亲历者与当事人，包括毛泽东、周恩来、范长江、徐铸成等对《大公报》的不良印象，不仅不是空穴来风，无稽之谈，而且由于切身感受而使其判断更为真实、更为可靠。这些感受与判断由于历史上的敌我之分与你死我活难免极端，对新记《大公报》的评价可能不够全面，但纵然如此，还是不能不承认与事实相去不远。所以，拙著《中国新闻社会史》在一片《大公报》的莺歌燕舞声中，依然坚信"小骂大帮忙"的定性，而这一定性如今再次得到《再研究》的有力确证：

《大公报》对于推动国家近代化进程所做出的努力，绝大部分都是通过依附于蒋政府的形式而完成的，换句话来说，在它24年的历史中，在大部分时间里，《大公报》是坚定地奉蒋政府为正朔，希望通过对它的建议、批评、扶掖来实现中国的独立、自强和复兴，从而实现自己"文人论政"的理想追求。所以对蒋政府的决策，无论对错，该报在大部分时间里都是坚决支持的，而只要我们承认蒋政府"攘外必先安内"的政策是错误的，只要我们承认抗战胜利后共产党政权是比国民党政权更加进步、更加民主、更能代表人民愿望的，我们就不能对《大公报》的历史作出如此简单的评价，更不可将该报简单地视为"公正"、"独立"的代名词。

或许，值得深思的还不在于新记《大公报》的研究，也不在于与此相关的新闻学思潮，而在于更广阔的社会政治以及文化政治问题。当李公朴、闻一多、杨杏佛、史量才等惨死法西斯之手的文化人，以切身感悟与生死经历不断昭示中国的"两种命运、两种前途"之际，自诩文人论政翘楚的《大公报》，特别是胡政之、张季鸾却一方面对南京国民政府抱有幻想，一方面对共产党深怀敌意，就让人不能不质疑究竟是认识水平使然，还是阶级立场使然。与此相似，如今高谈阔论的文人论政、新闻独立、专业主义等，究竟是就事论事的实然判断，还是政治价值的应然判断呢？在《马克思的事业：从布鲁塞尔到北京》一书中，韩毓海教授对中国社会与历史文化有段透辟论述，对理解这一问题提供了一种深切洞明的启示。

当论及马克思主义中国化即《马克思与毛泽东》一章内容时，韩毓海分析了中国社会传统中的"三重结构"——上层朝廷，中层文人，基层宗法："数千年的基本统治结构：宗法—科举—朝廷，或曰士绅—士大夫—王朝。"以往历次革命包括洪秀全、孙中山领导的太平天国、辛亥革命之所以归于失败，就在于仅把目标对准上层的朝廷，而根本没有也不可能触动中层与基层。为此，毛泽东把再造基层社会和改造士大夫阶级视为中国革命的两大目标："长期垄断中国基层的士绅-胥吏阶级，为在中国革命中诞生的基层劳动者组织（青抗会、妇救会、儿童团、社、队）所取代——而这便是新民主主义革命成功的要害。"[1] 与此同时，改造中层则不顺利，尽管有得有失，但最终还是遭遇巨大挫折。

明代思想家中，毛泽东尤其推重王阳明，《实践论》深受王阳明知行合一论的影响。同王阳明一样，毛泽东看到士大夫的两大缺点：一是脱离现实，一

---

[1] 韩毓海：《马克思的事业：从布鲁塞尔到北京》，中国人民大学出版社，2012，第273—274页。

是脱离群众。而恰恰文人士大夫阶级又构成统治集团的中坚，成为文化的垄断者与文明的立法者，向上则庙堂的后备军，向下则宗法的常备军。针对这一痼疾，毛泽东把"理论联系实际、密切联系群众、批评与自我批评"视为共产党人区别于文人士大夫的最优秀品质，并借此改造这个蒋廷黻所谓"肩不能担手不能提"，还自视甚高、自以为是的阶层，造就一个新社会的中坚力量或中间阶层，一个"有社会主义觉悟的，有文化的劳动者"。邓小平于1978年提出知识分子是工人阶级一部分的思想，即使含有纠正极左路线的权宜考虑，但内在逻辑与"有社会主义觉悟的，有文化的劳动者"显然一脉相通。就像法国学者玛丽娅·马希奥希在"文革"后期出版的《论中国》一书中从哲学层面概括的，"使'智慧的人'和'劳动的人'统一为一个完整的存在，成为一个完全的人"[1]。只是受制于或超前于种种主客观条件，这一宏韬伟略留下的败绩似乎多于战果：

> 毛泽东在建国后力图以"劳动人民知识化，知识分子劳动化"去改造中国社会的中层，即数千年来"君子动口不动手"的士大夫阶级，触动这个阶级的必然产物"官僚集团"，并以马克思主义和现代科学实践向以儒教为核心的中国传统意识形态宣战的时候，这再次证明了他所领导的革命是"真正的革命"，毛泽东要走的，乃是我们的前人从来没有走过的道路。在这场面向旧的统治结构的"中层"或"中坚"而进行的艰辛改革过程中，毛泽东当然取得了伟大的成就（劳动者素质的迅速提高，以及与之伴随的中国迅速工业化），但是，他更遭遇了巨大的挫折（"文化大革命"），留下了极其沉重的历史教训。[2]

也正因如此，毛泽东最为担心的"身后事"，就是为人民服务的共产党人蜕变为一种脱离实际、脱离生产劳动、脱离人民群众、脱离世界大势的"新的士大夫阶级"，"他当然不愿看到：新的士大夫阶级靠'半部《论语》'、一个市场'治天下'，重新成为脱离现实的精英"。[3] 而如今，知识精英（已经漫溢了邓小平所谓工人阶级一部分）、文人论政、传媒领袖……仅从这一脉蛛丝马迹

---

[1] 转引自张世明：《被忽视的理论旅行：以法国五月风暴为例》，《中华读书报》2015年6月17日，第13版。

[2] 韩毓海：《马克思的事业：从布鲁塞尔到北京》，中国人民大学出版社，2012，第274页。

[3] 韩毓海：《马克思的事业：从布鲁塞尔到北京》，中国人民大学出版社，2012，第313页。

中，就不难感受历史的顿挫，也更能体味陆定一当年《我们对于新闻学的基本观点》：千万要有群众观点，不要有"报阀"观点，脱离人民，脱离现实，还自以为是，唯我独尊……[1]

　　历史不会自动讲述，而必须经过今人转述。因此，历史既是凝固的事实，又是流动的书写或叙事，所谓一切历史都是当代史。然而，书写或叙事是不是就可以"真理在胸笔在手，无私无畏即自由"呢？法国年鉴学派宗师布洛赫（Marc Bloch）讲述的一个故事，常常萦绕我心——有一位中世纪的乡绅被一伙手持文字证明的教士所控告，他愤怒地喊道：任何人都能用墨水想写什么就写什么！[2] 如果说前人的作为是作曲家谱写的乐谱，那么后人的转述就是演奏家的演奏与演绎，即使高手的发挥与华彩也不能不"靠谱"，更不能想怎么演就怎么演。巧的是，俞凡博士"材识兼茂，体裁凝远"的《再研究》，与卓南生教授的《中国近代报业发展史：1815—1874》（增订新版）几乎同时到手，读至后者的"增订新版自序"，感到格外心有戚戚，那么就用此收束吧：

　　正本清源，论从史出。

---

[1] 参见陆定一：《我们对于新闻学的基本观点》，《解放日报》1943年9月1日，第4版。

[2] 马克·布洛赫：《历史学家的技艺》，张和声、程郁译，上海社会科学院出版社，1992，第61页。

业务纵横
YEWU ZONGHENG

学南振中，当好记者

范敬宜为《李庄文集》作序时，提及现代中国新闻战线一代嵚崎卓荦的"英杰"：王韬、梁启超、章太炎、邵飘萍、瞿秋白、张季鸾、邹韬奋、范长江、胡乔木、恽逸群、邓拓、吴冷西、乔冠华、刘白羽、华山、穆青、李庄……

回望历史，这一英杰序列仍在延伸：郭超人、范敬宜、南振中、段连城、爱泼斯坦、齐越、杨兆麟、郭梅尼、罗开富、杨正泉、艾丰、张严平、吕岩松、庄电一、贾永、王慧敏……也可谓风起云涌，灿若群星。

如此一脉名记者不仅构成了新中国新闻业的脊梁，而且也开启了新中国新闻学山高水长的学术源流。

其中，范敬宜与南振中的道德文章在我心中又似双峰并峙，二水分流。范敬宜笔下的李庄，以我耳闻目接的现实感受，何尝不是他本人与南振中的新闻人生之写照：率性淡泊，谦冲自牧，敏悟好学，虚怀若谷，恂恂然有古君子之风；未尝有一日闲居，其勤奋过人有如此者……2004年4月15日，应范敬宜邀请，南振中来清华作报告，范院长对师生介绍说：

> 他是我所见到的手最勤的一个记者。从从事新闻事业到现在，一共记了3000多本采访笔记。
>
> 他是我见过的工作作风最严肃的一个。任编辑后，每次修改完记者的稿子，哪怕是一个标题、一句话，都要亲自找记者商定，确认"我有没有把你认为最得意的地方删掉，你有没有感到心疼"，担任新华社总编辑后依然如此。
>
> 他是我见过的采访作风最扎实的记者，正如他在《与青年记者谈成才》中所说"要立志当一辈子记者，就要作好吃苦的思想准备"。

1978年南振中的代表作《鱼水新篇——沂蒙山纪事》发表时，我正好上大学，三十年后我为国家精品课"中国新闻传播史"编辑参考资料时也选了这一名篇。众所周知，范长江新闻奖每届定额十人，唯独1991年第一届为九人（因为几轮投票都投不出十人），南振中即名列其中。在数十年新闻阅历中，包括担任新华社总编辑与郑州大学新闻学院院长，他更是留下名不虚传的口碑。于是，在推动出版《范敬宜文集》后，我又谋划了《南振中文集》，如今开花结果则清华大学出版社及纪海虹编辑与有功焉。没想到的是，南老师点我为这部《我怎样学习当记者》（增订本）写篇评价文字，让我一时不知何以自处。静心一想，以往我对他除了遥遥仰慕，也在默默学习，眼下权当又一次学习机会，借机谈谈"学南振中，当好记者"的话题。

无论是范敬宜笔下的英杰序列，还是上述延伸序列，尽管年代不同，成就各异，但为人民服务则其致一也。其中范长江与邹韬奋向称典范，因而长江韬奋奖也就成为中国记者的最高荣誉。这一脉新闻记者不妨称为"人民记者"，犹如陆定一《我们对于新闻学的基本观点》所言"人民公仆"。对他们来说，人民既是唯物史观的抽象政治主体，也是五千年文明、九百六十多万平方公里热土、五十六个兄弟民族的活生生现实——"江山就是人民，人民就是江山"。所以，人民立场、以人民为中心自然构成他们的鲜明共性，毛泽东为《大公报》题写的"为人民服务"更成为一代代人民记者的共同心声。

这几年每逢记者节，央视都播出一台"好记者讲好故事"的特别节目，产生良好反响。何谓好记者？好记者固然需要"讲好故事"，同时更需明确为谁讲故事、讲谁的故事，就像明确为谁扛枪、为谁打仗、为什么人的问题确实是个根本的问题、原则的问题。由此说来，中国好记者应是马克思说的"无所不在的耳目""热情维护自己自由的人民精神的千呼万应的喉舌"。质言之，如果说实事求是是新闻的生命，那么为人民服务就是记者的灵魂。

南振中正是这样一位名副其实的人民记者好记者，他的新闻生涯突出体现着实事求是的专业精神和为人民服务的新闻理想。正如他在这部书中写到的："新闻记者有一个最基本的出发点，就是要充分反映人民群众的利益。"且不说他在新华社山东分社二十余年，一身泥巴汗水行走于齐鲁大地，终年有三分之二以上时间沉在基层，在艰苦的沂蒙山和贫困的鲁西北两个村子还蹲点两年，也不说他在总社组织策划一系列不离渔樵、不远稼穑的报道，只看他晚年出任郑州大学新闻学院院长，将穆青手书座右铭"勿忘人民"作为院训，刻在石碑上，立于楼门前，以此塑造新闻后备军的"军魂"，就不难体察人民记者为人民的赤子之心。

有一次参加人大系统好新闻奖评选，他的一席话，令我印象深刻。当时，他是全国人大外事委员会副主任委员，兼新闻奖评委会主席，由此谈到我国根本政治制度的"三位一体"问题。他说，党的领导不容动摇，依法治国毋庸置疑，而人民当家做主及其"实现形式"还需用心落实。一番话入情入理，朴素实在，也体现了人民记者一片拳拳深情，即便居庙堂之高，也始终不忘初心忧其民。

1985年元旦，在即将离开山东分社，奉调总社工作的日记中，四十出头的南振中谈到自己人生规划的三个二十年：第一个二十年在学习积累，第二个二十年在锻炼成长，第三个二十年"理应为党和人民作出贡献"。他在当天日记的结尾处写道："2004年，是我人生第三个'二十年'的截止期。到了那个时候，我只希望能有资格说一句：'无愧于党的培养和人民的重托！'"

现在，距2004年又过去十余载，事实表明南振中不负平生志愿。

他的第一部著作《我怎样学习当记者》也可视为一位人民记者的成长录，展现了"把自己锻炼成为一个能够自觉坚持党性原则的、大有益于人民的、合格的新闻记者"的心路历程。本书原版问世于1985年，一出版就受到普遍关注和好评，从而一印再印。虽然时过境迁三十多年，但读着装帧简朴、纸版粗疏的原版书，依然觉得鲜活生动，字里行间散发着一股浓郁的、清新自然的气息，既引人入胜，又发人深思，对年轻记者和新闻学子尤为适用与实用。因为世事无论如何变化，事理往往依然如故，如心系人民的新闻理想、调查研究的工作作风、清新朴素的报道文风。试举一例：

> 1965年夏天，我到定陶县万福公社采访一所半耕半读的卫生学校。那时，从菏泽到万福公社不通汽车。我从菏泽县沙土集往南走，正赶上大雨。大平原上的路，没有明显的标志，加上雨下得天昏地暗，一道又一道的台田沟横在我的眼前。我迷了路，漫无目标地向前走着。天色渐晚，我有点发慌。忽然，发现了一排电线杆子。我想，电线肯定是通大集镇的，顺着电线走，说不定会找到公社驻地。我索性不去找"路"，沿着电线指引的方向，走了大半天，终于找到了万福公社。当我走进党委办公室时，已经成了一个"泥人"。

1964年夏天，郑州大学中文系辅导员郭双成老师为分配到山东分社的年轻大学生南振中题写了两句临别赠言，一副出自吴昌硕的篆书联："心中别有欢喜事，向上应无快活人。"（原句出自白居易的两首诗）半个世纪后的2015年新学年开学之际，已是母校新闻学院院长的南振中又把这两句话送给大一新生并解释说："欢喜"是佛家语，指心灵的宁静和愉悦，与世俗的"快活"是两个不同的概念；"快活"更多侧重感官的享乐。一个人心中别有向往，别有追求，别有期许，就会放弃许多世俗的"快活"，心甘情愿吃苦受累，不断进取，从而达到更高的人生境界，如同范仲淹"先忧后乐"的精神追求。本书开篇《新闻记者——令人羡慕的"苦差事"》结尾，就借这两句话表达了他对记者之道的理解："'心中别有欢喜事，向上应无快活人'，我万万没有想到，辅导老师的这两句题词那么快就应验了。在新闻工作岗位上，我很快就尝到了它的艰辛。一些蒙在'新闻记者'这块牌子上的浪漫色彩渐渐褪去，我越来越意识到，我将毕生从事的职业是一个令人羡慕的'苦差事'。"

本书第一版缘起于1983年他在四川新闻干部进修班的授课讲稿，当时他刚过不惑之年，是新华社最年轻的分社社长。起初，进修班定的讲授题目是"我的新闻实践"，他认为这是个大题目，自己无力承担，尽管已当了二十年记者，还是觉得没有多少经验。为此，他提笔给主办方去信，请求将授课名称改为"我怎样学习当记者"，以便"从头到尾，讲自己在学步过程中的心得体会，既包括成功的经验，也包括走过的弯路"。穆青称他"忠厚、谦逊，原则性强，且不善张扬"，为人为文，若合一契，于此可见一斑。涉猎他的其他著述，如《南振中文集》中《记者的发现力》《与年轻记者谈成才》，以及《学习点亮人生》《大学该怎么读——给大学生的75封回信》，更能体会为人为文和"学南振中，当好记者"的深长意味。我读南振中，总会联想到白居易、范成大等诗人与诗风，明白晓畅，务期达意，"一语天然万古新，豪华落尽见真淳"，"欲为平易近人诗，下笔情深不自持"，毫无头巾气、矫饰味，唯见正心诚意，本色天然。

增订本又补充了"《我怎样学习当记者》涉及的新闻作品"，包括《鱼水新篇——沂蒙山纪事》《访南斯拉夫日记》等佳作，与前面的讲述内容彼此映照，相得益彰，更便于学习。其中，有道有术，道寓术中，既可以感悟为人民的新闻理想，又易于学到当记者的十八般武艺。加之内容都是亲身经历，涉及记者工作各个环节，实实在在，老老实实，有过五关斩六将，也有失荆州走麦城，读来平易近人，"通俗而又深刻"（穆青）。再举一例：

> 我刚当记者的时候，采访写作的毛病是"快而浅"。后来，在采访上注意下功夫了，每次都搜集大量的新闻素材，但是，却不善于提炼，往往被许许多多的生活素材所包围。由于自己没有明确而集中的思想，所以，对大量生活素材无法取舍，这也想写，那也想写，"大而杂""全而浅"，真有点像高尔基讽刺的那样，"把鸡和鸡毛一起炒"。这种既不拔掉鸡毛又不掏去内脏的"炒全鸡"，自然不会受到食客的欢迎。

久闻南振中有个"万宝囊",是其记者生涯积攒的数千个采访笔记本。我觉得,有朝一日若能整理出版,也会是新闻学的一笔财富,对当代史、社会学、民族志同样具有学术价值。说到采访,新闻中人都知道,记者在记录历史初稿,亦即新闻之前,先得采集记录新闻现场的所见所闻,所知所感,所谓"七分采、三分写"。战地记者罗伯特·卡帕说得好:你拍得不够好,是因为你离前线不够近。《人民日报》记者王慧敏也认为:"记者,就是把新闻现场作为战场的战士。"虽然有人论证说新媒体时代采访已经过时,仿佛坐在写字楼、办公室,上上网,连连线,就可以攒出新闻,但我相信亲眼看、亲耳听、亲身感受、亲笔记录的现场感,总是新闻之所以为新闻而非其他的第一要义,"裤腿上永远沾着泥巴"更是人民记者的第一印象。为此,如何采访,如何记录,就成为记者的基本功。本书也谈到这方面一套实用管用的做法,包括整理笔记本的六件事,举一反三同样适用于媒体融合的新时代。

毋庸讳言,由于社会转型与媒体变革,俯首甘为孺子牛的人民记者身影日益漫漶,渐行渐远。有位记者将拙著《水木书谭》称为"古典新闻观的挽歌",所谓古典新闻观者,"报纸是人民的教科书"之谓也。读南振中一边心有戚戚,一边忧心人民记者及其理想是否沦为或即将沦为"古典新闻业"的挽歌。大雅久不作,正声何微茫。十几年前,听范敬宜院长谈及他与穆青在一起的一幕晚景,如在眼前:暮色苍茫中,两位老党员、老记者面对"世风日下",愀然枯坐,相对无言……令人多少欣慰的是,近年来"走基层、转作风、改文风"中时有年轻记者崭露头角,从《新疆塔县皮里村蹲点日记》《大国工匠》等新闻作品,到《农民中国》《崖边报告》《塘约道路》等现实主义书写,都不难感到人民记者绵绵不绝的精神血脉与生生不息的新闻魂魄。特别是党的十八大以来,各个领域日益强调人民立场,不断落实以人民为中心的工作导向,也给新闻界带来一缕新风新气象。

2014年,我在荣获范敬宜新闻教育奖的获奖感言中谈到,自己三十年新闻教育经历无非"培养有灵魂、有文化、有梦想的中国记者"。在我看来,人民记者好记者不仅正心诚意有灵魂,而且淹博清通有文化,就像范敬宜和南振中。如果说范敬宜作为范仲淹二十八代嫡孙并出身江南世家而得益于家学渊源,那么来自古弘农郡的普通人家子弟南振中就以勤奋好学孜孜不倦而成为饱学之士。除了精湛的新闻业务能力,他们的文化底蕴、知识水平、理论素养在业界学界同样出类拔萃。南振中的博览群书、好学深思,更令读书人钦佩不已。

上学时,南振中就有意放弃功课满分的追求,把考试目标调整为80分,主要精力用来"横扫图书馆"。于是,有舍有得,收获自不待言。后来,他在回忆大学经历时说:"白天,除了上课,我就到开架阅览室读书;夜晚,把从图书馆借来的小开本图书带到宿舍,仔细阅读;星期日早饭后步行到河南省图书馆,阅读中外名著,摘抄与唐诗有关的资料。"

工作后,无论多忙,他依然手不释卷,一直孜孜以求。南振中读书之广、之细、之深在新闻界传为美谈,穆青对此的吃惊和感叹相信许多人都深有同感:"工作异常繁重,但从没有间断学习。一有空余时间,就用在读书上面。除了马列著作和毛泽东、邓小平理论外,新闻学、经济学、哲学、心理学、军事学、社会学甚至是医学著作也是他阅读的范围,涉猎之广,既让人吃惊,也让人感叹。"尤其是,他并非死读书,读死书,而是既读有字书,又读无字书,并有章有法,活学活用,特别注重独立思考、融会贯通、理论联系实践,逐渐形成一套行之有效的方法,从而既能不断完善自己的知识体系,又能不断适应时代变化和工作需要。

联想当下,忧从中来。南振中在郑州大学读书时,学校印发了一份北京大学中文系的500种书目,他按照书目认真阅读。我在郑州大学时,也得到一份教育部的400种书目。后来,我为学生草拟的《新闻传播学基础阅读书目》,最初也是400种,然后减为200种,最后减为100种,即使如此,还有学生总是望而生畏。今年清华大学新闻学院考研复试中,有位修读英国文学的考生答不出一部莎士比亚作品;历史系出身的考生没有翻过一部中国通史;青岛的考生不清楚五四运动与家乡的关联;法语专业的考生认为,火烧圆明园是"可以理解"的"一个错误"。无独有偶,在今年某家中央媒体的入职笔试中,有位考生回答"《西行漫记》又名《西游记》……"。诸如此类,不一而足,正所谓"刘项原来不读书"。

南振中曾为新华社年轻记者作过一场报告,题为《把"阅读"培养成为一种爱好》。针对有人觉得读书是件苦差事,不如手机好玩,视频轻松,南振中用生活经验开导说,年轻人喜欢锻炼,跑步啊,打球啊,汗流浃背,气喘吁吁,为什么不觉得累,不感到苦呢?因为自己喜欢。"长时间里持续不断地爱好同一项运动,就会养成不容易改变的习惯,苦和累也就融入了快乐的感受之中。"同样道理,若把阅读培养成为一种爱好,也就不会觉得高不可攀,而一样乐在其中并乐此不疲。他还介绍了一个通读大部头的经验,称为"化整为零"或"积零为整":

《列宁选集》第1卷858页,第2卷1005页,第3卷933页,第4卷765页,

4卷合计3561页。由于采访报道任务繁重,要在短期内读完这4大本书,的确有一定困难。为了解决读书同时间的矛盾,1973年元旦我拟定了一个总体学习计划:按照每小时平均10页的阅读速度,将《列宁选集》1-4卷通读一遍需要356个小时。如果每天挤出1小时,不到一年就可以把《列宁选集》1-4卷通读一遍。有了这个总体规划,零碎时间就像珍珠一样被串了起来。实践的结果是只用了6个月,就把《列宁选集》通读了一遍。

宁可十年不将军,不可一日不拱卒。这个经验也点拨了我,《史记》《资治通鉴》《鲁迅全集》等大部头,都是采用这种方法,用一年半载"啃"下来的。

香港城市大学原校长张信刚,年轻时在美国读研究生,一次出席名家云集的研讨会,同他合作的资深教授让他主讲。不得已,他先用了一个中文谚语"江边卖水",用英文一翻译,得到一片会心赞赏。此时,我的心情也同当年张信刚一样,无论怎样用心用力,都像江边卖水。如果说南振中是新闻界静水流深的大江大河,那么我只能取一瓢饮。南老师美意将拙文置于书前,而我知道其实是一点学习心得与杂感,既不敢冒称评价,更不敢自视书序,谨以此就教于作者与方家。

培养有梦想、有灵魂、有文化的中国记者

——在第二届范敬宜新闻教育奖颁奖仪式上的获奖感言

2014年恰逢我从教三十年,也是从事新闻教育三十年,在这个人生节点上获此殊荣,自然感到格外荣耀。同时,我也深知,这个奖项与其说是授予我,不如说是授予清华新闻学院的老师,甚至可以说是授予全国新闻教育领域辛勤耕耘的园丁,而我只是其中普通一员。

既然这个奖项同一代记者、文化人、新闻教育家范敬宜连在一起,在他生命最后的岁月里,我又有幸与他共事八年,耳濡目染,获益良多,言传身教,受用无尽,下面我就简单谈谈三点难忘印象。

第一点,如果有来生,还是做记者。

2001年,我调入正在组建的清华大学新闻学院,担任首个新闻学本科班的班主任。为此,我给范敬宜打电话,想请他为全班35位同学作个讲座,谈谈他的新闻人生。主持建院工作的王健华书记听说请来一位人民日报社总编辑,有点诧异:怎么搬动这么大的人物?在我心目中,范敬宜只是一位尊敬的前辈,当时我与他也从未谋面。可一提讲座的事情,他就毫不迟疑地答应了。来的那天,我在二校门迎候他,一见之下,感觉非常平易,就像他在一篇文章里说的"一个老头儿"。

然而,等他一开讲,顿觉神采飞扬,语出不凡。一位前来旁听的研究生,本想听听而已,但一听之下,马上感到与众不同,赶忙向邻座同学借来纸笔,边听边记,后来整理出一篇发表在《新闻记者》杂志上的讲座纪要,而他毕业几年后也以一部《天珠——藏人传奇》,践行了清华新闻"面向主流,培养高手"的宗旨。那天的讲座内容丰富,精意迭出,大热天里,范敬宜站在一间普通教

室的讲台上，娓娓讲了三个小时，既讲他的新闻人生，也谈他对新闻的独到理解。尤其令人触动的是，他对清华学子表达了自己对新闻工作终生一贯的梦想、执着与痴迷，包括后来广为流传的那句话：如果有来生，还是做记者。2010年他驾鹤西去时，我就根据他的这句话，草拟了一副挽联：今生无悔做记者，来世有缘会清华。

第二点，信守马克思主义及其新闻观。

我们知道，当年范敬宜曾被划为"右派"，打入另册，不仅无法再从事他心爱心念的新闻工作，而且二十多年备尝艰辛。然而，就在这样的人生际遇中，他却成就了一个堪称全国唯一的"记录"，这就是以"右派"之身入党。在高度政治化的年代，这样的事情听起来就像天方夜谭。这个传奇故事除了表明范敬宜的立身处世得到各方一致认可，而且也显示他的政治信仰何等坚定。习近平在新一届中央政治局第一次集体学习中说过："对马克思主义的信仰，对社会主义和共产主义的信念，是共产党人的政治灵魂，是共产党人经受住任何考验的精神支柱。"以此衡量，范敬宜一生无论在什么情况下，都矢志不渝坚守这样的信仰和信念，如他在学院历年毕业典礼上每每即兴唱的《革命人永远是年轻》："它不摇也不动，永远挺立在山巅。"也正是这种顶天立地的信仰与信念，促使他以高度的社会责任感和强烈的历史使命感，在清华大学新闻学院开展马克思主义新闻学的教育、科研与学科建设，成立全国首家马克思主义新闻学研究中心并兼任中心主任，一时间在海内外产生广泛影响。

2012年清华新闻学院成立十周年之际，方汉奇先生在他的微博中用一句话概括道：清华出过一个中国近现代史上名气最大的新闻传播学大师梁启超和一个中国当代最受称赞的新闻传播学院的院长范敬宜。如果说梁启超开辟了现代中国的新闻传播学，那么范敬宜则开辟了当代中国的马克思主义新闻学新局面。我协助他开展这一工作，也受到潜移默化的熏陶、启发和教育，我们主编的《马克思主义新闻观十五讲》和《马克思主义新闻观拓展读本》，既正本清源，又与时俱进；既坚持马克思主义的立场、观点、方法，又契合中国社会及其新闻实践；既紧扣新闻传播的现实问题，又放眼宽阔视野下的多学科领域。出版以来颇受关注与好评，特别是青年学子觉得耳目一新，在相当程度上破除了对马克思主义及其新闻观的一些误解与偏见。

在他的教育和引导下，清华新闻学院涌现了一批志存高远、脚踏实地的青年才俊，如2003级本科生李强同学大二寒假深入山西农村，写出四万字的调研报告《乡村八记》，得到国务院总理的赞许，其中第一记还刊发在《人民日报》头版；如2008级研究生曾维康同学奔走多地，历时一年，完成二三十万字的硕士学位论文《农民中国》，并在高等教育出版社出版，得到全国政协主席在两会上的推荐，《文汇报》用十二个版面予以报道和摘发；如2008级博士生姚遥同学上穷碧落下黄泉、动手动脚找材料，撰写了学位论文《新中国外宣史》，得到李肇星、赵启正、傅高义等嘉许。我在配合范敬宜开展这些工作时，深切体会了马克思主义及其新闻观的核心在于一种活的灵魂，由此造就服务祖国、服务人民的新一代中国记者。正如范敬宜在一首词作中抒发的心意："平生愿，唯报国，征途远，肩宁息？到峰巅仍自朝乾夕惕。当日闻鸡争起舞，今宵抚剑犹望月。念白云深处万千家，情难抑。"

第三点，新闻要有文化，记者要有文化。

作为范仲淹的第二十八代嫡孙，范敬宜的血脉里仿佛也蕴含着先祖的文化基因。共和国六十年大庆时，他约我在他家附近的茶馆叙谈，赠我渴望已久的墨宝——《岳阳楼记》。在这幅悬挂在我书房的书法作品上，他写下几句令人过目不忘的题款："先祖范文正公在布衣为名士，在州县为能吏，在边陲为良将，在庙堂为贤相，在文坛为大家，所撰《岳阳楼记》光昭日月，传诵千古，诚可谓不朽之人、不朽之文。"每读此段文字，我就不由想到，范敬宜的新闻人生也可谓不朽之人、不朽之文。而他之所以达到如此境界，很重要的一点正在于他的文化修养，以及由此涵养的参化天地的一生襟抱与吞吐日月的浩然之气。他既是有文化的新闻人，又是懂新闻的文化人，正如他所推崇的那些新闻大家：从王韬、章太炎、梁启超、张季鸾到毛泽东、瞿秋白、邹韬奋、恽逸群、胡乔木、乔冠华……在他看来，"这些人既是杰出的政治家，又是学养丰厚、才华横溢的文化人，政治品质和文化修养在他们的身上和笔下都得到了完美的统一。"他指导的第一位研究生、如今已是人民日报社名记者的王慧敏（2021年任《光明日报》总编辑），多年来每天起床后的第一件事就是背诵，包括诗词歌赋、经典作品、著名演说以及优秀报道等，无所不背，每天至少一个半小时。我在指导一位国防生时，针对她的情况因材施教，也借鉴这种方法，要求每周背诵一首长短不拘的古典诗词，目标是毕业时，肚里能有至少一百首诗词储量，以求文韬武略气自华。范敬宜在清华从教八年，开设和主讲了多门本科生、研究生课程，其中两门在他临终之际给学院老师的遗言中专门强调，谆谆托付，一门是马克思主义新闻观，一门是新闻中的文化。

以马克思主义新闻观的教育为例，也可以看出他广博深厚的文化底蕴和自然天成的文化素养。比如，讲到政治家办报以及记者的政治意识、大局意识、责任意识时，他喜欢引用成都武侯祠的那副名联："能攻心则反侧自消，从古知兵非好战；不审时即宽严皆误，后来治蜀要深思。"用诸葛亮的故事阐述新闻与政治的关系，告诉学生政治家办报无非是审时度势。这种讲法别具一格，别开生面，体现了一种春风化雨的文化力量，也同毛泽东一脉相承，如出一辙。众所周知，20世纪50年代，毛泽东在同吴冷西、田家英等"秀才"漫谈新闻时，常以曹操、袁绍为例，将政治家办报归结为多谋善断。而不管审时度势，还是多谋善断，一向是古今中外一流记者的首要素质，从范长江到范敬宜，从李普曼到法拉奇，莫不如此。

眼下，全世界的新闻事业和新闻教育都貌似面临一些新情况、新局面、新问题，应对之际有时不免手忙脚乱。不过，无论世事如何变幻，新闻怎样演化，作一个怀抱梦想、虽九死其犹未悔的记者，一个用马克思主义及其新闻观武装起来的有灵魂的记者，一个拥有深厚文化底蕴的记者，我相信总是中国记者至高至大的人生境界，也是为人民服务、为社会主义服务的新闻教育一以贯之的高远目标与不懈追求。而这就是我们今天纪念范敬宜的意义所在，也是我荣获这个以范敬宜命名的新闻奖的点滴感悟。

闻鼓鼙而思将帅

——重读段连城《对外传播学初探》

新中国成立时，内外环境好似冰火两重天。内部一片天下归心、其喜洋洋的新天地、新气象；外部则以丘吉尔在美发表"铁幕演说"为标志，冷战阴云日渐浓重，社会主义与资本主义两大阵营壁垒分明，剑拔弩张。而随着占世界人口四分之一的中国人站立起来，人类社会正在或即将发生改观，几百年来列强对亚非拉的征服、奴役和殖民的历史已是西风残照，秋风落叶。中国人民志愿军司令员彭德怀的名言一向脍炙人口："西方侵略者几百年来只要在东方一个海岸上架起几尊大炮就可以霸占一个国家的时代是一去不复返了……一个觉醒了的、敢于为祖国光荣、独立和安全而战斗的民族是不可战胜的。"[1]

鉴于新中国成立后面临的内外环境，新闻传播自然形成两种既有联系，又有区别的领域，即通常所说的内宣与外宣。顾名思义，内宣是指对国内的新闻宣传活动，外宣是指对境外的新闻宣传活动；前者的主体是中国人民，后者的主体是世界人民，包括亚非拉地区、欧美国家以及海外侨胞等。于是，"内外有别"从此成为主导新中国新闻业的核心理念之一，日积月累渗入新闻人的自觉意识与潜意识。新华通讯社与中国新闻社、《人民日报》与《人民日报》（海外版）、中央人民广播电台与中国国际广播电台以及各地各部门的宣传部与外宣办等，都一目了然地标明这一内外有别的分野。

进而言之，内外有别的内宣外宣不仅源于新中国的现实环境，而且来自数千年中华文明的悠远传统。九天阊阖开宫殿，万国衣冠拜冕旒。中华文明自古尊奉和而不同的"天下"理念，谐和万邦始终是中国人的大同理想，正心、诚意、修身、齐家、治国、平天下的家国情怀，溥天之下莫非王土、率土之滨莫

---

[1] 彭德怀：《关于中国人民志愿军抗美援朝工作的报告》（1953年9月12日），见中共中央文献研究室编《建国以来重要文献选编》第4册，中央文献出版社，2011，第327页。

非王臣的文明体系,无不体现着这种天下一家的理念及其温柔敦厚的境界:

> 华夏文明素有家国天下情怀,一种廓然大观的世界主义和世界精神。倚昆仑而濒大洋,骋大漠以驰莽原,此间地缘架构,造就了中国文明极远极近、绝地绝天的人文性格,由此营造的一种政治时空、世界图景和文明景象,深刻影响了古今中国人的精神世界和政治理想。其非家族,非社群,非城邦,非民族国家,亦非帝国形态,也不是一般性的天下,毋宁,乃"家国天下"也……"家国天下"的意象和胸襟,遂成中国民族性格,所谓天下一体,和而不同,而天下犹一家,中国为一人。英国历史学家汤因比以"中华民族逐渐培植的世界精神"揭橥,亦称允恰。[1]

天下理念施于治国理政,则有清华大学王绍光教授所论的三位一体之"政道":本体意义的天道、伦理意义的仁道与行政意义的治道[2]。形于精神文化,则有不拘一格、因地制宜等传播思想与模式,"一种话,千种说""见什么人,说什么话"之类习俗背后,何尝不是对他人设身处地的理解与发自内心的尊重呢?由此说来,内宣外宣以及内外有别、外外有别等不仅契合着实事求是的精神传统,而且也彰显着中华文明海纳百川的胸襟气度。

不妨听听熊向晖讲述的一个周恩来总理的故事。1954年,中华人民共和国代表首次参加日内瓦会议,参与磋商朝鲜问题和印度支那问题。在这次有名的国际会议上,熊向晖奉派担任新闻联络官,负责中国代表团新闻办公室的工作。会议期间,针对外国记者希望了解新中国人民生活的情况,代表团团长周恩来指示举行一场电影招待会,放映纪录片《1952年国庆节》。事后周总理听取汇报,问有没有批评意见。熊向晖说,有个美国记者认为,这部影片说明中国在搞军国主义,因为有阅兵镜头。总理说,即使是个别人的看法,也值得注意,再给他们放一部《梁祝哀史》,根据越剧《梁山伯与祝英台》拍摄的彩色戏曲片。为了取得更好效果,他们先在旅馆试映,一些瑞士人闻讯而来,但开映不久就一个个走掉了。其实,熊向晖他们不看字幕,也听不懂,让外宾看更觉"对牛弹琴"。但为了完成总理交代的工作,他们还是尽力而为,洋洋洒洒写了十几

---

[1] 许章润:《汉语法学论纲——关于中国文明法律智慧的知识学、价值论和风格美学》,《清华大学学报》2014年第5期,第36页。

[2] 王绍光主编《理想政治秩序:中西古今的探求》,生活·读书·新知三联书店,2012,"序"第10—20页。

页剧情说明。不料,周总理批评他们在搞"党八股":十几页说明书谁看,我是记者就不看。然后,总理建议他们,只需在请柬上写一句"请你欣赏一部彩色歌剧电影——中国的《罗密欧与朱丽叶》",放映前再用三分钟概括一下剧情,用词有点诗意,带些悲剧气氛,保证不会失败。总理还同熊向晖打赌,失败了,送你一瓶茅台酒,我出钱。果然,按照熊向晖的记述:

> 放映过程中,和上次不同,全场肃静。我举目四顾,都在聚精会神地观看。演到"哭坟""化蝶",我听到啜泣声。放映结束,电灯复明,观众还如醉如痴地坐着,沉默了大约一分钟,才突然爆发出热烈的掌声。他们久久不肯离去,纷纷发表观感。普遍认为:太美了,比莎士比亚的《罗密欧与朱丽叶》更感人。
>
> 我向总理汇报演出获得的巨大成功时,谈了自己的感受。我说:这使我进一步懂得对外宣传的重要。总理说:问题在于宣传什么,怎么宣传。——他告诉服务员,给我一瓶茅台酒,记他的账。[1]

改革开放以来,虽说我国的内外环境发生诸多变化,新闻传播领域也出现一系列相应调整,包括内宣、外宣日益交融。但是历史传统与现实状况还是难免画出一条内外有别的楚河汉界,如宣传部与外宣办不尽相同的职能。说到底,内宣、外宣的区分不在传播主体及其意愿,而在不同的传播对象及其需求。虽说同一个世界、同一个梦想令人神往,但现实世界毕竟千差万别,中外以及外外读者、听众与观众在社会政治、生活习俗、文化观念上更是迥异其趣,对拉斯维加斯的赌徒讲中国的脱贫故事,就像对帕米尔高原的牧民讲纽约的灯红酒绿,都同样圆凿方枘。延安时代的老一辈新闻工作者、新中国成立后曾任中央广播事业局副局长并主持对外部工作的温济泽,早在1950年代就提出了对外广播有别于对内广播的四个不同:对象不同,任务不同,内容不同,方式方法不同。不顾实际,不讲差别,一味强调内外一律、外外一律的思路,同当年二十八个半布尔什维克用马列主义"普遍原理"加诸中国革命实践,或当下精英用"普世价值"强求中国特色社会主义道路一样,都有违多彩多姿的大千世界和云卷云舒的生活逻辑。其实,即便被一些人奉为圭臬的美国新闻也从来不是内外无别,如美国媒体的国际新闻并不为普通人所关注——这也是美国新闻学一向头疼的问题,而美国老百姓在意的家长里短同样不是世界上什么人都乐

---

[1] 熊向晖:《我的情报与外交生涯》(增订新版),中共党史出版社,2006,第113—116页。

意操心的。因此，与其汲汲于内宣、外宣界限，不如一方面专心致志地推进国内新闻工作，同时借鉴世界各国的有益经验；另一方面集中精力开展外宣或对外传播，既注重内外有别，也考虑外外有别，从而使内宣、外宣各司其职，相得益彰，各尽所能，相映成趣。

如同新中国内宣领域已经堆积了丰厚遗产，尚待更多有识之士、有为之人从中开辟历史与逻辑、理论与实践有机统一的学术研究，外宣方面也积累了值得检视的宝贵库藏，同样需要后人认真清理、系统整理，从中提炼既切中实际又符合规律的、有益于对外传播与国际传播的科学理论。别的且不论，仅看外宣领域同样名家辈出，爱泼斯坦、熊向晖、乔冠华、刘尊棋、段连城、赵启正等，均为中外交流作出突出贡献，在中国与世界之间搭起一座座精神交往的桥梁，在新中国外宣史上刻下一道道鲜明烙印。下面不妨窥一斑而见全豹地看看段连城及其《对外传播学初探》。

段连城，云南昆明人，国家外文出版发行事业局（外文局）原局长。1948年毕业于斯诺的母校，即美国密苏里大学新闻学院——世界首家新闻学院。新中国成立后，"满怀爱国热忱、壮志凌云，回到祖国，立即投身于他的国际新闻专业工作"（沈苏儒），历时近半个世纪，直至积劳成疾，久病不起，在钱锺书去世的翌日遽归道山。同为外宣大家的沈苏儒，概括了段连城一生为外宣事业立下的汗马功劳：

> 首先是在外宣实务方面。他是新中国第一本英文刊物《人民中国》（People's China）和它的后继者《北京周报》（Beijing Review）的创办人之一，这两本刊物在一个相当长的历史时期里在世界范围内发挥着新中国发言人的作用。……
>
> 其次是在对外传播的理论建设方面。建国以来，我国的外宣实践已积累了相当丰富的、正反两方面的经验……有鉴于此，他完成了《对外传播学初探》一书，为我国的对外传播理论建设奠下了第一块基石。
>
> 第三是在教书育人方面。……在老一辈外宣工作者中，为培养中青年外宣干部，他作出的贡献大概可以说是最大的。他在北京大学国际关系学院（原国际政治系）任兼职教授，从国际交流专业（双学位制）开办时起就讲授对外传播学课程。他还在外文局、新华社为在职干部讲课。[1]

---

[1] 段连城：《对外传播学初探》（增订版），五洲传播出版社，2004，"增订版后记"第320—321页。

段连城的代表作《对外传播学初探》，就是他在1980年代为北京大学国际交流专业研究生开设课程的讲稿，英文副题为"怎样帮助外国人了解中国"（How to Help Foreigners Know China），而让世界了解中国、让中国走向世界，也正是外宣或对外传播的目的。这部1988年问世的拓荒之作，不仅是"对外宣传方面的第一本学术性著作"（沈苏儒），而且理论上启人心智，实践上切实可行，迄今依然堪称对外传播学科的高峰。犹记二十多年前，读到此书第一版时心向往之的印象。增订版问世十年后的今天，重读此书更是浮想联翩，寄慨良深。2013年付梓的拙著《传播学引论》（第三版），还专门就此写下一段文字："相对于吴予敏对古代传播的学理阐发，段连城的《对外传播学初探》则针对现代中国的传播实践展开探讨，体现了同样鲜明的中国问题、中国意识、中国主张，在整个学界似乎重回晚清'视西人若帝天'之际弥足珍贵，不同凡响。"

举例来说，21世纪以来，伴随和平发展的进程，国家形象越来越成为外宣重点之一，有关著述不旋踵而汗牛充栋。2011年，一部60秒的国家形象广告片在纽约时代广场亮相，这部由国务院新闻办公室即中共中央对外宣传办公室筹拍的作品，选取了59位当代名人，如袁隆平、杨利伟、姚明、章子怡等，一人一秒，播出后引发热议及批评，其中也贯穿某些通行的学术思想。而二十多年前，段连城就曾对此展开专题论述，并揭示了树立国家形象的两个要点：

> 首先，树立的形象必须真实。对外宣传无非是为国家画像，美丑根本上取决于国家本身。我们当然应该善于发掘和表现本质上的美，但不能夸张和"创作"。
>
> 其次，树立的形象必须独特。……由于我们在改革中吸收西方的各种长处（这是必要的），宣传上曾有过一些对西方过分"认同"的现象。有些西方朋友说："如果你们总是讲些同西方社会一样的事，你们就失去了吸引力。"……我国形象的独特之处，就在于它一是社会主义，二是具有中国特色的社会主义，它正在建设一个新的世界，培育着一代新人。[1]

这两点看似寻常，却构成新闻传播包括对外传播的支点与命脉。如果说第一点"真实"是古今中外一切新闻传播的基石，"不虚美，不掩恶"，那么第二点蕴含的社会主义价值则属于外宣的灵魂。实际上，一切传播都是科学与价值

---

[1] 段连城：《对外传播学初探》（增订版），五洲传播出版社，2004，第69页。

的统一，如同信达雅、真善美的统一。秉承马克思主义科学精神与价值谱系的新中国新闻业包括内宣、外宣，一方面注重"根据事实来描写事实"（马克思）、"请看事实"（毛泽东）、"拿事实来"（邓小平），一方面则始终高扬"为人民服务、为社会主义服务"的旗帜。新中国的外宣之所以曾经产生世界性反响，与和平共处五项原则的外交一道赢得"我们的朋友遍天下"的全新局面，就在于既遵循实事求是的原则，又蕴含这一社会主义的价值，亦即中国艺术研究院祝东力研究员所说的"中国革命反抗一切剥削和奴役的理想包含了人类的普适价值"：

> 20世纪50至70年代，中国一直处于美国为首的西方阵营的战略包围当中。但是，当时中国的核心价值观和意识形态却在不少亚非拉国家产生了很大影响，这种影响到六七十年代达到高峰，甚至波及到西方国家。后来在八九十年代的中国思想界成为偶像的萨特、德里达、克里斯蒂娃等等闻名世界的巴黎思想家，当时都在读北京外文出版社出版的《毛泽东选集》。同样，中国当时的政治思潮也影响了美欧日青年学生群体的反资本、反官僚、反体制的无政府主义立场，所以曾经风靡一时。今天，无论怎样评价这段历史的是非功过，但当时中国在核心价值观和思想观念方面处于"出超"的地位，应该是一个基本事实。[1]

如今，外宣或对外传播得到各方面的高度重视，经费投入与人才培养尤为突出，中国人民大学新闻学院、清华大学新闻学院和中国传媒大学承办的国际新闻传播硕士专业即为一例。不过，相较"硬件"的大幅度提升，"软件"的薄弱日益形成反差，特别是技术化或去政治化倾向尤为突出，从上到下似乎觉得，外宣成效更多取决于新闻发言人的一招一式、大力扩充国际化媒体及其人员设备、加速书报期刊的市场覆盖等。这些技术化事项无疑都是必要的，也大多符合传播或宣传规律，但不能忽略更必要也更核心的精神价值——世界观、历史观、人生观。因为，一切传播的内核均在价值，看看好莱坞大片如何无所不在地隐含"美国梦"，点点滴滴彰显其意识形态与价值观就清楚了。无怪乎，好莱坞堪称美国的宣传部。2013年研究生答辩时节，一位来自中央外宣媒体的在职研究生在解释外宣投入巨大而结果不甚理想的原因时，竟然答以"我们是共产党国家，共产主义意识形态制约外宣效果"云云，一时令人瞠目，举座愕

---

[1] 玛雅：《战略高度：中国思想界访谈录》，生活·读书·新知三联书店，2008，第348页。

然。殊不知，这种价值混乱与价值虚无正是问题的关键之所在。殊不知，共产主义既为古往今来一切先知祈盼的大同理想，用韦君宜的话说，"世界一切美好的东西都包含在共产主义里面了，包括自由与民主"，也属段连城所言外宣或对外传播的价值所在、命脉所系。怎能一提共产主义，就兀自矮人三分？内心不自信，怎么让人信？而没有高远的、超越现实功利的精神价值，外宣或对外传播岂不沦为巧言令色，甚至婆婆妈妈，又如何赢得天下归心？所谓"软实力"，其实一刻也离不开硬内核——精神价值。提出"软实力"理论的哈佛大学教授约瑟夫·奈，2013年在北京的一次论坛上就强调，软实力取决三个重要资源，而首屈一指的是政治价值。[1] 一旦熔铸令人向往的精神价值或政治价值，那么即便传播技巧糙一些，纵然宣传方式拙一点，美丽中国也能不胫而走，风行八方。当年外交部部长乔冠华第一次登上联合国讲台，代表新中国发表激荡人心的演讲——"国家要独立，民族要解放，人民要革命"，既道出一个时代的人类心声，也成为新中国主导世界话语权的一个里程碑。相反，如果缺乏精神价值或政治价值，那么就像一个人打不起精神，软实力便真成为软塌塌的东西，哪怕一身名牌，珠光宝气，也难入法眼，纽约时代广场播放的中国"成功人士"形象片就是一例。[2] 随着专业主义流行，外宣内宣都意识到"讲故事"的重要性，都强调讲好中国故事的意义，而且讲故事的技巧也越来越高明，可什么是中国故事及其要义却不甚明了。如果以为故事只是新奇性、趣味性、生动性，那么这样的故事讲得再多再好再生动也难得要领，更不用说打动人心，天下归心，因为其中没魂儿。什么是魂儿？魂儿就是精神价值，就是中国人对人生、对社会、对世界的基本信念，如青年学者李云雷在《人民日报》发表《何谓"中国故事"》一文所言：

> "五四"时期，即使讲述个人故事其实也是在感时忧国，比如郁达夫的《沉沦》，主人公自杀之前还问祖国为什么不强起来，郭沫若的《女神》，更是以个人的激情在呼唤祖国的"凤凰涅槃"；而在上世纪50到70年代，即使讲述一个村子的故事，其实也是在讲述中国的故事，比如《创业史》中蛤蟆滩的故事、《艳阳天》中芳草地的故事，都有一种整体性的宏阔视野。讲述中国故事这一视野的消失可以说是80年代末90年代初的事情，

---

[1] 约瑟夫·奈：《信息时代：比谁讲的故事更动听》，《环球时报》2013年12月19日，第15版。

[2] 关于这部形象片的价值虚空及传播失效，青年学者杨庆祥曾以切身体验为切入点，进行了颇具历史纵深感的分析。参见杨庆祥：《80后，怎么办？》，《东吴学术》2014年第1期。

而其消失的原因一则在于"宏大叙述"的消解,个人故事的盛行,二则在于中国视野的消失,以西方文学为规范。在这个意义上说,我们今天重提"中国故事",也是重建一种新的历史与理论视野。[1]

段连城离休后,常以"老兵"自许,在外宣战线,他既是一员生命不息、冲锋不止的老兵,更是一位"将军一去、大树飘零"的大将,沈苏儒在其身后常用一句话表达崇敬与怀念:"闻鼓鼙而思将帅。"[2]重读《对外传播学初探》,不由感叹那一代有理想、有信仰,胸怀祖国、放眼世界,融汇古今、会通中外的中国新闻人,何等气定神闲,指点江山,但使龙城飞将在,不教胡马度阴山。但看外文局两任局长段连城与范敬宜就何其相似,政治立场、文化素质、新闻业务、文字水平无不出类拔萃,一派运筹帷幄、决胜千里的大将风度。他们的新闻人生固然精彩,他们的学问同样臻于化境,不同于寻章摘句,迥异于自娱自乐,但觉浩浩汤汤又静水流深,熔铸万物又不失天籁,洋溢着一种俯仰天地的朴拙大气,正如宋人所言:"学贵大成,不贵小用。大成者参于天地之谓也,小用者谋利计功之谓也。"(胡宏《胡子知言》卷三)1991年在外文出版社一次座谈会上,段连城颇具战略意识地谈道:"意识形态的沟很深,文化差异的墙很厚";"从长远战略来看,应该把对第三世界的宣传提到相当高的地位。……在困难的时刻,是谁站在我们一边?是第三世界。……是那些'穷朋友,小朋友,黑朋友'";"我们用十倍力气去说服美国人,也说不服。你只用一分力去跟第三世界做宣传,就有效果。……第三世界是培育国际友谊的肥沃土壤。如果放着不管,而只愿到那'高寒地带'美国去耕耘,那不合算。不去耕不对,但是要有思想准备,你得很吃力地耕。你到非洲去,我看只要耕耘,必有收获"。[3]

在1990年的《"对外传播学九条"》里,他更阐发了一系列深思熟虑的,有实践、有理论、有见识的思想:"'口径不可无',掌握要灵活。不管'口径'会成为乱叫的'青蛙',照搬'口径'会成为学舌的'鹦鹉'";"'自己不信服,休想人信服;自己不感动,休想人感动。'对外宣传工作者要培养深厚的爱国

---

[1] 李云雷:《何谓"中国故事"》,《人民日报》2014年1月24日,第24版。

[2] 此语源出川军将领王铭章师长的墓园楹联,由蒋介石撰写:"执干戈以卫邦家,壮士不还,拼将忠诚垂宇宙;闻鼙鼓而思将帅,国殇同哭,忍标遗像肃清高。"王师长在台儿庄一战中,死守滕县,以身殉国。

[3] 段连城:《对外传播学初探》(增订版),五洲传播出版社,2004,第164—166页。

主义感情。在当代中国,真正的爱国主义者必然会成为社会主义者或社会主义的'同路人'。但感情一般应寓于"客观"报道和冷静说理之中";"最根本的'内外有别'是文化差别";"'外外有别':'外'一般可分为五大系列——美国及其他西方国家;日本;第三世界;前苏联东欧;港澳台同胞和海外华裔华侨";"'庸俗宣传心态'的另一变种,表现为社会上流行的崇洋媚外和'骂国求宠'的风气;在外宣队伍中则表现为过分强调离现实政治较远的文化宣传";"尚平易,讲文采。崇尚平易,并非不讲文采。对外传播中'可译性'强又能表现文采的方式是:简练、形象、新鲜。毛泽东著作中的有些名篇,如开卷的《中国社会各阶级的分析》和《湖南农民运动考察报告》就是文采的范例"。[1]

诸如此类的所思所想,无不源于新中国外宣工作的丰富传统,包括他自己的半生经验。拿其名作《阳光·阴影·希望——南游百日记》来说,既体现了唯物史观的认识论,又饱含文化历史的厚重感,更让人领略"清水出芙蓉,天然去雕饰"的蕴藉风流,无愧外宣史上的经典。这篇刊于1986年《人民中国》第4期的作品,是段连城离休后,返乡游历昆明、成都、重庆、武汉等地的见闻,以平实、优美、生动的笔触,记述了中国的变化,在缅怀历史、赞美河山、歌颂人民之际,也反思了现代化的一些隐忧及其苗头。文章见报后,获得海外读者的广泛称道。爱泼斯坦说:"就其亲切生动而言,堪称对外写作的一个范例。"如写昆明:

> 二次大战后期,美国空军云集昆明,古旧的城区出现了一条较为现代化的南屏街,号称"小上海"。如今的南屏街已相形见绌,显得又旧又窄。但这"小上海"却可爱多了,再没有强颜欢笑的"吉普女郎"、街角擦鞋的少年儿童、哀哀求告的男女乞丐和坐在人力车上一手执酒瓶、一手向行人扔爆竹取乐的外国醉汉了。[2]
>
> ……城郊有大观楼,是观赏湖光山色的胜地。白日登临,则见西山横翠,碧波万顷;黄昏眺望,红霞映湖,归帆点点。[3]
>
> 家乡不如意的事还多。在我生长的那个小村,童年熟悉的青山已成秃岭,儿时戏水的清溪已成浊流。据说并非个别情况,这些年生态环境的破坏是严重的。农村内里虽已开始殷实,但外观仍很破旧。昆明多雨,

---

[1] 段连城:《对外传播学初探》(增订版),五洲传播出版社,2004,第149—155页。

[2] 同上书,第125页。

[3] 同上书,第127页。

经常是道路泥泞、步履维艰，一似当年。"旧貌换新颜"，还需要长期持续的努力。最恼人的是官商作风和官僚主义。民航办事处前排起购票长队，由于购票制度混乱，纠纷迭起。我目睹两群人对骂，用语不堪入耳，然后挥动拳头，武斗起来。民航办事处的头头却坐在办公室，安之若素。就这件事和另一些见闻，我写了一篇短稿，有批评也有表扬，投寄当地晚报，竟如石沉大海。三次函询稿子收到没有，未获只字答复。[1]

从容优雅，娓娓道来，如此笔法，也无异于为《对外传播学初探》提供了范例。再如写巴蜀，同样践行了他的主张"尚平易，讲文采""简练、形象、新鲜"：

"蜀江水碧蜀山青"，成都平原的风光确实秀丽。虽届初冬，极目远望，田野仍是一片葱绿，生意盎然。几乎难以相信，这富饶景象得首先归功于2200年前的地方官吏李冰父子，他们主持设计和建造了"都江堰"工程（在成都附近的灌县），引岷江水灌溉大片田。后世帝王追封李冰父子王位，建有"二王庙"。[2]

"峨眉天下秀"，值得登临。千峰挺秀，云雾环绕，幽壑深处，清泉淙淙，而且是佛教四大名山之一，梵宇很多。[3]

夜泊万县，住一晚，以便次日白天看三峡。船上二等舱（无头等）里几乎全是外国旅游者，日本最多，美国次之，澳大利亚有几个。相处三天，多少看到一些民族性格的差别。美国人开朗活跃，总爱窜出窜进。日本人比较文静，彬彬有礼。但他们一听到经过什么名胜时，便一起匆匆赶到甲板上，匆匆拍照，然后又匆匆回到舱里，显得不够悠闲。[4]

清华新闻学院首任院长范敬宜教授，曾就新闻"高手"提炼了三条标准："一是具有高度的社会责任感和使命感。二是有丰富的学养。三是要有好的文笔，特别要强调练笔，要练出一手好的文笔。"这三条标准既是其新闻人生的感悟，也与段连城等外宣大家的经验相通。作为对外传播及其教育的拓荒者，

---

[1] 段连城：《对外传播学初探》（增订版），五洲传播出版社，2004，第130页。

[2] 同上书，第133页。

[3] 同上书，第134页。

[4] 同上书，第140页。

段连城1988年针对人才培养问题，结合自己在北京大学任教的情况也谈了四点英雄所见略同的看法：

> 一曰"知己"，要谙熟国情，要有几门学习中国古今概况的课程；二曰"知彼"，要有几门介绍主要对象国家和地区，包括中国在该地形象演变的课程；三曰"传播"，知己知彼还要懂得如何沟通双方……四曰"务实"，儒道墨法必须懂一些，弗洛伊德的"来比多"和存在主义的"死亡哲学"也要懂一些，但它们帮不了对外宣传工作者很大的忙，要强调课程的实践性。[1]

鲁迅先生有句名言说得好，"从喷泉里出来的都是水，从血管里出来的都是血"。也就是说，革命文学的根本问题在于作者是不是革命人，如果是，那么无论写什么，用什么材料，都是革命文学——"从血管里出来的都是血"。如果不是，那么怎么写都不着边际。文学如此，外宣亦然，说来说去，关键在人。化用毛泽东延安时代那番痛定思痛的话来说，如果我们也有一百个至两百个段连城似的，系统地而不是零碎地、实际地而不是空洞地掌握了马克思主义对外传播的大家高手，那么同样会大大提高中国外宣的影响力与感召力。

---

[1] 段连城：《对外传播学初探》（增订版），五洲传播出版社，2004，第134—141页。

也谈记者

山不在高，有仙则名；水不在深，有龙则灵。汕头大学新闻学院虽处江湖之远，又没有"985""211"等光环，却聚集了几位新闻学的大家名师：范东升、刘昶、张征、张威。他们既有精深的专业理论造诣，又有丰富的新闻实践经验，如此名家放眼全国高校也屈指可数，寥若晨星。前天，汕大一位新闻学生兴冲冲地找来，想采访我，好像见到了哪路神仙，我说你是捧着金碗讨饭吃啊，守着真佛还四处求神拜佛。此外，汕头大学秉持"以本（本科）为本"的办学宗旨，新闻学院更以重振新闻学为立身之本，在当下高等教育与新闻教育中，也让人看到一股清流。回想四年前，习近平在哲学社会科学工作座谈会上的讲话，把新闻学提到古今中外前所未有的高度，与文史哲、政经法等并称为十一门具有支撑意义的学科，为中国新闻学提供了前所未有的机遇和平台。在这样的背景下，汕头大学举办这样的学术活动，自然显得意味深长。今天恰逢记者节，有幸与大家一起讨论记者话题，更感到心有戚戚。

既讲十八般武艺，又讲孙子兵法

关于记者，我想谈的都是老生常谈，概言之，既要讲十八般武艺，更要讲孙子兵法。十八般武艺指新闻与记者的基本功，如采访的功夫、讲故事的本领，如脚力、眼力、脑力、笔力等。孙子兵法指新闻观以及相应的世界观、价值观、历史观。新闻做得好不好，记者当得好不好，无非这两方面的问题，古今中外，概莫能外。

为了此次记者节系列活动，我特意从北京提来两套沉甸甸的文集，送给刘昶院长与汕头大学。一套是四卷本的《范敬宜文集》，一套是五卷本的《南振中文集》，均由我策划推动并由清华大学出版社编辑出版，也是我自认为在清华二十年来，除本职工作外，做得最有意义的事情。《范敬宜文集》出版有年，

《南振中文集》问世不久，日前郑州大学新闻学院张举玺院长出手购买500套，以备奖掖新闻学子。

众所周知，范敬宜与南振中都是德高望重的名记者，他们的文集可以藏之名山，传之其人，如新时代的新闻火炬，映照后来人的前行方向。普遍意义与中国特色相结合的学科体系、学术体系和话语体系，在两套文集中也蕴含丰富的、值得开掘的新闻遗产。两位新闻前辈，无论做记者，还是当总编，十八般武艺无不得心应手，同时又深谙孙子兵法，对政治家办报等方略更了然于心。范敬宜就常用成都武侯祠的一副名联，对清华学子讲解政治家办报："能攻心则反侧自消，从古知兵非好战；不审势即宽严皆误，后来治蜀要深思。"简言之，政治家办报就是审时度势，攻心为上。

记者与军人

今天之所以想谈记者的十八般武艺与孙子兵法，也是觉得20世纪90年代以来，新闻学的"主流"俨然越来越脱实向虚，而且越来越东施效颦。毛泽东曾为新闻界题词：深入实际，不尚空谈。而当今学界"主流"似乎往往热衷于脱离实际，执着于崇尚空谈，妙语翩翩炫人耳目而不在乎是不是巧言令色，傥论滔滔振聋发聩而不理会是不是实事求是，让人每每想起韩愈《进学解》的自嘲："口不绝吟于六艺之文，手不停披于百家之编。记事者必提其要，纂言者必钩其玄。贪多务得，细大不捐。"《红楼梦》里贾宝玉揶揄八股的话也值得深思："更有一种可笑的，肚子里原没有什么，东拉西扯，弄得牛鬼蛇神，还自以为博奥。"

显而易见，在各种行当与学科中，新闻学与军事学最为相近，记者与军人最为相近。假设军事院校，只是培养坐而论道、纸上谈兵之辈，一遇实战，便溃不成军，如战国的赵括，甚至身在曹营心在汉之徒，那么，这样的军事院校岂非成事不足，败事有余？同样道理，如果新闻院系培养的学生，只会高谈阔论，夸夸其谈，却不善写消息，发评论，剪片子，做视频，而且政治立场摇摆，精神价值混乱，那么这样的新闻学院岂非误国误民、误人子弟？

新闻专业主义说辞爱把记者与医生类比，可谓似是而非的皮相之论。医生可以给希特勒看病，也可以给斯大林看病，而军人当着苏联红军绝不可能穿着纳粹军服。同样，《人民日报》记者一旦变身为《纽约时报》记者，也就不可能再做党和人民的喉舌而只能做他人的喉舌了。这里的关键差别在于"为什么人"的问题。军人总得明确为谁扛枪,为谁打仗,记者也必须清楚为谁说话,为谁发声,而医生则不用考虑为什么人的问题,只需一视同仁对待所有病人,哪怕是十恶不赦的病人。

伯也执殳,为王前驱。事实上,记者与军人不仅可以类比,而且更有相通的实情。借用马克思的精辟说法,军人是武器的批判,记者是批判的武器。在近一个世纪的革命、建设与改革中,中国记者同属冲锋陷阵的战士,而新闻也是生死攸关的一条新闻战线,或曰意识形态的前沿阵地。武汉抗疫期间,《人民日报》的一篇评论开篇就提到"捐躯赴国难,视死忽如归"的新闻战士:"在抗击疫情的战场上,有一群特殊的战士——驰援武汉的445名新闻工作者。"(《永远与人民共情》)让人不由得想起新中国一位老新闻战士、头牌播音员齐越的辽远心声:

> 我是中国人民的播音员、中国共产党的播音员。我传达的是中国人民战胜艰难险阻走向胜利的声音,我传达的是中国共产党的堂堂正正的真理之声。我以此引为自豪。

因此,任何军事院校,不管是黄埔,还是西点,也不管是当年的抗大还是今天的国防大学,一方面,无不需要苦练军事本领,射击、投弹、拼刺刀、掌握排兵布阵的条条道道,这些都是军事学必不可少的十八般武艺。另一方面,军事之为军事,军事学之为军事学,还在于或者说更在于孙子兵法以及克劳塞维茨《战争论》所谈的核心问题,如上将伐谋,如军事是政治的延续。同样,新闻与新闻学一方面离不开纸和笔等专业技能,离不开无线电、互联网、多媒体、融媒体等日新月异的传播技术,就像齐越的声音留给时代的回响。

新闻之为新闻,新闻学之为新闻学,也在于或者说更在于新闻的"孙子兵法战争论",即新闻观以及相应的世界观、价值观、历史观。

没有十八般武艺,无论军人,还是记者,就没有战斗力,也就不可能攻必克,守必固,战必胜。而没有孙子兵法,军人不懂得止戈为武,不知道为谁扛枪,为谁打仗,记者不清楚为谁说话,为谁发声,不在乎笔下有财产万千,有人命关天,有是非曲直,有誉毁忠奸,那么,军人就成为杀人武器,如图财害命的雇佣兵,记者也难免胡作非为,而且,本事越大,为害越烈。推翻萨达姆政权的伊拉克战争期间,美军大开杀戒,屠戮生灵,直接、间接地导致"伏尸百万,流血千里"的人道主义灾难,也有赖于美国记者鼓噪的"大规模杀伤性武器"等弥天大谎。

技术化与去政治化

新闻学"主流"的脱实向虚问题，主要表现在一方面乐此不疲地痴迷于技术化，一方面有意无意地热衷于去政治化。或者说，要么忽略十八般武艺，口不绝吟于六艺之文，手不停披于百家之编，要么忽略孙子兵法，或真傻或装傻地回避新闻同样是政治的延续，如甘惜分就此所言：不是傻瓜，就是装蒜。

所谓技术化，就是技术中心论、技术决定论等。新媒体、新技术无疑对新闻传播带来革命性影响，但任何技术在任何时代都不是也不可能是特立独行，而是在政治、经济、社会、文化的有机联系中占据其位置，发挥其作用，故而从来不是也不可能是悠悠万世，唯此为大。然而，21世纪以来，技术化热潮一浪高过一浪，一惊一乍，奔走呼号，语不惊人死不休：天要出九个太阳了，地要塌陷西北了，江水不流了，女人不生孩子了，故记者也要灭绝了，从此人人都有麦克风了，十几亿中国人都可以像马云、马化腾，登高一呼，四海云应。人贵有自知之明，反正我不至于把自己与马云、马化腾混为一谈，哪怕我们的麦克风是同一厂家出品的同一款式。

所谓去政治化，说白了就是去马克思主义化，特别是去马克思主义中国化的政治，即拐弯抹角地淡化，乃至自觉不自觉地否定中国革命与中国共产党开辟的中国道路及其价值理想，包括报纸是人民的教科书、是热情维护自己自由的人民精神的千呼万应的喉舌等。更有甚者，去政治化的结果还导致所谓去政治化的政治，也就是马克思主义政治被其他政治取而代之，如自由主义、专业主义等。胡适成为趋之若鹜的偶像，曾为蒋家王朝"小骂大帮忙"的新记《大公报》被奉为专业主义典范，就是突出的表征。与此相应，新闻学"主流"建构了"新闻与宣传的二元对立，新闻就意味着常识、真相、公器、自由思想、专业主义，就是英美。宣传则代表欺骗、独裁、盲从，就是纳粹、苏共、中共"。源于中国道路与马列道统的新中国新闻业仿佛不是以人民为中心，并不断摆脱以个人以及个人主义为中心的所谓"专业主义""四不主义""文人论政"，反而被深文周纳地归入所谓"法西斯新闻学"。1998年，诗人昌耀就曾以形象的诗句，敏锐地概括了这一世界范围的反动潮流：

> 这个世界充斥了太多神仙的说教，而我们已经很难听到"英特纳雄耐尔"的歌谣。（《一个中国诗人在俄罗斯》）

国之大事，死生之地，存亡之道

我与刘昶院长一样，作为"文革"后的首批大学生，四十余年来，学新闻，干新闻，教新闻，差不多也如《三国演义》里说的"白发渔樵江渚上，惯看秋月春风"，已经惯看各路神仙的说教潮起潮落，而山河依旧，人生依旧，太阳照样升起，女人照样生孩子。同样，新闻还是新闻，记者还是记者，实事求是、调查研究、为人民服务等，更是中国记者始终如一的座右铭。正如不管武器装备怎么翻新，辽宁舰、山东舰相继出海，歼-20飞翔蓝天，但人民军队听党指挥，保家卫国，能打胜仗，始终是不变的硬道理。

因此，我的想法卑之无甚高论，学新闻，做新闻，一边自然离不开十八般武艺，如采、写、编、评、摄，如新技术带来的一系列传播手段的革新。这是必须掌握的基本功，就像军人必须会射击、投弹、拼刺刀，会驾驶坦克、发射导弹、操纵无人机。与此同时，做新闻，当记者，更得懂得《孙子兵法》《战争论》。《孙子兵法》开篇第一句就说道："兵者，国之大事，死生之地，存亡之道，不可不察也。"《战争论》一书最核心、最有名的一句话也是：军事是政治的延续。古往今来，军事的第一要义都是国之大事即政治。同样，迄今为止的新闻也是政治的延续，是治国理政、定国安邦的"国之大事，死生之地，存亡之道"。

放眼天下，古今中外一流记者之所以非同寻常，一方面在于十八般武艺炉火纯青，从采访到写作，从消息到评论，从版面到标题；另一方面更在于"孙子兵法"了然于胸，能够审时度势，把握时代风云。回望历史，卓有建树的大记者、名记者没有一个不懂政治，没有清醒的政治头脑，如范长江、邹韬奋、邓拓、穆青以及斯诺、李普曼、法拉奇、马尔克斯、加利亚诺等。加利亚诺的代表作《拉丁美洲被切开的血管》之所以能够成为新闻经典，至今依然具有世界性影响，首先在于作者的政治觉悟与政治意识。《百年孤独》的作者，也是拉美左翼记者马尔克斯对政治的理解，更是别具一格，耐人寻味："我最美好的东西即政治觉悟，也是来自新闻工作。而政治觉悟，众所周知，是对现实的感受能力的最高表现。"

写新闻还是写小说

以此衡量,当下脱实向虚的新闻学以及受此影响的新闻业,在上述两方面显然都存在不同程度的问题。曾有年轻学者发表文章,主张网络时代采访都过时了,记者不必去新闻现场,而只需在网上收集信息、用视频连线就解决问题云云。这里,有一点既明显,又令人费解:二十年来一边是貌似高大上的学科体系、学术体系、话语体系迅速膨胀,一边是新闻领域的突出问题不仅未见减少,反而更为棘手。年均五万篇论文中,不知有几多触及真问题、大问题,又有几多为做而做,自娱自乐。多年前,主管部门领导就痛陈"新闻教育全面沦陷"——既沦陷于政治方向,又沦陷于专业定位,郭超人等一线"主帅"也痛感"新闻学子再回炉"的痼疾。为此,近年来,各地纷纷推进"校部共建"新闻学院,初步遏制了政治价值混乱,扭转了脱离实际、崇尚空谈等趋势,但目前总体上还是治标不治本。因为,任何学科都有一套运行机制,经过多年"去政治化",学界更是形成某种"独立王国"或曰"学术共同体",且不说可意会不可言传的"学术江湖""学术黑社会",撼山易,撼此难。因此,不从内部"改造我们的学习",中国新闻学是难以适应新时代的。

有一次,毛泽东会见印度军事代表团,谈到所有兵器实际上都是炮:"坦克是路上行动的炮,飞机是空中飞的炮,军舰是海上行动的炮。"同理,就新闻的十八般武艺而言,实际上都是说话讲故事。艾丰、杨伟光等中国人民大学新闻系的一位同班同学,也是老新闻工作者说得好,记者的十八般武艺说到底无非纸和笔。范敬宜在清华执教期间,开设了几门本科生和研究生的专业课,其中还讲授过《文心雕龙》。他的新闻生涯以及《范敬宜文集》,都有不少有话好好说的精彩篇章。如今,一些记者不会好好说话,也在于纸和笔的基本功不够过硬,就像军人打枪脱靶,投弹忘记拉弦儿,开炮弄不好打到自己阵地。2020年中国新闻奖有篇一等奖作品引起关注和争议,不说其他问题,仅看缺少真实的时间、真实的地点、真实的人物而基本用化名,就有违新闻的基本规范如五个W。其实,此类问题由来已久并日益普遍,还被某些新闻理论与实践奉为新潮。如此脱实向虚的笔法,与其说是新闻,不如说是小说。当然,不能说化名的新闻都没有事实依据(小说同样有事实依据而并非凭空虚构),但这种"没头没脑"的新闻难免让人疑惑:记者是依据事实描写事实,还是依据想象描写事实呢?如果说新闻是历史的初稿,历史是新闻的定稿,那么,这种"小说家言"的新闻如何载诸史册？

除了十八般武艺方面的缺陷，《孙子兵法》方面的问题更为突出。如某报新媒体团队的一篇文章说道："如果不是金日成要统一半岛，半岛怎么会爆发战争？中国卷入其中，付出了几十万人的生命，引发了中美长达20年的对抗，甚至使两岸问题搁置至今，中国承担了朝鲜当年'任性'与妄动的大部分成本。"

这里，与其说在讲中国故事，不如说在讲美国故事，同党的十八大之前甚嚣尘上的虚无主义如出一辙："一些历史学家通过爬梳历史材料，重构了一个苏联怂恿朝鲜开打、中国莫名其妙出兵的冷战叙事，旨在瓦解抗美援朝、保家卫国的叙事。这种史观正与美国史学界的正统史观不谋而合。"不言而喻，大报记者的十八般武艺应该了得，新媒体团队的融媒体新技术想来也了得，可惜《孙子兵法》方面颇成问题，新闻观以及世界观、价值观、历史观如此混乱，焉能讲好中国故事？

总而言之，无论新闻学子，还是新闻记者，既要熟练掌握十八般武艺，更要透彻把握孙子兵法；既要苦练采访写作讲故事的本领，更要懂得新闻是政治的延续，关乎治国理政、定国安邦、死生之地、存亡之道。

两年前的这个时节，我在华东师范大学谈到中国传播学的出路时，说过"迷途知返，往哲是与，不远而复，先典攸高"。今天浪费大家的时间，讲点儿老生常谈的话题，也是希望新闻学"主流"能够返璞归真，守正创新，少一些云里雾里的装神弄鬼，多一些立足大地的正心诚意；少一些一惊一乍的神仙说教，多一些为党分忧、为民请命的家国情怀；少一些以洋为尊、以洋为美、唯洋是从的东施效颦，多一些以人民为中心的价值追求，就像《范敬宜文集》和《南振中文集》为中国记者与新闻树立的新时代标杆。

（本文系2020年记者节在汕头大学第二届中外名记者研究学术研讨会上的发言。）

学术管窥
XUESHU GUANKUI

"小方是谁？"

——兼谈当下新闻研究的一些学风问题

一次，新闻学同人聚谈，不经意间提及时下"小方热"，在座一位著述等身的教授一脸茫然，脱口问道："小方是谁？"

确实，小方是谁，搁几年前，新闻界无人知晓。然而，随着不知所来何自的虚火不断升腾，有关方面相继卷入或"被卷入"，加上报章杂志连篇宣扬，不旋踵间一个寂寂无闻的小方就声名鹊起，一跃成为百年中国新闻人的旷世奇才，横空大气排山去，砥柱人间是此峰，乃至与范长江比肩，与卡帕（Robert Capa）齐名。2017年，一期《中华读书报》还以大半个版篇幅摘编范长江新闻奖获得者，即当今"一流记者"学习小方的感悟，声言"中华民族当向25岁的'小方'行注目礼"，一时间仿佛掀起一阵小小的造神热潮。

一

那么，小方是谁？笔者研习新闻之学已逾四十年，同样孤陋寡闻不清楚，2014年付梓的《中国新闻传播学大辞典》也"查无此人"，不得不设法了解一下，发现基本事实如下：小方，本名方大曾（1912—1937），北京人，出身官宦家庭，摄影爱好者（顺便提一句，当年摄影爱好者犹如今日游艇、飞机爱好者而远非大众化兴趣）。1931年，考入北平的中法大学经济系。1935年，在北平基督教青年会等处工作。1936年赴绥远采访，发表若干附有摄影作品的通讯，得到范长江推荐，兼任新记《大公报》战地特派员。"七七事变"第三天前往卢沟桥，写出报道《卢沟桥抗战记》，配以照片发表，不久失踪，时年25岁。各方说来说去的关键信息基本如此。小方热吸引眼球的说法——"报道七七事变第一人"，据初步考证也不成立。即便认定事实确凿，也与范长江不可同日而语。因为，范长江不仅是一代名记者（即使如此名记者也成百上千），而且也是所有追求光明、真理以及英特纳雄耐尔理想的中国记者之象征。换句话说，作为一个象征，"范长江"不仅体现着出类拔萃的新闻禀赋，而且更寄寓着人民记者的精神内涵，以及"中国革命与中国共产党"的历史血脉。

就小方热的关键由头"第一人"而言，实际上也经不起深究。因为，身处时代潮头的记者，记录历史初稿即新闻并影响现实世界乃是天职，正如保家卫国是军人的天职，无论是谁打响卢沟桥保卫战第一枪，都不会因此成为舍我其谁的英雄，因为没有此人，也有彼人。何况重大事件突发之际，记者无不争先恐后，又如何分得清第一、第二[1]。试想谁是报道攻陷巴士底狱第一人？谁又是报道震撼世界的枪声、斐迪南大公遇刺、斯大林格勒保卫战的第一人？同样，谁能说得清甲午海战、武昌首义、南昌起义、百团大战、新疆和平解放、西藏民主改革、尼克松访华、邓小平访美等报道的第一人？针对重大事件的报道，人们之所以不知道或不关心"第一人"，是因为重大事件不同于一般社会新闻，往往并非单一问题与简单事件，而是来龙去脉盘根错节，偶然必然环环相扣。故重大新闻的报道并不看谁开第一枪，而看谁击中历史靶心。正因如此，世人不在乎谁先报道十月革命一声炮响，但不能不在意里德（John Reed）的《震撼世界的十天》；不关心谁先报道红军长征，但不能不关注斯诺（Edgar Snow）的《红星照耀中国》。与此相似，人们可以不知道谁先报道"九一八""一二·八""七七"等事变，但不会不记得吴印咸拍摄的《白求恩大夫》、朱启平撰写的《落日》；可以不清楚谁先报道抗美援朝，但不会不熟悉魏巍的《谁是最可爱的人》、黎民的《中国人民志愿军跨过鸭绿江》，诸如此类，不一而足。2018年是改革开放四十年，新闻界又忆及四十年来诸多新闻经典之作，如报道邓小平南方谈话的《东方风来满眼春》，这篇通讯的作者陈锡添及其幕后故事不用多说了，反正陈锡添不是"第一人"。

外国记者李普曼（Walter Lippmann）、法拉奇（Oriana Fallaci）、卡帕、本多胜一（Honda Katsuichi）、加莱亚诺（Eduardo Galeano）、西蒙诺夫（Konstantin Simonov）、阿列克谢耶维奇（Svetlana Alexievich）等，也非"第一人"而传之其名。西蒙·托平（Seymour Topping）的一段亲历记，就足以说明问题。

---

[1]《拉丁美洲被切开的血管》的作者、拉美左翼记者加莱亚诺，少年时代在课堂上听到西班牙殖民者巴尔博亚登上巴拿马一座山峰，成为同时看见大西洋和太平洋的第一人，便忍不住举手发问："老师小姐，当时印第安人都是瞎子吗？"见爱德华多·加莱亚诺：《镜子：照出你看不见的世界史》，张伟劼译，广西师范大学出版社，2012，第1页。

解放战争期间，托平任美联社驻南京记者。解放军横渡长江时，他在南京的大街上，远远听到郊外的炮声、江边的枪声。他打算奔向美联社办公室，突然一辆吉普停在跟前。车上跳下一位军人，有礼貌地问他：

"总统府方向怎么走？"

"你们是什么人？"

"我们是解放军。"

"解放军已经进城啦？"

"是的，我们已经在凌晨攻占南京城了，为了不惊动老百姓就悄悄进来了。"

托平惊喜不已，解放军占领南京了，现在还没有第二个记者知道这一重大新闻！他马上叫车赶到南京鼓楼大街的邮局。邮局只有一台发报机。此时法新社记者比尔关（Bill Kuan）也跑进邮局。两人都想第一个发报，最后抛硬币决定。比尔关赢了。托平说你快发，发完我发。比尔关说：你放心，我以最快的速度，用最少的文字把这条消息发出去。于是，他在电讯稿上只写了两个英文字"Nanjing falls"（南京陷落），然后兴奋地对托平说："我的稿子发完了，下面轮到你来发了。"托平坐在发报机前，一口气打了两个小时的字，发了三篇稿子：第一篇是快讯《今早共军进入南京，国军已经逃窜》；第二篇是现场特写《解放军进南京城》；最后一篇是综述加新闻背景。第二天，西方报纸全都刊登托平的稿子，而比尔关的稿子没有一家采用。[1]

总之，以"第一人"为由头的小方热，就像马克思笔下的历史法学派："它把自己对起源的爱好发展到了极端，以致要求船夫不在江河的干流上航行，而在江河的源头上航行。"[2]

---

[1] 参见李希光：《走在新旧中国之间——美国记者西蒙·托平及夫人奥黛丽·托平》，《全球传媒学刊》2019年第2期，第9—10页。托平后任《纽约时报》主编、哥伦比亚大学新闻学院院长与荣誉教授，并任普利策新闻奖评委会主席二十年。李希光教授在清华大学新闻学院常务副院长任上时，曾经聘请托平教授担任新闻学院首届国际顾问委员会主席，并陪他重返淮海战役战场。

[2] 马克思：《法的历史学派的哲学宣言》，载《马克思恩格斯全集》第1卷，人民出版社，1995，第229页。

二

如果是沿着干流上航行，也就是将方大曾及其短暂的新闻活动置于全民抗战的大潮，并与无数中华民族的优秀子孙包括新闻界众多英雄儿女联系起来，那么对其人其事本来不难作出实事求是的叙述：一位抗战初期的业余摄影师或战地记者，采写报道了一些抗战新闻，对鼓舞军民士气产生一定作用，"七七事变"后不久失踪。现在加诸其身日益炫目的光环，显然过甚其词，既不符合人物本身的历史实情，更不符合并扭曲唯物史观的新闻图景与历史方位，借用列宁有名论断：

> 如果从事实的整体上、从它们的联系中去掌握事实，那么，事实不仅是"顽强的东西"，而且是绝对确凿的证据。如果不是从整体上、不是从联系中去掌握事实，如果事实是零碎的和随意挑出来的，那么它们就只能是一种儿戏，或者连儿戏也不如。[1]

倘若从整体上、从联系中把握事实全貌，那么即使不提整部中国新闻史，如范敬宜为《李庄文集》作序言及的名家——王韬、梁启超、章太炎、邵飘萍、瞿秋白、张季鸾、邹韬奋、范长江、胡乔木、恽逸群、邓拓、吴冷西、乔冠华、刘白羽、华山、穆青等，仅以抗战岁月"捐躯赴国难，视死忽如归"的记者为参照系，也不难确定小方的历史方位。且不说徐铸成、萨空了、胡愈之、谢六逸、杜重远、王芸生等数不胜数的爱国报人名记者，他们的历史贡献远在小方之上，也不说1941年抗击日寇的大青山战役中，大众日报社郁永言等18位新闻人英勇牺牲，壮烈殉国，平均年龄20岁（同时牺牲的还有一位国际记者汉斯·希伯，罗荣桓为此题词"为国际主义奔走欧亚，为抗击日寇血染沂蒙"），更不说新华社抗战期间110多位记者慷慨赴死，仅1942年反扫荡一役中，与左权将军一起血染疆场，捐躯太行的就有46位，包括《新华日报》（华北版）社长何云，史称中国新闻史上最悲壮的一页；仅看上海孤岛时期坚持抗战、宁折不弯的

---

[1] 列宁：《统计学与社会学》，载《列宁全集》第28卷，人民出版社，1990，第364页。

报人，就有不少倒在日伪屠刀下，如《大美晚报》朱惺公[1]。他编发的《改汪精卫诗》，堪称一首新闻"绝唱"："当时慷慨歌燕市，曾羡从容作楚囚。恨未引刀成一快，终惭不负少年头。"为此，抗战胜利后，上海报业公会曾经公祭了15位"新闻烈士"，表彰了13位"忠贞报人"。[2]面对如此英雄辈出的风云画卷，神话般的小方热以及如下对"范长江新闻奖"获得者的顶礼膜拜岂非莫名其妙："面对25岁的小方、我国抗日战争时期第一个消失在战火中的战地记者，我们只能仰视和跪拜！"[3]

三

即使就方大曾所属"战地摄影记者"群体而言，无论当时，还是后来，也同样有数不胜数的新闻名家，有的"专业"，有的"业余"，从沙飞身上就可略见一斑。沙飞[4]，与方大曾同年出生，抗战期间拍摄了一系列传诵至今的图片，如《战斗在古长城》、白求恩做手术、聂荣臻与日本小姑娘，以及鲁迅先生平生最后也是最有名的照片等。1988年，中国新闻摄影学会设立中国新闻摄影界

---

[1] 朱惺公（1900—1939），中国报人，原名松华，又名松庐，江苏丹阳人。家境清寒，早年辍学，后自学写作，曾撰长篇小说在《浙江潮》上连载。1928年任《浙江商报》副刊编辑。30年代初在上海中国化学工业社广告课任职，并一度兼任《时代日报》编辑。1938年2月任《大美晚报》副刊《夜光》编辑，以此为阵地，在孤岛上海宣传抗日救亡。11月在《夜光》上刊出四期《菊花专辑》，号召国人效仿菊花与西风战、严霜战；并刊载《改汪精卫诗》，讽刺汪伪政权汪精卫。1939年8月30日被日伪特务杀害。（见童兵等主编《新闻传播学大辞典》，中国大百科全书出版社，2014，第979页）

[2] 散木：《民国报人钱纳水》，《中华读书报》2017年7月5日，第14版。

[3] 赵拴：《中华民族当向25岁的"小方"行注目礼》，《中华读书报》2017年6月21日，第12版。

[4] 沙飞（1912—1950），中国新闻摄影记者，原名司徒传，广东开平人。1935年6月入上海黑白影社，1936年在《生活星期刊》《作家》《光明》《良友》《时代》《中华图画》《中流》等报刊发表鲁迅照片和反映工农大众困苦生活的照片。抗日战争全面爆发后，他前往华北前线，任全民通讯社摄影记者，采访平型关大捷，成为人民军队第一个专职新闻摄影记者；后任《抗敌报》副主任、《晋察冀画报》社主任、《华北画报》社主任。1939年任晋察冀军区新闻摄影科科长。1940—1946年共办了八期摄影训练队，颇有影响……（见童兵等主编《新闻传播学大辞典》，中国大百科全书出版社，2014，第993页）

最高奖——沙飞奖。2012年沙飞诞辰100年之际,《摄影世界》发表文章,对其一生作了评价:"沙飞是中国人民革命摄影事业的先驱者、组织者和领导者,是中国摄影史上划时代的人物,他的名字永远镌刻在中国摄影史的丰碑上。"[1]其实,从《良友》画报到《晋察冀画报》,从《人民画报》到《解放军画报》,如此人物与故事俯拾皆是,在新闻界更是广为人知,如吴印咸、徐肖冰、侯波、石少华[2]、高帆等。袁牧之等拍摄的纪录片《延安与八路军》,也提供了许多鲜活真实的新闻记录,如今影视作品时常采用的历史镜头,均出自这些弥足珍贵的影像作品。[3]

需要指出的是,这些新闻或影像作品与社会历史息息相关,用马克思、恩

---

[1] 蔡毅:《化作飞沙当空舞——写在沙飞百年诞辰》,《摄影世界》2012年第5期。

[2] 为纪念石少华100周年诞辰,2018年9月30日《光明日报》刊发记者于园媛的报道《从硝云弹雨中走来》,其中写道:

石少华从事摄影工作60载,经历过抗日战争和解放战争的烽火,是抗日战争时期中国共产党敌后根据地摄影事业的开拓者之一。新中国成立后,石少华长期主持新闻摄影工作,后来又成为全国摄影界的主要负责人。在战火纷飞的年代,石少华以相机为武器,投身枪林弹雨。他拍摄的《肃清强敌》《埋地雷》《八路军骑兵部队》《步涉于渤海海滨的洼地》等前线场面,在影像资源极其稀缺的年代,留下了十分珍贵的历史资料。

地道战是冀中平原人民进行游击战的典型代表。地道空间狭窄,光线黑暗,而拍摄设备又极其简陋,石少华经过多种尝试,才拍出在构图、光线、场景上皆令人满意的作品。《地道洞口在哪里》《年画后面就是地道洞口出入口》《在地道交叉口的游击队员》《在地下卫生所给伤员换药》等作品,主题突出,充分反映出冀中人民出奇制胜的才智和英勇无畏的精神。

[3] 传播学专业出身的青年学者高初,也是中国美术学院中国摄影文献研究所主任,近年来在中国摄影史方面颇有研究,出版了《最前线:中国共产党抗战图像志》等成果,举办了一系列颇受关注的摄影展,如2017年在中国美术馆举办的"光影人生:高帆、牛畏予摄影回顾展"。2015年的"中国摄影:二十世纪以来"摄影展上,开列了一批中国摄影人名录:老焱若、郭学群、汪孟舒、郑颖荪、吴郁周、舒新城、陈万里、骆伯年、郎静山、庄学本、吴中行、方大曾、金石声、刘半农、林泽苍、石少华、吴印咸、张印泉、郑景康、蔡俊三、梁祖德、黄翔、薛子江、蓝志贵、高帆、牛畏予、徐肖冰、侯波、袁毅平、陈复礼、张其军、刘旭沧、吴寅伯、姚经才、简庆福、曾湘敏、陈宝生、石志民、任曙林、王志平、李晓斌、彭祥杰、王耀东、陈勇鹏、肖全、石宝琇、于晓洋、吕楠、解海龙、吴家林、侯登科、刘香成、姜健、邢丹文、曾璜、安哥、于德水、王文澜……另外,参见《文汇学人》2018年9月28日专题报道《中国战时摄影,"燃起一股热力"》。

格斯论报刊的话说,"每日都能干预运动,能够成为运动的喉舌,能够反映丰富多彩的每日事件,能够使人民和人民的日刊发生不断的、生动活泼的联系"[1]。也就是说,在新闻发生的当下就广为传播,尽到应有的社会责任与历史使命。试看一例。1937年"八一三"淞沪抗战期间即小方失踪前不久,日寇野蛮轰炸上海火车站,炸死炸伤无辜难民近千人。摄影师王小亭第一时间赶到现场,拍下了那张家喻户晓的有名照片:一位孤苦伶仃的幼童坐在铁轨边号啕大哭,撕心裂肺。照片在美国《生活》(Life)画报刊出后,天下震骇,举世谴责。面对国际舆论,恼羞成怒的侵略军宣称照片是伪造的,悬赏缉拿王小亭,王小亭被迫逃亡香港。与此相对,现在发掘的许多小方图片,当年并没有传播,自然也无声无息,与社会历史相隔绝,如今作为文献可备一格,但与新闻了不相干。假定一支汉朝军队远击匈奴,不幸迷失在沙漠之中,从此失联,如今考古学家发现他们的遗骸,于是我们可以说历史上有过这样一支队伍,也可以说他们赍志以殁,壮志未酬,但总不能说这支队伍如何追亡逐北,如何勇冠三军吧。

当然,宣扬小方并非"不当(dāng)"而是"不当(dàng)",小方热的立意或许在于矫正当下"新闻"乱象,弘扬"新闻理想",彰显"专业精神"。倘若如此,那么,是什么就说什么,一是一,二是二,实事求是说说"报道七七事变"均无不可,但不能任性拔高,更不能有意无意忽略丰富多彩的历史运动与新闻图景,包括无数默默无闻为人民的中国记者,如成千上万作出历史贡献的业余记者通讯员,而方大曾只是其中普通一员。对此,即使不讲共产党共和国新闻工作的群众路线如全党办报、群众办报,不论人民记者的基本要求如"政治坚定,业务精湛,作风优良,党和人民放心",至少也应遵循"马新观"第一定律——根据事实来描述事实(相对于根据希望来描述事实),这既是一条新闻铁律,也是知人论世的学术底线。

四

虽说严肃学界不会在意"小方热",不知"小方是谁"也无关宏旨,但其中折射的一些学风问题却不无代表性,不能听之任之,不能不审问之,慎思之,

---

[1] 马克思、恩格斯:《〈新莱茵报·政治经济评论〉出版启事》,载《马克思恩格斯全集》第10卷,人民出版社,1998,第115页。

明辨之。在2018年全国宣传思想工作会议上，习近平重申了马克思主义在哲学社会科学领域的指导地位，所谓指导地位，首先在于坚持唯物史观的立场、观点和方法，包括认识层面的实事求是与价值层面的人民主体，前者是基础，后者是灵魂。如果不是根据事实而是根据希望把握事实，如果不是"坚持发展地而不是静止地、全面地而不是片面地、系统地而不是零散地、普遍联系地而不是单一孤立地观察事物"[1]，而是忽略事实发生的历史脉络与社会语境，脱离事物之间普遍的、有机的、变动的内在联系，乃至于抓住一点，不及其余，只见树木，不见森林——此类现象从专家著述到博士论文同样时有所见[2]，那么，不仅有悖实事求是原则，而且也有违求学问道的基本准则，更不用说体现以人民为中心的价值导向了。钱乘旦针对时下学风的批评，也值得新闻研究深思：

> 事实是检验学术的基本标准，也是最主要的标准。学术当然有诸多标准，比如规范与否、文字好坏、逻辑如何、论证怎样等等；但这些只属于第二层次甚至第三层次，不符合第一层次的基本标准。现在学术界有一个通病，就是脱离事实，凭空想象，从推理到推理，从书本到书本，从理论到理论，从逻辑到逻辑。殊不知，逻辑的正确不意味着事实的正确，一旦事实不正确，一切都不正确。[3]

虽然事实正确不见得其他就一定正确，但事实不正确，一切肯定不正确，这也是实事求是的出发点与立脚点。以方汉奇、李龙牧、丁淦林等为标志的一

---

[1]《习近平在中共中央政治局第二十次集体学习时强调　坚持运用辩证唯物主义世界观方法论　提高解决我国改革发展基本问题本领》，《人民日报》2015年1月25日。

[2] 2018年适逢改革开放四十年，一些著述依然延续"两个三十年互相否定"的思路（主要是否定新中国前三十年），对新中国新闻业缺乏深入、系统、全面、细致的研究，更缺乏同情之理解，自觉不自觉延续20世纪80年代的一些陈词旧调，率性臧否，随意评说，无实事求是之意，有形而上学之嫌。有学者甚至将前三十年大陆的新闻教育与台湾作比，认为前者一无是处而后者长足发展，无视中国人民大学、复旦大学、北京广播学院等为新中国新闻界培养造就了大批"政治坚定，业务精湛，作风优良，党和人民放心"的新闻工作者，其中许多人也成为改革开放年代新闻界与新闻学的骨干与中坚，而同时期台湾却是白色恐怖，报禁严苛，血雨腥风，独裁暴虐，不仅共产主义者遭到疯狂摧残，而且殷海光、雷震、李敖等自由主义者也同样饱受迫害。

[3] 钱乘旦：《学术研究须根植于事实》，《光明日报》2018年4月16日，第14版。

代新中国新闻史学家,开辟了既不同于民国也不同于外国的全新学统,并获得学界普遍关注,包括国际学界,而其精髓正在于实事求是。[1] 如今,"守正创新"颇受青睐,而守正之"正"也在实事求是,即马克思主义及其中国化的立场、观点和方法。毕竟人世间一切学问、知识、理论,归根结底都离不开人民创造历史的社会实践,也就是实事求是之"事"。离开实事求是的底线,则无论多么新潮的理论,如何前卫的观点,怎样炫目的新说,都难免游说无根,最终也如南宋吴文英的词作——"七宝楼台,眩人眼目,碎拆下来,不成片段"。

另外,将小方生硬比附西方记者罗伯特·卡帕也值得推敲。一方面,卡帕一生亲历并报道了从"二战"到"冷战"的历次重大战事,如西班牙内战、武汉保卫战、诺曼底登陆、越战,他的新闻人生引人注目也不在于所谓"第一",而在于介入历史、影响世界的一系列力作,他的名言更令人过目难忘:"你拍得不够好,是由于你离前线不够近。"另一方面,中国记者"扬名立万"为什么非得比附欧美记者呢?其间心态是不是也透露着萨义德剖析的"东方的东方

---

[1] 关于新中国新闻史学的缘起,方汉奇谈过如下背景:

这一时期新闻史研究工作的重点,在无产阶级的革命报刊史,比较大的成果就是把中国共产党的新闻史轮廓给勾画出来了,留了一套中央党校的《中国现代报刊史》讲义。这部讲义是50年代初期中央党校编写的,着重介绍和论述了五四运动以后到建国以前的近30年的无产阶级革命报刊的历史。1959年,这部讲义由中国人民大学新闻系作为内部教材铅印出版。当时出版的讲义并未署名,实际上是中央党校新闻班的"四大金刚"——李龙牧、丁树奇、黄河、刘爱芝共同编写的。……后来李龙牧、丁树奇去了复旦大学任教,黄河、刘爱芝去了中国人民大学任教,他们分别又编写了各自学校所需要的教材,这就是:1962年复旦大学新闻系编印的《中国新民主主义革命时期新闻事业史讲义》,1966年中国人民大学新闻系编印的《中国新闻事业史(新民主主义时期)》。

总的来说,这几部讲义和教材是新中国前30年中国新闻史研究的主要成果,弥补了旧中国新闻史研究工作的空白,奠定了我国无产阶级新闻史学的基础。为什么这样讲?是因为这几部讲义和教材确实属于建设性的工作。你看戈公振的《中国报学史》,他基本上不谈中国共产党的报纸,《向导》《新青年》《每周评论》等都提到,但主要是用一些基本的数据,大概一两行、两三行就完了,几十个字、百把字就完了。那是因为戈公振的书是1927年白色恐怖时期写成的,所以中国共产党的报纸基本上就不能提了,当然他的书重点也不在后头。(见方汉奇、王天根:《中国新闻史研究的回顾与展望——方汉奇先生治学答问》,《安徽大学学报》2015年第2期,第98—99页。)

学",以及刘禾等揭示和批判的"世界秩序与文明等级"呢？[1] 从邵飘萍到瞿秋白，从范长江到邹韬奋，从邓拓到穆青，一代又一代中国记者在追求自由、解放、独立、富强的伟大斗争中，在向往英特纳雄耐尔的大同信仰中，不是含有一种更高远、更神圣的新闻理想吗？范敬宜的名言"离基层越近，离真理越近"，不比卡帕的名言高出一筹，至少各领风骚吧。如果中国记者的专业地位都得西方记者背书，又如何体现道路自信、理论自信、制度自信、文化自信呢？[2]

回到开篇问题——小方是谁？一句话，小方即方大曾是一代代中国记者的一员。他的故事可以作为一段逸闻激励鼓舞后人，但不能背离实事求是，更不能想当然勾画一个隔绝于千千万万新闻人，包括新闻摄影人及其历史作为的孤胆英雄和历史神话。罗马不是一天建成的，抗战新闻史也不是一人谱写的。因此，小方热可以休矣，神话终究是神话，而非事实，更非真理，周恩来的名言同样适用于此：只有忠实于事实，才能忠实于真理。[3]

---

[1] 刘禾主编《世界秩序与文明等级：全球史研究的新路径》，生活•读书•新知三联书店，2016。

[2] "小方热"回避或忽略"三大飞跃"中无数声名卓著、功不可没的新闻人，仅仅将小方比附早年范长江，即尚未成为共产主义者的名记者，甚至比附西方记者卡帕，是否也折射着时下思想文化领域"去政治化"或"去政治化政治"的潮流，如所谓"新闻专业主义"？另外，"小方热"是否也与"民国热"遥相呼应？兹事体大，本文力有不逮，提出疑问，有待方家深究。

[3] 周恩来：《周恩来选集》上卷，人民出版社，1984，第239页。

学术与政治：传播学哪儿去了

——"却顾所来径：改革开放与中国传播学的发展与反思学术论坛"上的发言

今年（2018年）是改革开放四十周年，此时回顾中国传播学的发展历程别有意味。"却顾所来径，苍苍横翠微"，李白诗句展现了一幅诗情画意的美景，而中国传播学一路走来并非到处莺歌燕舞，毋宁说更像《双城记》的开篇词：那是最好的时代，也是最糟的时代；那是智慧的年代，也是愚蠢的年代；那是信仰的世纪，也是怀疑的世纪；那是希望的春天，也是绝望的冬天；我们面前无所不有，我们面前一无所有；等等。

无论如何，蓦然回首，中国传播学已经老大不小，若以传播政治经济学家斯迈思1972年访华为起点，则接近知天命之年，即便把冷战斗士施拉姆登陆中国作为标志，也将奔不惑之年。我从20世纪80年代开始接触传播学，不知不觉三十多年了，弹指间白了少年头，今天回顾和反思中国传播学的历程，怎不感慨系之？不过，坦率说，我与主流传播研究已经渐行渐远，因其与心目中的真知真理渐行渐远。虽说这些年开始有所变化，一些方面更是取得突出进展，如即将付梓的"马工程教材"，如一些可圈可点的博士论文，至于赵月枝、吕新雨为代表的批判传播研究奋勇前行，更是成果斐然，影响广泛。即便如此，作为学科体系、学术体系、话语体系，中国传播学显然依旧是"以洋为尊、以洋为美、唯洋是从"，既没有三十而立，也没有四十不惑，离知天命好像还遥遥无期。

2016年，习近平主持召开了新中国第一次哲学社会科学工作座谈会并发表讲话，令人瞩目地将新闻学提到"支撑性学科"的地位，与文史哲等十门历史悠久、积淀深厚的学科平起平坐。于是，我们自然想到：怎么只提新闻学？传播学哪儿去了？不管怎样，80年代施拉姆来华时曾经得到一位副总理的接见，而三十多年过去，传播学在国家政治层面反而失踪了，这不能不促使我们深思。在我看来，这一状况既有学科本身问题，也是三十多年一路"去政治化"的结果，以至于如今要么只关心所谓学术而不关心政治，要么关心人家的政治而不关心自家的政治，就像专业主义及其关联的一整套政治价值与意识形态。

2016年，我在南京大学举办的传播思想史会议期间，谈到一个二十年目睹之怪现状，即政治逻辑与文化逻辑貌似越来越各行其是。这一问题同样存在于传播学领域。时下流行的"学术共同体"，何尝不是与"政治共同体"分道扬镳的遁词。如果说人民是中华人民共和国最大的政治共同体，那么，民心就是这个共同体最大的政治，毛泽东称之为全心全意为人民服务，习近平概括为以人民为中心。以此衡量，传播学在学术与政治上的问题就不言而喻了。我在一篇书序中，以三位海内外传播学者的警言，谈及当下传播学的普遍问题：一是"不痛不痒"；一是"装神弄鬼"；一是"罗马在燃烧"。仅看每年批量产出的博士论文及其选题就可略见一斑了，而这一切无不关乎学术与政治。

关于学术与政治的理论问题，一百年前韦伯曾经作过经典阐发，吕新雨的新作《学术、传媒与公共性》也有深入分析，对此我卑之无甚高论，而只想结合现实状况，谈谈实际问题。日前，中国科学院院士、经济地理学家陆大道痛陈中国学界迷信西方学术与标准，"贫于创造，贫于思想"："论文数量和发表杂志的'档次'，特别是SCI类的论文，已经成为部分学者衡量自己价值、地位的象征，也代表了他所拥有的资源"；"今天我们对SCI的迷信、崇拜，甚至比西方人更有过之而无不及。将外国人的研究方向奉为自己的方向，一些研究领域、科学问题、研究思路等大都是从别人那里'引进'的"；"（学者们）热衷于各种各样机理的揭示，喜欢在微观世界里孤芳自赏。他们写了大量的科学论文，最后与国家社会经济发展关系甚少"；"建国几十年来在党的领导下逐渐培养起来的以为国家服务为荣的价值观以及兢兢业业、踏踏实实的精神，受到了严重腐蚀。……专注与沉稳的研究精神差不多全丧失了。能踏踏实实做事的人越来越少了"；"我们在科技领域搞了这么多'国际前沿'项目，是国际化了，还是被国际化了？"；"以SCI为核心的论文挂帅，其客观结果是使我国的科学事业逐渐脱离了'中国特色，自主创新'的方向"。[1]

反思中国传播学，这些问题更为突出。对此，2008改革开放三十年之际有过反思，传播研究的学术自觉也由此萌发，但在日甚一日的"国际化"旗号下（仿佛中国不在"国际"之中，就像钱锺书揶揄的"走向世界"——中国不在

---

[1] 参见陆大道：《以SCI为主导的"论文挂帅"对我国科技发展的负面影响》，《经济地理》2020年第3期，第1—3页。

世界上吗？），如今这种趋势变本加厉。辅仁大学法语出身的台湾作家蓝博洲，谈起到访大陆传播学院的感受也是如此。一次，我们接待海外某学院院长一行，他们一边无奈感叹欧风美雨的学术霸权难以抗衡，一边寄希望大陆学界依托中华文明自立自强，殊不知大陆学界"崇洋媚外"有过之而无不及。比如，招聘人才多以海归优先，评聘教授得去欧美一年，少待一天都不算数。再如，汲汲于英文发表，游走于欧美会议，除了常常为人作嫁衣，不知对"中国传播学"有多少实际贡献。

　　细究起来，我也难辞其咎，"与有荣焉"。想当年，自己曾撰文，侈谈"上帝的事情归上帝，恺撒的事情归恺撒"，认为学术与政治互不相干，传播研究理应守护学术象牙塔——其实不过是欧美学统道统，以学院派姿态同传播实践、现实生活、社会政治保持距离，说白了就是与中国道路各行其是。也因此，我对时下一些青年学者博士生执迷不悟，迷途不返，抱有一定的同情与理解。不过，同情归同情，问题归问题。今年，台湾金马奖闹出政治风波，获奖纪录片导演事后发文说：颁奖典礼当中讲的话，其实也是我这部作品中的部分主题，这不是一句"政治归政治，艺术归艺术"可以回避的，因为这部片的拍摄对象本身就是政治。此人此言实话实说，坦承金马奖及其获奖作品"本身就是政治"，而不是一句"政治归政治，艺术归艺术"就可以心安理得的。进而言之，学术何尝不是如此，包括传播之学。

　　吕新雨指出："传播学栖居在人文、社会、自然各学科与社会有机体的交汇处。"（《教育传媒研究》2018年第6期卷首语《传播在今天的意义与使命》）离开社会有机体或政治共同体，一切学术共同体及其学术都难免陷入不死不活的境地。同样，离开学术的有机介入，一切现代政治也势必苍白乏力。对现代世界来说，学术与政治已是水乳交融，密不可分，政治哲学家列奥·施特劳斯概括为政治的哲学化和哲学的政治化。

　　何谓政治？按照孙中山的说法，政是众人之事，治是管理，政治就是管理众人之事。中国古人说得更言简意赅："政者，正也。"政治属于正道沧桑，正大光明，固曰正心、诚意、修身、齐家、治国、平天下。只有正心诚意，才有正道沧桑。揆诸古往今来人类历史，如果说人是一切社会关系的总和，那么政治则是一切社会关系的纽带。离开政治，就无所谓社会，也就无所谓植根社会政治与社会生活的学术——究天人之际，通古今之变，成一家之言。

　　一次，清华博士面试之际，一位来自北京大学光华管理学院的研究生被问及一个入门问题：请列举十部经济学著作。不料，考生举出一两部就卡壳了。老师问，为什么不提马克思的《资本论》呢？没想到学生回答说：《资本论》

不是经济学，而是政治经济学。这个回答堪称"去政治化"的一个范例。问题是，人类何时有过脱离政治的经济呢？离开政治以及社会生活，还有活生生的经济吗？当下聚讼纷纭的国退民进或国进民退，是经济还是政治呢？在中国文化传统中，经济、经济，就是经世济民，也就是说是关乎众人之事及其管理的政治，不讲经世济民的经济，不过是商人的生意经。同样，不讲经世济民的学术，即剥离社会政治与现实生活，也只能是"学术共同体"自娱自乐的游戏。渠敬东说得好："好的社会科学，一要'讲理'，讲人们生活的道理……二要'动情'，人若没有感同身受的能力，没有与社会周围的感情连带，他怎么会尽可能地去包容这个世界呢？""只读书而没有生活的经验，会把人培养成一个意见世界的僭主，在抽象观念上傲视别人，与现实世界格格不入，最终把自己逼上绝路；只有生活经验而不读书，人就不会产生敬意和敬畏感，而是把自己的生命分割成鸡零狗碎的断片。只有把两者结合起来，才能成为有学识、有见地的'朴素的人'，对于古今中外的文明历程心存敬畏，对于柴米油盐的普通生活怀有亲切。""今天，'做学问'这件事变成了一个不动感情、没有内容的生产体系，一个形式化的、积累化的循环，每个人在其中醉生梦死，复制这套系统。从这个角度来讲，我对学术发展一点不乐观。"[1]

有则《伊索寓言》很有名，说古希腊有个人旅行归来，对人们炫耀自己在外地如何表现出色，在罗陀斯这个地方能够跳很远，连奥林匹克选手都比不上。于是，有听众就对他说：你权当这里是罗陀斯，就在这里跳吧！如果中国传播学热衷于"去政治化"，既不关心马克思主义的人民政治，也不关心中华文明的天下政治，对以人民为中心、立足中国大地或麻木不仁，或不屑一顾，数十年如一日津津乐道"罗陀斯"，暖风熏得游人醉，客舍似家家似寄，那么最终在国家政治层面失踪，也就自然而然，不足为奇了。

总之，却顾所来径，作为学科体系、学术体系和话语体系的中国传播学，二十岁不觉悟还有情可原，三十岁不觉悟也勉强说得过去，但老大不小四十岁再不觉悟就匪夷所思了。公木的治学经验就像针对当下中国传播学，也无异于为我们提示了未来所去径：

不拜神，不拜金；不崇古，不崇洋；不媚时，不媚俗；不唯书，不唯上。
……

---

[1] 参见渠敬东：《破除"方法主义"迷信：中国学术自立的出路》，《文化纵横》2016年第2期，第84—87页。

知今而不知古，谓之盲瞽；知古而不知今，谓之陆沉；知中而不知外，谓之鹿寨；知外而不知中，谓之转蓬。视野必兼古今中外，基点当是今日中国。[1]

（本文为2018年在"却顾所来径：改革开放与中国传播学的发展与反思学术论坛"上的发言）

---

[1] 参见公木著，蔡春山主编《作诗·治学·为人：公木序跋选》，长春出版社，1995，前言。

追忆一次阳光灿烂的学术会议

1976年元旦,《诗刊》一月号发表了毛主席1965年的两首词作《水调歌头·重上井冈山》与《念奴娇·鸟儿问答》。中央人民广播电台王铁城的朗诵,也给人留下深刻印象,其中一句"三十八年过去,弹指一挥间",尤其令人难忘。"文革"结束,恢复高考,我有幸成为改革开放年代第一批大学生,今年(2017年)正好四十年。如今回首往事,真是弹指一挥间。其间,多少时代风云,人间冷暖,都谱成一部阴晴圆缺的"光荣与梦想",而那部美国记者的同名之作,展现的恰是四十年画卷。

四十年来家国,让我难忘并时常怀想的一件往事,是1986年的第二次全国传播学研讨会。每每忆起,便恍若沉浸于电影《阳光灿烂的日子》的片名意境。

80年代可谓五四之后,又一轮西学东渐的高潮,风生水起,鱼龙混杂,你方唱罢我登场,各领风骚一两年。当此时,美国传播学以一种新的学科体系、学术体系和话语体系登陆中国,一时间颇有席卷天下、囊括四海之意。为此,第二次全国传播学研讨会在黄山召开,适时提出"走自己的路"(李泽厚)。说来难以想象,会议之所以放在黄山,也是因为中国人民大学新闻系在黄山曾有一座麻雀虽小五脏俱全的招待所。另外,由于邓小平徒步登黄山(途中邂逅复旦大学新闻系大学生),又带动了黄山旅游热。现在去黄山非常方便,飞机、高铁、自驾等均很便捷,而当年只有一条铁路通到山下,接着再换乘汽车盘桓而上。

1986年,我还是郑州大学刚登讲台两年的"青椒",有一天系主任把我召到办公室,拿出黄山会议通知,说你去参加吧。那时学术会议极少,"青椒"单独出席研讨会更是少之又少,故不难想象我拿着通知,怎样新奇又兴奋。于是,用了一个暑假,憋出平生第一篇论文(即本书附录的第一篇),然后兴冲冲地奔黄山而去。先从郑州坐火车到南京,再转车坐一夜硬座,翌日清晨到安徽铜陵,接着乘长途车上山。山上招待所由一位人大新闻系本科留校的年轻人打理,小伙子反应敏捷,做事干练,大家行止无不听他安排。

黄山会议应该是中国社会科学院新闻所主办，中国人民大学新闻系承办。时任新闻所所长的孙旭培老师主持会议，新闻所与会代表还有明安香、袁路阳老师等。到1993年第三次全国传播学研讨会在厦门大学召开时，主持会议的就是明安香老师了。记得人民大学参加黄山会议的有张隆栋先生、蒋克安老师，以及两位研究生王志兴与李海容等。蒋老师好像也在负责《国际新闻界》工作，而《国际新闻界》与复旦大学新闻学院的《新闻大学》，都是传播学在中国的早期学术阵地。会上听闻一则他的趣闻记忆犹新：有一次，蒋老师主持外国专家的学术讲座，同时担任翻译，由于对一处原文理解不同，在场聆听的蒋母还同他你来我往地理论半天，老外站在台上，左顾右盼，不知所以。黄山会议上，参与施拉姆《传播学概论》翻译工作的新华社新闻研究所副所长李启先生、暨南大学新闻系吴文虎老师等，也均为"风云人物"。如今退休或即将退休的上海外国语学院的张咏华老师、厦门大学新闻传播系的黄星民老师等，那时还是初出茅庐的青年教师。

会议的研讨主题如今看来意义重大，抱负远大——建立中国特色的社会主义传播学，与整整三十年后习近平在哲学社会科学工作座谈会上提出的目标遥相呼应。不过，当时我同许多人一样对此"宏大叙事"不甚了了，只是留下一个阳光灿烂的印象：灿烂的时光，灿烂的心情，一群灿烂的老友新朋。黄山会议大概一周，除了半天去太平湖观光，两天上下黄山游览，其余时间均在招待所研讨。大家聚精会神，正心诚意，发言踊跃，讨论热烈。饭后散步，晚上闲聊，依然乐此不疲于学问之道。原因除了心里身外没有什么杂念，也在于聚在山上招待所，长烟落日孤城闭，哪儿也去不了。结果，就这么实实在在、热热闹闹研讨了好多天。

会议期间，有两个场景至今历历如在眼前。一是大家围绕吴文虎老师构想的一个中国传播学理论体系热烈争辩，犹如2018年七国峰会上，西方政要围着特朗普理论的有名镜头，只是气氛不失融洽。黄山会议的这个场景，可以象征中国特色传播学的起点，遗憾的是，起点很高，起步不晚，只是三十多年过去，依然起色不大。相反，眼看着中国传播学的学科体系、学术体系与话语体系一步步沦为美国传播学的殖民地。一位留美的台湾院长到访，交流中说道：台湾已经沦为西方学术殖民地，我们无法抗衡，只能寄希望于大陆。其实大陆也好不到哪儿去。习近平在2016年"5·17讲话"中，将新闻学提到引人注目的高度，与十门老大学科并称为"具有支撑作用的学科"，其中深意耐人寻味。迷途知返，往哲是与，不远而复，先典攸高——中国传播学何去何从，已经成为新时代新闻传播学界不得不深思的迫切问题。

吴文虎老师2017年遽归道山，距离黄山上意气风发阳光灿烂的日子，不知不觉三十年有余，一个时代过去了。之前，张隆栋先生也已仙逝有年。访旧半为鬼，惊呼热中肠。张先生和吴老师于我均有提携奖掖之恩。吴老师毕业于复旦大学新闻系，80年代初，我在暨南大学新闻系进修时，他刚从甘肃调入不久，后来出任新闻系主任。吴老师雅好论道，滔滔不绝，一支烟，一杯茶，在陋室，人不堪其忧，而他不改其乐。一次开会，我们同住一屋，晚上各自靠着床头，他说我听，弄到半夜，意犹未尽，我架不住困顿，睁不开眼皮，"童子莫对，垂头而睡"，而他喷云吐雾，兀自精神矍铄，侃侃而谈，不知东方之既白。

除了吴老师的传播理论建构方案成为焦点，黄山会议让我难忘的场景还有几位同龄人的风采。人民大学研究生王志兴与李海容风华正茂，充满学术热情与思想锐气。王志兴的会议论文《欧洲批判学派与美国传统学派的分析》，后来刊于名重一时的《新闻学刊》。他对欧洲批判学派的系统研究堪称大陆第一人。这篇论文也是他的学位论文，今天看来也许不足为奇，但当年却好似石破天惊，原来传播研究不仅只有美国一家啊。会议期间，我们时常一起散步，或谈学论道，或谈天说地。后来王志兴去英国留学，李海容去美国留学，一别音容两渺茫，而来三十多年了。这些年，李海容又进入大陆学界视野，想来今人未必了解这段陈年往事。

与此同时，印象鲜明的还有厦门大学新闻系的研究生黄星民。他是我们"七七级"老学长，一代报人徐铸成在厦大筹建新闻传播系的高足。不知为何，他与另一位厦大研究生晚到两天。出场前，感觉颇似转轴拨弦三两声，未成曲调先有情，引得我等不由翘首以待。那天上午，孙旭培老师正在主持研讨，隐约传来风一般的讯息，两位研究生已到山门，会场顿然活跃起来。在一片窃窃私语中，只见星民兄一身仆仆风尘，风风火火闯进来。此情此景仿佛白衣小将赵子龙，百万军中，挺枪跃马，又如公瑾当年，羽扇纶巾，雄姿英发。

现在，人们很难想象一介研究生会有如此阵仗。只需对比说明一点，就可以理解了。改革开放初，中国人民大学新闻系第一次招收研究生，甘惜分先生和相差十岁的方汉奇先生为第一批导师。依据郑保卫和童兵两位老师回忆，他们这批"文革"后第一届研究生入学时，甘先生什么也不要求，只是让他俩老老实实通读《马克思恩格斯全集》。于是，郑老师与童老师用一年多时间，坐在国家图书馆从头至尾把数千万字的《马克思恩格斯全集》通读一遍，由此奠定他们后来的学术根基，并成为新中国第二代新闻学大家。如今，不要说硕士生通读《马克思恩格斯全集》，就是博士生读一遍数万字的《共产党宣言》都寥寥无几。由此就可以想见三十年前研究生的学术气魄了。

遗憾的是，星民兄后来体弱多病，除了少量独具慧眼的"风草论"，著述有限，就像师从默多克（Graham Murdock）的北京大学赵斌老师，归国后在《读书》上发表两篇颇有新意的文章，之后便被身体拖累，淡出学界。不过，星民兄有篇大手笔小文章《谈"中"》，取精用宏，融会贯通，无一字无来历，又无一字不从己出，让人过目难忘，望风追慕。文章围绕一个"中"字，把中国历史文化及其传播精髓讲得入木三分，酣畅淋漓。就其思想性、精粹性而言，有似《爱莲说》《陋室铭》等，可以藏之名山，传之其人。另外，他任厦大新闻学院院长期间，学院获得博士学位授予权，也可谓一篇传世之作大文章。

如今，学术局面同80年代相比，好比复兴号高铁与绿皮车。仅就学术会议而言，二三十年前，每年会议寥寥无几，出差经费又极为有限，年轻人基本没有什么机会。现在，会议此起彼伏，络绎不绝，即使没有经费，自掏腰包也没什么问题（当年死工资自费也难）。不过，回想三十多年的许多会议，最让我萦绕于心的还是黄山会议。倒不是因为黄山会议有多少"高论"，除了当年提出构建中国特色社会主义传播学理论体系与新时代目标若合一契；也不是因为黄山会议有什么好吃好玩，那时黄山旅游刚刚开发，百废待兴，反不如太平湖"情一样深啊梦一样美，如情似梦太平的水"。黄山会议之所以令人追怀，还在于正心诚意探究真知的科学态度，不计名利追求真理的精神氛围，不论等级、不看资历、不沾官僚风气与江湖习气的清明会风，以及学术民主、思想自由、精神平等。

时下一些会议，与其说是学术交流，不如说更像学术表演，徒具形式而缺乏内涵。貌似轰轰烈烈，热热闹闹，领导出席，名流云集，虎鼓瑟兮鸾回车，仙之人兮列如麻。然后"牛人"布道，信众聆听，讲完拍拍屁股，又急匆匆赶往下个场子，如同张天翼笔下的"华威先生"。可怜"青椒"，低眉颔首，高山仰止，汗不敢出，只待多年的媳妇熬成婆。于是，学术风气难免浇薄，学术研讨自然虚浮。

90年代初，第一次读到英国学院派作家洛奇的作品《小世界》，淋漓尽致地展现了西方学界的蝇营狗苟，一地鸡毛，读来一边捧腹，一边愕然，因为没想到我们奉若神明、视为神圣的西方学界，原来也如钱锺书的《围城》。不过，当时觉得如此乌烟瘴气小世界，好似天方夜谭，距离我们遥不可及。没想到，曾几何时，我们也很快与国际接轨，上承民国范儿的"围城"，下应西方范儿的"小世界"，甚至有过之而无不及，如《桃李》（2002）、《活着之上》（2014）。

追忆当年一次寻常会议，既是向往久违的学术境界，远逝的学术精神，更是呼唤不忘初心，回归本源。何谓本源？探究真知、追求真理、解释世界、改变世界之谓也。在旧中国，叫作"为天地立心，为生民立命，为往圣继绝学，为万世开太平"；在新中国，叫作"为人民著书立说"，用费孝通怀念老师吴文藻、潘光旦的话说："学术的用处就在为人民服务。"与其争名于朝，争利于市，何如追随仁人君子立德、立功、立言？与其自娱自乐沉溺于"精致的平庸"，何如把论文写在大地上，融入亿万人民的"光荣与梦想"？至于研讨会，与其分所谓大咖小咖，何如真理面前，一视同仁？吾爱吾师，吾更爱真理，道之所在，师之所存。

（本文作于2017年）

知行合一新探索

——从"第五届河阳论坛暨乡村、文化与传播学术周"说开去

早就听说赵月枝教授的河阳论坛,仿佛新闻传播领域的一个"小延安",吸引着各方探求真知、追求真理的青年知识分子,我也悠然神往,延颈鹤望。2019年3月,终于有机会参加第五届河阳论坛,更是感触良多。李洱积十三年之功完成一部新作《应物兄》(2018),这部近百万言的作品所关注的核心问题是:"当下环境中,知识分子知行合一的难题和困境。"[1] 在我看来,河阳论坛一方面固然为传播研究打开了一方天地,为暮霭沉沉的主流传播学界注入了一线生机;一方面,也在于探索知识分子知行合一的具体路径,在意识形态乱云飞渡之际,探索知识创新与家国天下的水乳交融,学术情怀与社会关切的血脉相通,从而同前赴后继的各路探索如出一辙:从费孝通到邓英淘、温铁军、曹锦清、李昌平、贺雪峰、何慧丽,从陈望道为复旦新闻教育确立"好学力行"的系铭到清华新闻学院"大篷车课堂"的实践。如此一脉探索轨迹一言以蔽之就是知行合一,即解释世界与改变世界的统一、求学问道与身体力行的统一。

2019年两会期间,习近平首先看望了文艺界与社科界的政协委员,这一举动的象征意义不言而喻。其间,他再次谈到了哲学社会科学研究首先要搞清楚为谁立言,这是一个根本问题,并希望学者多到实地调查研究,了解百姓生活状况,把握群众思想脉搏,把学问写进群众心坎里。河阳论坛探索的正是这样的治学之路以及人才培养之路,无论是几届论坛的主题,如第一届的"构建平衡互哺的城乡关系"、第二届的"乡土文化复兴:机遇与挑战"、第三届的"文化主体性与乡村发展:国家、市场与民间互动"、第四届的"生态文明与传播"、第五届的"乡村故事,中国道路",还是河阳论坛几届国际暑期班的专题,如

---

[1] 樊晓哲:《苹果树下的李洱》,《文汇报》2019年3月5日,第10版。

"传播、文化与全球南方""从全球到村庄：以乡村作为方法"；也无论是2016年推动18位村干部致全国农村干部群众的联名倡议书——呼吁强化土地集体所有权，还是2019年"以红色精神引领绿色发展"的倡议获得当地干部群众热议，无不体现了解释世界与改变世界的统一、求学问道与身体力行的统一。所以说，河阳论坛既是传播研究中国化的新尝试，也是中国学术走向知行合一的新探索。李书磊赞许唐代诗人及其精神境界的一段话，也完全适用河阳论坛的新青年：

> 他们毫不踌躇地就把生命依托于这片土地，这里的山川草木都成了他们不可缺少的生命内容。他们在这块有限的土地上展开了他们无限的情感与愿望……他们执著于这一方烟火，把生命落到实处，与立足的土地有一种不可分离的亲情，使人生变为真切而具体的过程。[1]

这一知行合一的传统源远流长，无论是五千年老中国的晴耕雨读，还是七十多年新中国的德智体美劳，始终薪火相传。古人云"大学之道，在明明德，在亲民，在止于至善"，并将立德、立功、立言视为人生不朽的三重境界。古往今来一切真学问、大学问即"大学"，无不在现实层面超凡脱俗，鄙薄追名逐利，拒绝著书只为稻粱谋，又无不在精神层面关注社会，心系天下，服务苍生，正如经济学在中国一向属于经世济民之学。历代非常偶傥之人更在知行合一中，为中华民族留下弥足珍贵的文化遗产和精神财富。从诸子百家的上下求索到诸葛孔明的经世致用，从范仲淹的先忧后乐到岳麓书院的实事求是，从文天祥的"留取丹心照汗青"到鲁迅的"我以我血荐轩辕"，从毛泽东的为人民服务到习近平的以人民为中心——古老而青春的东方大地千百年来始终磅礴着一股浩然正气，流淌着一脉文化清流。在新中国七十多年蔚为壮观的新文化大潮中，更是涌现出数不胜数的人民知识分子及其彪炳史册的思想文化创造。人们知道国画大家谢瑞阶八十岁的封笔之作，悬挂在北京人民大会堂接待厅的《大河上下浩浩长春》，但未必知道当年这位艺术大家的创作与人民群众的生活是怎样水乳交融。比如，一位普通的小学教师都可随时登门，请他为孩子们画些教学用图，而他总是欣然命笔。

当然，随着近代中国被胁迫卷入资本主义世界体系，以及半殖民地半封建社会状态的加剧，一方面导致《共产党宣言》说的东方从属于西方、乡村从属

---

[1] 李书磊：《重读经典》，中国广播电视出版社，1997，第28页。

于城市等畸形状态，一方面促成《德意志意识形态》所言"物质劳动和精神劳动的最大的一次分工"，在推进学科分化、专业林立以及现代化之际，也使知识脱离大地、学者远离民生一度成为趋势，由此造就了一批不及物的"学院知识分子"或曰"知道分子"，至于一些买办文人更如美国学者格里德（Jerome Grieder）的评价："对于他的人民的'社会愿望'或他们生活的'实际条件'几乎完全没有什么真正的认识。"[1]这种状况依然难以根本摆脱，无怪乎李书磊对比今昔不由慨叹：

> 中国古代的诗人、史家、学者多有在中国国土上四处游历的经历，这种游历使他们贴近土地和人民，走进历史和生活，体悟到文化的灵魂并由此形成他们自己的情感与精神。古时候当然没有汽车、火车、飞机火轮之类机械化的工具，游历是靠骑马、乘木舟甚至步行这种原始而自然的方式完成的，因而使游历者与山水民风有一种肌肤之亲。这种长久而深刻的肌肤之亲竟使我们这些今天的文化人生出无限的心仪和向往。我们今天被课堂、研究室、图书馆和电脑网络牢牢地囚禁起来，被各种各样的学术文化规范囚禁起来，被知识分子自身的趣味和利益集团囚禁起来，变得日益地孤立、羸弱而苍白。[2]

为此，新中国成立七十多年来，为了实现人民当家做主的政治愿景，既在文学艺术领域清除列强、封建、买办等旧艺术、旧品位，倡导社会主义新文化、新风尚，又在知识界、学术界、教育界不断探索实事求是的治学之道以及知行合一的育人之道，如知识分子劳动化、劳动人民知识化，从实践中来到实践中去，又红又专，三大革命。在此过程中，即便出现偏差或失误，左一脚、右一脚、深一脚、浅一脚地行进中，哪怕留下一串歪歪斜斜的脚印，

---

[1] 格里德：《胡适与中国的文艺复兴——中国革命中的自由主义（1917—1937）》，鲁奇译，江苏人民出版社，2005，第290页。

[2] 李书磊：《重读经典》，中国广播电视出版社，1997，第187—188页。张承志也指出："从文明母亲的胎液里爬出来的孩子，在高等学府或上层社会，在思潮、教科书和恩师论文的烟海里被改造……已经到了指出的时候：求学有时也如断奶，'学者'好像特别容易发生异化。不能否认，一部分人在认知的路上南辕北辙，他们傲慢地挣脱着健康的母体，从不回头，越来越远。"（见张承志：《常识的求知——张承志学术散文集》序言，生活·读书·新知三联书店，2012）

但大方向、总目标从毛泽东到习近平一以贯之,也就是确立新中国的道路道统之际,培育一代又一代的社会主义新人,造就一批又一批知行合一的人民知识分子。[1]

河阳论坛及其国际暑期班的探索就行走在这一方向和道路上,尊奉"要做人民的先生,先做人民的学生",走向田间,走进民间,走进人民心间,将书斋世界与现实世界打通,将学术人生与社会人生打通,连一些活动形式如"沉浸式研习"都不无马恩论述的意味:"在共产主义社会里,任何人都没有特定的活动范围,每个人都可以在任何部门内发展,社会调节着整个生产,因而使我有可能随我自己的心愿今天干这事,明天干那事,上午打猎,下午捕鱼,傍晚从事畜牧,晚饭后从事批判,但并不因此就使我成为一个猎人、渔夫、牧人或批评者。"[2]

这一探索今天尤其富有现实意义。因为,学术界与教育界一方面固然成绩不少,进步不小,另一方面脱离实践、远离人民的状况也日益突出,毋庸讳言。现行的一些体制机制,如随波逐流的"国际接轨"、对标美国的"一流大学",也在助推一些为做而做的"八股学术"、自娱自乐的"英文发表"、既有碍于探求真知更无助于追求真理的"清规戒律";同时助推一批没有人间烟火气的"精神贵族"[3],迫使学生从校门到校门,从书本到书本,从纽约到伦敦,从巴黎到柏林,而难如曹锦清20世纪80年代就曾提出的"返回国情,返回实证,返回历史"。[4]这种状况让人想到白修德笔下的民国精英:毕业于哈佛、耶鲁、哥伦比亚等美国常春藤大学,说得一口流利英语,就连做梦都用英语,却与自己国

---

[1] 新中国的教育方针始终如一,即十八大报告的"德智体美全面发展的社会主义建设者和接班人"。2019年3月18日,习近平主持召开学校思想政治理论课教师座谈会,再次强调扎根中国大地办教育,并引人注目地重提教育同生产劳动和社会实践相结合,培养德智体美劳全面发展的社会主义建设者和接班人。

[2] 《马克思恩格斯全集》第三卷,人民出版社,1960,第37页。

[3] 李书磊二十多年前已在《村落中的"国家"——文化变迁中的乡村学校》一书中,对此作出深刻的剖析。

[4] 由于自上而下众所周知的一些明章程和潜规则,"扎根中国大地""为人民著书立说""把文章写在大地上"等,目前在有关管理部门及其管理程序中更多还是虚应故事。

家的人民严重脱节。[1]

当然，需要指出的是，现代化的分工需求、精细化的社会服务与国家治理以及日益广泛的世界交往，离不开千千万万的专业人才，各路学子也在求学问道过程中不断觉悟，既成就自己的梦想，又以所学专业服务社会，报效桑梓，造福人民，最终汇入"中华民族优秀子孙"千百年生生不息的历史大潮。与此同时，也不能不承认，解释世界与改变世界的分离、求学问道与身体力行的分离等知行分离的态势与趋势，也难免导致学术研究以及人才培养的一种总体性偏差，结果既异化学术、异化学人，如《应物兄》等作品活生生展现的"学术江湖"[2]；又影响个人自由而健全的发展，与"士不可不弘毅"的境界渐行渐远，与社会主义建设者与接班人的目标圆凿方枘，与穆青"勿忘人民"、范敬宜"念白云深处万千家"等追求各行其是。

遥想四十多年前，自己作为一名知识青年，在河阳原籍即河南信阳（河阳一名也由此而来）一带"上山下乡"，尽管当时青春年少，懵懵懂懂，时间也不过两年，但这段经历在人生路程上却留下难以磨灭的印迹，也奠定后来著书立说与教书育人的根基。所以，我对毛泽东的广阔天地大有作为，习近平的扎根中国大地等思想由衷服膺，对甘惜分"立足中国土，请教马克思"的主张愈发认同，视之为青年知识分子有所成就、有所作为的大道之行。也因此，我对河阳论坛以及知行合一的各路探索充满敬意，虽不能至，心向往之，借用张承

---

[1] 白修德：《追寻历史：一个记者和他的20世纪》，中信出版社，2017，第82页。陶行知近百年前批评的教育问题，今天依然值得深思："他教人吃饭不种稻，穿衣不种棉，做房子不造林。他教人羡慕奢华，看不起务农。他教人分利不生利。他教农夫子弟变成书呆子，他教富的变穷，穷的变得格外穷；他教强的变弱，弱的变得格外弱。"见陶行知：《中国乡村教育之根本改造》，转引自李书磊：《村落中的"国家"——文化变迁中的乡村学校》，浙江人民出版社，1999，第162页。

[2] 学界批评往往更直接、更切中要害，如应星指出的一些普遍问题："许多圈子都具有或浓或淡的江湖气息……自觉不自觉地把世俗的那套手腕和心机带到圈子中，带进学术中。"见《且看今日学界"新父"之朽败》，载《文化纵横》2009年第8期；"他们在同行评审的外衣下所真正熟稔的是黑箱操作，所认同的是'内举不避亲'、近亲繁殖的裙带作风，所沉醉的是利益均沾、互惠交换的权力游戏。由此就形成今天学界专业化与江湖化并存的景观。"见应星：《"科学作为天职"在中国——韦伯视角下的现代中国知识场域》，载李猛编《科学作为天职：韦伯与我们时代的命运》，生活·读书·新知三联书店，2018，第194页。

志的话说:"旧的时候该结束了,泥巴汗水的学问刚刚登场。我们只是呼唤真知实学;我们只是呼吁,一种不同的知识分子的出现。"[1]

---

[1] 参见张承志:《人文地理概念之下的方法论思考》,《天涯》1998年第5期,第27页。

杏坛流连
XINGTAN LIULIAN

一位马克思主义新闻教育家

——读《仅仅是起点：项德生新闻论文集》而想到的

2018年5月，郑州大学新闻学院项德生教授八十华诞之际，由他当年在中国人民大学新闻系带过的学生郑保卫教授策划，汇集其一生学术精华的《仅仅是起点：项德生新闻论文集》（以下简称《起点》），在新华出版社付梓。同时，郑州大学新闻与传播学院举行了"项德生教授新闻教育与学术思想研讨会"，我由于时间冲突未能与会，遗憾之余写去书面致辞并请张举玺院长转达，其中说道：

> 项老师毕业于我国首届一指的新闻学府，出身革命世家，继承红色基因，具有高度的政治水平、理论水平、专业水平，是共和国新一代新闻学大家，如今名满天下的郑保卫教授当年也曾受教于他。凭着这样的水平以及对新闻的热情，项老师不仅在学术研究上思想精深，卓有建树，而且把当年建系不过十年的郑州大学新闻系一举推向当时国内新闻教育的一流之列。

20世纪80年代初，我与项老师几乎同期调入刚组建的郑州大学新闻系。他先任副系主任，后任系主任，直至1994年突患重病，不得不离开工作岗位，而我也于1995年考入中国人民大学，我们可谓"同进同退"。人生不相见，动如参与商。1998年，我博士毕业，调离郑州大学，曾经看望辞别项老师，没想到此一别竟然过去二十多年。看到项老师银发苍颜的照片，想到当年他提携奖掖我辈后学的历历情景，真是别有一番滋味在心头。

一个人的成长自然离不开天分与努力，同时也离不开种种偶然、必然的外在影响，只不过有些影响需要岁月沉淀才能显现出来。在我的成长过程中，幸运地相继遇到梁洪浩、项德生、方汉奇、范敬宜等"贵人"，而他们的共同特征就是守正创新。"正"是马克思主义的立场、观点和方法,对共产党、共和国、共产主义正心诚意的信仰;"新"是扎扎实实、本本分分地探求真知,追求真理,持之有故,言之成理,创新而不趋新。读《起点》,这个印象尤为鲜明。正如《求是》原副主编朱峻峰所言,项老师"具有很高的哲学素养和理论素质,他的作品不仅具有新闻的敏锐性,而且具有理论的深刻性"。一位正在清华做访问学者的高校青年教师读到此书,也不由感叹"视野极其宏阔,方法文理并举"。

我当年亲炙项老师的教诲,对此自然感触更深。这里,我无力对他的学术生涯及其贡献予以全面评价,只想就书中的新闻教育论述略作阐发。在我看来,项老师不仅是一位守正创新的马克思主义新闻学者,而且也是颇具战略意识、战略眼光、战略思维的新闻教育家。就此而言,他可以同新中国新闻教育里程碑式的人物如陈望道、罗列、何微、范敬宜等相提并论而不逊色。也正是凭借这样的战略意识,他主政时期拿到硕士学位授权点,成就了郑州大学新闻系早期的一段光辉历史。可惜我本性愚笨,后知后觉,当年只意识到这些成就的外在意义,犹如眼下不少新闻院系追求各种外在指标一样,而经历了世事沧桑才多少理解他的新闻教育理想所蕴含的"灵魂",也就是习近平在新闻舆论工作座谈会上的讲话里针对新闻教育提出的目标——培养政治坚定、业务精湛、作风优良、党和人民放心的新闻工作者。2019年是新中国七十华诞,七十年风雨沧桑表明新闻教育的一切所思所想、所作所为,无论专业设置还是教学计划及其课程内容,也无论研究项目、核心期刊还是学术活动、头衔奖项,以及引进人才、培养师资、建设先进实验室、实习基地等,都应该也必须围绕这个唯一目标。只有如此,中国新闻教育才有"灵魂",否则,再高大上、国际化,再峨冠博带,法相庄严,都难免"失魂落魄",甚或"没有灵魂"。项德生教授以及陈望道、罗列、何微、范敬宜等一代马克思主义新闻教育家的过人之处,正在于此,他们的所思所想、所作所为无不围绕培养社会主义新闻事业的建设者和接班人。仅从《起点》有关新闻教育的论述中,也不难看到这种"战略地带的开阔",从而与"去政治化""去意识形态化"的新闻教育及其"精致的平庸"划出了楚河汉界。

三十多年前,他在《关于大学新闻教育的一些思考》一文中,曾提出四个"一些"的主张,也就是同其他专业如中文、历史、哲学等相比,新闻专业培养的人才应该是:政治素质更高一些,社会活动能力更强一些,知识面更广一些,笔头更快一些。其中,政治素质又居首位,"新闻教育一定要把培养政治上靠得住的人放在第一位"。同时,他也实事求是地指出:指望通过四年大学生活,使一个年轻幼稚的高中毕业生成长为文武全才的新闻战士,不过是一种乌托邦式的良好愿望。这里，需要明确两点：一是明确大学新闻教育培养的是一支特殊队伍，是政治素质相当高，业务能力相当强，在多种考验面前都能过得硬的人才；二是明确培养合格的新闻人才，是一项系统工程，大学教育只是其中一环，而新闻教育要把好大学教育这一环。

为此，他反复强调培养"马克思主义记者"，只有这方面"上路"，才能称得上"合格"，否则就不"合格"。新闻学子固然需要练习写作，希望文采出众，他也一直主张，"新闻系的大学生熟读和背诵上百篇中国古典文学作品，要求他们没完没了地练习写作，练就一支生花妙笔"。但是，我们培养的是马克思主义记者，第一位的不是造就笔杆子，而是政治家、社会活动家。如果新闻教育"重义务，轻政治"，那么，不仅误人子弟，而且可能祸国殃民："对学生毕业后尽快上路极为不利，并且还会因为一些人易走邪路而祸及人民的利益和社会主义的千秋大业。"他的远见相对于时下一些新闻教育的偏差，更有深刻意味并富有针对性。

那么，大学四年怎么培养政治合格的记者呢？他提出三点主张：一要掌握马克思主义的基本理论；二要熟悉中国的基本国情；三要学会运用马克思主义的立场、观点和方法，观察分析国内外形势和各种社会问题——"这应当是贯穿四年大学教育的核心内容和基本训练"。在他看来："我们培养出来的学生只要有了这样的思维能力和思维习惯，他们就有了深刻理解和正确宣传党的路线方针政策的思想基础，就有可能自觉地在思想政治上同党中央保持高度一致，走出学校后经过一段实践锻炼就能很快上路。"多年来，新闻教育界不时感叹我们的名记者太少，一直呼唤名记者大量涌现。那么，名记者从哪里来呢？项老师的看法是：

> 培养社会主义的名记者更重要的是进行马克思主义基本理论教育和国情教育，并使二者有机统一起来，使他们从学生时代起就学着像我们党那样观察社会和思考问题，即实行马克思主义的普遍真理和中国的具体实际相结合。这样，我们才能造就大方向正确，又富有创造性的马克思主义新闻记者。少数顽固坚持资产阶级自由化的"精英"们，曾经肆意歪曲少奇同志关于既向群众宣传党的政策又在群众实践中考察党的政策这一深刻思想，教唆青年人站在与党相对立的立场上，以专门挑剔党的错误为己任。如果我们的新闻大学生真的听了这一套，不学习党的基本理论，不去熟悉国情民情，与党的政策心存隔膜，就很难有人上路，更甭谈出什么名记者了。

所以，他提出新闻系的学生在校四年，至少精读十几部马列主义原典，如《共产党宣言》《帝国主义是资本主义的最高阶段》《关于正确处理人民内部矛盾》《实践论》《矛盾论》，且需一读再读。一位饱经风霜的新闻界前辈还曾嘱告他：应当组织新闻系高年级学生读读《资本论》。这些年来，我在清华追随范敬宜开展马克思主义新闻观教育过程中，也深感原典经典的意义。一位本硕博均在清华的女生，读博后第一次接触《马克思恩格斯选集》，感叹平生第一次看到如此高屋建瓴又鞭辟入里的文字，真有醍醐灌顶的畅快。事实上，注重原典经典一直是新中国新闻教育的传统，如建系九十多年的复旦大学新闻学院一向奉行"两典一笔"之说，即一位合格的新闻学子应该具有马列经典、文史经典和笔力功夫。

除了阅读精读原典，项老师还强调政治理论要联系当前实际，敢于回答青年学生普遍关心的问题。他说，一不组织学生读马列原著，二不触及当代社会的重大问题，这样的教育肯定苍白无力，"不仅难以提起学生的兴趣，而且在与资产阶级自由化争夺青年一代的较量中，难免处于被动地位，乃至于打败仗"。如何触及重大现实问题？他提到中国人民大学新闻系"文革"前的一个有益经验，一边坚持让学生读原著，一边注重理论联系实际，开展生动活泼的课堂讨论："无论是哲学、政治经济学，还是中共党史、国际共运史，都联系当时的重大社会问题和学生的思想实际，组织学生开展课堂讨论，任课教师、政治辅导员乃至新闻系的党政领导，都和学生坐在一起共同讨论问题。凡是通过讨论学过的基本理论，都理解得更深，记得更牢，常常是终生难忘，一直指导着受教育者的言行。"

除了政治理论课，专业课教学也应该始终坚持马克思主义的立场、观点和方法，运用唯物史观的基本原理分析各种新闻现象，"无论是新闻理论、中外新闻史上的一系列重大问题和事件，还是采写编评等业务活动中的基本法则，都不能停留在一般描述上或就事论事的业务圈子里，都应当运用马克思主义的立场、观点和方法给予理论性的解释和透彻的说明"。他主讲"新闻学原理"之际，正是八九十年代政治思潮汹涌起伏之际，下一代世界观和价值观的混乱令他吃惊，忧心如焚。苏东剧变时，学生坦率而尖锐提出的一些问题，更使他坐立不安。他觉得，如果回避这些问题，那么，不仅"新闻学原理"讲不下去，而且对学生们正在进行的反思必定产生恶性影响。于是，他经过认真准备，在课堂上向同学们讲授了十个问题（见《起点·郑州大学新闻系党政领导联系东欧事态对学生进行共产主义理想教育》）。这十个问题按照历史与逻辑的顺序展开，显示了开阔的历史眼光和深厚的理论素养。由于他的讲授理论联系实际，而且说理透辟，在学生中引起广泛共鸣。有同学问他："老师，你为什么苦口婆心，费这么大劲，给我们讲这些道理？"他的回答同样显示了一种政治家的深远目光和战略地带的开阔：

> 第一，教给你们一些观察问题和分析问题的方法，中国一旦再有风吹草动，你们会更冷静些，理智些，看问题更全面些，科学些。第二，更根本的是，二三十年后，县、市、省乃至中央的权力，就要握在你们这代人手里。到了那时，中国要是出了个"团结工会"，你们在谈判时会不会节节退让？你们当了代表会不会举手同意把"中华人民共和国"的"人民"二字抠掉？

当年同学们听了之后陷入沉思，今天我读到这里更是掩卷深思。项老师的殷忧与预见，一度在某种层面显现出来，新闻教育新闻学也不例外，一些爱惜羽毛的"开明绅士"或"政治两面人"虽然还无法达到叶利钦们的地步，但司马昭之心，也已是路人皆知。

注重专业课上的马克思主义指导地位，这一点今天尤为重要。随着党的十八大以后春风徐来，越来越多的新闻院系开始扭转"去政治化"的偏差，重视马克思主义新闻观的教学就是一例。这当然是值得肯定的。与此同时，应该看到，许多人以为马克思主义新闻观的教育只是一门课程的事情，只要开了这门课，开好这门课就万事大吉，而忽略大量专业课是否秉持马克思主义的立场、观点和方法。事实上，专业课上"去政治化"，以及"去历史化""去中国化""去主流化"的问题恐怕更多、更普遍。这些问题源于党的十八大之前长期的"一手硬，一手软"，早已根深蒂固，仅靠一门马新观课程是不可能根本解决的。而且，由于大量专业课往往脱离政治、脱离历史、脱离现实，意识形态上自觉不自觉显现"非马克思主义化""去马克思主义化"，结果难免对"思政课"以及"马新观"的正能量形成消解之势。正如项德生教授三十多年前就具体指出的：

> 应当说，在课堂上有意向学生散布系统露骨的资产阶级新闻观点的人，是极少有的，但在大气候的作用下，自觉不自觉地淡化马克思主义指导作用的倾向还是值得警惕的。比如，在最近若干年里，我们热心于研究人类新闻传播活动的最普遍的规律，这些规律适用于古今中外任何一种社会制度下的传播活动。的确，这些规律是不能违背的，我们曾经

因为蔑视它们而吃了不少苦头。因此，研究这些超阶级、跨时代的活动规律，并向学生讲授，是完全必要的，特别是对于纠正置普遍规律于不顾的"左"倾蛮干是有特殊作用的。然而，若是过分热心研究和讲授这些抽象得过分稀薄的东西，而忽视新闻传播活动的历史具体性和当今时代不可超越的阶级性，新闻教育的导向就会发生政治性偏差。其结果，是学生们偏离或根本不了解历史唯物主义这一分析新闻现象和一切社会现象的根本方法，看不到资本主义新闻活动和社会主义新闻活动的原则区别。

真是一针见血，也让我恍然而悟。再如，他谈到的研究方法问题，更点中当下新闻院系的一个要害。如今，许多新闻院系把一套源于美国实证主义的传播研究方法奉若神明，有的新闻学院大一新生就学所谓"研究方法"，好像不学这套方法就不入流，而一旦掌握这套方法，就可以打开新闻传播规律的大门——洞天石扉，訇然中开。其实，具体的研究方法多种多样而非独此一家，而各种方法无非是发现问题、研究问题、解决问题的工具而已，既然是工具，适用即可，科学家钱伟长说过："做一番事业，用的工具要恰到好处，目的是解决问题。就像屠夫杀猪要用好刀，但这把刀刚好就行，不要整天磨刀，欣赏刀，磨得多好啊！那是刀匠的事。"即使就"屠夫的事"而言，时新的方法充其量也只是有助于探究新知，而往往无关乎追求真理，更无关马克思主义真理，如所谓"价值中立"云云。项老师以高度的政治意识和战略眼光，指出这一情况及其危害：

> 对这些方法作用不能夸大，要向学生说明它们的适用范围，不能把现代科学方法和传统科学方法对立起来，更不能给学生造成一个错觉，似乎只有这种方法灵，其他方法都不中用了。尤其需要向学生反复说明，无论是传统的还是现代的，一切方法都不能代替马克思主义的哲学方法，所有的方法都只能在马克思主义哲学方法的统摄下，才能恰当而有力地发挥其局部性作用。教师们不仅要这么讲，而且要这么做，让学生清清楚楚地看出，老师们切切实实把马克思主义哲学方法尊于方法论的核心地位，并卓有成效。如果我们不坚持这一原则，就会无形中降低马克思主义在青年学生中的权威性，冲淡他们对马克思主义的热情和信仰。如果始终坚持了这一原则，我们的新闻专业教学做到政治与业务的统一，虚与实的统一，造就出能够尽快上路、又红又专的新闻人才。应当说，

新闻专业课教学发挥这一作用的余地还相当大,需要弥补的欠缺还相当多。

三十年后猛回头,现在看来"发挥这一作用的余地"似乎所剩无几,而"需要弥补的欠缺"却如女娲补天。仅看一点,即知大概。项老师希望学生们大学四年至少精读十几部马列原典,而如今许多教师能够精读一部几万字的《共产党宣言》恐怕都屈指可数。同样,四十多年前甘惜分指导第一批硕士生时,要求他们通读《马克思恩格斯全集》,而如今众多博士生能翻翻《共产党宣言》的还有几人。相反,一些非马乃至反马的东西却俨然一直大行其道,如冷战斗士施拉姆及其《报刊的四种理论》等著述,至今仍在学界颇受推崇。当然,此类问题的根源不在学生,甚或也不在学者或学院,而在一些体制机制的主导性作用,如随波逐流的"国际接轨"、对标美国的"一流大学"、盲目跟风的"英文发表"等。再如黄宗智指出的问题:"如今中国的学术管理者已经完全采纳 WoS 三大'航母'引文索引的科学主义学术评估方法,并把其官僚化到当代的美国学者都不能想象的地步。"所谓 WoS,就是流行的 C 刊、影响因子等。随便翻检一下有关方面的办学指标、评估指标,看看其中还有多少同社会主义建设者和接班人相关,又有多少"管死马克思主义多学派的发展,放活非马克思主义多元化的扩张"(程恩富),就怨不得学者学子竞相"去政治化"了。

总而言之,按照项老师的主张,社会主义新闻教育造就的是"顶天立地"的人,"顶天"在于熟悉马克思主义理论,"立地"在于熟悉国情民情,扎根在群众实践之中。新闻教育当然不能不从小处入手,如时下的媒体融合,但必须从大处着眼,大处就是马克思主义基本理论教育与基本国情教育的有机统一。如果新闻教育抓不住这个"大关节"而仅仅关注专业性、技术性、操作性环节,就真可谓舍本逐末,本末倒置了。

项德生教授做过解放区的儿童团团长,大学毕业后留在人民大学新闻系,"文革"期间还在部队做过指导员,父亲又是三八式老干部,近亲中还有曾位居党和国家领导人者。这样的经历和背景难以复制,但他以高度的政治责任感、历史使命感和专业荣誉感满腔热忱培养学生,一心一意提携后进的精神,又是可以继承发扬的。如果新时代有一大批项老师这样"忠诚党的教育事业",正心诚意培养建设者和接班人而非旁观者和掘墓人的守正创新之人,并能根治有碍守正创新的体制机制问题,那么,何愁造就不出一批又一批"党和人民放心的新闻工作者"。

我们需要这样的新闻学院院长

读了张昆教授的文章《我们需要什么样的新闻学院院长》[1]，颇有同感之际，也不禁引发一点感想。说来这点感想也是由来有年，而非突发奇想，只是一方面觉得此事好像"微"不足道，一方面觉得不同院系情况千差万别，校园政治更是一言难尽，应然实然隔着鸿沟，"不说白不说"而"说来也白说"，故而"隐"而不发。看到张昆教授的文章，不由想借机谈谈自己的看法，既不算对话，更不是商榷，仅仅是借题发挥。

我从事新闻教育已有三十多年，并在不同新闻院系担任过十余年行政副手或主管，时常也会想到张昆教授提出的问题——我们需要什么样的新闻学院院长？不待多言，"我们"自然指中国，"新闻学院"则包括广义的新闻传播教育教学机构，如传播学院、影视学院、广告学院、出版学院、新媒体学院等。

我的看法，一位合格的称职的新闻学院院长应该具备三个条件：政治、业务、行政。当然，这里所谈的只是应然层面的情况，从实然层面看，也就是从检验真理标准的实践层面看，一位新闻学院院长是否合格、是否称职，还可以提到三个客观标准：专业认可，社会认可，历史认可。本文仅限于应然层面的问题，即新闻学院院长应该具备的三个条件：政治、业务、行政。

首先，中国的新闻学院院长需要具备高度的政治意识、政治觉悟、政治眼光与政治胸怀，一句话，懂政治，讲政治。而且，不是似懂非懂而是真懂，不是口是心非地讲而是正心诚意地讲。至于政治也不是泛泛而谈的政治，而是马克思主义政治、中国特色社会主义政治，包括兼济天下的历史使命感、社会责任感、职业荣誉感等。所谓不懂政治、不讲政治者，无非两种情况，用甘惜分先生针对新闻记者的说法：不是装蒜，就是傻瓜；[2] 或如秦天将军对《凤凰周

---

[1] 张昆：《我们需要什么样的新闻学院院长》，《新闻记者》2017年第2期，第44—48页。
[2] 甘惜分：《一个新闻学者的自白》，未名出版社，2005，第21页。

刊》记者玛雅谈到的两种人：一是真傻，一是装傻。[1]

其次，新闻学院院长需要具备良好的专业水平与专业声誉。这一点毋庸赘言，一位合格的称职的新闻学院院长犹如船长，起码应是水手中的高手，如果没有令人心服口服的专业本领——无论学术资望，还是行业令名，则既不能服众，也难以操舟驾舵，新闻教育毕竟也是一门"专业"。清代大儒戴震说过，为学有三难：淹博难、识断难、精审难。[2] 借用此说，一位新闻学院院长至少应在本部门、本地区或本领域，达到淹博、识断和精审。

最后，新闻学院院长自然得有相应的行政素质与行政能力，张昆教授一语中的："从根本上说，院长是一个行政管理岗位，而不是一个学术岗位。"说得俗一点儿，院长大小也是一个"官儿"，无论人们怎样聚讼纷纭议论高校"去行政化"，校长、院长的行政职能总是无法去掉的。既然是"官儿"，那么古往今来对"官儿"的要求就同样适用于此。张昆教授对此作了细致入微的论述，我都心有戚戚焉。一位合格的称职的新闻学院院长确实需有多种能力，而行政方面的资质概括起来总不出"德才"二字。"德"指为人为官的品行、节操、胸襟、气量等，将军额头堪跑马，宰相肚里能撑船；"才"指协调阴阳的行政才干，十个指头弹钢琴，嘈嘈切切错杂弹。《资治通鉴》开篇讲述"三家分晋"后，司马光写下一段总览全书的文字，对为人为官的德才问题作了专门论述："才者，德之资也；德者，才之帅也。"在他看来，人分四种，第一种是德才兼备，他称为"圣人"；其次是德胜于才，他称为"君子"；与之相对或是无德无才的"愚人"，或是才胜于德的"小人"。作为"七品芝麻官"，新闻学院院长也得德才兼备或德胜于才。

综上所述，中国的新闻学院院长应该具备高度的政治觉悟、良好的专业水平和相应的行政能力。

显然，三者兼备不容易。当年，有人问刘知几：为什么文人多如牛毛，而史家却凤毛麟角呢？他说，因为史家需要同时具备三种本事，即才华、学问和思想，而三者兼备者不多，故文人多而史家少。同样，同时具备政治、业务与行政三方面禀赋者不多，所以，出色的新闻学院院长同样也是凤毛麟角。在自己三十多年的从业经历中，复旦丁淦林、人大何梓华、兰大刘树田、郑大南振中等前辈庶几近之，而让我感同身受的还是张昆文章提及的清华范敬宜，所谓

---

[1] 玛雅：《我们的队伍向太阳：新时期中国军队的使命与担当——专访国防大学科研部部长秦天少将》，《红旗文稿》2015年第10期，第9页。

[2] 戴震：《与是仲明论学书》，载《戴震全书》第六册，黄山书社，2010，第371页。

政治、业务、行政三位一体的新闻学院院长,也主要是以范敬宜为楷模、为标本的。"我们"即中国如果有一大批这样政治坚定、业务过硬、德才兼备的新闻学院院长,那么,就不愁实现不了新时代新闻教育的战略目标:

要加快培养造就一支政治坚定、业务精湛、作风优良、党和人民放心的新闻舆论工作队伍。

弹在时代绷得最紧的弦儿上

——清华博士生新闻课堂漫谈

为谁著书，为谁立说

2017年，习近平在哲学社会科学座谈会的讲话中谈到，为什么人的问题是哲学社会科学研究的根本问题、原则问题，我国哲学社会科学为谁著书、为谁立说，是为少数人服务还是为绝大多数人服务，是必须搞清楚的问题。结合新中国七十多年的风雨历程，如今我们更能深切理解这个问题的首要意义。文武之道，一张一弛，而其致一也——为谁著书、为谁立说；为谁扛枪、为谁打仗。

因此，习近平反复强调立足中国大地，办社会主义大学，培养社会主义的建设者和接班人而非旁观者和掘墓人，并希望加快培养"政治坚定、业务精湛、作风优良、党和人民放心的"新闻工作者。他还说，我们建设世界一流大学，不是要做第二个哈佛、耶鲁，而是做世界第一的清华、北大。同时，提出建立具有中国特色与普遍意义的学科体系、学术体系、话语体系，还将新闻学与文史哲等十大学科相提并论，统称为对哲学社会科学"具有支撑作用的学科"。

对照如此标准与要求，新闻传播学科的现状显然差距不小，问题不少，特别是文化自觉以及政治自觉严重不足。比如，从上到下的一系列机制体制与评价体系，还在不断迫使青年学者与学子一路向西，从希腊到罗马，从纽约到伦敦，马不停蹄，乐此不疲，甚至晋升职称还得去欧美访学一年，少一天都不作数等。如此"以洋为尊，以洋为美，唯洋是从"（习近平），一味向欧美的学科体系、学术体系和话语体系对标看齐，美其名曰"国际接轨""国际化"，已经严重影响、干扰、制约了中国新闻教育新闻学的健康发展。与其说这是国际化，不如称为殖民化或半殖民化。正如甘阳批评的："这种弥漫性的语言自卑症，这种深入骨髓的文化自卑主义，实际上恰恰已经成为阻碍中国思想学术文化创造性发展的致命痼疾，成为'实现中国梦'的最大障碍。"[1] 有学者形象地称之为"悬浮式学术"：

> 如今，学术也大有悬浮于整个社会之上的态势。学术不能扎根于具体的社会脉络，缺乏现实感，不能直指世道人心，几成通病。换言之，学术探索似乎跟真实的社会生活无关，沦为同行之间的一种符号游戏。[2]

此类问题追根溯源也在于那套西方中心论及其理据，即西方特别是美国代表着文明、进步、先进，而中国早晚得向人家看齐，"走美国的路——这就是结论"。清华与哥伦比亚双聘教授刘禾在其主编的《世界秩序与文明等级》中，对此作出深刻的学理分析与历史辩驳。无奈时下新闻学界通行的还是这套或隐或显的西方中心论，韩少功的作品《修改过程》有段描写，很传神地揭示了此类社会文化心态：

> 她们高洁的耳膜，决不能容忍有人用"三代"代替"三G"，把"赖斯小姐"译成"大米妞"，或把"波特先生"译成"茶壶佬"……哪怕前后意思相同，哪怕后一种说法更好懂——好懂的一定是欺诈，没说的。如果让她们上飞机去游历美国的新乡（纽约）、宽街（百老汇）、宝鸡（凤凰城）、蚌埠（珍珠港）……她们更可能被那些土地名气得吐血，从飞机上一头栽下去。[3]

此类问题由来已久，于今为烈。尤其是，新闻院系的课堂里、教材中、论坛上充斥着一整套欧美新闻专业主义的话语，好像不用一套西方理论就不知道该怎么说话了。浸透欧美意识形态的"新闻专业主义"替换"党性原则"和"群众路线"，成为新闻教育新闻学的流行语，不过是冰山一角。[4] 时下一些高校热衷于所谓"国际评估""国际认证"，结果只能把中国新闻学越搞越死，而把

---

[1] 甘阳：《北大五论》，生活·读书·新知三联书店，2014，第42页。

[2] 成伯清：《学术的悬浮化及其克服》，《探索与争鸣》2019年第4期，第11页。

[3] 韩少功：《修改过程》，花城出版社，2018，第134页。

[4] 王维佳：《"党管媒体"理念的历史生成与现实挑战》，《经济导刊》2016年第4期，第28—31页。

"西方普世价值""新闻专业主义"越搞越活。今天,遵循"中国化"路径做学问真如攀登在马克思说的崎岖小路上,而走"国际化"的套路则如履平川,也怨不得青年学者与学子不得不放弃前者而趋之若鹜选择后者。且不用说蝇营狗苟的"学界江湖",更使得追求真理、向往光明的学术之路愈发艰难。看看当代一些新儒林外史,如《活着之上》(阎真)、《应物兄》(李洱)就知一二了。应星曾将"大咖"称为"新父",在一篇《且看今日学界"新父"之朽败》中痛陈其病,"许多圈子都具有或浓或淡的江湖气息","自觉不自觉地把世俗的那套手腕和心机带到圈子中,带进学术中"[1],2018年进一步直言:

> 先天的营养不良决定了他们学问的底气虚弱,而进入学界成名太快又使他们的精力早早地陷入会议、派系和资源的泥潭。他们太晚地奠定为学的地基,又太早地陷入戴维·洛奇所谓的"小世界"。他们在同行评审的外衣下所真正熟稔的是黑箱操作,所认同的是"内举不避亲"、近亲繁殖的裙带作风,所沉醉的是利益均沾、互惠交换的权力游戏。由此就形成今天学界专业化与江湖化并存的景观。[2]

国际化与国际主义

西方中心论的当代流行语,是高大上的所谓"国际化"。国际的本义,原谓国与国之间,引申来指世界所有国家,包括中国人向往的"国家不分大小一律平等"、钱锺书所说的"东海西海,心理攸同,南学北学,道术未裂"等价值。学界提倡国际化,就本义而言应该在于以我为主,广泛吸取人类一切文明成果,洋为中用,辩证取舍,从而推进中国的科学研究与学术思想创新发展。然而,众所周知,如今所谓国际无非指欧美,甚至就是美国,同样,国际化其实是欧美化或美国化。如号称的"国际期刊""国际会议",十之八九不过是美国期刊、美国会议。同样,一些高校推行的所谓"国际评估",实际上是用美国新闻学院、传播学院的一套标准,以此来衡量乃至约束中国新闻学院的教学科研。

---

[1] 应星:《且看今日学界"新父"之朽败》,《文化纵横》2009年第8期。

[2] 应星:《"科学作为天职"在中国——韦伯视角下的现代中国知识场域》,载李猛编《科学作为天职:韦伯与我们时代的命运》,生活·读书·新知三联书店,2018,第194页。

对此国际评估国际化，有个故事今天看来更加耐人寻味。新中国成立后，为了领海主权与安全，我国第一次为一万多海里海岸线确定了领海界线。起初，法学家依据1930年的《海牙协议》，提出三海里领海的意见。毛泽东力排众议，说那个《海牙协议》又不是什么圣旨，我们凭什么按英美的意志办事。1958年《中华人民共和国政府关于领海的声明》发表，规定我国的领海宽度为十二海里。当时，美国气得发疯，还派出军机挑衅，但始终不敢飞越十二海里分界线。如今大多数国家采用的都是毛主席首倡的十二海里领海制度。建设新中国，实现中国梦固然需要学习欧美发达国家一些先进经验，但在关乎道路与方向的问题上，作为一个五千年文明古国和社会主义大国，中国怎能"无问西东"、一切唯欧美马首是瞻呢？同样，学术思想上需要的是陈寅恪持守的"我民族独立之精神，自由之思想"，而非痴迷于"学术殖民"，把我们的大脑变成美国新闻学的"跑马场"：

> 在"国际接轨"的口号下，中国的学人今天正在自觉地成为以美国为主导的学术市场的蹩脚的尾随者。学术"成果"大量涌现，学术真金却在不断萎缩；学术市场热闹非凡，学术空气却异常浮躁。盲目的接轨话语使今天的中国大学正在不断丧失自主独立的学术精神、宽松自由的学术氛围、立足本土的学术情怀。[1]

20世纪80年代开始流行"走向世界"一说，钱锺书从不为人作序，却破例为钟叔河《走向世界——近代中国知识分子考察西方的历史》写了一篇短序，其中特别写到，说什么走向世界，难道中国不在世界之中吗，我们还往哪儿走？现在已经清楚了，所谓走向世界，无非走向欧美，而所谓国际接轨也无非与欧美接轨。比如，现在一说开放，就好像之前中国不开放，而把自己封闭起来，如老话说的"阴天打孩子，闲着也闲着"。多少有点历史常识就知道，一方面改革开放前，中国曾经面向广大亚非拉国家开放，更面向社会主义国家开放，开放的国家之多、人民之众、地域之广，远超欧美。如果说这还不叫开放，而只有对少部分发达国家开放才叫开放，岂非典型的嫌贫爱富势利眼吗？另一方面，之前也不能笼统说不对西方开放。事实上，以70年代初为界，美国为首的西方阵营长期对新中国实行"铁壁合围"，多少了解一下"巴黎统筹委员会"，

---

[1] 应星：《"科学作为天职"在中国——韦伯视角下的现代中国知识场域》，载李猛编《科学作为天职：韦伯与我们时代的命运》，生活·读书·新知三联书店，2018，第197页。

就知道当时的险恶态势了。1950年10月27日,毛泽东在中南海同王季范与周世钊谈话,提到"美国三把刀":一把从朝鲜,插向中国的头部;一把从台湾,插到中国的腰上;一把从越南,插在中国的脚上。[1] 这种时候,不是想不想开放的问题,而是能不能开放、怎么开放的问题。为了打破这种"铁壁合围",各族人民在毛主席、共产党领导下,自力更生,奋发图强,进行了艰苦卓绝的伟大斗争,顶住了一个又一个巨大压力,取得一个又一个重大胜利。1971年中国重返联合国和1972年尼克松访华,更是彻底打破了西方世界对新中国的"围剿"。随后,欧美国家纷纷与中国建交,从而也为改革开放奠定了基础。

对比鲜明的是,随着"国际接轨""国际化"的浪潮前呼后应,马克思主义的"国际主义",即《国际歌》里的"英特纳雄耐尔"(international),却已然"歌渐不闻声渐消"。这种国际主义及其精神价值,生动体现在中国人民熟悉的白求恩大夫身上,如毛泽东《纪念白求恩》一文所言:"一个外国人,毫无利己的动机,把中国人民的解放事业当作他自己的事业,这是什么精神?这是国际主义的精神,这是共产主义的精神……"中央电视台报道了复旦大学院士闻玉梅,她说有两个人对她影响最大,一是居里夫人,一是白求恩大夫,居里夫人的爱国情怀和白求恩大夫的国际主义影响了她一生。她谈到20世纪五六十年代,很多像她这样的知识分子,到农村去,到偏远地区去,受到深刻教育,她就是在贵州下乡时才了解到老百姓缺医少药的情况,于是立志做人民的科学家,一辈子为人民服务。

可见,国际化与国际主义都在说国际,但此国际非彼国际,相距不可以道里计。国际化说到底无非是欧美化,与殖民主义、资本主义、帝国主义的历史传统一脉相通;而国际主义则与马克思主义水乳交融,"不忘初心"就是不忘共产主义、国际主义的人间正道。对于这两种世界观,费孝通在回忆楚图南的文章中作了对比:

> 有修养的人,不是在得失之间做选择,而是在对人对世界的贡献上考虑自己的行动。这一点,存在着我们同资本主义文化的一个根本区别。资本主义的价值观念,是以理性的个人的打算为出发点来考虑的,用理性来权衡得失。共产主义的基本思想是从社会的利益来决定个人的行为。从个人出发和从社会出发,是对于人生处事的两种基本不同的看法。我

---

[1] 中共中央文献研究室编《毛泽东年谱(一九四九——一九七六)》第一卷,中央文献出版社,2013,第230页。

觉得，中国文化的底子是有社会主义的本质内容的。它不倡导从个人出发，而总是以集体为权衡的导向，至少也是从一个家庭为出发点，而要求推之于国家和天下。这种从群体出发的文化生生不息地传下来，它是超越于个人生死的。我们有这个底子，从一个小的孤立的社会里边向外延伸，到将来扩大到全世界、全人类，这不就是共产主义。[1]

必由之路

党的十八大以前，伴随国际化声浪，所谓普世价值也一度甚嚣尘上。明眼人都知道，普世价值不过是西方价值，而且主要是近代西方的一套主流意识形态，如自由主义以及当今的新自由主义及其新闻界的具体体现——新闻专业主义。虽然西方主流意识形态有其合理之处，新闻专业主义的一些东西也值得借鉴，就像人类各种价值体系及其新闻观对世界文明都作出自己的贡献，应该广泛吸取，为我所用，但所谓普世价值、专业主义等毕竟只是人类世界的"一家之言"而非"一言九鼎"。在当下中国宣扬普世价值更像是树起一面欧美道路的旗帜，一则将西方道路视为人类的必由之路，一则怀疑或否定中国道路。其实，西方道路并非如此美妙，中国道路亦非如此不堪，大千世界更非如此单一。郑永年说得好：

> 主导今日世界的是自由主义历史观。自由主义是一种进步的力量，近代以来的确改变了世界。可是事物并非如自由主义所设想的那样单线发展，文明更非像自由主义所想象的那样日渐进步。自由主义历史观因为理想而变得天真，因为天真而变得简单甚至愚昧，到今天不仅很难解释正在发生的历史，更是误导历史。[2]

先不说所谓普世价值的内涵，仅看何谓普世、由谁确定等，就见仁见智，各说各话。如果说流行的新自由主义说辞可以奉为普世价值，那么天下为公、大道之行为何不算人类社会的"普遍价值"呢？马克思的人类自由解放以及共

---

[1]《费孝通全集》第十四卷，内蒙古人民出版社，2009，第396—397页。
[2] 郑永年：《最近发生的这两件大事不应忽略》，《环球时报》2016年8月9日。

产主义愿景，不更是人类命运共同体的"共享价值"吗？还有中华文明的君子之风、仁义礼智信等，不也同样具有普遍意义吗？没有剥削、没有压迫、没有歧视，消除战争、摆脱奴役、超越异化，实现每个人自由而全面的发展，才更应是人类普遍向往、永恒追求、共同信奉的价值。中国革命胜利后为什么大力支援亚非拉人民的解放斗争和国家发展？就因为共产党、新中国把国际主义作为人类命运共同体的最高理想与共同愿景。至于乱花渐欲迷人眼的所谓"普世价值""国际化"，往往口惠而实不至，究竟给世界带来什么样后果呢？狼烟动地，战火纷飞，哀鸿遍野，难民如潮——耶鲁大学法学院教授蔡美儿称之为"起火的世界"。

令人欣慰的是，党的十八大以来，各族人民看到一系列新气象，对社会主义、共产主义又有了信心，借用毛泽东《新民主主义论》的话："全国人民有一种欣欣向荣的气象，大家以为有了出路，愁眉锁眼的姿态为之一扫。"《焦点访谈》报道的塘约道路就是一例。何谓塘约道路？简言之，就是新时代的大寨道路，也就是共产党把群众组织起来，走共同富裕的社会主义道路。众所周知，新中国成立初期的土地改革，实现了耕者有其田。然而，不久农村就开始出现两极分化，小农经济的弊端重新显露，就像柳青《创业史》等作品描绘的情形。于是，有觉悟的干部群众自发探寻合作化道路，先是互助组，再是初级社。这方面，革命老区山西尤其突出，得到毛泽东充分肯定，薄一波在《若干重大决策与事件的回顾》一书中有权威记述。[1]1949年，薄一波向后来担任山西省委书记的陶鲁笳等传达七届二中全会精神，讲到毛泽东的一段话："我们给农民分配土地，只是无产阶级对农民群众实现了一半领导权，还没有实现全部领导权。只有组织合作社，把农民引导走向集体化，才是实现了全部领导权。"[2]抗战时期，毛泽东在《组织起来》一文中也谈道："在农民群众方面，几千年来都是个体经济，一家一户就是一个生产单位，这种分散的个体生产，就是封建统治的经济基础，而使农民自己陷于永远的穷苦。克服这种状况的唯一办法，就是逐渐地集体化；而达到集体化的唯一道路，依据列宁所说，就是经过合作社。"所以说，"这是人民群众得到解放的必由之路，由穷苦变富裕的必由之路"。[3]

新儒家梁漱溟也认为，社会主义与资本主义的根本区别在于，"一个是个

---

[1] 薄一波：《若干重大决策与事件的回顾》（上），中共党史出版社，2008，第130—149页。

[2] 陶鲁笳：《毛主席教我们当省委书记》，中央文献出版社，2003，第202页。

[3] 毛泽东：《组织起来》，载《毛泽东选集》第三卷，人民出版社，1991，第931—932页。

人本位，一个是社会本位"。社会主义的本质是关心人，即所谓"安顿其身而鼓舞其心"，前者属于物质层面，后者属于精神层面，而安顿其身首先就得"废除个人私有制而代以社会公有制"。他说，"资本主义的工商业，只是发财之路，而不是养人之路"，"中国从合作这条路走去，是以'人'为本，不同于资本主义之以'钱'为本"。[1]虽然50年代的合作化之路走得过快，造成超越现实的"左"倾问题，但如今经过一个甲子的历史风烟，特别是近二十年来，"随着市场化、工业化、城镇化的发展，分散的小农经济的弱点日益凸显"[2]，人们再次认识到集体经济合作化确是亿万农民"由穷苦变富裕的必由之路"，而塘约道路就是对这一"必由之路"的新探索，同邓小平晚年提出的"两个飞跃"思想若合一契。1990年3月3日，邓小平谈农业问题时说：农业的改革和发展，从长远的观点看，要有两个飞跃。第一个飞跃，是废除人民公社，实行家庭联产承包为主的责任制；第二个飞跃，是适应科学种田和生产社会化的需要，发展适度规模经营，发展集体经济。近三十年后的2018年9月，习近平主持政治局第八次集体学习时，就乡村振兴战略发表讲话，更是明确指出："发展新型集体经济，走共同富裕道路。"

归结起来还是那句话：只有社会主义才能救中国，只有社会主义才能发展中国。伟大的中国革命、建设、改革所开辟的社会主义道路，才是中华民族伟大复兴的必由之路。

路在脚下

搞清楚中国道路大问题，才能明确中国新闻学的发展方向与发力目标，才能明确为谁著书、为谁立说。否则，沿着"专业主义""国际化"的道路与方向一路走去，只能与两个百年中国梦渐行渐远，最终也难以成就什么名山事业，充其量为他人作嫁衣裳，浪得一点浮名，而无奈"尔曹身与名俱灭，不废江河万古流"。

具体来说，中国新闻学的发展方向与发力目标是什么呢。《光明日报》有

---

[1] 梁漱溟：《人类创造力的大发挥大表现——试说明建国十年一切建设突飞猛进的由来》，载《梁漱溟全集》第三卷，山东人民出版社，2005，第415—522页。

[2] 《经济导刊》编辑部：《发展新型集体经济，走共同富裕道路》，载《经济导刊》2019年第1期。

篇文章[1]，提出四点主张，对中国新闻学建设也同样适用。

第一点"坚持以中国特色社会主义事业为主体内容"。这一点，让人想起梁思成、林徽因夫妇创办营造学社的故事。当年营造学社在短短几年间里，行走中国大地，考察大量古建筑、庙宇、名胜，研究其建筑结构，绘制其建筑图纸，常在一个地方待上十天半月，甚至更长时间，每天早起晚归，进行测量绘制，留下大批资料和图纸，而这些工作完成后，事实上就奠定了一套中国建筑学的话语体系。我们建立中国新闻学及其学科体系、学术体系和话语体系，同样需要立足中国大地，特别是共产党、新中国的新闻实践，按照甘惜分先生的说法，"立足中国土，请教马克思"，这个工作做深做细了，整个学科体系也就自然形成了。

第二点"坚持以推动中国伟大实践为重大使命"。中国新闻学既要对中国实践作出科学解释，确立自己的话语体系，又要为实际工作提供方略，有助于推进新闻传播沿着正道前行。一位名校新闻学院党委书记在清华新闻论坛上讲到，一些青年教师都是从校门到校门，许多还是从纽约到伦敦，知识体系自然来自其西方老师，故而往往只能讲这些熟悉的东西，别的要么讲不来，要么讲不好，对国情民情未免有隔膜。其实，国内一些青年学者与学子何尝不然？对现代中国从哪里来、往哪里去往往同样一知半解，遇到真问题、大问题，同样懵懵懂懂，似懂非懂，不是王顾左右而言他，就是可怜无补费精神。2019年，南京大学社会学院院长成伯清教授在一篇文章中谈道：

> 20世纪80、90年代出生的学者，生活轨迹基本上在各类学校里面转圈，他们受过良好的专业训练，专业认同明确，但也容易失落于学术"利基"之中，难以形成总体性视角，也无丰富的社会生活底蕴支撑自己的学术感受力和洞察力。[2]

第三点"坚持以关注世界发展大势、关怀人类前途命运为伟大抱负"。共产党、共和国的奋斗不仅是为了强国富民，同时还怀有中华文明的天下情怀和共产主义、国际主义的世界胸怀。所以，从和平共处五项原则到"一带一路"倡议，共产党、新中国一向关心世界人民的命运，希望世界各国免除战乱，消

---

[1] 陈祥健：《立时代潮头 发思想先声——深入学习贯彻习近平总书记关于构建中国特色哲学社会科学的重要论述》，载《光明日报》2017年5月22日。

[2] 成伯清：《学术的悬浮化及其克服》，载《探索与争鸣》2019年第4期，第13页。

灭贫穷，共享和平安康的"同一个世界，同一个梦想"，这也是一个文明古国的抱负。正如天安门城楼左右两边那两句耳熟能详的口号所宣示的：中华人民共和国万岁！世界人民大团结万岁！具体到中国的新闻实践和理论，如果做得好、行得正，对世界新闻业与新闻学也是一大贡献。毛泽东说"中国应当对人类有较大的贡献"，邓小平也说："如果我们达到人均国民生产总值四千美元，而且是共同富裕的，到那时就能够更好地显示社会主义制度优于资本主义制度，就为世界四分之三的人口指出了奋斗方向，更加证明了马克思主义的正确性。"[1]

　　第四点"坚持以建构中国话语体系为重要目标"。如果认同中国的实践和历史，就需要立足这一实践和历史，围绕学科体系、学术体系、话语体系用力，从中国实践提炼中国问题，用中国话语表述中国理论。在一次学院的学术委员会会议上，李希光教授谈道：美国的新闻学是淘粪的，中国的新闻学是淘金的。中国自古及今的文化传统用李泽厚的概括叫作"乐感文化"，也就是说，喜欢讲好人好事好故事，听好人好事好消息，不喜欢阴森森、惨兮兮的东西，文艺作品也往往以大团圆为结局。所以，新闻报道同样致力于激浊扬清、正大光明的"正面报道"，而不是一天到晚鸡飞狗跳，一年到头鸡鸣狗盗。

　　归结起来，这里的核心问题还在于一个字——"灵魂"。何谓"灵魂"？马克思主义的立场、观点、方法也。马克思主义既是中国哲学社会科学的灵魂，也是中国新闻学的灵魂，故有了马克思主义就有了魂儿，丢了马克思主义就丢了魂儿，而现在问题恰恰在于"失魂落魄"。正如习近平说的："在有的领域中马克思主义被边缘化、空泛化、标签化，在一些学科中'失语'、教材中'失踪'、论坛上'失声'。"如今新闻院系开始注重马克思主义，固然值得肯定并令人欣慰。不过，我们是把马克思仅仅当成一个符号和标签，只要贴上这个符号和标签就万事大吉，还是真懂真信真践行呢？以盐和菜为例，对甘惜分、范敬宜一代新闻人来说，马克思主义及其立场、观点、方法就像菜里的盐，每道菜都不可或缺，虽然看不见，摸不着，但时时处处都能品尝到。而今马克思归来貌似热热闹闹，但弄不好有可能变成一道菜，如马新观课程，即便色香味俱全，也只是一道菜，至于其他菜里是否有马克思的"盐味"，就另当别论了，甚至渗透着"非马""反马"的味道也难说。2019年在第二届意识形态论坛上，童兵教授就尖锐指出：

---

[1]《邓小平文选》第三卷，人民出版社，1993，第195—196页。

西方国家敌对势力亡我之心从来没有改变过。可怕的是，我们自己队伍里的一些人，对西方势力的这种行径仍然无动于衷，对西方意识形态的挑战熟视无睹，对西方新闻观在学界业界流传习以为常，甚至主动参与兜售这些观点。

……………

但是，对于西方新闻观在中国的散布，特别在社会主义大学的课堂上公开讲授，有的党员包括一些党的干部却无动于衷，甚至不敢公开指出和严肃批评。[1]

习近平指出："坚持以马克思主义为指导，是当代中国哲学社会科学区别于其他哲学社会科学的根本标志。"新闻院系真举马克思的旗，塑马克思的魂，就需要把马克思主义贯彻到新闻教育新闻学的所有方面、每个环节，就像每道菜里都有盐味儿而又看不见盐一样。

复兴新闻学

截至2019年，全国开设新闻传播专业的高校有681所，本科教学点1244个，新闻传播学一级学科学术硕士授权点126个，专业硕士授权点119个，一级学科博士学位授权点26个，在校学生23万人。另据吴锋、王学敏《2018年中国大陆新闻传播论文发表产出的最新进展与趋势前瞻》一文，全国高校新闻传播专业师资约一万五千人，年均发表论文五万余篇。[2]确立新闻学的主导地位已经迫在眉睫。习近平把新闻学提到前所未有的高度，与哲学等10门大学科相提并论，统称为"具有支撑意义的学科"。这个支撑意义一方面是针对整个哲学社会科学而言，因为现代社会显然属于媒介社会、信息社会、传播社会等，而新闻传播在治国理政、定国安邦上的意义越来越突出，作用越来越显赫，用习近平的话说，新闻舆论工作处在意识形态的最前沿；一方面也是针对整个新闻传播学科而言，在这个学科领域，新闻学居于牵一发动全身的核心地位。

---

[1] 童兵：《当下新闻学研究的挑战与应对》，《新闻与写作》2019年第12期，第54—55页。

[2] 另，童兵教授指出："在2019年全年发表的新闻学论文中，政治正确、学术深刻、说理有力、影响广泛的论文数量并不多，为何会这样？这值得新闻学界关注和深思。"（见童兵：《当下新闻学研究的挑战与应对》，《新闻与写作》2019年第12期，第55页。）

新闻学的第一层意义在于人文，新闻学是人文导向的学科。所谓人文，说白了就是家国天下，就是社稷苍生。也就是说，研究新闻学、发展新闻学不是自娱自乐，更不是装神弄鬼，来不得去政治化、去历史化、去主流化、去中国化。范敬宜反复强调新闻要有文化，新闻人要有文化，新闻教育应该培养有深厚文化底蕴的人，而文化的核心在人文。新闻学与传播学等社会科学导向的学科最大不同也在于此。中国道路、民族复兴以及人类命运共同体，同样无所不在凸显着新闻学的人文价值。所以，过去新闻学的教育体系是大一、大二以文史哲为核心，以人文历史、语言文学以及自然科学为基础。复旦大学新闻学院的优良传统是"两典一笔"，两典包括马克思主义经典和文史经典，一笔指文笔。如今一些新闻院系大一新生就学研究方法、网络技术等，未免舍本逐末，或者本末倒置。本科阶段还是打好人文基础，多读文史哲，多参加社会实践，了解国情民情。总之，新闻教育新闻学也是一种博雅教育。

第二层意义在于新闻学的内涵与核心问题，如实事求是、调查研究、群众路线、为人民服务等。这同中国的历史文化、共产党、新中国的治国理政传统一脉相承。新闻教育新闻学首先应该着眼于此，而不是汲汲于专业知识，即使专业知识也应当放在这一大框架下展开。好比训练新兵，先得解决"为谁扛枪、为谁打仗"的问题，否则，像雇佣兵一身绝技而杀人越货，岂不更危险、更恐怖？事实上，新闻领域一些两面人本事不可谓不小，能力不可谓不强，但由于身在曹营心在汉，与党和人民离心离德而与"另类势力"眉来眼去，杀伤力也就非同小可。

第三层意义是新闻学具有突出的实践性，这一点也许只有法学可以相提并论。国家曾经着力推进两个学科的"卓越人才"培养计划，一个是法学，一个是新闻学。新闻的实践性就像兵家强调"止戈为武"，既需要不战而屈人之兵的战略，也需要一整套实战性战术。华中科技大学赵振宇教授曾经提出，新闻学博士要会写新闻，一度引起热议。我们不要求新闻学博士对新闻行当的十八般武艺样样精通，但至少应该不陌生、不外行，否则难免纸上谈兵。其实，写好新闻绝不是一个简单的技术活儿，而是对人的综合素质要求更高，如政治意识与敏感、对社会历史的深切把握以及简洁生动的文字等。拉美左翼记者出身的马尔克斯，对新闻工作情有独钟，他说："作为小说家，我最美好的东西是来自我对新闻工作的爱好、我作为新闻工作者的修养和我作为新闻工作者的经验。这为我培养了对现实的感受力。"

新华社记者任贤良也有一句生动的新闻经验谈："只有弹到社会绷得最紧

的那根弦上,你才能弹出最动听的声音。"[1] 借用此语,新闻传播的学术研究也应弹在时代绷得最紧的弦儿上。唯其如此,才可能小叩小响,大叩大响,并形成与时代共鸣、与天下共振的思想交响,也才有"真学问""大学问"。

---

[1] 任贤良:《新形势下如何做一个出色的新闻记者》,载史安斌等编《清华新闻传播学前沿讲座录·续编》,清华大学出版社,2012,第54页。

文化掠影
WENHUA LÜE YING

新中国与新文化

何谓新中国？任继愈曾经说过，中国五千年有两件大事，一是建立多民族大一统的封建国家，二是摆脱帝国主义侵略势力和封建势力，建立现代化的人民民主国家。[1] 前者是古代中国，奠定了中华民族的基业；后者是现代中国，也就是一百八十多年来千百万仁人志士为之赴汤蹈火，前仆后继，流血、流汗、流泪的新中国。周虽旧邦，其命维新。新中国的历程一以贯之的主题，就是建立现代化的人民民主国家——新中国。

何谓新文化？毛泽东在新中国的奠基性文献《新民主主义论》中，对此有一段经典论述："我们共产党人，多年以来，不但为中国的政治革命和经济革命而奋斗，而且为中国的文化革命而奋斗；一切这些的目的，在于建设一个中华民族的新社会和新国家。在这个新社会和新国家中，不但有新政治、新经济，而且有新文化。这就是说，我们不但要把一个政治上受压迫、经济上受剥削的中国，变为一个政治上自由和经济上繁荣的中国，而且要把一个被旧文化统治因而愚昧落后的中国，变为一个被新文化统治因而文明先进的中国。一句话，我们要建立一个新中国。建立中华民族的新文化，这就是我们在文化领域中的目的。"[2] 显而易见，这里是以唯物史观把握新文化，指出新文化是新政治与新经济在观念形态上的反映，并对新政治与新经济"给予伟大影响和作用"。

今天为什么要讨论新中国与新文化？站在新的历史节点，如何看待新中国与新文化？新文化在新中国的立国进程上如何展开？又如何与新政治、新经济相互关联？什么是新文化的发展方向，在当下落英缤纷、乱花迷眼的多元化时代，如何进一步发展新文化？这些问题不仅关乎文化建设，更关乎立国之本。因为当今之世不是一般的政治经济决定文化，而是政治经济与文化若合一契，政治经济固然在基础性意义上决定着文化，但同时文化也决定性地左右着、影

---

[1] 任远、任重：《一份谈话记录和半个世纪的演绎》，《中华读书报》2016年4月6日，第10版。

[2] 毛泽东：《新民主主义论》，载《毛泽东选集》第二卷，人民出版社，1991，第663页。

响着、支配着政治经济的格局与方向。下面就从三个故事谈起,三个故事分别对应着三个"三十年",一是五四运动到新中国成立,二是新中国的前三十年,三是改革开放以来的三十年。

白鹿原:政治革命与文化革命

在长篇小说《白鹿原》中,陈忠实浓墨重彩地讲述了一场"交农风波"。民国初年,新朝委派的县长巧取豪夺,横征暴敛,最后激起一场民变,四乡八里的百姓相约而起,同一时间,扛着农具,浩浩荡荡涌向县衙门,用上缴农具、罢耕罢种的方式,向巧取豪夺的官府示威抗争。这场声势浩大的"群体性事件"迫使上峰彻查了旧贪官,委任了新县长。新官上任伊始,为了化解民怨,首先走访拜谒地方上的头面人物,白鹿原上的乡绅白嘉轩名列首位。见面寒暄后,新县长就侃侃而谈:"卑职决心在滋水县推进民主政治,彻底根除封建弊政。组建本县第一届参议会,就是让民众参与县政,监督政府,传达民众意见……"

这番高论如今听来意思显豁,明白如话,而在一百年前的关中农村,就算名重乡里、识文断字的白嘉轩,听上去也是一头雾水,不知所云。"什么民主,什么封建,什么政治,什么民众,什么意见",这些堆砌起来的新名词,让他如坠云雾。县长察觉到白嘉轩的一脸迷茫,改用通俗的语言解释道:一句话,就是要黎民百姓管理朝政,不是县长说了算,而是百姓说了算。白嘉轩越发不懂:"百姓乱口纷纷,咋个说了算?听张三的听李四的,还是听王麻子的?"[1]于是,整个对话犹如鸡同鸭讲,结果不了了之。

这则故事让人想起鲁迅笔下的蒙昧国民,如果连有头有脸的乡绅都对这套现代政治话语懵懵懂懂,又如何指望千千万万的阿Q、孔乙己、闰土、祥林嫂等普通民众明白就里。孙中山倡导三民主义,领导辛亥革命推翻帝制,成为中国历史上一个翻天覆地的里程碑。然而,革命硝烟尚未散尽,鲁迅便深刻批判了其局限性,特别是辛亥革命脱离民众,仅仅完成上层建筑的政治革命,远未实现现代国家动员底层、唤醒民众的社会革命。1919年毛泽东创办《湘江评论》,说中国的"危险在全国人民思想界空虚腐败到十二分。中国的四万万人,差不多有三万万九千万是迷信家。迷信神鬼,迷信物象,迷信运命,迷信强权。全

---

[1] 陈忠实:《白鹿原》,人民文学出版社,1993,第115页。

然不认有个人，不认有自己，不认有真理。这是科学思想不发达的结果。中国名为共和，实则专制，愈弄愈糟"[1]。何兆武在《上学记》中回忆当年返乡见闻，直到抗战军兴，他的故乡岳阳，长江边上的一个交通枢纽，在精神文化层面还停滞在"中世纪"，寡妇改嫁依然为人不齿，患病染疾还请法师捉妖叫魂。何兆武说："这使人回想起19、20世纪之交的那批启蒙者强调'开民智'，似乎也有其道理，你能要求一批愚昧的人民真的能当家做主吗？"[2]

这就是第一个故事的寓意，即政治革命与文化革命、政治自觉与文化自觉紧密关联，形同一体。具体说来，为了推动反帝反封建的政治革命，创建现代化的人民民主国家，就不能不开展相应的文化革命，一方面破除封建宗法礼教的旧文化，一方面发展现代自由、民主、平等、科学的新文化，从而召唤起千千万万的普通民众，使他们在精神上成为自觉自立的、创造历史的主体。李一氓在其回忆录中特别谈道：

> 有些人把五四运动概括为民主与科学，所谓"德"先生与"赛"先生者，并把这二者当成运动的目标，可能不符合实际。合于实际的，并且一直是中国革命之所以坚持并为之奋勇斗争的，恐怕还是以反对帝国主义为主要目标。不反对帝国主义而空谈科学与民主，则五四以后的许多社会变革的运动，甚至包括1921年中国共产党的成立，就都无法作逻辑和历史性的说明了。[3]

经过五四新文化运动的洗礼，特别是经过以鲁迅为旗手、以共产党为主导的左翼新文化的启蒙，中国人的精神世界开始一步步发生天翻地覆的变化，由此汇聚的磅礴力量恰似一江春水向东流，涤荡了一个旧世界，最终建立了数千年未有的新中国。其中最具象征意义的就是成千上万的祥林嫂，在"政权、族权、神权、夫权"一套宗法制度压迫下逆来顺受，在封建迷信的束缚中悒悒惶惶的女人，从精神上开始觉醒，成为独立自由的新女性。从两部经典影片的经典人物对比中，也可一窥中国人精神面貌的巨变：一个是在主人跟前卑微怯懦的祥林嫂，一个是在丈夫面前意气风发的李双双。

1940年初，毛泽东发表了《新民主主义论》，以历史唯物主义的视野重建

---

[1] 中共中央文献研究室编《毛泽东早期文稿》，湖南人民出版社，2008，第281—282页。
[2] 何兆武口述，文靖执笔《上学记》（增订版），人民文学出版社，2016，第75页。
[3] 李一氓：《李一氓回忆录》，人民出版社，2015，第12页。

了中国历史的叙事，系统阐发了中国"从哪里来、现处何地、往哪里去"。这部经典之作的原题叫作《新民主主义的政治与新民主主义的文化》，唯独将政治与文化相提并论，也可见文化在他心目中的位置。当总结此前二十年中国革命的经验时，毛泽东特别指出文化革命的突出进展，在政治、经济、军事、外交等方面全处下风的困境下，中共领导的文化新军却以摧枯拉朽之势赢得文化领导权：

> 这个文化生力军，以新的装束和新的武器，联合一切可能的同盟军，摆开了自己的阵势，向着帝国主义文化和封建文化展开了英勇的进攻。这支生力军在社会科学领域和文学艺术领域中，不论在哲学方面，在经济学方面，在政治学方面，在军事学方面，在历史学方面，在文学方面，在艺术方面（又不论是戏剧，是电影，是音乐，是雕刻，是绘画），都有了极大的发展。二十年来，这个文化新军的锋芒所向，从思想到形式（文字等），无不起了极大的革命。其声势之浩大，威力之猛烈，简直是所向无敌的。其动员之广大，超过中国任何历史时代。[1]

这里的"帝国主义文化和封建文化"就是毛泽东说的"旧文化"，是为旧政治与旧经济服务，旧中国因之愚昧落后的文化。中国革命在文化领域的目标也在反帝反封建，实现精神世界的"双重解放"，建立中华民族的"新文化"。了解一点五四运动到新中国成立的历史，就知道当年新文化运动何等声势浩大，波澜壮阔，又以何等浩荡声势横扫了旧文化，特别是毛泽东比喻的文化上的两个"亲兄弟"——帝国主义文化和封建文化。

关于旧文化与新文化，从历史细节中更能直观感受其大相径庭的政治价值、精神品位与美学风格。2016年获得"朱自清散文奖"的台湾作家王鼎钧，在其代表作《回忆录四部曲》中，对比了国民党与共产党的歌曲，深有感触。他当过国军，上过宪兵学校，《宪兵学校校歌》在他听来佶屈聱牙，呆板僵化，用他的话说，你得读许多文言文，才看得懂，而即使读再多文言文，也听不懂："整军饬纪，宪兵所司；民众之保，军伍之师；以匡以导，必身先之，修己以教，教不虚施……"相反，共产党的歌曲通俗晓畅，朗朗上口，如"红色经典第一歌"：革命纪律条条要记清，人民战士处处爱人民……王鼎钧不由感叹道："就在我们嗡嗡作声、不知所云的时候，黄河北岸中共士兵朗朗上口的是：人民的

---

[1] 毛泽东：《新民主主义论》，载《毛泽东选集》第二卷，人民出版社，1991，第697—698页。

军队爱人民！一听就会，触类旁通。"[1]

与王鼎钧同时代流亡学生黄永玉，以耄耋之年创作的长篇巨著《无愁河的浪荡汉子》，也以对比的手法写到同样的情景：

> 抗战八年前前后后全国老百姓唱的歌、演的话剧、漫画、木刻都是共产党方面的人做的。国民党只出讲空话的人才。不是不想做，只是拿不出来。
> 《我们在太行山上》。
> 《大刀进行曲》。
> 《游击队歌》。
> 《巷战歌》。
> 《牺牲已到最后关头》。
> 《义勇军进行曲》。
> ……………
> 国民党……他们几时打过游击？几时上过太行山？不唱这些歌还有什么歌好唱？捡回北洋军阀的"三国战将勇，首推赵子龙，长坂坡前逞英雄……"岂不更糟？[2]

已故中国社会科学院荣誉学部委员高莽，青少年时期生活在日寇铁蹄下的伪满洲国，晚年在回忆自述中也谈到现代革命音乐的巨大影响力："苏联红军进驻哈尔滨后，带进来的俄罗斯、苏联歌曲风靡一时。这些歌曲有的高亢激昂，威武雄壮；有的抒情婉转，表达内心；还有的来自民间，风趣幽默，很受进步青年喜欢，许多歌曲不胫而走，广泛传唱……当时的进步青年以音乐为重要武器，宣传革命道理，曾多次组织歌咏活动，演唱从延安带来的《黄河大合唱》等革命歌曲和反映东北人民抗日斗争的《流亡三部曲》《露营之歌》等，使哈尔滨市民耳目一新，这些进步歌曲在人民群众中产生了广泛的影响。"[3]

从古元雅俗共赏的版画作品中，更能直观地感受这种新文化、新气象：《减租会》《离婚诉》《割草》《初春》《秋收》……以古元作品为代表的这种新文化，

---

[1] 王鼎钧：《关山夺路：回忆录四部曲之三》，生活·读书·新知三联书店，2013，第41—42页。

[2] 黄永玉：《无愁河的浪荡汉子·走读（2）》，人民文学出版社，2021，第56页。

[3] 高莽自述，杲文川整理《高莽》，社会科学文献出版社，2017，第29—30页。

生意盎然，元气淋漓，"没有旧丝绸的腐朽气，也没有消化不良的西餐痕迹，是一种全新的、代表那个时代最先进的一部分人思想的艺术。由于这思想与人民利益相一致，它又是平易近人的艺术"[1]。尤其值得关注的是古元艺术中蕴含的现代精神、现代意识、现代情怀，即所谓"现代性"，正如古元的学生徐冰所感悟的：

> 作品也许还不精致，但观念却已极其精确和深刻，它具备了所有成功的艺术变革所必需的条件和性质。我始终都在寻找古元魅力的秘密，原来这魅力不仅在于他独有的智能及感悟，而且在于他所代表的一代艺术家在中国几千年旧艺术之上的革命意义。不仅是其艺术反映了一场革命运动，而且重要的是一切有价值的艺术家及其创作所共有的艺术上的革命精神，实际是一种真正意义上的"前卫"精神。[2]

在马克思主义理论家中，毛泽东格外重视文化实践、文化革命，他可以说是经典马克思主义作家中对文化问题最为关注也论述最多的一位。1938年，他提出"空洞抽象的调头必须少唱，教条主义必须休息，而代之以新鲜活泼的、为中国老百姓所喜闻乐见的中国作风和中国气派"[3]。在左翼新文化中，这种新鲜活泼的、为中国老百姓所喜闻乐见的中国作风和中国气派，体现得尤为鲜明，一大批经典之作，生机勃勃，气象万千，洋溢着浩浩荡荡的现代精神、现代意识、现代情怀，包括郭沫若、艾青的诗歌，鲁迅、巴金、茅盾、萧红、丁玲、赵树理的小说，曹禺的话剧，聂耳、冼星海的音乐，夏衍、田汉的电影，范长江、邹韬奋的新闻，古元的版画，艾思奇的哲学，范文澜的历史学以及毛泽东的《实践论》《矛盾论》等，从内容到形式都仿佛杨柳春风，泥土芬芳，不仅为亿万民众"喜闻乐见"，而且也赢得广大知识分子的倾心向往，不仅在革命年代吸引了无数渴望光明的热血青年，像烛光点亮暗夜，像太阳驱散乌云，像红星照耀中国，而且也在此后和平岁月里不断照亮人心，温暖人心。苏雪林也说："今日新文化已为左派垄断，宣传共产主义之书报，最得青年之欢迎，一

---

[1] 徐冰：《懂得古元》，《光明日报》2015年1月3日，第3版。

[2] 同上。

[3] 毛泽东：《中国共产党在民族战争中的地位》，载《毛泽东选集》第二卷，人民出版社，1991，第534页。

报之出，不胫而走，一书之出，纸贵洛阳。"[1] 王蒙回忆这些新文化书刊对自己的影响时就说道：

> 不能忘记十一二岁时从地下党员那里借来的华岗著《社会发展史纲》、艾思奇著《大众哲学》、新知书店的社会科学丛书如杜民著《论社会主义革命》、黄炎培的《延安归来》与赵树理的《李有才板话》，那是盗来的火种，那是真理之树上的禁果，那是吹开雾霾的强风，读了这些书，像是吃饱饭添了力气，又像是冲浪时跃上了波峰。
>
> 不能忘记十八九岁时对于大量国内外文学经典的沉潜：鲁迅使我严峻，巴金使我燃烧，托尔斯泰使我赞美，巴尔扎克使我警惊，雨果使我震撼，契诃夫使我温柔忧郁，法捷耶夫使我敬仰感叹……[2]

叶嘉莹自幼在沦陷区长大，新中国成立前迁居台湾，20世纪70年代在哈佛大学接触了斯诺的《西行漫记》，读罢动情地说："没想到共产党这么了不起，共产党人为了理想艰苦奋斗真是不容易，他们爬雪山、过草地真是不简单，共产党的成功不是偶然的，我真的很佩服。以前我真是孤陋寡闻，一点都不知道这些。"她第一次回国前，友人向她推荐浩然的《艳阳天》，以便了解国内文学界，她带着敷衍态度，以为只是宣传材料而非文学艺术，"可是我一看，它就把我给吸引住了，我不是在农村生长的，我也不熟悉农村的情况，可是我居然能看进去，而且我认真地把它看完了。《艳阳天》里写的乡村故事非常生动，语言也非常活泼，完全是生活化的，我真的是很感动"。[3] 1974年，叶嘉莹返国探亲，写下近三千字的《祖国行长歌》："卅年离家几万里，思乡情在无时已，一朝天外赋归来，眼流涕泪心狂喜……"[4]

在解读古元时，徐冰特别指出，解放区的艺术并非某些聪明艺术家的个别现象，而是一批艺术家在一个时期共同工作的结果。在这场星火燎原的新文化运动中，涌现了大批文化名家，诞生了众多杰出的艺术作品，而这些作品无不

---

[1] 苏雪林：《致蔡元培》，载《胡适来往书信选》中册，中华书局，1979，第333页。

[2] 王蒙：《情系阅读话今昔》，《中华读书报》2013年8月14日，第5版。

[3] 叶嘉莹口述，张候萍撰写《红蕖留梦：叶嘉莹谈诗忆往》，生活·读书·新知三联书店，2013，第227—228页。

[4] 叶嘉莹：《多面折射的光影：叶嘉莹自选集》，南开大学出版社，2004，第377页。

以"新理论"为依据,并且"极其精确和深刻"。[1]虽然徐冰没有明说"新理论"的内涵,但以众多古元为代表的新文化群体及其创作方向,与中共的文化理念特别是毛泽东的文艺思想显然息息相关。离开共产党的组织领导,没有中央文委、左联、延安文艺座谈会等,一句话,没有先进政党在新文化运动中的引导或领导角色,便无法想象一江春水、浩浩汤汤、波澜壮阔、云蒸霞蔚的左翼新文化。鲁迅纪念馆原馆长王锡荣在《左翼文艺运动与党的文化战略》一文中就此写道:

> 左翼文艺组织建立后,迅速掌控了中国文化的话语权,主导了中国新文艺的发展,把握了文艺发展的方向。除了自办刊物,占领中间甚至右翼的报刊,利用文学、美术、戏剧、电影等形式,组织各种文化活动,深入底层,宣传党的方针政策,培养文艺青年,倡导大众文艺和文艺大众化,成为时代前进的号角,代表了那个时代的风貌,引领了那个时代的风气。……
>
> 1932年,当中国电影不景气的时候,一些国内电影公司因使用旧创作班底,作品缺乏号召力,处于步履维艰的状态,鉴于左翼的巨大影响力,他们找到左翼文化界请求帮助。左翼在瞿秋白和中央文委的鼓励下,派人进入这些公司,帮助他们写剧本、执导影片,很快产生了一批既叫好又叫座的优秀影片,如《风云儿女》《渔光曲》《大路》等,一批优秀音乐作品也随之产生,如聂耳的《义勇军进行曲》等,从而主导了电影界的发展方向。[2]

而恰恰在这一关键问题上,20世纪80年代的"新启蒙"建构了一套"政治压迫与文化反抗""政治对文化的专制"等叙事模式,笃定中国革命以及左翼新文化运动是前现代、反现代的,如李泽厚的"救亡压倒启蒙"。然而,问题在于仅靠政治压迫怎能使千千万万知识分子"皈依"中共的新文化理念,并在大环境变动后仍然矢志不渝?从这个疑问着手,李陀对丁玲的"转向"作过深入分析。在他看来,丁玲代表的一代进步知识分子之所以倾心认同中共的文化思想,原因也在于毛话语或毛文体是一种典型的现代性话语,是与西方话语关联密切而又寻求超越的现代性话语。他们正是强烈感受到这种现代性话语的

---

[1] 徐冰:《懂得古元》,《光明日报》2015年1月3日,第3版。
[2] 王锡荣:《左翼文艺运动与党的文化战略》,《文汇学人》2016年7月8日,第XR15版。

"召唤",才心悦诚服,甘心为之贡献热情、才华和"最美的青春岁月"。[1]

不用正襟危坐长篇大论,通过一些历史细节,其实就不难感受现代中国相得益彰的政治革命与文化革命,体味其中生机勃发、扑面而来的现代气息。《解放军报》报道过一场长征途中的"战地春晚":红军野外宿营,夜空阑珊,篝火映红,李伯钊跳起了风风火火的俄罗斯《水兵舞》,赢来毛泽东和几位军委首长一片叫好;蔡畅唱起《马赛曲》,周恩来、张闻天、伍修权等跟着哼唱,后来加入的人越来越多,逐渐汇成了雄浑的大合唱……[2] 用陈晋的话说,中国革命与中国共产党其实很"洋气"。[3]

再看一例,《晨报》副刊1925年7月5日发表了一首清新的小诗《夜雨读拉马丁〈默想集〉》:"一盏灯,一卷诗。屋小,人静,我低徊幽唱,晤对着法国诗人。多情的拉马丁呦,可怜你,苦恼一生!……夜雨啊,请莫停!我要借你的情调,领略这千古诗心!"这首仿若新月派的现代诗,如果猜猜作者,八成可能联想到戴望舒、徐志摩、李金发等,而很难想到共和国元帅陈毅。当年,陈毅曾加入新文化运动中成立最早、影响最大的文学社团"文学研究会",这个学会的发起人多是新文化的领军人物,如郑振铎、沈雁冰(茅盾)、周作人等。其实,在革命队伍中,这样的将军诗人文化人比比皆是,李大钊、陈独秀、瞿秋白、张闻天等早期领袖,既是政治家,又是思想家,还是引领新文化潮流的文化人,更不用说一代伟人毛泽东。昼携壮士破坚阵,夜接词人赋华屋。毛泽东既是伟大的政治家、军事家、战略家、外交家,也是当之无愧的伟大的思想家、理论家、文化人、诗人,他对现代文化的深刻理解与精微把握不仅使他成为一流的马克思主义思想家,而且由于其影响广泛的文化革命实践,也使他超越了形形色色"书斋里的革命"。李书磊对毛泽东的评价令人击节叹赏,悠然心会:

> 20世纪以来,中国社会的主题是现代化;而在20世纪前半叶,这个主题最有力的表达即是革命。毛泽东是时代之子,是一个名副其实的现代革命家,他的功过是一个伟大的现代革命家的功过,他的命运中包含着一个非凡的英雄的悲剧性。在文化上他是"圣之时者",并非那些形形

---

[1] 李陀:《雪崩何处》,中信出版社,2015,第128—155页。

[2] 海南省文化交流促进会编《红色记忆·第一辑·3》,南海出版公司,2011,第9—11页。

[3] 陈晋:《再谈毛泽东的读书生涯和政治实践》,宣讲家网2012年6月1日,http://www.71.cn/2012/0601/773530.shtml。

色色的文化庸人们所可窥其门墙。[1]

以上是围绕第一个故事,即白鹿原上白嘉轩对话新县长而展开的话题。这个故事突出表明了文化革命的意义,概而言之,政治革命与文化革命相辅相成,不可或缺,政治革命呼唤着文化革命,文化革命应和着政治革命,政治自觉需要文化自觉,文化自觉推动政治自觉。中国共产党人敏锐认识到现代国家与现代文化的这种有机关系,他们引领的新文化"唤起工农千百万,不周山下红旗乱",激荡了汹涌澎湃的革命巨浪,汇成了波澜壮阔的建国大潮,1949年新中国的朝阳就在一片排山倒海的革命浪潮中喷薄而出。

梁祝:漫长的文化革命

2016年初,网上发起"最有代表性的中国音乐作品"票选活动,结果名列第一的是小提琴协奏曲《梁祝》,获得49%的支持率,1969年的钢琴协奏曲《黄河》位列第二,支持率17%。[2]《梁祝》诞生于中华人民共和国的第一个十年,这部动人心弦的现代音乐经典一问世就风靡天下,半个多世纪以来一直温暖人心。两位作曲家何占豪和陈钢,当年都是上海音乐学院的青年学子,他们深入生活、深入群众,根据吴越地区流传上千年的梁山伯与祝英台的爱情故事以及民间音乐素材,创作了这部中国现代交响音乐中的巅峰之作。2009年,新中国六十大庆,也是这部名作问世五十年,何占豪接受记者采访的时候还特别强调:"总的来说,我还是遵从毛泽东思想,文艺要为工农兵服务。"[3]的确,这部作品从酝酿到创作,始终遵循着延安文艺座谈会的精神,包括"古为今用、洋为中用、百花齐放、推陈出新"的方针,"民族的、科学的、大众的"方向。

说《梁祝》是现代的,直观的感受是艺术形式,诸如协奏曲、交响乐无不属于现代文化样式。而浓郁的现代气息也恰恰是中国革命文艺的显著特征,从左翼文化、延安艺术一直延续至"十七年",乃至"文革"样板戏。北京大学电影学教授戴锦华讲述过一次认知震荡:

---

[1] 李书磊:《1942:走向民间》,山东教育出版社,1998,第120页。

[2] 吴桐:《小提琴大赛为何必演奏〈梁祝〉》,《解放日报》2016年4月6日,第10版。

[3] 邓琼、陈培娜:《何占豪:〈梁祝〉的原创者应该是农民伯伯》,《羊城晚报》2009年8月9日,第2版。

那是八十年代末，我曾在新中国电影课上与同学们一起重看样板戏《智取威虎山》。我的本意是把它作为一个文化笑柄、一个封建文化复活的怪胎；但我自己被震惊了，我原有的想法完全被击垮了；在其中我看到了大交响乐队的伴奏、现代舞蹈形式、现代舞台美术、现代灯光与旋转舞台——一个如此现代的文本！当我"第一次"回忆起钢琴伴奏《红灯记》、交响音乐《沙家浜》，在那一时刻，作为八十年代文化支撑的关于现代化伟大进程的叙事在我心里坍塌下来了。[1]

新西兰汉学家康浩（Paul Clark）以最新研究成果表明，即使在如火如荼的"文革"时期，中国的现代音乐创作也没有停止对现代性的追求，特别表现为外来交响乐、古典乐的民族化、通俗化、大众化，以及传统的、民间的音乐现代化、西方化。[2] 在《"文革"文化史》（*The Chinese Cultural Revolution: A History*）一书中，他详细考察了这时期的文化事象，如样板戏、电影、舞蹈、音乐、话剧、美术、建筑、诗歌、小说、手抄本、知青文学、芭蕾舞剧、语录歌、红卫兵歌曲等，从学术上挑战了"八亿人民八台戏"等流行迷思，用一位学者发表在《武汉音乐学院学报》上的文章来说，"他笔下的'文革'时期不再是一幅单色调的、枯燥无味的'文化沙漠'图，而是一幅多色彩的、浓淡有致的画面"。[3]

除了艺术形式，《梁祝》的现代性，更体现在内容和主题上。众所周知，《梁祝》表达了鲜明的反抗封建专制、追求恋爱自由的价值诉求，与《白蛇传》《天仙配》《西厢记》等古典的"才子佳人"桥段大异其趣。五六十年代一大批同类作品，如芭蕾舞剧《白毛女》《红色娘子军》，歌剧《江姐》《刘胡兰》，音乐电影《阿诗玛》《刘三姐》等，无不包含着中国革命所追求、所塑造、所捍卫的尊严政治、人民主体、平等自由等现代价值。这样的主题及其精神价值，既是民族的、大众的，也是世界的。1951年，歌剧《白毛女》在欧洲巡演，包括

---

[1] 李陀、戴锦华、宋伟杰等：《漫谈文化研究中的现代性问题》，《钟山》1996年第5期，第174页。

[2] Paul Clark, *The Chinese Cultural Revolution: A History*, New York: Cambridge University Press, 2008, pp.175-191.

[3] 宫宏宇：《不仅仅只是"红宝书、样板戏、语录歌"——康浩（Paul Clark）著〈"文革"文化史〉述评》，《黄钟（武汉音乐学院学报）》2009年第4期，第194页。

在维也纳的金色大厅，受到欧洲观众热烈赞赏，白毛女扮演者王昆多次谢幕，依然无法下台。扮演杨白劳的陈强回忆，在维也纳献艺结束、演员谢幕时，有观众激动怒吼："不要给黄世仁献花！"[1]直至今日，《白毛女》《红色娘子军》《江姐》等仍是常演常新的经典剧目。

总的来看，以《梁祝》等经典为标志的新中国新文艺，形成了一套独具气象的审美范式，韩毓海称之为"伟大传统"：以广大劳动者特别是农民为审美主体和表现对象、阅读主体；以"新中国"为创作内容，采用群众喜闻乐见的、具有民族特色的表现形式；以克服知识者和劳动者、东方与西方、传统与现代、作者与读者之间的矛盾为目标，从而使广大人民参与到文化创造活动之中。[2]而这正是延安时代奠定的新文化方向，即民族的、科学的、大众的。马克思主义哲学家冯契1991年就"大众方向"说道：

> 正如马克思所说：我们的事业是为了人，也是由于人。为了人，就是要培养社会主义的、共产主义的新人；由于人，就是通过人民群众自己来培养教育自己、靠自己的手和脑建设社会主义；共产主义不靠上帝、救世主和什么人的恩赐，自己解放自己、自己把自己培养成新人。大众方向：把人民大众培养成新人，途径是人民自己培养自己，不能把群众看成是阿斗，自认为自己是诸葛亮，我是来教育阿斗的。而应让群众心悦诚服地接受马克思主义教育，让群众认识自己的力量，以自由意志参加解放事业、共产主义事业。李大钊提出个性解放和大同团结相统一，这是一百多年来先驱人物的理想在五四时期的总结。中国近代存在两个运动：一是反封建主义，追求个性解放；二是反帝国主义，建立理想社会、大同社会。两个运动达到一个统一目标即个性解放和大同团结的统一，是合乎科学的，合乎《共产党宣言》所说的"每个人的自由发展是一切人的自由发展的条件"的理想。这也就是大众方向的目标，这一目标是由群众自求解放达到。这就是价值观的大众方向的含义。[3]

---

[1]《中国歌剧史》编委会编《中国歌剧史（下）》，文化艺术出版社，2012，第366页。

[2] 韩毓海：《"漫长的革命"：毛泽东与文化领导权问题（下）》，《文艺理论与批评》2008年第2期，第10—20页。

[3] 冯契：《坚持价值导向的"大众方向"——在"改革开放与社会价值导向"全国学术研讨会上的讲话》，《探索与争鸣》2015年第11期，第5页。

冯契指出的人民自己培养自己、人民自己教育自己，作为新中国新文化的突出特征，同样体现着人民主体、人民当家做主的精神价值。在这个过程中，文化人与劳动者有机结合，水乳交融，成为文化领域的普遍景观，小提琴协奏曲《梁祝》就是一例。而这样的事例在新中国新文化的发展历程上，可谓漫山遍野，灼灼其华，星汉灿烂，熠熠生辉，小说、诗歌、戏剧、舞蹈、歌曲、绘画等创作举不胜举，黑板报、宣传栏、广播站、曲艺说唱、文艺会演、群众艺术馆、工人文化宫等文化形式丰富多彩，人民不仅是新文化的欣赏者，而且也成为新文化的参与者、创造者，甚至领导者，就像在国家政治经济生活中的主人翁地位。

随举一例，歌曲《唱支山歌给党听》20世纪60年代问世以来，半个多世纪一直家喻户晓，深入人心，简单追溯一下这部作品的历史，就可以领悟新文化的历史氛围与精神追求。先是抗美援朝退役的志愿军战士姚筱舟，在陕西一家煤矿担任宣传秘书，常听老矿工吟唱陕北民歌。1957年全国新民歌热潮中，他也随手记录了矿工兄弟的歌谣顺口溜，歌颂新中国，控诉旧社会。这些"口头文艺家"的故事、戏曲以及顺口溜又多又精彩，他陆续记录了一大本。看多了，听多了，记多了，他不由产生写作冲动，一些诗歌散文陆续发表。1958年的一个夏夜，他辗转反侧，夜不能寐，起来挥笔写下了《唱支山歌给党听》。诗歌发在当年《陕西文艺》的《总路线诗传单》专栏，1962年辽宁的春风文艺出版社将其编入《新民歌三百首》。当时在沈阳当兵的雷锋看到这本书，便把这首诗抄在日记里。雷锋因公殉职后，上海音乐学院教师朱践耳在雷锋日记中读到了这首小诗，随即谱成曲子。正在上海音乐学院深造的藏族歌手、翻身农奴才旦卓玛，被这首新歌深深打动，经过她的深情演唱后，《唱支山歌给党听》从此便在全国流传开来。

再如，"文革"时期广为流传的户县农民画，同样是社会主义新文艺及其大众方向的一个典范。泥腿子拿起了画笔，在与工农相结合的美术专家指导下，亲手创作、描绘自己的劳动生活，既充满生活气息，又达到较高的专业水准，赢得举世青睐和赞叹。户县农民画的意义不仅是丰富文化生活，陶冶精神情操，而更是一种前所未有的全新历史实践，包括消灭"三大差别"即城乡差别、工农差别、脑力劳动与体力劳动差别。这里尤其值得关注的是，劳动者解放的目标除了政治和经济上的翻身，还包括破除"精神是精神者的特权，劳动是劳动者的宿命"的怪圈，实现精神和劳动的统一，即"知识分子劳动化，劳动人民知识化"。复旦大学学者倪伟对户县农民画的再解读，以邃密的个案研究阐释了这种社会主义新文化的内涵。在他看来，户县农民画的"新"不仅体现在以人民为表现对象，而且更有意味的是人民成为创作主体，从而全然不同于以往的封建传统文化和资产阶级文化：

> 艺术不再是少数文化人的专利，也不再笼罩着"天才论"的神秘色彩。长年累月、坚持不懈的美术普及教育，使许多普普通通的农民掌握了绘画的技能，并由此而发现了自己的创造潜能，认识到他们作为一个已经站立起来的阶级，是有能力创造文化的，也有能力创造自身乃至整个社会、国家的崭新历史。正是艺术唤醒了他们的主体意识，并帮助他们树立了创造历史的自信心。[1]

1944年，在观看完延安平剧院的新编历史剧《逼上梁山》后，毛泽东当夜给剧组写了一封贺信，指出："历史是人民创造的，但在旧戏舞台上（在一切离开人民的旧文学旧艺术上）人民却成了渣滓，由老爷太太少爷小姐们统治着舞台，这种历史的颠倒，现在由你们再颠倒过来，恢复了历史的面目。"[2] 人民创造历史，创造文化，因而人民是历史的主人，也是文化的主角，这正是中国革命与社会主义实践的价值理想。不过，劳动者赢得文化领导权不可能一蹴而就，也不可能像夺取政权那样毕其功于一役。意大利共产党创始人、马克思主义理论家葛兰西就指出，文化是一个特殊而微妙的领域。[3] 政治、经济、军事的劣势，并不必然导致文化上的失败，如中共领导的左翼新文化运动。同样，政治权力和经济基础的变革，并不必然导致文化领导权的转换，丧失统治地位的阶级仍可能掌握文化领导权，并通过一整套文化政治最终摧毁新政权的政治合法性，实现"热月复辟"。所以，现代政治的关键在于掌握文化领导权。苏联解体为此提供了一个最新的、触目惊心的反例。程巍说得好：一旦文化领导权旁落，苏联意识形态家的任何表述，即便是如实的表述，都会被当作谎言；而反苏反共人士的任何言论，即便是不实之词，都会被看作真理。[4]

---

[1] 罗小茗编《制造"国民"：1950—1970年代的日常生活与文艺实践》，上海书店出版社，2011，第264页。

[2] 毛泽东：《给杨绍萱、齐燕铭的信》，载《毛泽东文集》第三卷，人民出版社，1996，第88页。

[3] 葛兰西：《狱中札记》，曹雷雨等译，中国社会科学出版社，2000。

[4] 程巍：《中产阶级的孩子们：60年代与文化领导权》，生活·读书·新知三联书店，2006，第456页。

就1949年成立的新中国而言，劳动人民虽然掌握政权并进行了"生产资料的社会主义改造"，但精神世界依然不同程度地残存着帝国主义文化、封建主义文化、资本主义或小资产阶级文化，社会主义的危机很可能是文化合法性的率先丧失。从这一视野出发，或许会对新中国成立后的一些政治或文化运动抱以"同情之理解"，如胡风批判、《武训传》批判、《红楼梦》批判、胡适唯心主义批判、反右、"九评"、"文革"（"无产阶级文化大革命"）等。正如黄万盛所言："1949年在西柏坡的时候，毛已经开始提醒全党思想意识形态的阶级斗争还会继续下去，那和他根本的心路历程是一致的。50年代初批判《清宫秘史》，是为了提醒人们改良主义那一套和我们理想社会的目标相去甚远；批评《武训传》，是告诉人们用封建社会传统的资源去塑造新人，不仅非常荒谬，而且相当危险；1957年批评俞平伯的《红楼梦研究》，是告诉人们才子佳人不是社会的主体，而是阶级斗争的对象；1963年学雷锋，到1964年阶级斗争被重提，是需要灵魂深处爆发革命。所以对毛泽东来说，阶级斗争的主要目标不是打倒一批人，而是在灵魂深处完成阶级斗争的自我清算，把每个人变成纯粹的人、无私的人。"[1]

以电影《武训传》为例，它歌颂地方乡绅兴办"义学"，推行地主阶级的"旧文化"，与中共在农村推行的全民识字、现代生产、医疗卫生等"新文化"南辕北辙，武训乞讨所象征的文化，更与反帝反封建的中国革命及其精神价值背道而驰。然而，这样一部反现代、反历史的作品，却一度受到自上而下的欢呼，难怪毛泽东愤然而起："电影《武训传》的出现，特别是对武训和电影《武训传》的歌颂竟至如此之多，说明了我国文化界的思想混乱达到了何等的程度！"特别是包括一些党政高层在内的许多人并没有意识这一点，反倒是一片交口称赞，可见文化革命的必要性和艰巨性。事实上，从新中国成立到"文革"，毛泽东对主要领导同志的最大不满，往往也在于他们总是专注于行政事务，缺乏对文化领导权问题的高度警惕与高度自觉。[2]

简言之，第二个故事的寓意可用记者李北方的一段话来概括："被压迫者翻身求解放，归根到底是要文化上的解放、思想上的解放、意识上的解放。要建立一个人人平等、没有剥削、没有压迫的社会，一定要有一个相适应的文化作为保障；在一个新的社会里，如果只是有了新的政治、新的经济，可是人们

---

[1] 黄万盛：《70年代的伦理记忆》，《开放时代》2013年第1期。

[2] 韩毓海：《"漫长的革命"：毛泽东与文化领导权问题（上）》，《文艺理论与批评》2008年第1期，第11—23页。

的头脑里仍然装着旧的理念，那么旧社会就是一定要复辟的。"[1]

这边风景：当代文化领导权的反思

2015年，王蒙创作于四十年前的《这边风景》获得第九届茅盾文学奖。这部作品的产生犹如一个传奇。先是作家在"文革"后期创作完成，接着为了适应形势变化进行修改，但由于政治和文化气候天翻地覆，改来改去怎么也改不出来，最后只好作罢，久而久之干脆遗忘了。几年前儿女们收拾房间，意外发现这部落满尘埃的书稿，一读之下，大为赞叹，于是撺掇付梓。问世以来，果然好评如潮，很快问鼎茅盾文学奖，也是这位满身荣誉的作家第一次获得中国文学最高奖。

这部长篇小说写的是20世纪60年代，新疆伊犁地区维吾尔族同胞与全国各族人民一道走社会主义道路的故事，同柳青的史诗《创业史》、浩然的巨著《艳阳天》相似。而今读来，依然鲜活，别有一番滋味在心头。且看一段惟妙惟肖的对话，洋溢着多么浓郁的边疆风味与生活气息，令人忍俊不禁，过目难忘：

> "肃静！"
> "今年的麦收要突出政治！你们听明白没有？收麦子要突出政治。收麦子收得好不好是政治，明白吗？你们到底有没有这个觉悟？气死我啦！"穆萨语出惊人，大家一怔。"主要是三个人，我们必须记住：一个是白求恩，加拿大共产党员，一个是老愚公，中国共产党的老革命，还有一个就是跃进公社爱国大队七生产队队长你大哥我穆萨……"
> 大家终于听明白了，于是一片哄笑，一致有节奏地高呼："泡！泡！泡！"（吹牛！）[2]

王蒙在获奖感言《想念真正的文学》中说道："真正的文学有生命力，不怕时间的煎熬，不是与时俱逝，而是与时俱燃，火焰不熄"；"作家需要盯着的是大地，是人民，是昭昭天日，是历史传统"；"文学并不能产生文学，是天与

---

[1] 李北方：《北大南门朝西开》，中国人民大学出版社，2015，第276页。
[2] 王蒙：《这边风景》，花城出版社，2013，第189—190页。

地、是人与人、是金木水火土、是爱怨情仇死别生离、是工农兵学商党政军三百六十行产生文学"。[1] 可以看出，王蒙表达的文学观，与新文化运动以来的文化理念一脉相承，特别是应和着毛泽东在《新民主主义论》提出的"民族的、科学的、大众的"新文化规范，也就是周恩来后来延伸的"民族的形式、科学的内容、大众的方向"[2]。这个规范背后的核心关切，是毛泽东在延安文艺座谈会上强调的"为什么人的问题，是个根本的问题，原则的问题"。2015年，习近平在文艺工作座谈会上重申了这个根本问题，呼吁文艺创作"坚持以人民为中心"。

然而，耐人寻味的是，《这边风景》获得茅盾文学奖之后，一家门户网站的文化栏目推出专题报道，封面海报上赫然写着"文革桎梏下的文学"，并配上愁云惨淡、暗无天日的背景。如果不读原著，仅凭海报的文字与图像，人们很容易联想成又一部血泪控诉的"伤痕文学"，从而与《这边风景》刚健清新的生活内容与凌云壮志的精神气息圆凿方枘，格格不入。这里，媒体的曲解更显示了一种普遍的文化意识或潜意识，一种新意识形态的叙事套路或固定框架。那么，如此文化心理潜意识缘何形成并流行？这已经成为当前亟须反思的重大问题，既关乎文化方向，更关乎中国道路。

首先需要看到并特别指出，改革开放在思想文化领域同样取得一系列长足进展，这是应该给予充分肯定的。正如美国汉学家艾恺（Guy Alitto）在《人民日报》撰文所言："几十年的发展，中国人的思想发生了很大的变化，思想更为活跃和开放，视野更加开阔，社会更加包容。"[3] 举例来说，人文社会科学领域涌现了一大批出色的学者和学术著作，引进了古往今来绝大多数人类经典著作，整体成就与水平超过前三十年，至于遗老遗少絮絮叨叨的"民国范儿"更是不可同日而语。同样，文学艺术中，小说、诗歌、散文、音乐、电影、舞蹈、美术、戏剧也可谓神州雾列，俊采星驰。如路遥的《平凡的世界》、张承志的《心灵史》、韩少功的《马桥词典》、铁凝的《笨花》、刘亮程的《在新疆》等小说，北岛、舒婷、昌耀、周涛、海子、沈苇等诗歌，罗中立的油画《父亲》，杨丽萍的《雀之灵》，施光南的歌曲等，都是当代中国最美的文艺篇章。

与此同时，我们又不得不面对和反思，在"思想大活跃、观念大碰撞、文

---

[1] 王蒙：《想念真正的文学》，《人民日报》2015年8月29日，第24版。

[2] 周恩来：《人民政协共同纲领草案的特点》，载《周恩来选集》上卷，人民出版社，1980，第370页。

[3] 宋静思：《见证你的伟大复兴，中国》，《人民日报》2014年11月6日，第24版。

化大交融"的转型期，精神、文化、意识形态不可避免地出现诸多偏差，突出表现为邓小平批评的"一手硬、一手软"，即上上下下都一门心思忙于经济建设，而忽略意识形态与精神文明建设。虽然邓小平一再提醒，他在20世纪80年代发表的坚持四项基本原则、反对精神污染、反对资产阶级自由化等讲话，更如黄钟大吕，振聋发聩，一针见血，掷地有声，但这一问题不仅没有得到遏制与扭转，反而愈演愈烈，一度严重危及国本。有论者将三十多年来意识形态领域的状态和趋势概括为：80年代还是"软弱涣散"，90年代之后就只能说"溃不成军"，党的十八大之前，简直是"开门揖盗"。[1]党的十八大以来，习近平的有关系列讲话，如2013年全国宣传思想工作会议讲话即"8·19讲话"、2014年文艺工作座谈会讲话、2015年全国党校工作会议讲话、2016年密集的新闻舆论工作座谈会讲话、网络安全和信息化座谈会讲话、哲学社会科学工作座谈会讲话、高校思想政治工作座谈会讲话等，无不针对"一手硬，一手软"问题。在统领性的"8·19讲话"中，他直言经济工作搞不好要出大问题，意识形态工作搞不好同样也要出大问题，所以必须两手抓，两手都要硬。

关于意识形态"一手软"问题，除了时而暗流涌动，时而波涛汹涌的西方宪政民主、新自由主义、历史虚无主义等社会政治思潮，从新世纪以来发生的若干或挑战核心价值，或违背公序良俗的轰动事件中，也不难理解事态的普遍性、严峻性、艰巨性。

对此，习近平的系列讲话已有全面翔实的分析阐述，下面不妨提示一下其中的三种常见现象：没文化、没精神、没灵魂。

何谓没文化？不妨看一段中篇小说的人物独白，就可略知一二。在这篇《春天里那个百花香》的小说里，对当代乡土社会有着敏锐观察的陕西作家侯波，借一位村长之口道出了农村的精神危机："镇上李书记常强调文化建设哩，前年修了村部，盖了五间房子，图书馆还送了些书。还有篮球、象棋什么的。可至今书没一个人借，娱乐活动没一个人搞，村里还净出些怪事儿，老的那一套婚丧嫁娶现在全恢复了。建庙啊，信耶稣啊，神鬼啊，赌博啊，打麻将啊，整个村里人除了劳动以外天天都弄这些。长这样下去，这和旧社会有什么区别哩？"[2] 赵月枝与沙垚博士对谈的《重构中国传播学》，也从学术上鞭辟入里地谈到此类问题：

---

[1] 郭松民：《纪念邓丽君如火如荼，"国军"什么情况下会纪念刘胡兰？》，乌有之乡网站，2018年2月10日，http://www.wyzxwk.com/Article/yulun/2018/02/387163.html。

[2] 侯波：《春天里那个百花香》，《当代》2012年第5期，第148页。

2014年秋我到浙江的"良渚文化村"参观,一开始我以为这真的是一个村庄,后来去看了才知道,这是一个房地产项目。这个"村庄"里的建筑像民居,还有村庄食堂、书屋,业主们过着美好的田园生活,有绿地种菜,亲近大自然。可是问题来了,原来生活在这里的农民到哪里去了?因此,不仅是你说的皮影戏等农民的文化,甚至"村庄"这个概念本身都变成了小资生活的一种方式。一方面农村变成城里人休闲消费的地方,农民的文化让城市人高价欣赏;同时农民被赶上高楼,逼着他们以在楼下花园里种菜等方式,追忆他们失去的生活方式。作为一种置换,城市中产阶级落户村庄,农民的生活方式、文化形式、村庄空间就变成了一种消费的资源,是城里人表达乡愁的方式,也是文化产业增值的手段,农民的文化成了资本的点缀,农民本身成为文化商人的工具。[1]

何谓没精神?张炜有句概括很形象——"集体性的精神恍惚"。就是说,虽然经济越来越好了,生活越来越富了,但大家的精神状态却仿佛失魂落魄。不管栉风沐雨,还是灯红酒绿,一个问题常常逼近每个人的内心:人生在世,意义何在?在"集体性的精神恍惚"下,不少文化人不仅放弃自己的使命,而且在纸醉金迷的狂欢中随波逐流,更有甚者在沉渣泛起的喧嚣中,在死水微澜的沉醉中推波助澜,一方面解构新文化及其价值,另一方面鼓吹帝国主义、封建主义、资本主义的旧文化及其价值,包括这些年喧嚣鼓噪的"民国范儿",小资文人、附逆作家张爱玲更是捧成中国第一、世界第二。于是,在一片迷离恍惚中,颠倒的历史又颠倒回去,毛泽东热切期望的"人民群众占据舞台中心",又为帝王将相各路精英重新取代,荧幕上宫廷剧泛滥就是一例。

对于这种历史错位与文化错乱,《文艺研究》社长方宁在《人民日报》上撰文批评道:"被热捧的'帝王剧''宫廷戏',以及泛滥成灾的'才子佳人演义',恰恰呈现出了一种文化病象,它们生产的是虚假苍白的主体,而历史真正的主体——人民大众,仅仅成了'围观'与'喝彩'的道具,这难道不值得我们深刻反省吗?"[2] 人民群众作为历史主体的身份渐趋模糊,帝王将相成为高高在上的历史主角,只是文化领导权转移的表征之一。批评家李陀在《"新

---

[1] 沙垚:《重构中国传播学——传播政治经济学者赵月枝教授专访》,《新闻记者》2015年第1期,第11页。

[2] 张江等:《文学是民众的文学》,《人民日报》2014年3月14日,第24版。

小资"与文化领导权的转移》一文中，对更普遍的小资文化作了发人深省的分析：

> 中国的"改革"不但养出来一批富豪、富商和富官，而且还养出了一批小资精英，他们占领了文化领域各个层面的领导位置，诸如刊物和报纸的编辑，商业电影和流行歌曲的制作人，各类广告和视频的直接或间接的生产者，网络世界里各个板块的操盘手，形形色色文化企业和产业中的策划人、执行人，新媒体所催生出来的新写作空间中的做文字买卖的各类写手，还有在学校、学院和五花八门的准教育机构中握有"育人"权的老师、学者——一句话，身居要津，小资精英们占据了文化领域的所有高地，所有咽喉要道。这个情况带来了一个非常奇特的形势：尽管国家和资本非常强大，在中国当代文化的生产中颇为自信地扮演着主导者的角色，并且也都试图以政策和金钱的直接调控力或间接影响力，按照各自的需要试图控制文化之河的流向，但是，实际上，由于文化生产的上游下游所有环节都在小资精英的控制之下，不管国家和资本情愿不情愿，承认不承认，在今天，文化领导权在很大程度上已经转移到新兴小资产阶级的手中。这个文化领导权的转移当然带来很多严重的后果，可以预料，这些后果将对中国的今天和未来的改革产生深远的影响。[1]

何谓没灵魂？毛泽东在《关于正确处理人民内部矛盾的问题》一文中，谈到第五点"知识分子问题"时说到一个有名的观点："没有正确的政治观点，就等于没有灵魂。"[2] 当今文化领域乱象丛生的症结，归根结底正在于政治价值方面失魂落魄，六神无主。习近平于2016年提出"不忘初心，继续前进"，也表明上上下下一些人已经忘却初心——以人民为中心、共产主义理想。这一问题，不可避免地体现在意识形态方面。如果说没文化是一种表象，没精神是一种趋向，那么没灵魂就是文化领域的致命征候。1999年，李德顺曾发出文化"沙漠化"的盛世危言，而"文化沙漠化"首当其冲的是意识形态。[3]

造成这一局面的原因复杂多样，既有苏东剧变、世界社会主义运动衰落等历史背景，也有西方势力在思想、文化、学术方面广泛渗透等外部因素，更有

---

[1] 李陀：《"新小资"和文化领导权的转移》，《天下》2012年第3期，第86页。
[2] 中共中央文献研究室编《毛泽东文集》第七卷，人民出版社，1999，第226页。
[3] 王正：《文化沙漠化将是中国的一场灾难——李德顺访谈录》，《博览群书》2010年第8期。

党的十八大以前长时间一味重视经济发展、忽视文化政治的内部偏差,特别是面对各种意识形态斗争的明枪暗箭,不吱声,不回应,不反击,韬光养晦,听之任之,绅士多,战士少,爱惜羽毛自然蔚然成风。纪录片《较量无声》主创者,国防大学的秦天将军在2015年建军节时说道:"长期以来,我们在意识形态领域或多或少出现了'温水煮青蛙'的现象。改革开放30年,全党以经济建设为中心,取得了巨大成就,但是别忘了小平还有一句话,两手都要硬……我们听过很多省委书记、市委书记做报告,讲的基本都是经济形势和发展经验,很少讲意识形态和党的建设。这让我们感到问题很严重,很危险。"[1] 与此相似,北京大学潘维教授也谈过类似担忧,"中国未来如果失败,很可能(同苏联一样)也是败在思想战争"[2]。

王鼎钧回忆录讲到一件事,让人豁然开朗。20世纪50年代,王鼎钧在台湾参与反共文宣活动,一次座谈会上,他问怎样才能写出好的反共小说,一位教授回答说,我们现在的反共小说写不好,将来由大陆的作家写,才能够写得好。一言既出,举座皆惊!王鼎钧当时一头雾水:"共产党统治下的作家怎么能写反共小说?"[3] 而今事实表明这位台湾教授确有先见之明,"最好的"反共作品无不出在大陆,从遮遮掩掩到肆无忌惮,而且,获得文艺界、学术界、新闻界各种各样的推崇赞誉,甚至得到西方大奖的青睐。1981年,看过电影《苦恋》后,邓小平说道:"《太阳和人》,就是根据剧本《苦恋》拍摄的电影,我看了一下。无论作者的动机如何,看过以后,只能使人得出这样的印象:共产党不好,社会主义制度不好。这样丑化社会主义制度,作者的党性到哪里去了呢?"[4] 然而,这样的作品数十年来不仅不绝如缕,而且愈演愈烈,党的十八大之后依然"不收敛、不收手",水平之高,影响之大,早已远远超过20世纪50年代张爱玲在香港为美国中央情报局创作的"遵命文学"——蹩脚的反共作品《秧歌》与《赤地之恋》。

放眼世界,意识形态问题既涉及柏林墙、三八线等宏大可见的冲突对峙,更体现在具体而微的日常生活中。就运作机制而言,后者尤其值得重视,葛兰

---

[1] 玛雅:《我们队伍向太阳:新时期中国军队的使命与担当——专访国防大学科研部部长秦天少将》,《红旗文稿》2015年第10期,第8页。

[2] 玛雅:《中国未来30年的愿景与挑战——专访潘维》,《红旗文稿》2013年第23期,第5页。

[3] 王鼎钧:《文学江湖:回忆录四部曲之四》,生活·读书·新知三联书店,2013,第61页。

[4] 邓小平:《关于思想战线上的问题的谈话》,载《邓小平文选》第二卷,人民出版社,1994,第391页。

西的文化领导权理论、阿尔都塞的意识形态国家机器理论,对此均有深入剖析和深刻论述。他们都意识到,有别于国家机器的暴力专横,意识形态往往通过教会、学校、家庭、工会、传媒、文化等领域的长期浸润。用戴锦华的解释,"意识形态的形式特征从来是隐形的窃窃私语、喁喁告白,是对化身为常识系统的价值体系的生产与再生产,是对社会与时代的认同与情感结构的塑造"。也正是在这个意义上,戴锦华认为美国政治不是白宫的独白,而是华盛顿特区与洛杉矶—好莱坞的"双城记"。[1]

反观现实,有关方面多以纯粹的国家机器管控方式行使职能,越来越难以达到意识形态的规训效果。[2]郑永年针对意识形态领域长时间软弱无力局面一语挑明:"执政党实际上在意识形态领域已经主要依赖思想控制,而没有能力进行思想生产。"[3]化用戴锦华的比喻,好像唱"空城计",但见城外密匝匝蚁排兵,各路虾兵蟹将蜂拥而来,而城内却没有多少生力军,面对大兵压境,似乎只剩解放军的"文化战士"依然独守空城,奋起反击,而诸路文化大军要么按兵不动,作壁上观,要么身在曹营心在汉,当起开明绅士两面人。习近平的说法,听来令人心痛:绅士多,战士少。秦天与玛雅的对话,也尖锐指出:"我们体制内有这么两种人:一种是真傻,一种是装傻。而问题的严重性在于,真傻的越来越少,装傻的越来越多。很多人明明知道西方渗透的后果是什么,但就是不表明立场,或者说立场已经转过去了,这才是最要害的。这个问题如果不尖锐指出,中国迟早有一天会成为第二个苏联。"[4]

要而言之,第三个故事促使我们重视新文化,反思当代文化领导权,也从反面说明文化政治的生死攸关。自近代启蒙以来,传统的君权神授、父传子继、武力镇压等统治形式,均已丧失了政治合法性,文化政治与文化领导权成为各种命运共同体的存续根基。也就是说,现代政治都是文化政治,现代政治斗争的核心是争夺文化领导权。正因如此,相对于政治、经济、社会、外交等,意识形态危机是当代中国最根本、最致命、最可能导致"颠覆性错误"的问题。

---

[1] 张江等:《专家谈光影中的意识形态,解码中国电影意义缺失的背后》,《人民日报》2016年4月15日,第24版。

[2] 汪晖:《去政治化的政治、霸权的多重构成与六十年代的消逝》,《开放时代》2007年,第2期。

[3] 郑永年:《再塑意识形态》,东方出版社,2016,第109页。

[4] 玛雅:《我们队伍向太阳:新时期中国军队的使命与担当——专访国防大学科研部部长秦天少将》,《红旗文稿》2015年第10期,第9页。

因为,"没有硬实力一打就倒,没有软实力不打自倒"。

黄平有个形象说法:共和国的前三十年解决了"挨打"问题,后三十年解决了"挨饿"问题,未来三十年解决"挨骂"问题。[1]这个言简意赅的概括,已经成为自上而下的共识:"落后就要挨打,贫穷就要挨饿,失语就要挨骂。形象地讲,长期以来,我们党带领人民就是要不断解决'挨打'、'挨饿'、'挨骂'这三大问题。经过几代人不懈奋斗,前两个问题基本得到解决,但'挨骂'问题还没有得到根本解决。"[2]

结语:新中国的梦想,新文化的方向

什么是新中国?一言以蔽之就是现代化的人民民主国家。什么是新文化?人民当家做主的价值理想与文化长城之谓也,具体表现为文学艺术、思想理论、新闻传播、教育体系等。如果说中华民族伟大复兴的中国梦是新中国建国历程的宏伟目标,那么新文化就不仅仅是"软实力",而是生死攸关的生命线。特别是面临百年未遇之大变局,新时代新征程能否行稳致远,关键也取决于新文化及其建设。因为,人心是最大的政治,而文化就是人心所向的生活愿景,就是民心所系的精神家园。

众所周知,毛泽东一生志在新中国,情系新文化。2005年第25届中国电影金鸡奖最佳纪录片《走近毛泽东》,以四句诗一般磅礴大气的旁白收束全片:他最大的目的是实现中华民族的伟大复兴;他最大的创造是把马克思主义中国化;他最艰辛的探索是中国式的社会主义;他最伟大的作品是中华人民共和国!为了建设新中国,毛泽东一生也以其天纵之才,点点滴滴而卓有成效地把新文化推向高峰。他对文化政治的深切洞明,对社会主义文化领导权的念兹在兹,对文化问题的一系列滔滔雄论,对新文化政治品格、文化方向、风格气派的了然于胸,都在新中国新文化的历史上留下鲜明印迹,其中最集中、最突出、最具代表性的当数他对鲁迅的高度推崇。不妨说,鲁迅在新中国与新文化上的首屈一指的地位,是由毛泽东一手奠定的。

---

[1] 中国经济体制改革杂志社编《改革要情参阅》第5辑,新华出版社,2010,第33页。

[2] 习近平:《在全国党校工作会议上的讲话(2015年12月11日)》,《求是》2016年第9期,第10页。

1949年7月，全国文学艺术工作者代表大会在北平举行，各位代表都获得一枚小小的圆形铜制像章，上面是毛泽东与鲁迅的肖像，一代伟人与文化巨匠，在新中国旭日东升之际并列在一起，也象征着政治革命与文化革命的深刻意味。特别是，毛泽东对鲁迅精神广为人知的阐发，更是对政治革命与文化革命、政治自觉与文化自觉，或者说对新中国与新文化最精辟的论断。《在延安文艺座谈会上的讲话》中，他将八路军、新四军与新文化运动比作开创新中国的两路大军，一路听命于朱总司令，一路听命于鲁总司令。他讲过，孔子是封建社会的圣人，鲁迅是现代中国的圣人。1971年11月，他在武汉的一次谈话中又说到，鲁迅是中国的第一个圣人，中国的第一个圣人不是孔夫子，也不是我，我是圣人的学生。[1]

如今，随着新中国新文化艰难曲折的进程，随着"第二个百年"临近，我们更能体会鲁迅当年的忧思，更能懂得他所说的，文化上的革命，比政治上的革命更困难、更艰巨，也更重要，"倘不将这些改革，则这革命即等于无成，如沙上建塔，顷刻倒坏"[2]，从而也更能明白毛泽东在新中国成立前夕，在政治革命胜利之际告诫全党全国人民"万里长征才走完第一步"，更能体会他对鲁迅先生极尽赞誉的称道：

> 鲁迅，就是这个文化新军的最伟大和最英勇的旗手。鲁迅是中国文化革命的主将，他不但是伟大的文学家，而且是伟大的思想家和伟大的革命家。鲁迅的骨头是最硬的，他没有丝毫的奴颜和媚骨，这是殖民地半殖民地人民最可宝贵的性格。鲁迅是在文化战线上，代表全民族的大多数，向着敌人冲锋陷阵的最正确、最勇敢、最坚决、最忠实、最热忱的空前的民族英雄。鲁迅的方向，就是中华民族新文化的方向。[3]

（本文得到李海波博士的倾力相助，特此说明并致谢）

---

[1] 中共中央文献研究室编《毛泽东年谱（一九四九——一九七六）》第六卷，中央文献出版社，2013，第420页。

[2] 鲁迅：《鲁迅全集·编年版》，人民文学出版社，2013，第345页。

[3] 毛泽东：《新民主主义论》，载《毛泽东选集》第二卷，人民出版社，1991，第698页。

不学诗，无以言

2014年10月，有两种唐诗宋词的佳作问世，一为已故文坛耆宿施蛰存的《唐诗百话》（最新修订版），一为中山大学教授彭玉平的《唐宋词举要》。《唐诗百话》是部名作，问世三十多年，蜚声海内外，有"唐诗百科全书"之誉。《唐宋词举要》比照高步瀛的《唐宋诗举要》《唐宋文举要》而成，名列各路新书排行榜。

恰好2014年6月，我在古都长安与汴梁，欣赏了实景演出《长恨歌》与《东京梦华》，一咏大唐盛世，一叹大宋繁华：骊宫高处入青云，仙乐风飘处处闻，七月七日长生殿，夜半无人私语时；明月几时有，把酒问青天，但愿人长久，千里共婵娟……在开封清明上河园那晚，皓月当空，清风徐来，一幕幕轻歌曼舞，一曲曲名篇佳作，更觉恍兮忽兮如在春江花月夜，沉吟浔阳琵琶行：江天一色无纤尘，皎皎空中孤月轮，江畔何人初见月，江月何年初照人；转轴拨弦三两声，未成曲调先有情，别有幽愁暗恨生，此时无声胜有声……

古往今来的人类文明史，古典中国堪称诗的国度，诗的气息连绵不绝，滋养着一代代中华儿女。深厚的文明积淀，多元的文化交融，将诗意、诗情、诗魂深深长长融入中国人的生活与生命世界，形成无所不在的文化景观与人生情怀。即使穷乡僻壤，纵然目不识丁，一张口便恍若诗经楚辞敕勒歌的味儿。最早一首记录下来的上古歌谣，正是一位老农悠然自得的《击壤歌》："日出而作，日入而息，凿井而饮，耕田而食，帝力于我何有哉！"南朝武将曹景宗，朝堂侍宴，酒酣耳热，随口就吟出令人惊叹的："去时儿女悲，归来笳鼓竞。借问行路人，何如霍去病！"唐代民间流行的《哥舒歌》"北斗七星高，哥舒夜带刀。至今窥牧马，不敢过临洮"，诗情画意不让大历十才子卢纶的《塞下曲》："月黑雁飞高，单于夜遁逃。欲将轻骑逐，大雪满弓刀。"

不薄今人爱古人，清词丽句必为邻。汉语尤其富于诗的韵律、节奏、隐喻（如山头、山腰、山脚）。且不说一江春水向东流的诗史——《诗经》、《楚辞》、乐府、《古诗十九首》、魏晋风骨、齐梁侧艳、唐诗、宋词、元曲，以及代代不绝的山歌、民谣、春联、俗语（瓜田不纳履，李下不整冠；射人当射马，擒贼先擒王；只许州官放火，不许百姓点灯；不到黄河心不死；有钱能使鬼推磨），就拿日常生活中的无数成语来说，听起来都像一个个对仗工整、声律和谐的诗句：气吞万里、一泻汪洋、长驱直入、势不可当、正大光明、气宇轩昂、海枯石烂、山高水长、玉树临风、国色天香……无怪乎孔子说"不学诗，无以言"呢。唐诗宋词更将美丽中文演绎得淋漓尽致，就像杜甫律诗起伏跌宕，优美如歌：

    剑外忽传收蓟北，初闻涕泪满衣裳。
    却看妻子愁何在，漫卷诗书喜欲狂。
    白日放歌须纵酒，青春作伴好还乡。
    即从巴峡穿巫峡，便下襄阳向洛阳。

  放声读读这样的诗句，即使不完全懂得深意，也能体味一种音韵铿锵，虎啸龙翔，如同聆听贝多芬《英雄交响曲》的第一乐章。而一千多年前，长城内外，大河上下，写诗填词之辈遍布三教九流，岂止成千上万，从宫省到乡野，从百姓到百官，都像徜徉在诗的花海，呼吸着诗的芬芳。倘若没有"星汉灿烂，若出其里"的无数诗家，没有"虎鼓瑟兮鸾回车，仙之人兮列如麻"的诗坛盛况，没有浩浩莽莽的诗的青藏高原，那么唐宋时代怎么可能兀然崛起李白、杜甫白居易、苏轼、柳永、辛弃疾式的珠穆朗玛峰？

  唐诗宋词不仅是诗的国度又一座高原与高峰，而且也集中展现了中华文明的两种风流高格调：一者矫若游龙，一者翩若惊鸿；一是驾长车踏破贺兰山缺，一是杨柳岸晓风残月；一为边疆的黄河远上白云间，一片孤城万仞山，一为内陆的两个黄鹂鸣翠柳，一行白鹭上青天。诗人毛泽东自称对诗的态度，也正概括了这两面：偏于豪放，不废婉约。在道可道非常道的阴阳八卦图上，在外圆内方、柔中有刚、绵里藏针、剑胆琴心等一系列习语中，在剑拔弩张的《孙子兵法》与善之善也的"不战而屈人之兵"间，这一豪放与婉约之势无所不在地体现出来。于是，中国人心目中的英雄既有李广、李陵，但使龙城飞将在，不教胡马度阴山，又有周瑜、孔明，羽扇纶巾，谈笑间樯橹灰飞烟灭。高适名句"战士军前半死生，美人帐下犹歌舞"，依施蛰存之见，非谓将帅不恤士卒，醉生梦死，而在表现以柔克刚、从容不迫的大将风度。东晋淝水之战，前线鏖战，军情如火，主帅谢安却捻着棋子与人对弈呢。这位谢丞相的一段雅趣，也恰好提示了两种风流高格调：

> 谢公因子弟集聚,问:"《毛诗》何句最佳?"遏(谢玄)称曰:"昔我往矣,杨柳依依;今我来思,雨雪霏霏。"公曰:"訏谟定命,远猷辰告。"谓此句偏有雅人深致。(《世说新语·文学》)

《诗经》以降,这一水乳交融的格调,如同中华文明的农耕与游牧格局,你中有我,我中有你,一直绵绵不绝。《楚辞》中,既不乏婀娜多姿的"望夫君兮未来,吹参差兮谁思""既含睇兮又宜笑,子慕予兮善窈窕",又时见豪气干云的"诚既勇兮又以武,终刚强兮不可凌。身既死兮神以灵,子魂魄兮为鬼雄"。秦汉时,既闻高祖《大风歌》,又见武帝《秋风辞》:"兰有秀兮菊有芳,怀佳人兮不能忘……"魏晋南北朝,既有魏武帝对酒当歌:"秋风萧瑟,洪波涌起""老骥伏枥,志在千里",又有魏文帝"援琴鸣弦发清商,短歌微吟不能长",既有《木兰辞》:"万里赴戎机,关山度若飞,朔气传金柝,寒光照铁衣",又有《西洲曲》:"海水梦悠悠,君愁我亦愁,南风知我意,吹梦到西洲"……

至于唐诗宋词,更成为"白马秋风塞上,杏花春雨江南"的生动写照。如果说唐诗是《国殇》的慷慨回声,"出不入兮往不反,平原忽兮路超远,带长剑兮挟秦弓,首身离兮心不惩",那么宋词则绵延着《国风》的万般心曲,荡漾着"袅袅兮秋风,洞庭波兮木叶下""帝子降兮北渚,目眇眇兮愁予"的幽远遗响。乃至当今新边塞诗,也形成豪放婉约两路,就像同为南国的想象,豪放有周涛《这是一块偏心的版图》,而婉约则有亚楠《烟雨江南》:

> 水波潋滟,湖光山色脉脉含情
> 柳浪闻莺只是江南
> 一种寻常的风景
> 扬子江以南水域 暖风过处
> 烟波浩渺,渔舟唱晚
> 被风干的六朝古韵
> 滋润着无数麻木的灵魂

也许是大漠穷秋塞草腓,孤城落日斗兵稀的早年生长背景,总体上,我更喜欢唐诗,当然也倾心宋词。攻读博士学位时,不揣冒昧地选择以"唐代文明与新闻传播"为题,也是由于这一偏爱。在清华的书房与办公室,分别挂过两幅唐诗书法,王昌龄《出塞》与杜甫《丹青引赠曹将军霸》:"将军魏武之子孙,于今为庶为清门。英雄割据虽已矣,文采风流今尚存";卢照邻《长安古意》

中的"寂寂寥寥扬子居，年年岁岁一床书。独有南山桂花发，飞来飞去袭人裾"，也不时引为一介书生的自我期许。大学时，系主任请来导演谢晋作报告，他用岑参《白雪歌》说明镜头语言，让我印象深刻："轮台东门送君去，去时雪满天山路。山回路转不见君，雪上空留马行处。"还有一次，慕名去听史学名家秦佩珩先生的课，他声若洪钟，旁征博引，而至今难忘的是两句遒劲有力的板书，不记得为什么说到李白《菩萨蛮·平林漠漠烟如织》，他顺手写下"何处是归程，长亭更短亭"。于是，大学四年第一个暑假，在天山脚下凉爽宜人的家中，背了《唐诗一百首》，第二年暑期又接着背了《宋词一百首》。拿到《唐诗百话》与《唐宋词举要》自然是先睹为快，前者更是一口气读完，酣畅淋漓仿佛周涛笔下的"观猎"：

> 饮马长江从来是一句诱人的口号
> 游牧者的劳动是战争，追逐水草是天性
> 奴役人如同奴役畜牲
> 发起一次战争像围猎一支兽群

2012年，刘效礼在《中华读书报》上推荐："《唐诗百话》在选诗、解题和理论基础等方面，匠心独运极具巧思，从不因袭前人或时贤，因而如清水芙蓉般傲然挺立于众多同类平庸著作之上。全书一百篇，每篇均运用严谨的考证和比较文学的研究方法，将历代至今诸多众说纷纭百口莫辩的唐诗难题，在广搜博引细按互证详尽的中外文献资料后，条分缕析清澈通达地将众多千古之谜举重若轻地揭示在读者面前，从而使读者充满了阅读的愉悦和惊喜。"[1] 由于施蛰存既是作家，又是学者，文学的灵感与学问的渊博相得益彰，相映成趣，故使《唐诗百话》"在欣赏与研究之间找到了一种绝佳的平衡"。拿王昌龄的千古绝唱《出塞》来说，看看施蛰存是怎么说的：

> 如果你仔细玩味体会，还是可以发现大多数绝句的结构是可以分析出"起承转合"四个过程的。
> 先举王昌龄的《出塞》诗为例：
> 秦时明月汉时关，万里长征人未还。

---

[1] 刘效礼：《"一部〈施蛰存文集〉即为一部'二十世纪文学史'"》，《中华读书报》2012年8月15日，第11版。

但使龙城飞将在，不教胡马度阴山。

题目是《出塞》，诗人首先就考虑如何表现边塞。他从许多边塞形象中选出了"明月"和"关防"，再用"秦汉"来增加它们的历史意义。从这一句开始（起），一个"塞"字就勾勒出来了。但是，光这一句还不成为一个概念，"秦时明月"和"汉时关"，怎么样呢？诗人接下去写了第二句（承）。这第二句，我们不必讲解，一读就知道他很容易地完成了征人"出塞"的概念。两句诗，还只是说明了一个客观现实：有许多离家万里的军人在塞外作战，不得回家。"出塞"的概念是完整了，但诗人作这首诗的意图呢，还无从知道。于是他不能再顺着第二句的思想路线写下去。他必须转到他的主题思想上去，于是他写下了第三句。这第三句和第一、二句有什么关系？看不出来，使读者觉得非常突兀。于是诗人写出了第四句。哦，原来如此，他把第一、二句的客观现实纳入到他的主观愿望里去了，主题思想充分表达，诗也完成了（合）。……

一首绝句的第三句，总是第一、二句和第四句之间的挂钩。绝句做得好不好，第三句的关系很大。[1]

再看看他怎么讲律诗：

律诗的结构，主要是中间二联，应当是对偶工稳的警句。前面有一联好的开端，后面有一联好的结尾。这三部分的互相照应和配搭，大有变化，大有高低，被决定于诗人的才情和技巧。

中间二联是律诗的主体，但这是艺术创作上的主体，而不是思想内容的主要部分。一首律诗的第一联和第四联连接起来，就可以表达出全诗的思想内容，加上中间两联，也不会给思想内容增加什么。[2]

以王维《山居秋暝》为例，首尾两联的四句已经包含了全诗的主旨：空山新雨后，天气晚来秋。随意春芳歇，王孙自可留。中间的两联四句对仗出色，形式完美，诗情画意，令人流连，可并没有增加诗的思想内容：明月松间照，清泉石上流。竹喧归浣女，莲动下渔舟。另外，随意春芳歇的"随意"是"尽管"的意思，施蛰存说，它是唐宋人的口语。这一联说的是："尽管现在已是秋天，

---

[1] 施蛰存：《唐诗百话》，华东师范大学出版社，2018，第557页。

[2] 同上书，第68—69页。

春草已经凋零，王孙还是可以居留的。"[1] 而这也就是《山居秋暝》的主题思想。再看文天祥被元军押解北上，经过南京时写下的《过金陵驿》，诗的主旨也在前后四句，表达了一种生死相依的故国情思：草合离宫转夕晖，孤云漂泊复何依？从今别却江南路，化作啼鹃带血归！而诗的中间四句只是艺术烘托，并未增加主题思想：山河风景原无异，城郭人民半已非。满地芦花和我老，旧家燕子傍谁飞？

范敬宜上大学时读的是中文系，而喜欢选修新闻系课程。我上大学时读的是新闻专业，而修了不少中文课程，仅中国文学史就读了两年，考试也有两次，第一次有道大题，评析王昌龄《闺怨》："闺中少妇不知愁，春日凝妆上翠楼。忽见陌头杨柳色，悔教夫婿觅封侯。"任课的俞绍初老师给了我全年级最高分，让我受宠若惊。作为公认的七绝圣手，王昌龄除了神品《出塞》，还有《闺怨》等上品。施蛰存将他的四首七绝放在一起讨论，讲了创作与赏析的章法，使人知其然并知其所以然。其中，《芙蓉楼送辛渐》的名句"洛阳亲友如相问，一片冰心在玉壶"，一般都理解为作者清高自许，不肯随波逐流，就像陶渊明"归去来兮"，李白"安能摧眉折腰事权贵，使我不得开心颜"。而施蛰存则以令人信服的旁证说明，"冰心玉壶"乃指为官廉洁清正，犹如冰壶之清白皎然："请辛渐回去告诉洛阳亲友，说自己做官，一定会守冰壶之戒。"[2] 如此说来，官员包括各路学界官员倒是不妨将此句置于座右，时刻提醒自己为官当守冰清玉洁的君子之道。

说到洛阳，不由想到唐宋之世，由于天时、地利、人和，河南诗人仿佛云之君兮纷纷而来下：刘希夷（年年岁岁花相似，岁岁年年人不同）、张说（昼携壮士破坚阵，夜接词人赋华屋）、李颀（白日登山望烽火，黄昏饮马傍交河）、韩翃（春城无处不飞花）、刘方平（今夜偏知春气暖，虫声新透绿窗纱）、王湾（潮平两岸阔，风正一帆悬）、宋之问（近乡情更怯，不敢问来人）、沈佺期、杜审言、杜甫、岑参（闻一多考证为荆州江陵人）、刘禹锡、崔颢、韩愈、王建、元稹、祖咏、李商隐、李贺、元结……天宝三载（744年），李白、杜甫、高适三位大诗人聚会汴梁，吟诗作画，开封名胜古吹台留有"三贤祠"，与王昌龄、高适、王之涣旗亭画壁一样传为美谈。汴州（开封）诗人崔颢的《黄鹤楼》，让李白叹惜"眼前有景道不得，崔颢题诗在上头"，更是广为人知的诗坛佳话了。据施蛰存的周详论述，这首名作的可信版本是："昔人已乘白云去，此地

---

[1] 施蛰存：《唐诗百话》，华东师范大学出版社，2018，第70页。
[2] 同上书，第127页。

空余黄鹤楼。黄鹤一去不复返,白云千载空悠悠。晴川历历汉阳树,春草萋萋鹦鹉洲。日暮乡关何处是,烟波江上使人愁。"

李白与崔颢暗摆擂台的《登金陵凤凰台》,千百年来同样脍炙人口:"凤凰台上凤凰游,凤去台空江自流。吴宫花草埋幽径,晋代衣冠成古丘。三山半落青天外,二水中分白鹭洲。总为浮云能蔽日,长安不见使人愁。"针对这一对台戏孰优孰劣的千古文案,施蛰存的看法是:"李白此诗,从思想内容与章法、句法来看,是胜过崔颢的。然而李白有摹仿崔诗的痕迹,也无可讳言。"[1] 另外,他对《蜀道难》一处文字解析,也令人颇受启发,这就是开篇三个有名的感叹词:

不必一定说是三字惊叹词,应当标点作"噫!吁戏!""吁戏"就是"於戏",而"於戏"是"呜呼"的古代写法。《宋景文笔记》云:"蜀人见物惊异,辄曰'噫嘻'。李太白作《蜀道难》,因用之。"可知"噫吁戏"是"噫嘻"的衍声词。胡元任又引苏东坡的文章来作证。东坡《后赤壁赋》云:"呜呼噫嘻,我知之矣。"又《洞庭春色赋》云:"呜呼噫嘻,我言夸矣。"也就是李白的"噫吁戏"。李白把"噫嘻"衍为三字,苏东坡更衍为四字,都用了蜀郡方言。[2]

在我下乡的豫南,人们表达惊叹之意时,也常说"噫""噫戏"等。当年不知就里,现在想来也是古风犹存呢。礼失求诸野,今天不少乡野土语,没准儿多为古代的雅言国语,如同唐宋的洛阳话、开封话,而时下流行的、连主持人都竞相模仿的港台腔反而没有什么文化,"我们女生""你们男生""哇塞"之类。在《唐宋词举要》跋尾,彭玉平教授写道:"个中得失,寸心自知。噫!"

李杜文章在,光焰万丈长。2014年秋的一天下午,河南大学新闻学院的朋友带我去黄河边放风筝。站在黄河大堤上,望着白日依山尽,黄河入海流的苍茫雄浑景象,我们不约而同吟诵起"李白最自然流畅的作品"(施蛰存):君不见黄河之水天上来,奔流到海不复回。君不见高堂明镜悲白发,朝如青丝暮成雪。人生得意须尽欢,莫使金樽空对月……对这位具有西域胡人血统的诗仙,我也一样自来喜欢有加,"绣口一吐就半个盛唐"(余光中)。不过,施蛰存对李白及其作品的一番评述,让我有了更深一层体味:

---

[1] 施蛰存:《唐诗百话》,华东师范大学出版社,2018,第143页。

[2] 同上书,第153页。

李白的诗，以饮酒、游仙、美女为题材的最多，后代的文学批评家常以此为李白的缺点。例如王安石就说："李白诗词，迅快无疏脱处，然其识污下，十句九言妇人与酒耳。"所谓其识污下，就是世界观庸俗。这种批评，虽则也有人为李白辩护，但在李白的诗歌里，高尚、深刻的世界观确是没有表现。他只是一个才气过人的诗人，能摆脱传统，创作流利奔放的诗篇。至于对人生的态度，他和当时一般文人并没有多大不同。早期的生活，就是饮酒作诗，到处旅游。……此后，他又恢复了饮酒浪漫的生活，把自己装成一个飘飘然有仙风道骨的高人逸士，不时在诗里讽刺一下政治，好像朝廷不重用他，就失去了天下大治的机会。《盐铁论》里有一段大夫讥笑文学的话："文学襃衣博带，窃周公之服；鞠躬蹴踏，窃仲尼之容；议论传诵，窃商赐之辞；刺讥言治，过管晏之才；心卑卿相，志小万乘。及授之政，昏乱不治。"这些话都切中文人之弊。他们平时高谈阔论，目空一切，"心卑卿相"，人人自以为是伊、吕、管、晏。及至给他一个官做，也未见得能尽其职守。……这种孤芳自赏的高傲情绪，从屈原以来，早就在我国文学中形成一个传统，而李白的表现，特别发扬了这个传统。[1]

　　相比李白，杜甫显然更富于忧国忧民的情怀，闪烁现实主义的光辉，国破山河在，城春草木深，烽火连三月，家书抵万金——所谓"诗史"，名不虚传。同时，杜甫在近体诗的格律、声韵等方面，也作出彪炳千秋的贡献，晚年律诗如《秋兴八首》，更达到炉火纯青的境界。《唐诗百话》以此为例，讲解律诗的创作与赏析，也对杜诗作了出色当行的批评：

　　艺术中心在中间两联，思想中心在首尾两联。中间两联要求对偶工稳，一联写景，一联抒情，或一联虚写，一联实写，切不可四句平行。首尾两联要通过中间两联，完成一个思想概念的起讫。杜甫《登高》一首却以前两联写景（风急天高猿啸哀，渚清沙白鸟飞回。无边落木萧萧下，不尽长江滚滚来），后两联抒情（万里悲秋常作客，百年多病独登台。艰难苦恨繁霜鬓，潦倒新停浊酒杯）。艺术中心强了，思想中心便削弱了。……许多人读此诗，只觉得它声调响亮，对仗工整，气韵雄健，而

---

[1] 施蛰存：《唐诗百话》，华东师范大学出版社，2018，第166页。

不注意它思想内容的不明确、不完整。[1]

按照通常理解，律诗是律诗（五律、七律、排律），绝句是绝句（五绝、七绝）。而施蛰存反复申说，实际上不管五言，还是七言，也不管二韵、四韵或多韵，都叫律诗。所谓律诗，就是讲究声律的近体诗，与之相对的是唐宋之前的古体诗。清代大儒沈德潜编了一部有名的《唐诗别裁》，又编了一部更有名的《古诗源》，将古诗作为唐诗之源："诗至有唐为极盛，然诗之盛，非诗之源也。……唐诗者，宋、元之上流，而古诗又唐人之发源也。"（《古诗源》序）另外，通行的"格律诗"说法，在施蛰存看来也不尽准确：

> 用"格律诗"这个名词来表示唐代兴起的律诗，这恐怕是现代人开始的错误概念。在唐代人的观念里，格是"格诗"，即讲究风格的诗，也就是古诗；律是"律诗"，即讲究声律的诗，也就是近体诗。高仲武在他编的《中兴间气集》的序文中说明他选诗的标准是"朝野通取，格律兼收"，这是说：不论作者有无官职，不论诗体是古体或近体，凡是好诗都要选入。……
> ……"格律"是两回事，不能把唐代律诗称为"格律诗"。我们如果要一个双音词来称呼唐代的律诗（包括绝句），应该名之为"声律诗"。[2]

唐诗之盛，以李杜为标志，而有唐一代居然出现两个光焰万丈的李杜，即盛唐大李杜（李白、杜甫）与晚唐小李杜（李商隐、杜牧）。从《唐诗百话》萃取的八联不朽名句，就可略见李商隐的千秋诗名：

> 永忆江湖归白发，欲回天地入扁舟。（《安定城楼》）
> 水亭暮雨寒犹在，罗荐春香暖不知。（《回中牡丹为雨所败》）
> 身无彩凤双飞翼，心有灵犀一点通。（《无题》）
> 纵使有花兼有月，可堪无酒又无人。（《春日寄怀》）
> 一春梦雨常飘瓦，尽日灵风不满旗。（《重过圣女祠》）
> 梦为远别啼难唤，书被催成墨未浓。（《无题》）
> 春蚕到死丝方尽，蜡炬成灰泪始干。（《无题》）

---

[1] 施蛰存：《唐诗百话》，华东师范大学出版社，2018，第201页。
[2] 同上书，第555—556页。

神女生涯原是梦，小姑居处本无郎。(《无题》)

仿照此类，不妨也遴选杜牧的八联名句，以见"杜郎俊爽"：

清明时节雨纷纷，路上行人欲断魂。(《清明》)
停车坐爱枫林晚，霜叶红于二月花。(《山行》)
东风不与周郎便，铜雀春深锁二乔。(《赤壁》)
商女不知亡国恨，隔江犹唱后庭花。(《泊秦淮》)
一骑红尘妃子笑，无人知是荔枝来。(《过华清宫》)
天阶夜色凉如水，卧看牵牛织女星。(《秋夕》)
江东子弟多才俊，卷土重来未可知。(《题乌江亭》)
蜡烛有心还惜别，替人垂泪到天明。(《赠别》)

当然，无论如何也不能遗漏《寄扬州韩绰判官》："青山隐隐水迢迢，秋尽江南草未凋。二十四桥明月夜，玉人何处教吹箫？"这首名作既体现了小杜的艺术风格，也蕴含着他的浪漫人生。《唐诗百话》讲了他的三个浪漫史，不独率性率真，更觉可爱可亲。如今，二十四桥依然是扬州胜迹，借用南宋词人姜夔《扬州慢·淮左名都》的佳句，"二十四桥仍在，波心荡，冷月无声"。2014年在南京师范大学出席首届民国新闻史会议后，应邀烟花三月下扬州，二十四桥自然是必去的。只是游人如织，熙来攘往，只能在心里默默回味唐诗宋词的意境了。

在现代文坛上，施蛰存向以先锋派著称，所谓"中国现代派鼻祖"。评论家朱大可认为，"他的都市心理小说，与沈从文的乡情小说，是中国文坛对称的两大支柱，共同完成了现代短篇小说的话语建构"[1]。然而，读《唐诗百话》，却常常领略一种现实主义的美学气息，人民、劳动、国家多难、民生多艰等不时闪现，兴观群怨、文以载道、家国情怀也是他评价诗人及其作品的主要标尺。1985年，他在百篇诗话结束之际，长篇大论谈的最后一首唐诗，是堪比杜甫《北征》的韦庄《秦妇吟》，其中写道："从个人的成败来看，黄巢是个失败的农民革命领袖，如果从他所领导的革命的影响来看，这一场革命毕竟加速了李唐政权的崩溃。因此，从这一意义来认识《秦妇吟》，它是反映唐代政治现实的最

---

[1] 朱大可：《想起施蛰存……》，载《中国新闻周刊》2005年第41期，第73页。

后一首史诗。正如杜甫的《北征》,是盛唐最后一首史诗。"[1] 这路现实主义文脉是五四以来,特别是延安以来一代爱国知识分子的共同底色。有名著《宋词赏析》传世的诗人教授沈祖棻也写道:"许多优秀的和伟大的诗人,在不同的历史时代反映了人民的生活和要求;和内容相适应,他们并不断地向人民学习,创造了多种多样的形式。"[2] 三十年河东,三十年河西。不待多言,三十多年来现实主义一步步从中心退居边缘,而五光十色的现代主义现代派一个个渐成新宠。当此时,看到一代大家朴素而雄廓的情怀,不禁想起并慨叹秦韬玉《贫女》一诗的名句:谁爱风流高格调,共怜时世俭梳妆。此句意思纷说不一,问题在于"共怜时世俭梳妆"。按照施蛰存的分析,"俭妆"其实不是俭朴的装束,恰恰相反,乃指流行的、人人趋之若鹜的时尚装束,因为晚唐曾经一度流行这种"俭妆":

> 这里一个"共"字,一个"俭"字,大家都讲错了,因此没有掌握到作者的原意。"共"字应讲作"许多人""众人"。"俭梳妆"本该是"俭妆",因为要凑足七字,而加入一个"梳"字。整句的意思应当讲作:"大家都喜欢时行的俭妆。"[3]

如此说来,"谁爱风流高格调,共怜时世俭梳妆"的寓意是,当今之世,还有几人追慕诗经大雅似的境界,又有几人不追攀此起彼伏的流俗潮流呢?

虽说《唐诗百话》主要讲唐诗,但对中国诗歌的渊源流变,包括唐诗宋词的嬗替也多有论述,令人开眼界,长见识,受启发。比如,白居易《花非花》是首摇曳生姿的小诗,也选入《唐宋词举要》,可说的什么又仿佛雾里看花:"花非花,雾非雾。夜半来,天明去。来如春梦不多时。去似朝云无觅处。"施蛰存一语破的,顿觉恍然而悟:

> 是为妓女而作。"花非花"两句比喻她的行踪似真似幻,似虚似实。唐宋时代旅客招妓女伴宿,都是夜半才来,黎明即去。元稹有一首诗,题为《梦昔时》,记他在梦中重会一个女子,有句云:"夜半初得处,天明临去时。"也是描写这一情况。因此,她来的时间不多,旅客宛如做了

---

[1] 施蛰存:《唐诗百话》,华东师范大学出版社,2018,第509页。
[2] 沈祖棻:《唐人七绝诗浅释》,中华书局,2008,"前言"第1页。
[3] 施蛰存:《唐诗百话》,华东师范大学出版社,2018,第490页。

一个春梦。她去了之后,就像清晨的云,消散得无影无踪。"[1]

白居易最有现实主义意味的作品是"新乐府""讽喻诗",《卖炭翁》《新丰折臂翁》惊心动魄,而他最多也最为人知的却是"感伤诗"与"闲适诗",《琵琶行》《长恨歌》《霓裳羽衣歌》以及"日出江花红胜火,春来江水绿如蓝"等绝唱。与之相似,作为夕阳无限好只是近黄昏的晚唐大诗人,韦庄为人熟知的不是长叹息以掩涕的《秦妇吟》,而是宋词一般的清词丽句:残月出门时,美人和泪辞;劝我早归家,绿窗人似花;春水碧于天,画船听雨眠;垆边人似月,皓腕凝霜雪……他的《思帝乡》更典型,不妨视为唐诗宋词的分水岭:"春日游,杏花吹满头。陌上谁家年少,足风流。妾拟将身嫁与,一生休。纵被无情弃,不能羞。"词学大家叶嘉莹2015年立春时节,在《人民日报》撰文《终古挚情能似此——品读韦庄〈思帝乡〉》:

> "人世间之所谓爱,虽然有多种之不同,然而无论其为君臣、父子、夫妇、朋友间的伦理之爱,或者是对学说、宗教、理想、信仰等的精神之爱,其对象与关系虽有种种之不同,可是当我们欲将之表现于诗歌,而想在其中寻求一种最热情、最深挚、最具体,而且最容易使人接受和感动的'爱'之意象,则当然莫过于男女之间的爱情"。这正是写男女欢爱的小词,有时偏偏能唤起读者幽微丰美的感发和联想的主要缘故。[2]

如果说,唐诗如同高适的黄钟大吕《燕歌行》:拟金伐鼓下榆关,旌旆逶迤碣石间。校尉羽书飞瀚海,单于猎火照狼山……那么,宋词则是莺歌燕舞的流行曲,宛若苏轼《蝶恋花》:墙里秋千墙外道,墙外行人,墙里佳人笑,笑渐不闻声渐悄,多情却被无情恼……元代诗人元好问有三十首《论诗绝句》,其中也以韩愈名篇《山石》和秦观名句"有情芍药含春泪,无力蔷薇卧晓枝"为例,对比了唐之豪放与宋之婉约。当然,宋词许多此类男欢女爱的"女郎诗",尽管无法与杜甫《北征》、韦庄《秦妇吟》等鸿篇巨制相提并论,但也"确实可以传达和引发一种幽隐情思,足以触发读者丰美的联想"(叶嘉莹)。王国维的《人间词话》就曾从中拈出三条千古名句,作为治学也是人生的三种境界:

---

[1] 施蛰存:《唐诗百话》,华东师范大学出版社,2018,第362页。

[2] 叶嘉莹:《终古挚情能似此——品读韦庄〈思帝乡〉》,载《人民日报》2015年2月3日,第24版。

昨夜西风凋碧树，独上高楼，望尽天涯路；衣带渐宽终不悔，为伊消得人憔悴；众里寻他千百度，蓦然回首，那人却在灯火阑珊处。下面随便拈出的著名词句，也同样给人"许多幽微的感发与丰美的联想"：

白居易《长相思》：汴水流，泗水流，流到瓜州古渡头，吴山点点愁。思悠悠，恨悠悠，恨到归时方始休，月明人倚楼。

李之仪《卜算子》：我住长江头，君住长江尾。日日思君不见君，共饮长江水。此水几时休，此恨何时已。只愿君心似我心，定不负相思意。

李清照《一剪梅》：红藕香残玉簟秋，轻解罗裳，独上兰舟。云中谁寄锦书来，雁字来时，月满西楼。花自飘零水自流，一种相思，两处闲愁。此情无计可消除，才下眉头，却上心头。

牛希济：语已多，情未了，回首犹重道：记得绿罗裙，处处怜芳草。

冯延巳：风乍起，吹皱一池春水；泪眼问花花不语，乱红飞过秋千去。

李璟：青鸟不传云外信，丁香空结雨中愁；细雨梦回鸡塞远，小楼吹彻玉笙寒。

李煜：离恨恰如春草，更行更远还生；独自莫凭栏，无限江山，别时容易见时难；剪不断，理还乱，是离愁，别是一番滋味在心头。

晏殊：无可奈何花落去，似曾相识燕归来；欲寄彩笺兼尺素，山长水阔知何处。

晏几道：梦魂惯得无拘检，又踏杨花过谢桥；落花人独立，微雨燕双飞；今宵剩把银釭照，犹恐相逢是梦中。

秦观：自在飞花轻似梦，无边丝雨细如愁；两情若是久长时，又岂在朝朝暮暮。

张先：云破月来花弄影；娇柔懒起，帘压卷花影；柳径无人，堕风絮无影。

…………

作为舞榭歌台的行乐唱词以及淫房酒肆的浅斟低唱，宋词难脱美酒加咖啡的情调，仿佛满目春草绿色、春水绿波的幽情与杨柳回塘、鸳鸯别浦的相思，《声声慢》总是如怨如慕，如泣如诉，点点愁不离众芳芜秽，美人迟暮。看看一个个词牌及其寓意：念奴娇、点绛唇、相思令、凤栖梧、长亭怨、钗头凤、阮郎归、贺新郎、蝶恋花、虞美人、浣溪沙……但同时看似不可思议的是，如此莺莺燕燕、袅袅婷婷、花花柳柳、风风韵韵的形式，却偏又翻出大江东去、浪淘尽千古风流人物的铿铿锵锵，激起金戈铁马、气吞万里如虎的浩浩荡荡。范仲淹《渔家傲·秋思》，王安石《桂枝香·金陵怀古》，苏东坡《念奴娇·大江东去》《水调歌头·明月几时有》，岳飞《满江红·怒发冲冠》，张孝祥《六州歌头·长淮望断》、辛弃疾《永遇乐·京口北固亭怀古》，均为气吞山河的千古名作——三十功名尘与土，八千里路云和月！2014年秋，我有幸受聘宁夏大学兼职教授，并作一场学术报告。当天早上，独自在校园漫步，想看看环境，找找感觉。深秋的银川，天高云淡，黄色的落叶与红色的霜叶，织成一片色彩斑斓的画图，在丽日蓝天映衬下愈发缤纷绚烂，于是心头不由得浮现出范仲淹《苏幕遮》的意境：碧云天，黄叶地。秋色连波，波上寒烟翠。山映斜阳天接水，芳草无情，更在斜阳外……一树梅花一放翁的陆游，既弹奏了红酥手黄縢酒的哀婉悲歌，又谱写了夜阑卧听风吹雨、铁马冰河入梦来的英雄乐章，遥相呼应着苏东坡的"十年生死两茫茫""夜来幽梦忽还乡"与"酒酣胸胆尚开张""老夫聊发少年狂"。宋词本身的豪放与婉约，更是生动体现于如下这个有名掌故：

  东坡在玉堂日，有幕士善歌，因问："我词何如柳七（柳永）？"对曰："柳郎中词，只合十七八女郎，执红牙板，歌'杨柳岸，晓风残月'。学士词，须关西大汉，铜琵琶，铁绰板，唱'大江东去'。"东坡为之绝倒。

  宋词豪放之作，我犹爱刘克庄《沁园春·梦孚若》，而通行版本同当年的背诵版本，下阕文字不尽相同，只觉得背诵版更有慷慨豪气："酒酣鼻息如雷，谁信被晨鸡呼唤回。叹年光过尽，功名未立，书生老去，机会方来。使李将军，遇高皇帝，万户侯何足道哉。披衣起，但凄凉四顾，慷慨生哀。"与之相埒的还有辛弃疾《破阵子·为陈同甫赋壮词以寄之》。辛弃疾与苏东坡同为豪放词翘楚，但似乎形似而神不似。苏东坡富于浪漫，耽于神游，犹如李白登高壮观天地间，大江茫茫去不还，有仙气，有灵气，更有一介书生的个人意气。而辛弃疾则身当乱世，又文武全才，上马擒贼寇，下马草军书，既充满杀敌报国的豪情壮志，又有壮志难酬、英雄末路的一腔激愤，就如这首千古绝唱：醉里挑灯看剑，梦回吹角连营。八百里分麾下炙，五十弦翻塞外声，沙场秋点兵。马作的卢飞快，弓如霹雳弦惊。了却君王天下事，赢得生前身后名，可怜白发生。《唐宋词举要》对此词的解析入情入理，洞悉幽微："这首词共十句，第一句醉着，中间八句梦着，只有煞末一句醒着。然而醉着的豪情、梦着的壮志都在醒着的白发中飘逝了。"[1]

香港回归的那年春天，我第一次赴港访学。当时，中国社会科学院新闻研究所所长孙旭培教授也恰在那里，我们同在一校，同住一处，与君离别意，同是宦游人。一天晚上，我们登上位于太平山上的楼顶平台，望着万家灯火与起伏山峦，孙老师思乡情浓，脱口吟出辛弃疾的"西北望长安，可怜无数山"（末尾恰是"江晚正愁余，山深闻鹧鸪"）。那一幕令人感慨，我突然意识到这些诗语不仅是美的艺术，而且也深深融入中国人的生命世界与精神血脉。想想看，日常生活中，又有多少耳熟的诗语：蒹葭苍苍，白露为霜；青青子衿，悠悠我心；去年今日此门中，人面桃花相映红；年年岁岁花相似，岁岁年年人不同；不到长城非好汉，壮士一去不复还；一江春水向东流，春来江水绿如蓝；池塘生春草；澄江静如练；采菊东篱下，悠然见南山；忽如一夜春风来，千树万树梨花开；春江水暖鸭先知；为有源头活水来；谁知盘中餐，粒粒皆辛苦；慈母手中线，游子身上衣；天长地久有时尽，此恨绵绵无绝期；人生自古谁无死，留取丹心照汗青；天苍苍，野茫茫，风吹草低见牛羊；每逢佳节倍思亲；人间正道是沧桑……台湾现代诗人钟鼎文的《三峡》，让今人再次领略了诗的国度、诗的文化、诗的精神：

> 大江东去，
> 一万里尽是滔滔……
> 在这里，我几次去来，
> 每次总想到古代的"出塞"；
> 澎湃的波涛，由瞿塘峡东下，
> 正像汉家的兵马，从玉门关西调，
> 听起来，总想到——
> 车辚辚，马萧萧……

不学诗，无以言。对于笔墨为生的新闻记者来说，学诗的意义更是不待多言了。且不说知人论世，也不说腹有诗书，仅以范敬宜与梁衡为例就可想而知。他们既是中国第一大报的名记者，分别做到人民日报总编辑和副总编辑，又是享誉天下的文化人。由于早年在无锡国专打下的古典根基，诗词歌赋在范敬宜身上已成为一种融入血脉的文化基因，以至于后来在新闻工作中也不由将这种

---

[1] 彭玉平：《唐宋词举要》，商务印书馆，2014，第419—420页。

文化基因自然流露笔端。他的代表作之一，那条有名的"睡出来的新闻"《夜无电话声　早无堵门人》，就以一首绝句"月光如水照新村"收尾，既升华了报道主题，又独树一帜，别开生面。他还认为，从事新闻工作应该像龚自珍作诗一般："欲为平易近人诗，下笔情深不自持。"于是，他的文字既平易近人，又饱蘸对国家、对人民的一往情深，而他的新闻观、人生观也凝聚在一句如同穆青"勿忘人民"的词句中："念白云深处千万家，情难抑。"中国人民大学档案系毕业的梁衡，同样酷爱古典诗词，并自觉地以此锤炼自己的文字。他在清华大学新闻学院的讲座中曾经谈到，当年下乡采访之际，还带着诗词读本，趁着早上一点悠闲时光读上几段，背诵几篇。他的文字含英咀华，同这种修养修炼自然密不可分。可惜，在据说采访都成多余的新媒体、大数据、云计算的情景中，不知还有几人有如此雅人深致，晨迎朝阳诵佳句，夜对明月吟新篇。至少一天到晚低着头，刷着屏，盯着鸡飞狗跳、鸡鸣狗盗之际，恐怕很难体味艾青伫立大地对泥土的眼含泪水，更难共鸣屈原怅望长空对生民的太息掩涕吧。

同新闻学子漫谈读书

——为何读、读什么、怎么读

作为新闻学子，大家都是读书人，读书人也叫书生，我在一部小书的后记里还写过：不变的是书生本色。对书生来说，天下最有趣的事情莫过于读书，而最无趣的事情莫过于听人谈书。就好比对吃货来说，最开心的事情是开吃，而最烦心的事情是听人谈吃。

杜甫有首《饮中八仙歌》，写了八位嗜酒如命的唐代人，个个栩栩如生，令人忍俊不禁。其中，世人最熟悉的是李白斗酒诗百篇，天子呼来不上船。而其他酒仙同样刻画得惟妙惟肖，如大诗人贺知章，"知章骑马似乘船，眼花落井水底眠"。这里，最好玩的还要数唐玄宗的侄子、汝阳王李琎。"汝阳三斗始朝天，道逢麴车口流涎，恨不移封向酒泉"，说他喝了三斗酒才上朝，路上碰到拉酒糟的车子，一闻飘逸的酒味，又忍不住垂涎欲滴，恨不得把自己的封地移到酒泉。酒泉其实并不出美酒，只因地名有酒，还如泉水般汩汩涌流，故让这位皇亲国戚不由产生痛饮的联想。作为读书人，读书就像吃货贪吃、酒徒贪饮，不让人开吃开喝，而只是听人大谈特谈这道菜如何，那种酒怎样，实在是烦人煞风景的事情。

言归正传。今天想同大家交流三个读书问题，主要与新闻学子有关，包括为何读、读什么、怎么读，恐怕多是老生常谈。

为何读

为什么读书？不读又如何？唐代诗人章碣不是说"刘项原来不读书"吗？其实，刘邦、项羽还是读书的，否则写不出"大风起兮云飞扬""力拔山兮气盖世"那等豪迈诗句。完全不读书，自称绿林大学毕业的民国巨匪张宗昌，曾想附庸风雅模仿刘邦的《大风歌》，结果一张嘴却是"大炮开兮轰他娘，数英雄兮张宗昌"。

关于书和读书的意义，前人论述早已曲尽其致，精彩备至。如高尔基的"书籍是人类文明进步的阶梯"，博尔赫斯的"天堂的模样就是图书馆"，培根的"读史使人明智，读诗使人灵秀"等。现代中国人最熟悉的还是周总理的那句少年壮语。周恩来十二三岁时，一次，校长问大家，诸君为什么读书，他的回答是：为中华之崛起而读书！

2019年阳春三月，我去江南参加第五届河阳论坛，顺便参观了缙云县的千年古民居，其中有副对联令人过目难忘：三代不读书，不如一窝猪。古往今来，中国老百姓对读书与读书人格外敬重，通用的敬语"先生"，原是称呼读书人的。小子读书不用心，不知书中有黄金；万般皆下品，唯有读书高。这些流行语虽然带着功名利禄的向往，但也表达了对书和读书的极度尊崇。所以，望子成龙、望女成凤的天下父母无不想方设法让孩子读书，哪怕倾其所有，也在所不惜。

如今，我们为何读书呢？一千个读书人可能会有一千个答案。为了就业，为了发展，为了修身，为了养性，为了知人论世，为了出人头地，等等。我的一位大学同学，入学时开班会，大家畅谈各自理想，而他明确说就想"成名成家"。我们是"文革"后第一届大学生，一般年龄都在如今研究生毕业的岁数。对比一下马克思青少年时的志向，就不难看到其间的霄壤之别了。当年，十七岁的马克思在中学毕业考试时写下一篇论文，题为《青年在选择职业时的考虑》，结束语尤其有名：

> 如果我们选择了最能为人类福利而劳动的职业，那么，重担就不能把我们压倒，因为这是为大家而献身；那时我们所感到的就不是可怜的、有限的、自私的乐趣，我们的幸福将属于千百万人，我们的事业将默默地、但是永恒发挥作用地存在下去，而面对我们的骨灰，高尚的人们将洒下热泪。

清华教学楼的卫生间，随处可见励志的招贴，其中一幅写道：鸟欲高飞先振翅，人想上进先读书。鲁迅先生说过，我们自古不乏埋头苦干的人，拼命硬干的人，舍身求法的人，为民请命的人。而这些人，都离不开书的滋养，或直接，或间接。我看过赵月枝教授房间挂的一幅书法，是一段佛教《心经》，话是至理名言，字是绝妙好字。作者是她的姑父，一位农民。正是在这样一种浓郁的诗书文化中，中国历史上涌现了一代代杰出书生，随口一说，就是一串。如屈原、司马迁、班固、诸葛亮、范仲淹、文天祥、王阳明、林则徐、左宗棠、以及共产党人李大钊、陈独秀、瞿秋白、毛泽东等。作为书生，毛泽东读书之广、之博、之深入、之融会贯通，可谓举世罕匹，仅仅一部《共产党宣言》就读了百十遍，《资治通鉴》也读了十七遍。陈晋主编了一套《毛泽东读书笔记精讲》，共四本，分为文学卷、历史卷、哲学卷、战略卷，广受好评，一版再版。陈晋还曾设想过三位伟人的退休生活：邓小平陪伴家人，含饴弄孙；周总理喜欢与文人雅士高谈阔论，畅叙幽情；而毛主席则是高卧终日，手不释卷。

从古往今来举不胜举的读书故事中，是否可以领悟一点——读书明理。所谓明理，非指一般待人接物的常情常理，而指识大体，明大义，如古人说的正心诚意，大本大源，今人说的真理与信仰。北宋初年有个吕端，有一次皇帝想任命他为宰相，有人反映说这个人糊涂，宋太宗应声答道，吕端"小事糊涂，大事不糊涂"。有些人小事精明，大事糊涂。读书明理首先在于大事不糊涂，也就是识大体，明大义，有操守，有信仰。信仰说来好像玄虚，可有可无，其实无所不在影响着人生。如果说人生好比漂泊在茫茫大海的孤舟，那么，信仰就是指南针。北京一所名校有位心理学教授，时常也做心理咨询，找他的人都是社会精英，而这些人的心理问题一个比一个严重。有意思的是，教授束手无策之际，给这些成功人士推荐马克思的书，没想到效果奇佳。我的一位得意门生，正在艰难创业，最近也陷入信仰困境。她发现，在各种忙乱烦心的事情中，真正困扰自己的不是什么融资啊盈利啊，而是信仰。信仰问题不解决，其他问题就卡死了。原先她也以为，先有所谓财务自由，才能有更大空间考虑形而上的问题。现在发现，自由源于信仰而非财务，财务只能使人离自由越来越远。虽然财务也得有保障，但如果信仰问题不知不觉从视野中消失，那么，对财务的一切追求，就变成不断使人"空心"的过程。过去十年，她与大多数青年学子年轻人一样，总想远离马列，避谈信仰，怀疑信仰无非找个理由骗自己。然而，由于陷入信仰困境，如今开始读马克思的著作，才意识到信仰才是人生中最真实的。所以，读书明理首先意在于此。

当然，读书不见得一定明理，不读书也不一定不明理。古往今来有许许多多深明大义的人并不是读书人。古语说"礼失求诸野"，礼崩乐坏之际，反倒在民间存留着一脉薪火相传的文明之火与信仰之光。王安忆的小说《小鲍庄》里有个孩子，从小就很懂道理，天生仁义，最后也因为这份仁义而夭折。所以，毛主席说，读书是学习，实践也是学习，而且是更重要的学习。他还对抗大学员说，既读"有字的书"，又读"无字的书"，也就是社会的大书。我们固然看重读书，同时也应该或者说更应该注重实践，在知行合一中力求读懂有字和无字的书。只有如此，才可能识大体，明大义，追求真理并确立真正的信仰。

如果读书只为稻粱谋，那么，种瓜得瓜，求利得利，早晚可以买车买房，但很难说人生充实，更不用说有益于人民，而由于小事精明，大事糊涂，弄不好还比不读书更糟。众所周知，读书人中胡作非为的不在少数，而且越有知识，为非作歹就越会"超水平发挥"。许多贪官都是大学毕业，甚至是博士。电影《暴裂无声》中那位衣冠楚楚的律师，为了私利不惜给黑心煤老板做伪证。所以，《资治通鉴》开篇就借三家分晋的故事，提出天下政治的第一要义在于人，一切治国理政的大事小情都得靠人执行，靠人落实，无论什么时代、什么制度。为此，司马光分析了四种人：一是德才兼备的圣人；二是德胜于才的贤人；三是才胜于德的小人；四是德才皆无的愚人。用人之道，首选自然是圣人、贤人，实在找不到这两种人，则宁用愚人，不用小人。道理很简单，愚人固然心术不正，但本事也有限，而小人则不仅坏心眼不少，而且真本事也不小，祸国殃民，危害更烈。

蒋介石统治时期的台湾，有个戴笠一般恐怖的特务头子，叫谷正文，阴险狡诈，技高一筹，共产党的地下组织被他破坏殆尽，包括壮烈牺牲的吴石将军和朱枫。而谁能想到，这个穷凶极恶的谷正文毕业于北京大学，还曾参加过"一二·九"运动，并在八路军一二九师当过干事，后来被俘叛变。中共一大代表陈公博也毕业于北大，后来居然跟随汪精卫，成为第二号大汉奸。同属一大代表中的周佛海留学日本，也与汪精卫一起投敌叛国。五四时期的北大学生张国焘长征途中分裂中央，差一点陷中国革命于绝境，后来投靠军统，彻底背叛革命，成为反革命的一只鹰犬。

如今，民国范儿很流行，过去的先生啊，民国的大师啊，看看钱锺书的《围城》就知道了，所谓民国大师，不乏蝇营狗苟而道貌岸然的学阀学霸或学渣。正因如此，中国人一向讲究见贤思齐，见不贤自省。毕竟，历史选择的、世人看重的还是诸葛亮的鞠躬尽瘁，范仲淹的先忧后乐，文天祥的留取丹心照汗青，林则徐的苟利国家生死以，人民的好总理周恩来的为中华之崛起而读书！

总之，为什么读书的问题可以归结为识大体，明大义，大是大非不糊涂。这一点，对新闻学子尤为重要，因为，新闻媒体从来都是"国之利器"，如同"国之重器"的导弹航母核潜艇大。若不解决大本大源，大是大非，而仅仅汲汲于所谓专业或专业主义，则可能专业越精越可怕，知识越多越恐怖，就像武功高强而没有灵魂的雇佣兵。2015年，我在荣获范敬宜新闻教育奖的获奖感言里，特别谈到"培养有梦想、有灵魂、有文化的中国记者"。

读什么

日前来南京师范大学，晚上出门溜达，看到宾馆对面有家先锋书店，于是进去转了一圈。真是不看不知道，一看吓一跳。半个足球场一般开阔的店面，林林总总摆放着汗牛充栋的图书，颇有一眼望不到边的感觉，书真多呀。

所以，读什么的问题首先在于选择，有所读，有所不读。弱水三千，只能取一瓢饮。其次，即使一瓢饮，也需要有所区分，不可能平均用力。故有精读，有泛读。精读求质，泛读求量，广泛撒网，重点捕鱼。复旦大学新闻学院有个好传统，号称"两典一笔"。两典是马列经典和文史古典，一笔指文笔。新闻学子需要重点阅读经典和古典，同时训练自己的文笔。范敬宜有个形象说法，叫作"五谷杂粮"，经典古典就是有益于人们精神健康成长的五谷杂粮。所以，他主张多吃五谷杂粮，少吃"维生素"，即看上去花里胡哨，实则没有多少文化营养的东西，包括痛并快乐、岁月静好之类的心灵鸡汤。

今年春节忙里偷闲，把《三国》《水浒》《西游记》又看了一遍。每看一遍，都不由感叹经典就是经典，火车不是推的，牛皮不是吹的。一生培养了十六位院士的化学家、清华校友时钧先生，年少时常在书包里藏着《三国》《水浒》，一次与小伙伴打赌，把《三国》一百二十回的篇目、《水浒》一百〇八将的绰号一口气背出来。我们看水浒的故事和人物多么生动啊，倒拔垂杨柳，雪夜上梁山，拳打镇关西，智取生辰纲，武松打虎，杨志卖刀，无不令人欲罢不能，恨不得一口气读完。西游记的语言那么风趣，活灵活现，而且与人物性格若合一契。比如，孙悟空动不动就是一句"常言道"：世上无难事，只怕有心人；皇帝轮流做，明年到我家；好事不出门，坏事传千里；好借好还，再借不难；等等。然后，噼里啪啦一番令人捧腹的高论。

至于三国故事，则如滚滚长江东逝水，一江春水向东流。仅看几部现代学问大家的小书，就可略见一斑。比如，吕思勉的《三国史话》、郑逸梅的《三国闲话》、方诗铭的《论三国人物》、陈迩东的《闲话三分》、金性尧的《三国谈心录》等，以小见大，议论风生。北京大学出版社有一套三国人物传记，一共六本，包括刘备、曹丕、孙权、司马懿、吕布、袁绍，作者是四川大学教授方北辰。这套小丛书多年前先在台湾问世，好评不断，真是比史书生动，比演义真切，比戏说靠谱。一次，我去中国传媒大学参加博士生答辩，出门时随手带着"吕布"，在车上看了一路。到了地方，一看表还有十来分钟，于是猫在墙角,把剩余部分看完,然后像饱餐一顿美食,心满意足走进答辩现场。在我国新闻界,毛泽东以曹操、孙权、袁绍、刘备等人为例,同田家英、吴冷西讲政治家办报以及多谋善断的故事,一向为人乐道。范敬宜也常用成都武侯祠的那副有名对联,讲解新闻人的政治意识与社会责任:"能攻心则反侧自消,从古知兵非好战;不审势即宽严皆误,后来治蜀要深思。"

关于读什么的问题,王国维有个说法耐人寻味:有的书可爱而不可信,有的书可信而不可爱。如果说可爱是指可读性,那么可信就是指可靠性。可爱而不可信的书貌似有趣,可读性强,可惜不怎么靠谱。常说开卷有益,这话如今不可照单全收,因为不少书巧言令色,真如鲁迅说的图财害命。电影《列宁在十月》有个场景,列宁开完秘密会议,夜色已深,于是就想在警卫员家里将就一夜。警卫员夫妇让出自己的床,而列宁坚持打地铺,然后顺手从书架上拿下一摞书,准备当枕头,边翻边说这本书不能枕头,那本书只能垫脚。现在有些书恐怕也只能垫脚。两百多年前,英国有位小品文作家查尔斯·兰姆,他的《伊利亚随笔》可以称得上可爱,其中开篇就是《漫谈读书》,语气中流露着一种英国式的冷幽默:

> 有些东西,虽然具有书的外形,我却不把它们当作书看。
>
> 坦白说,每当我看到那些披着书籍外衣的东西,被放在书架上,我就忍不住要发火。因为它们像一些假圣人侵占了圣堂,住进了不属于自己的神殿里,却把合法的主人,挤得无处存身。

与可爱而不可信的书相对,另一种书严谨、扎实、厚重,既可信,又有益于心智,但读起来可能不那么轻松愉悦、活泼有趣。比如,中国社会科学院学部委员赵汀阳的《每个人的政治》或《坏世界研究:作为第一哲学的政治哲学》,中国人民大学一级教授陈先达的《走向历史的深处》,清华大学文科资深教授汪晖的《现代中国思想的兴起》,薄一波的《若干重大决策与事件的回顾》,等等。遗憾的是,也许由于天性"好逸恶劳",人们往往对可爱而不可信的书趋之若鹜,而对可信而不可爱的书总是束之高阁。

当然,除了王国维说的两种情况,古今中外也不乏既可爱,又可信的书。比如古希腊的《希罗多德历史》与司马迁的《史记》,北京大学教授李零的《我们的中国》和清华大学教授格非的《雪隐鹭鸶:〈金瓶梅〉的声色与虚无》,以及北京大学出版社一套邃密群科的"十五讲"丛书——作者均为各学科一时之选。王国维《人间词话》更是经典,开篇用三句古诗,既形象又恰当地概括了治学的三重境界,也可谓读书的三重境界。先是登高望远,明确大方向,"昨夜西风凋碧树,独上高楼,望断天涯路";再是脚踏实地,刻苦攻读,"衣带渐宽终不悔,为伊消得人憔悴";最后是水到渠成,"蓦然回首,那人却在灯火阑珊处"。三卷本《中国共产党的九十年》,同样既可信,又可读,如第二卷即新中国前三十年部分,既实事求是,又生动简练,更有助于破除许多似是而非的流行思维流行语。

2018年,我与十位清华博士和博后编写了一部《清华新闻书目导读》(100种),其中,博通类50种,专业类50种。遴选书目时,我们尽可能兼顾大学生的阅读状况,在同类书中设法挑选既可信又可爱的书。比如:韩毓海的《伟人也要有人懂:少年读马克思》,金一南的《苦难辉煌》,特里尔的《毛泽东传》,傅高义的《邓小平时代》,斯诺的《西行漫记》,费正清的《伟大的中国革命》,王绍光的《民主四讲》,李书磊的《重读经典》,曹锦清的《黄河边的中国》,应星的《大河移民上访的故事》,玛雅的《中国为什么能》,张国刚的《〈资治通鉴〉与家国兴衰》等;专业书有《范敬宜文集》(特别是其中《敬宜笔记》),《南振中文集》(特别是其中《我怎样学习当记者》),《梁衡文集》(特别是其中《人杰鬼雄》),曼彻斯特的《光荣与梦想》,柯林斯的《巴黎烧了吗》,阿列克谢耶维奇的《二手时间》,加利亚诺的《拉丁美洲被切开的血管》,波兹曼的《娱乐至死》……

下面就结合这部新闻书目,谈谈新闻学子读什么的话题。新闻专业的学子与其他专业相比,读书有同有异,同在博通类,异在专业类。即使博通类,新闻专业也有所侧重,需要体现自己的专业特点。那么,新闻专业与其他专业相比,有什么特点呢?对此,一位前辈新闻教育家项德生教授概括为四个"一些":政治素质更高一些,社会活动能力更强一些,知识面更广一些,笔头更快一些。这四点也与读书相关,特别是政治素质、知识面、笔头。

我知道,现在学生一听政治,就想离得远远的。其实,无论是否学新闻,政治都是离不开的,也是躲不开的,你不问政治,政治早晚一定会问你。学新闻更是离不开政治,否则就转学会计、精算吧。一代马克思主义新闻学家甘惜分说得干脆:如果哪个记者编辑说自己不懂政治,只懂业务,那么,此人不是傻瓜,就是装蒜。文学名著《百年孤独》的作者马尔克斯,原是拉美的一位左翼记者,从新闻到文学,在历史上屡见不鲜。比如,最新的一个例子,就是毕业于莫斯科大学新闻系的记者阿列克谢耶维奇,也获得诺贝尔文学奖。马尔克斯在一篇文章中谈到政治对自己文学生涯的影响时说道:"我最美好的东西即政治觉悟,也是来自新闻工作。而政治觉悟,众所周知,是对现实的感受能力的最高表现。"我们讲政治家办报，何尝不是针对这种现实的感受能力及其最高表现呢。美国哥伦比亚大学新闻学院教授詹姆斯·凯瑞（J.W.Carey，1934—2006），在谈到新闻学的学术家园时，首先提到政治，然后分别是文学、哲学、艺术、历史。

为了加强政治素质，除了关心时事，关注新闻及其背景，把握党和国家的大政方针，积极参加社会实践，了解国情民情等，自然少不了读书与思考。项德生教授建议新闻学子在校四年，至少精读十几部马列原典，如《共产党宣言》《帝国主义是资本主义的最高阶段》《关于正确处理人民内部矛盾》《实践论》《矛盾论》等，并且需要一读再读。高年级学生还不妨读读《资本论》。我在清华的教学中，也深感原典经典的意义。一位本硕博均在清华的女生，读博后第一次接触四卷本的《马克思恩格斯选集》，感叹平生第一次看到如此高屋建瓴又鞭辟入里的文字。前阵子网上热议"996"工作制的时候，我的一位学生正在读马克思青年时代的名作《1844年经济学哲学手稿》，赞叹马克思对异化劳动的深刻洞察。

毋庸讳言，如今一听马克思，人们往往先是本能排斥，殊不知马克思的书不仅可信，而且可爱。就拿马克思三十岁完成的《共产党宣言》来说，几万字的篇幅精义迭出，妙语如珠，如"一个幽灵，共产主义的幽灵，在欧洲游荡"。读过英国学院派作家戴维·洛奇的《小世界》或者李洱的长篇小说《应物兄》，是不是觉得《共产党宣言》的这番话一针见血："资产阶级抹去了一切向来受人尊崇和令人敬畏的职业的神圣光环。它把医生、律师、教士、诗人和学者变成了它出钱招雇的雇佣劳动者。"而听惯豪门恩怨以及明星风流韵事时，是不是觉得如下文字力透纸背："资产阶级撕下了罩在家庭关系上的温情脉脉的面纱，把这种关系变成了纯粹的金钱关系。"而下面一段今天读来，简直就像说火爆的新媒体："一切固定的僵化的关系以及与之相适应的素被尊崇的观念和见解都被消除了，一切新形成的关系等不到固定下来就陈旧了。一切等级的和固定的东西都烟消云散了，一切神圣的东西都被亵渎了。人们终于不得不用冷静的眼光来看他们的生活地位、他们的相互关系。"也许，最为人所熟知并常引用的还是这段美而信的论断："代替那存在着阶级和阶级对立的资产阶级旧社会的，将是这样一个联合体，在那里，每个人的自由发展是一切人的自由发展的条件。"

对中国人来说，毛泽东可能读起来更亲切，而且可爱又可信。这些年，由于美国遏制中国，许多人想起《论持久战》，毛主席当年针对速胜论、亡国论的辩证分析，今天读来依然鲜活。从《孙子兵法》到《三十六计》，从克劳塞维茨的《战争论》到马汉的《海权论》，古今中外的军事论述可谓数不胜数，而毛泽东用两句大白话，就概括了战略问题的精髓：一曰"你打你的，我打我的"；一曰"打得赢就打，打不赢就跑"。《光明日报》日前刊发文章，作者是军事学院的副教授，题为《"你打你的，我打我的"永不过时——从美军在阿富汗的"落锤"行动谈起》。

  作为开国领袖，毛泽东也是文章大家和新闻大家。2013年，毛泽东诞辰120周年之际，梁衡在《人民日报》上发表了一篇漂亮文章《文章大家毛泽东》。过去有所谓"老三篇"之说，指的是毛主席的三篇经典文章：《为人民服务》《纪念白求恩》《愚公移山》。老三篇也可以说是三个精彩的中国故事。什么是中国故事，怎么讲好中国故事，看看老三篇就知道大概了。张思德的故事、白求恩的故事，通过毛主席的讲述不仅家喻户晓，而且深入人心，为人民服务更成为共产党、共和国的灵魂，深深融入亿万各族人民的精神血脉。《愚公移山》的故事同样可圈可点。在《愚公移山》中，毛主席先讲了愚公的故事。说愚公率领家人想把家门口的王屋山和太行山挖走，因为挡了一家人出行的路。故事中间还穿插着一位聪明人的劝导，应该说这位智叟的劝导不无道理，他们怎能把大山挖走呢？而愚公回答，我死了之后有儿子，儿子死了有孙子，子子孙孙没有穷尽，而山不会再增高，只要持之以恒，总有一天会成功的。最后，愚公的精神感动了上帝，于是就派了两个神仙下凡，把两座大山搬走了。故事讲完了，想说明什么呢？原来，毛主席想说，共产党人也在挖两座大山，一座叫作帝国主义，一座叫作封建主义，我们也挖山不止，埋头苦干，相信总有一天也会感动上帝。上帝是谁呢？原来是全中国的人民啊。故事讲到这里，让人不由拍案叫绝。这才叫讲好中国故事呢。

  总之，从马克思到毛泽东，从邓小平到习近平，均为新闻学子的必修课，千年第一思想家马克思的书更是必不可少，《伟大也要有人懂：少年读马克思》一书里有段话说得好：

>   一个人可能有许多的知识、读过许多的书，但是，如果他没有关于马克思的知识，没有读过马克思的书，那么，他一生注定只能在各种建筑材料之间搬运摸索，充其量只能成为一名不错的"砖家"而已。
>
>   今天的知识体系有什么缺陷呢？我们今天不是一般地缺少知识，而是缺少知识中的"钙"，我们缺少的是把知识组织起来的框架和纽带，而马克思就是那个框架和纽带，就是我们最需要的骨架和"钙"。有了骨架和钙，知识才能站起来，而不是像现在这样匍匐在地。

没有关于马克思的知识，其他一切知识都站不起来，包括新闻学——真是一语中的。与政治素质一样，新闻学子在知识面上也比其他专业要求更高。因为，新闻工作是同包罗万象的社会人生打交道，习仲勋甚至说"新闻工作就是群众工作"。因此，对天下政治，人生百态，天文地理，经史子集，都得有所了解，包括党章、宪法、《关于建国以来党的若干历史问题的决议》以及国际公约如《联合国宪章》。同时，各路专业记者还需对某方面知识有专门了解，如科学记者、体育记者、财经记者等。许多新闻掌故，也说明这些道理。比如，《纽约时报》一位编辑，看到记者发来爱因斯坦演讲的消息，发现其中一个公式有误，后来一核，果然如此。

当然，知识面也不是漫无边际，总得有个大致范围，因为生也有涯，学而无涯。一般来说，新闻专业知识面涉及史学、哲学、文学、经济学、法学、社会学、政治学、普通物理、高等数学等。首届范长江新闻奖得主、新华社原总编辑南振中以读书广博著称，穆青说他："一有空余时间，就用在读书上面。除了马列著作和毛泽东、邓小平理论外，新闻学、经济学、哲学、心理学、军事学、社会学甚至是医学著作也是他阅读的范围，涉猎之广，既让人吃惊，也让人感叹。"

除了读书，有些报纸杂志也值得关注。《读书》《中华读书报》《文汇读书周报》等，常有一些读书心得，启迪心智，开阔眼界。如今年《读书》上有篇李零文章《重读马克思》（上），举重若轻，深入浅出，摘录几段，可见一斑：

> 在这个资本席卷天下，人欲横流，利令智昏，闻革命而色变的时代，我想谈谈我读过的一种书，一种在我国备受尊崇也备受冷落，让很多聪明人羞于启齿觉得十分丢脸的书，这就是马克思的书。
>
> 马克思的书虽多，最重要的当推三种：一种是《德意志意识形态》，一种是《共产党宣言》，一种是《资本论》。
>
> 恩格斯不止一次说，马克思的发现就两个，一个是唯物史观，见《德意志意识形态》；一个是剩余价值说，见《资本论》。
>
> 《实践论》……强调实践，强调行动，强调投入战斗，才见分晓，这是马克思的一贯思路。《矛盾论》……强调斗争哲学，这也是马克思的一贯思路。
>
> 马克思的历史局限性，主要是受十九世纪欧洲历史学影响。这种历史学带有欧洲中心论的偏见。

怎么读

怎么读书就像怎么吃饭，各有各的吃法，只要吃进去、吃舒服就好了，关键是开吃，活到老，吃到老，一年三百六十天不停地吃，数十年如一日地吃。

南宋儒生胡宏说："学贵大成，不贵小用。大成者，参于天地之谓也；小用者，谋利计功之谓也。"此话也可用于读书，读书同样贵在大成，不贵小用。甘惜分先生还常把胡宏的话写成书法作品，随手赠人。诸葛亮读书，就颇有大成气象。《三国志》里写道，诸葛亮年轻时与三位好朋友一起求学，人家是"务于精熟"，而诸葛亮则是"观其大略"。观其大略四字表明，他既有远大抱负，岂学书生辈，窗前老一经，类似周总理的为中华之崛起而读书，又不拘泥于书本，而是取其精华，去其糟粕。书本里并不都是好东西，古今中外不乏平庸之作，如大多数西方新闻传播学著作。由于贵在大成，诸葛亮未出茅庐，已经洞悉天下大势。

南振中同新华社年轻记者谈过他的读书经验，这篇经验谈发表在2008年第5期《中国记者》上，题为《把"阅读"培养成为新闻工作者的一种爱好》。这是我看到的新闻人谈读书谈得最好的文章，所以，征得他的同意，我们把这篇文章作为《清华新闻书目导读》（100种）的代序。文章的内容很丰富，举凡新闻人为何读、读什么、怎么读的问题几乎无所不涉。比如，他谈到，许多年轻人觉得读书像是苦差事，可他们打球、跑步，气喘吁吁，汗流浃背，却不以为苦，反以为乐，为什么？因为喜欢嘛。同样道理，如果把阅读培养成这样一种爱好，也就会以"苦"为乐，乐在其中了。

我们即使明白莎士比亚、堂吉诃德、托尔斯泰、黑格尔、叔本华、马克思等名山之作，名不虚传，司马迁、司马光也均为经典，可一看到厚厚的大部头，就不由头大，望而却步。对此，南振中有个好经验，就是零打碎敲，零存整取，不求一举将军，只求日日拱卒。拿《列宁选集》来说，四大本，3600多页，南振中把它分解到一年中，平均每天10页，每天读一小时，结果半年就读完了。我用他的这种方法，果然见效，这些年把十卷本的《马克思恩格斯文集》、中华书局二十本的《资治通鉴》、二十五本《鲁迅大全集》的十本作品、莎士比亚全集代表作等又通读一遍。我常想，我们难道比新华社总编辑还忙，时间比人家还少吗？人家能做到，我们为什么做不到呢？

上面谈过，有精读，有泛读，泛读不妨像陶渊明"好读书，不求甚解"，精读则需要耐心细致。对于泛读之书，可以像李闯王的大军，横扫千军如卷席，只求攻城略地，不求安营扎寨。而对于精读之书，则需要稳扎稳打，步步为营，扎硬寨，打硬仗。无论精读还是泛读，也无论专业还是非专业，理想的读书心态总是专注、痴迷、废寝忘食、乐此不疲等，总之，纯兴趣，非功利。也就是说，打开书本的时候，别想着读这本书有什么用，能给自己带来哪些直接好处。读好书本身就是天大的好处，正所谓"第一等好事只是读书"。

真正的读书人既是书呆子，又不是书呆子。呆在于痴迷、痴情，就像林清玄对文学的一往情深，"上邪，我欲与君相知，长命无绝衰"。同时，切忌死读书、读死书、读书死，而应该以我为主，融会贯通，上焉者经世济民，下焉者参化天地。呆与不呆，都得有独立之精神，自由之思想，即所谓反思精神、批判意识。反思啊，批判啊，听起来好像挺玄乎，说白了不过如焦裕禄的大白话所言："吃别人嚼过的馒头没有味道。"读书如吃饭，应该自己吃，自己品，而不是等别人嚼过之后再吃再品。现在市面不乏别人嚼过的馒头，少滋寡味，令人反胃，如新闻专业主义云云。

子曰，学而不思则罔。叔本华也提醒，别把自己的大脑变成他人思想的跑马场。胡适有句话不无道理：对人，应该是有疑处不疑；对书，应该是无疑处有疑。不过，他对西方的一切却矢志不"疑"。东林党人的"风声雨声读书声声声入耳，家事国事天下事事事关心"，几百年来打动了多少人，可东林党人的所作所为却另当别论，大明的江山社稷也毁于他们的党同伐异。今年是五四运动一百年。关于五四，李泽厚有个说法，叫"救亡压倒启蒙"。对此，李零批评说，我不明白，列强瓜分中国，日本侵占中国，中国人起而反抗，怎么就挡了启蒙的道？所以，没有反思意识和批判精神，既不懂得独立思考，又不善于融会贯通，那就真成了书呆子，如兰姆说的："除了走路，我就读书，我不会坐在那里空想——自有书本代我去想。"

今天不揣浅陋，在此漫谈读书，只是希望激起诸君开吃的欲望，我也就心满意足了。

中原六日新闻行

新闻与文化的交响

疫情之后，立夏时节，因缘巧合安排了一次讲学活动，游历七地十二天。其间，中原六日，从汝河到确山，从汴梁到商城，从平西湖到三苏坟，穿行于"新闻与文化"之际，留下星星点点的鲜活印象。

新闻与文化，也是范敬宜老师在清华开设的几门课程之一，更是临终托付的两门课程之一。今年，范老师故去十三年，我接手新闻与文化课程十二轮。四月份结课时，带领清华学子，来到未名湖畔斯诺墓，与北大新闻师生一起，浸润历史，感受文化，怀念红星照耀中国，畅谈斯诺新闻精神。

结课月余，来到中原，先在开封讲"新闻与读书"，后到平顶山谈"新时代新闻观"。蒙主人安排，有三次出游。第一次，来回两天，去汝河，下乡处，半个世纪过去，弹指一挥间。第二次，访豫南大别山，名曲《八月桂花遍地开》诞生地，来回也两天。第三次，寻郏县广阔天地大有作为人民公社，即今天的广阔天地乡以及三苏坟，均在运筹帷幄决胜千里的张良故里，故郏县有条"张良路"。

1974年，我从边城回到祖籍淮河畔、汝河滨，读完高中，上山下乡。翌年赶上"75·8"大洪水，目睹汝河泛滥，波涛汹涌，人畜漂浮，顺流而下。2021年郑州"7·20"特大暴雨耸动天下，而"75·8"有过之无不及。汴梁讲学后，适逢周末，新院长、老朋友听说我想去下乡处走走看看，便安排车辆，并有涛博士相伴前往。

陈蕃黄宪一水间

第一天，一大早，风和日丽，天朗气清，由古城南下，经周口，过平舆，先到当年知青点——平舆正阳之交、汝河淮河之间的小村庄。选这条线路，也是由于"75·8"后，曾想骑车去平舆。一条汝河，隔开两县，正阳在南边，平舆在北边。当年，县城以下，多是土路，雨后放晴，路面遍布坑洼起伏、歪七扭八的车辙，走起来都困难。于是，骑行不远，难以为继，只好望路兴叹而作罢。四十多年后，今天也算一遂当年愿。

从汴梁到平舆，走高速三小时，午饭时分赶到，简单吃点东西，先慕名前往陈蕃公园。人杰地灵，徐孺下陈蕃之榻，说的就是平舆陈蕃。这位东汉末年的名士，位列三公，朝野称誉，谋诛宦官，失败被杀。陈蕃公园占地百余亩，曲径通幽处，半亩方塘开，绿荫满目，清风入怀，临池遐想，思通千载。

没有想到，平舆去年还入选国家级文明城市。虽然走马观花，浮光掠影，但县城南边的迎宾大道，开阔平坦堪比起降大飞机的跑道。而当年，由于这条道路行路难，让我不得不"半途而废"。迎宾大道接着省道，路况近乎高速，约半小时，就抵达平舆正阳交界的汝河。

汝河，属淮河水系。1975年8月，汝河上游的板桥、中游的宿鸭湖等数十座大中小型水库相继垮坝，导致仅次于1976年唐山大地震的灾难。当年，我初到下乡处，一条新建大桥耸立河床，气势不凡，如今废弃，荒草丛集，如白发渔樵江渚上，伫望着八百年前苏东坡、范仲淹先后途经此间的如烟往事，诉说着刘邓大军"狭路相逢勇者胜"的英雄传奇，也见证着"75·8"大洪水的"天地不仁"。

十年前，来这里，看到汝河已如死水，泛着幽幽绿色，好似闻一多笔下的《死水》：这是一沟绝望的死水，清风吹不起半点涟漪……而今，故地重游，但见汝河又成为一条清流，两岸风光旖旎，生机盎然。同样，曾经随处可见的池塘、水渠、小河，以及水面阔大的水库等，十年前不是难得一见，就是萎缩变质，一些村落几近荒废。而今，放眼望去，沃野千里，平畴无限，暧暧远人村，依依墟里烟，晴空一鹤舞翩跹。

前行一小时，又到淮河边，我的父母故里。1947年，刘邓大军在此涉水渡河，大军刚过，山洪暴发，国军追兵眼睁睁看着我军远去，直趋大别山。乔羽、刘炽的名曲"一条大河波浪宽，风吹稻花香两岸，我家就在岸上住，听惯了艄公的号子，看惯了船上的白帆……"，唱的也是这里的风光节物。曾几何时，淮河生态同样污染，经过大力整治，已经初见成效，当地人说起来也不由感叹。

变化最明显的还数正阳县城，一派现代化气息，道路整洁，秩序井然，新建的四星级迎宾馆，即原来的县招待所，同"七七高考"入住时不可同日而语。房间里，摆放着一摞期刊，包括县文联主编的《正阳文艺》。平舆有陈蕃公园，正阳有黄叔度路。黄宪，字叔度，与陈蕃均列魏晋风流之翘楚。《世说新语》开篇就讲陈蕃、黄宪：一个"登车揽辔，有澄清天下之志"，一个"汪汪若千顷波，澄之不清，淆之不浊，不可量也"。

追寻范长江

第二天，也是中原之行第三日，依然艳阳高照，晴空万里。返程途中，拐到范长江最后岁月的五七干校、"小延安"竹沟、板桥水库。出正阳西行不久，即是京广线的小站明港，今属信阳市。明港虽小，名气不小，这里的五七干校，同信阳南边的武汉、武汉南边的咸宁五七干校一样，也曾名家云集，星斗满天。明港西北行，车程一小时，就到确山县瓦岗镇芦庄。同行涛博士，豫北安阳人，家在隋末义军的瓦岗寨，又见瓦岗名，故觉格外亲。芦庄外，大路边，有交通指示牌"范长江罹难处"，箭头标明沿此方向前行100米。

20世纪50年代后，范长江从新闻界转入科技界，60年代末，随国家科委的五七干校来到芦庄，1970年在此投井，同邓拓一样成为新闻界的悲歌。正午时分，阳光刺目，气温三十多摄氏度，尚无暑热之感。田野静悄悄，阒然无人影，但见百米处有座小亭，顺着乡间土路走过去，发现亭子是芦庄村民建的，亭中立碑，言语率直，书法朴拙——我们永远想念您。原以为亭子就在罹难处，正疑惑怎么不见井时，见一村民赶着一群羊施施而来。经指示，发现井在不远处的麦田中。小满将至，麦子快熟，小心翼翼蹚进去，便见一块空地一口井，井盖压着半边井口，阳光照射下黑洞洞的，不见深浅。

距井百米，有国家科委的五七干校遗存。干校大门可通一辆卡车，左边门柱挂有"驻马店市薄山林场芦庄林区"的牌子。围墙院落约有半个足球场大小，迎面一排颓败宿舍，大多无门无窗。拐过宿舍，见一对老人，坐着纳凉。老翁自称八十八，头脑清楚，应对如流，谈起干校事，聊到范长江，头头是道，还说范长江与众不同爱读报。不过，听研究范长江的威教授提示，齐东野语还需慎重。干校宿舍后，有当年的礼堂兼饭厅，如今用作羊圈。无论礼堂，还是宿舍，都是干校学员自己动手盖的，砖墙瓦顶，工整气派，有别于当年本地的茅屋草舍。算起来，我作为知青下乡时，距离芦庄不过百十公里，那时对范长江茫然无知，只记得读到邓拓的《燕山夜话》爱不释手。邓拓是河南大学学子，而我有幸忝列河南大学黄河学者，冥冥中似乎注定了新闻因缘。

从芦庄去竹沟，半小时车程。进入确山已见山峦起伏，原来确山确有山。前往竹沟，更见山路蜿蜒，起伏盘旋。由此也明白烽火岁月，这里何以成为"小延安"，原来也如井冈山的斗争，钻山入岭，星火燎原。读万卷书，行万里路，许多问题就清楚了。此次出行，先到金陵，澳门科技大学弟子陪着镇江一日游。镇江，古称京口，隔江相对有瓜洲、扬州，在古诗文中留下多少名篇：汴水流、泗水流，流到瓜洲古渡头，吴山点点愁……而到瓜洲，一下就明白王安石描绘的"京口瓜洲一水间，钟山只隔数重山"。确山竹沟革命纪念馆建成于1959年，周总理题写馆名。不巧的是，眼下正在闭馆修缮。

昨天经过汝河中游，今天来到汝河上游，由于"75·8"，汝河上游的板桥水库一夜而为天下知。我曾目睹大洪水，板桥之名更是刻骨铭心。于是从竹沟到板桥，想一睹水库容貌。来之前，想当然，觉得豫南第一水库，当是深沟高坝，耸然山间。不然的话，怎么会夜半溃坝，一泻汪洋呢。据死里逃生者说，库水倾泻而下时，水头平推，浩浩汤汤，约数十层楼高。而没想到，水库所在的板桥镇，竟是一望无际大平原。伫立水畔，放眼天际，才见一脉浅吟低唱的山峦。目睹山清水秀，沐浴风和日丽，难以想象当年天崩地裂的情景。

汴梁夜谭

回到汴梁，夕阳西下，晚霞给古城又平添韵致。晚上，在一处清净饭馆，与隔绝数年疫情的"青椒"畅叙幽情。席间，谈及核心期刊文章、研究生论文选题等学风问题，也觉无力无奈。我说，不怪学生迷恋既酷又炫的"屠龙术"，如今学界"主流"颇有齐梁之风，七宝楼台，炫人眼目，拆碎下来，不成片断。青年学子追新逐奇，天性使然，有时分不清真才实学与皇帝新衣，正如分不清妇女解放与女权主义、每个人自由发展与自由主义、正面宣传与建设性新闻。于是，在一波未平一波又起的新潮西潮冲击下，在专业主义、身体政治、物质性、具身性等魔幻催眠中，难免五迷三道，乃至走火入魔。

特别是，面对五光十色的媒介新技术，数十年来，从理论到理论、从逻辑到逻辑、从纽约到伦敦的流行语，依据想象纵论天下，畅谈未来，新潮概念前呼后拥,"三言二拍"一惊一乍、颠覆性重构、结构性重组、系统性重建云云,不仅新闻学不再是新闻学,新闻人不再是新闻人,而且从此山不是山,水不是水,地里不再种庄稼,女人不再生孩子,甚至太阳也不再升起——刘建明教授一语中的称之为"无知憨态"。刘老师作为新中国的首批新闻学博士,入学之前曾任某市广播局局长。

当此时,研究生痴迷时学或伪学,也就不足为奇了。有道是,苦海无边,回头是岸,跳出装神弄鬼、不知所云、云里雾里、游说无根的苦海,立足大地包括中原大地,本有多少实实在在的真问题、真学问。如河南第一位范长江新闻奖获得者王天定,工农兵通讯员出身的土记者,数十年扎根基层,深入群众,这样的人物及其时代本应成为硕博论文的选题,《每个人的政治》中蕴含的学理也是赵汀阳揭橥的"以行为本":

> 中国古代思想家对于那些"更高的"(the higher)或"隐藏着的"(the hidden)万物之理的知识论兴趣非常有限,而更多地关注那些道不远人、亲身可即的万事之理,特别是政治、社会、生命和生活之理。

八月桂花遍地开

想到王天定,也是因为接着两天,再赴豫南大别山,参观他的一个新闻摄影展。于是,中原之行第四日,便同鹏院长等四位老师一起南下商城,来回虽然紧张,行程收获满满。信阳商城,位于大别山腹地,途中经过司马光、邓颖超的故里光山,北京军区原司令员李德生、南京军区司令员许世友的老家新县,新县以及信阳地区有数十位开国将领。王天定的摄影展在商城的里罗村举办,一个远近闻名的旅游打卡地。活动之前,意外邂逅两位老同学,省报原总编辑和省农村报原总编辑,他乡遇故知,愈发心欢喜。特别是,说曹操,曹操到,其中一位还曾写过第一部"75·8"的著述,调查深入,叙事翔实,分析透辟,读后难以释怀。

影展活动,红火喜庆,信阳、省报、商城等主要领导出席,河南大学、郑州大学代表在开幕式上揭牌教学基地。影展内容之丰富,大出意外。总计3000幅照片,配上文字说明,制成百十块展板,摆放在里罗村的旅游线路旁。所有展品分为两个系列,一是大别山以及中原地区开国将领的照片及其简介,一是将军家乡的旧貌新颜。历史现实,两相映照,生动直观地展现了新中国从哪里来,也提示了中国式现代化的大道之行。作为红色圣地之一,千里大别山是红二十五军发源地,也是刘邓大军千里跃进的根据地。一曲《八月桂花遍地开》,寄寓了革命理想高于天的壮怀深情。1964年,周总理执导大型音乐舞蹈史诗《东方红》,在第二场《星火燎原》中选用了这首歌,从此,《八月桂花遍地开》更是与《农友歌》《南泥湾》《解放区的天》等一道深入千家万户,唱响天南地北。

　　我的专业虽是新闻学,还曾在中原下乡、求学、工作近二十年,但也是此次机缘,才了解王天定,感悟他的工作与作品,对此,不是一句孤陋寡闻就可以敷衍的。想起老同学解记者,在校时勤奋刻苦,热爱新闻,笔耕不辍。毕业后进入新华社,退休前任《新华每日电讯》总编辑,并把电讯办成上面满意、百姓喜欢的新闻纸,或者说"党和人民放心"。这位老同学与王天定一样,同为工农兵通讯员出身,年轻时在社会生活与新闻实践中摸爬滚打,不仅写出刊于省报的新闻作品,而且同工农兵"学哲学、用哲学"的许多作品一样,理论水平之高,不在专家学者之下。

　　睫在眼前长不见,道非身外更何求。面对此类新闻实践、新闻人,不由得常常反思自身以及新闻教育、新闻学的沉疴痼疾,包括学术研究与人才培养。就学术研究而言,数十年来脱实向虚,虽然近十年来大环境今非昔比,但受制于一些评价体系及其体制机制,包括"国际接轨国际化"、量化考核非升即走、"机械性僵硬"的学八股,以及"以洋为尊、以洋为美、唯洋是从"等学术心态,活生生的王天定们往往难入学界法眼。因此,虽然党和国家倡导立足中国大地、为人民著书立说,费孝通、甘惜分也敲黑板、划重点"学术的用处就在为人民服务""立足中国土,回到马克思",但兀自对空言说自娱自乐者仍不乏其辈。值得欣慰的是,新闻学新青年日益觉悟觉醒,不断展现新时代的文化自觉与学术自觉,如一批新人耳目的硕博论文选题,包括陈望道、安岗、范敬宜、郭超人。为此,这些年我们与河南大学一起推出一套"中国新闻学丛书",也希望扭转空疏之风,浮泛之气。建党百年时出版第一辑十种,今年付梓第二辑,同样预计十种。

　　人才培养问题,更是引人注目。如果说教育的根本问题在于培养人,那么培养人的根本就在于什么人培养。如果说新闻教育的目标在于培养"政治坚定、业务精湛、作风优良、党和人民放心的新闻工作者",那么教育者首先得是社会主义及其新闻事业的建设者和接班人,而不能是旁观者,更不能是掘墓人。赵鼎新在《社会与政治运动讲义》中,谈到的"利益认同"与"价值认同"之分离,也是新闻教育的要害所在。总之,教书育人,著书立说,是新闻教育新闻学的两大使命:教书育人的根本在于培养什么人以及怎样培养人,著书立说的根本在于为谁著书、为谁立说。

　　大别山之旅来去匆匆，感受难免浮皮潦草，即使如此，相较自己的一些凿空之论，已颇觉圆凿方枘了。怨不得穆青一待在机关就不自在，少言寡语，而一到基层就"满血复活"，神采飞扬。无论如何，毛主席说的没有调查，就没有发言权，范敬宜说离基层越近，离真理越近，无愧至理名言。也正是在这样一脉传统中，正心诚意的人民记者如穆青一样，心甘情愿裤腿上永远沾着泥巴。

广阔天地大有作为

　　中原六日行，最后平顶山。初到鹰城，豁然开朗，新市区分布于起伏的缓坡旷野，一望无碍，直达天际，如同密苏里大学所在的哥伦比亚市，迥异钢筋水泥的森林。好山好水好地方，条条大路都宽广，平顶山有山也有水，平西湖（白龟山水库）面积更是十倍于杭州西湖。入住的蕴海锦园大酒店，就在湖边。板桥水库是驻马店市的饮用水源，平西湖是平顶山市的饮用水源，上下天光，一碧万顷。

　　除了讲学，此行也是慕"广阔天地"之名而来。隶属平顶山市郏县的广阔天地乡，在新中国历史上留下深刻烙印，如同兰考焦裕禄、林县红旗渠、豫西三门峡，均为"左一脚、右一脚、深一脚、浅一脚"的中国道路及其艰苦奋斗、奋发图强的象征。广阔天地源于毛主席的一个批示。1955年，郏县大李庄乡组织32名回乡青年参加农业合作化工作，在全国开创先例，毛主席看到大李庄乡《在一个乡里进行合作化规划的经验》一文后，写下了一则有名的批示：

> 　　这也是一篇好文章，可作各地参考。其中提到组织中学生和高小毕业生参加合作化的工作，值得特别注意。一切可以到农村中去工作的这样的知识分子，应当高兴地到那里去。农村是一个广阔的天地，在那里是可以大有作为的。

　　广阔天地，大有作为，波澜壮阔的知青运动由此拉开帷幕。一批党和国家领导人，以及学界中坚均为知青代表，豫剧《朝阳沟》也以这一时代为背景——知识分子劳动化，劳动人民知识化。1968年，郏县成立"广阔天地大有作为人民公社"，如今建有"广阔天地大有作为纪念馆"。

新时代新闻学

自2016年习近平在哲学社会科学工作座谈会上,把新闻学提到前所未有的高度,与哲学、历史学等并称11门"支撑性学科"以来,各方开始致力于推进中国特色与普遍意义有机结合的学科体系、学术体系和话语体系。此行十二天包括中原六日,也与同行交流这方面问题,我则不断强调一点,也是在天津青年新闻史论坛上谈到的要点:新时代新闻学的根基在于新中国,前三十年更是当务之急。一,作为奠基时期,一系列实践、理论、传统等不仅构成中国新闻业与新闻学的底色,而且——借用党的第三个历史决议的话说:在此进程中取得的独创性理论成果和巨大成就,为在新的历史时期开创中国特色社会主义新闻业与新闻学提供了宝贵经验、理论准备、物质基础。二,作为历史时段相对成型,已经积淀为有待开垦的学术处女地,史学、文学、社会学、政治学、法学等学科在此深耕细作,卓有建树,一批高水平成果联翩而至,引人注目。三,一系列历史文献与当事人亟待"抢救",刻不容缓。举例来说,毛主席写下广阔天地大有作为批示之际,正在主持编辑《中国农村的社会主义高潮》一书,他为书中104篇文章写的按语,堪称政治家办报的典范,也是上乘的博论选题。总之,《文化纵横》杂志2023年6月新刊手记说得好:

> 今天,在意识形态领域,对于用后30年否定前30年的思潮已经有了强有力的遏制,但从政治经济学、科学社会主义范畴总结前30年,仍然面临理论上的艰苦工作。不说清楚前30年的社会主义,当代中国社会主义就缺乏历史合理性与历史合法性基础。

草拟这篇文章时,恰好看到复旦新闻博士杨唯汀的文章《徐震——倡导"两典一笔"的新闻教育家》。徐震(1929—1993),1959年任复旦大学新闻系党总支书记,提出"两典一笔"办系方针,即新闻学子应熟读马列经典、中外古典和练就"生花妙笔",1983年又任新闻系主任,1988年出任新闻学院首任院长。杨文写到,1957年徐震响应党中央的知识青年"上山下乡"号召,同200多名青年知识分子来到宝山县参加劳动锻炼。第二年,徐震在《复旦学报》撰文《劳动锻炼是知识分子思想改造的有效途径》,对半年劳动生活进行总结。文章分析了知识分子在劳动锻炼中得到思想改造的过程、途径和规律,认为知识分子通过劳动锻炼，突出变化是思想感情的逐步工农化，也就是又红又专之"红"的实质。

参观广阔天地大有作为纪念馆，听着广阔天地乡工作人员的介绍，更强烈感受到新中国新闻学研究刻不容缓。参观展览前，先被带入一间放映厅，约容三十人，看了一部新影厂的九分钟纪录片，拍摄于1974年。纪录片反映了广阔天地大有作为的知青生活，改天换地，一片生机，无愧为"革命人永远是年轻"，"建设社会主义新农村"（纪录片解说词）。片中两位关键人物让人浮想联翩，一位20世纪50年代回乡青年、时任公社书记、中央候补委员，一位1968年下乡知青、时任公社团委书记。可以想象，后来也得到证实，两位当事人一度时运多舛，团委书记幸得胡耀邦发话，才上了大学。算来，他们也都七八十岁了。当年，常驻这里的中央以及省市新闻单位有数十家，纪念馆也展出了一批激情岁月老报纸，包括本地报刊，如同报道北京知青、梁家河党支部书记习近平带领乡亲们建沼气的《延川情况》《延安通讯》。

大智大勇，张良苏轼

世事沧桑，白云苍狗。如今，由于苏东坡，郏县三苏坟更为人知。三苏是苏辙、苏轼、苏洵父子，三苏坟位于郏县小峨眉山，国家级文物保护单位。"三苏"中苏轼备受关注。苏轼归葬于此，也可谓"得其所哉"。他的《留侯论》，既为群雄睚眦相驰逐留下不刊之论："古之所谓豪杰之士者，必有过人之节。人情有所不能忍者，匹夫见辱，拔剑而起，挺身而斗，此不足为勇也。天下有大勇者，卒然临之而不惊，无故加之而不怒。此其所挟持者甚大，而其志甚远也。"也为郏县名人、汉初留侯写下一篇恰如其分的"新闻时评"："项籍唯不能忍，是以百战百胜而轻用其锋；高祖忍之，养其全锋而待其弊，此子房教之也。"

平顶山人、传媒大学楠博士，这些年热衷三苏坟的文旅宣传，与景区所在的当地村民交往密切，如同王天定与里罗村的关系。傍晚时分，赶到三苏坟时，景区已经关门。于是，给楠博士打了一个电话，联系上村里的新老书记，使我们如愿以偿而不至于吃闭门羹。三苏坟紧邻广庆寺，苏轼一生与佛家、广庆寺均有深厚渊源。与老书记握手道别后，暮霭四起，古寺苍然，但见寺前一片空地上，落满喜鹊，密密麻麻百十只，前所未见，颇感神奇。"佛狸祠下，神鸦社鼓"，禁不住想到日前京口北固楼上，看到毛主席手书的稼轩词《永遇乐·京口北固亭怀古》：

千古江山，英雄无觅孙仲谋处。舞榭歌台，风流总被雨打风吹去。斜阳草树，寻常巷陌，人道寄奴曾住。想当年，金戈铁马，气吞万里如虎。

元嘉草草，封狼居胥，赢得仓皇北顾。四十三年，望中犹记，烽火扬州路。可堪回首，佛狸祠下，一片神鸦社鼓。凭谁问：廉颇老矣，尚能饭否？

书林撷英

SHULIN XIEYING

破除"方法"拜物教
——曾庆香《大众传播符号：幻象与巫术》序

这些天来，桌头一直摆放着两部青年学者的著述，一是四川大学胡易容教授的《传媒符号学——后麦克卢汉的理论转向》（苏州大学出版社，2012年），一是中国传媒大学曾庆香教授主持国家社科基金项目的成果《大众传播符号：幻象与巫术》（中国广播电视出版社，2012年）。巧的是，拙著《符号透视》修订后更名为《传播符号论》，也于2012年在清华大学出版社印行，其中还提及两位青年学者及其成果。

2003年，当《符号透视》在复旦大学出版社面世时，无论是传播学科还是传播符号研究都非今日之盛况可比。记得当年北京万圣书园仅有一排书架摆放着新闻传播类书籍，而今已是一片错落有致的区域了。同时，日新月异的新著译著更是鳞次栉比，乱花迷眼，符号及传播符号的著述也看不胜看。[1] 如此局面同世纪初相比，真是不可同日而语了。

曾庆香的《大众传播符号：幻象与巫术》，就是这片葱郁园地绽出的一朵学术新蕾。作为中国社会科学院新闻与传播系的博士生，她的学位论文《试论新闻话语》——后以《新闻叙事学》出版，当初评阅与答辩就给人留下鲜明印象，文中闪现的想象力与创造性更令人称赏。比如，她将中国媒体的"正面报道""典型宣传"，同大禹治水三过家门这一激浊扬清的文明传统联系起来，探究其间一脉相承的叙事逻辑，立论新颖，论证翔实，颇有耳目一新之感。

手头的这部新作，继续发挥其学术专长与研究风格，将静水流深的符号学理与波涌浪翻的中国实践有机融合，揭示内在联系，阐发普遍规律，体现了一种值得提倡的学风。作品虽属抽象的理论著述，但作者并非凌空蹈虚地从概念到概念，从逻辑到逻辑，亦非理论平移地空谈原理，而是基于问题意识以及具体的社会传播现象进行探讨，层层剥笋地剖析了西方媒体对西藏"3·14"事件的符号建构、北京奥运会开幕式的符号象征、中央电视台《感动中国》的仪式意味等，从而既有益于深化中国的传播研究，有助于把握中国的传播实践，也践行与张扬了一种实事求是的学术传统。

---

[1] 参见赵毅衡：《中国符号学六十年》，《四川大学学报》2012年第1期。

国际关系学者张文木教授,对学问进行了非学理的有趣分类。在他看来,学分四种,一流的学问称之为"以事说理",就是从经验性的事实求得规律性的理论,即实事求是。二流的学问为"以理说事",就是用现成的理论解释鲜活的人生与社会,如当年的"二十八个半布尔什维克"、今天的"公共领域""新闻专业主义"等言说。三流的学问"就事论事"或"就理论理","事"与"理"犹如大路朝天各走半边,要么经验式说事,要么推演式说理。至于末流学问,则既不说"事",也不说"理",而是一事当前,方法先行。[1]

如前所述,新世纪以来,新闻传播学科及其学术成果呈现一派百花竞放之势,在学界的地位和影响与日俱增。[2] 同时,由于学科膨胀,不免乱象滋生,野草疯长,学风问题尤为突出。比如,有的博士论文不从具体的社会历史实践出发,以种种社会人生问题为先导,而是一事当前,先寻觅一套西方理论,以此作为思路与视角,审视其对象,展开其研究。如此情形让人不由想起古希腊神话里的故事,强盗有张标准化的床,把不同的人质放上去,个头超标就截短,不达标就拉长。中国也不乏类似传说,如削足适履、胶柱鼓瑟、刻舟求剑、指鹿为马、邯郸学步、东施效颦等等。再如,方法本是研究工具,针对不同的研究对象而千差万别,所以需要因地制宜,目的在于探究问题,创造新知。而如今一种时新潮流则将方法抽离于研究对象,并置于社会历史之上,俨然成为包治一切问题的灵丹妙药。而且,还人为分出一个所谓"质化"与"量化"的南北朝,并将量化奉为文明开化的正统,质化则如南下而牧马的匈奴,求学问道只有统计、问卷、量表才叫作"科学",否则就是不科学,至少是前科学、浅科学云云。如此说来,柏拉图、康德、黑格尔、马克思、亨廷顿、费孝通、李泽厚等属于哪类,戈公振、徐宝璜、甘惜分、王中、方汉奇、拉斯韦尔、麦克卢汉又当何论。流风所及,一些论文开题不看研究的问题,也不论研究的价值,而是先问用了哪种西方理论与量化方法。弄得学生神经兮兮,成天价琢磨新潮的"理论"、时兴的"方法",而真正需要关注的问题以及学术研究之真谛,不知不觉丢到爪哇国了。严耕望对方法论的精辟论述,虽然针对历史研究,但也适用于其他学科,包括新闻传播。比如,他认为,史家也如兵家,兵家有"兵无常势"之说,史家也有"史无定法"之论,倘若执一驭万,无异刻舟求剑。他的《治史经验谈》里一段方法论文字,就像是针对时下新闻传播研究:

---

[1] 参见张文木:《人生沉思录八》,观察者网,2015年5月3日,http://www.guancha.cn/ZhangWenMu/2015_05_03_318133.shtml。

[2] 参见丁柏铨:《论新闻学的学科影响力》,《现代传播》2011年第6期。

方法论对于我的治史不无相当影响。不过当我在中国历史方面工作了几十年之后，总觉得文科方面的研究，固然也要讲方法，但绝不应遵循一项固定的方法与技术。只要对于逻辑学有一些基本观念，如能对于数学有较好的训练尤佳，因为数学是训练思考推理的最佳方法，而任何学问总不外是个"理"字。此外就是要多多地仔细阅读有高度成就的学者的好著作，体会作者探讨问题的线索，然后运用自己的心灵智慧，各出心裁，推陈出新，自成一套，彼此不必相同。至于方法理论，不妨让一些专家去讲，成为一项专门之学，但实际从事历史事实探讨的人只能取其大意，不能太过拘守。太过拘守，就太呆板，容易走上僵化的死路上去；或者只是纸上谈兵，并无多大用处。[1]

即使就方法而言，所谓科学方法、实证方法、量化统计方法等也属频遭质疑的未知数。萨义德的《东方学》、贝尔纳的《黑色雅典娜》和弗兰克的《白银资本》三部名著，被哥伦比亚大学教授刘禾誉为当代西方学术转型的"路标性著作"。[2] 在《黑色雅典娜》一书绪言里，康奈尔大学政治学教授贝尔纳对此有段发人深省的论述。他说，进步和科学成为近一两百年的主导性范式，所有学科的最高律令就是科学或者说自然科学以及同自然科学相提并论的方法，方法是否科学构成研究是否科学的合理性根据，方法不合理的指控属于天大的学术问题。以考古学实证主义为例，就是一种通过"物品"（objects）而达到"客观"（objective）的信念。这一信念一方面将考古学提升到"科学的"地位，一方面将其他一切来源于叙事的传统如传说、宗教、方言等排斥在外。而在贝尔纳看来，这些貌似玄虚不科学的东西不仅同"科学"证据一样有效，而且比现代实证方法及其证据更具有"可信性"的基础。因为，诸如希罗多德、司马迁等"最好的早期作家是自省的，使用可信性的验证，并试图做到内部一贯性。而且，他们援引和评估他们的文献"[3]。中国社会科学院学者黄纪苏说得更明了：

---

[1] 严耕望：《治史三书》（增订版），上海人民出版社，2016，第3页。

[2] 刘禾：《欧洲路灯光影以外的世界：再谈西方学术新近的重大变革》，《读书》2005年第5期，第73页。

[3] 刘禾：《欧洲路灯光影以外的世界：再谈西方学术新近的重大变革》，《读书》2005年第5期，第6—7页。

为什么一篇写戏剧的文章尽是些"A 层面上的 D 线效应与 E 层面上的 F 线效应"？为什么红楼梦研究要"首次引进数理统计"——不过是统计了贾政有几房老婆、乌头庄交来几种年货？为什么谈人跟人这点破事非要表啦公式啦模型啦搞鼓得跟晶体管线路图似的？[1]

新闻界"走转改"风生水起，学术界也不无触动，中国社会科学院甚至酝酿社会科学的"走转改"。这些新动向也旨在改造今天的学习，尤其是扭转空疏的学风。就此而言，曾庆香的研究更值得推许，包括其博士论文和这部《大众传播符号》。相信伴随着星火燎原的文化自觉以及学术自觉，曾庆香等青年才俊当会更有作为，为中国学术作出自己的贡献，也为世界学术提供自己的智慧与思想。

（曾庆香：《大众传播符号：幻象与巫术》，中国广播电视出版社，2012）

不尚清谈　行胜于言
——《农民中国——江汉平原一个村落 26 位乡民的口述史》序

2011年正值清华百年华诞，也适逢清华开办新闻教育第十年。当此时，为曾维康这篇付梓的硕士学位论文《农民中国——江汉平原一个村落26位乡民的口述史》作序，不禁浮想联翩，思绪悠远。

曾维康，湖北监利人。本科就读中国地质大学（武汉），主修管理专业，酷爱新闻报道，曾在《光明日报》等媒体发表十数万言新闻作品，以此保送清华大学新闻学院攻读硕士学位。入学三年，气局更开，成绩单不仅包括一系列出色表现：调研报告《村级财政如何走向瘫痪——一本旧账和一位支书的自白》获第6届"挑战杯"首都大学生课外学术科技作品竞赛特等奖，任清华大学研究生通讯社社长，挂职九江市卫生局办公室主任助理，等等；而且更以一年之功，自费行走数省，采访江汉平原一个村落散布各地的26名村民，收集了100余万字材料、80余张图片、150余小时录音，在此基础上完成这篇别具一格的

---

[1] 黄纪苏：《高高低低话平等——在中央财经大学的演讲》，载黄纪苏：《与精英保持距离》，九州出版社，2009，第111—112页。

毕业论文。

作为他的导师以及多年负责学院教学工作的主管，笔者对他的为人为学及其成就自然多一丝欣慰，对他的成长经历与成才背景也多一点沉思。

一

在百年校史上，清华不仅为民族复兴书写了皇皇篇章，而且也为新闻传播贡献了累累硕果，留下一串熠熠生辉的名家身影。其中，既有梁启超这样的新闻传播巨匠，又有章汉夫这样的革命报人，既有羊枣、胡乔木、乔冠华等评论家，又有俞颂华、赵敏恒、徐铸成等名记者……其中五位在百年校庆之际，被制成相片镜框及简历，悬挂于学院楼梯口，来往师生自然会向这些前辈大家行注目礼。

作为清华国学四大导师之一的梁启超，被公认为中国首屈一指的现代报人与新闻传播学家，开天辟地，厥功至伟。他一生创办或主持了十七种报刊，戊戌变法前后的《时务报》《新民丛报》等，更是震古烁今，轰动朝野，所谓"举国趋之，如饮狂泉"。以他的报刊文章为标志的"时务文体"，清新刚健，气势如虹，一扫万古凡马空，开创了白话文的新时代。他的一系列新闻传播思想，如"去塞求通"等，直到今天依然为人所重。

作为党和国家领导人，江苏盐城人胡乔木有"中共中央一支笔"的美誉，曾担任毛泽东和政治局秘书，参与起草了两份历史性文件——《关于若干历史问题的决议》（1945）和《关于建国以来党的若干历史问题的决议》（1981）。同为盐城人的乔冠华以外交家闻名于世，曾率中国代表团第一次登上联合国大会的讲台，发表了"国家要独立、民族要解放、人民要革命"的著名演说，一时全球瞩目，风云激荡。同时，他们又是卓有影响的评论家。抗战时期，他们的评论一南一北，遥相呼应，有"北乔""南乔"之誉。"北乔"胡乔木还曾担任新华社社长、人民日报社社长、国家新闻总署署长、中宣部副部长等新闻要职。

作为一代报人，俞颂华五四时期就主持"四大副刊"之一的上海《时事新报·学灯》。1920年，他率俄文学校毕业生瞿秋白前往苏联，成为十月革命后最早访苏的中国记者，采访了列宁、托洛茨基等。1937年，他又赴延安采访，见到了毛泽东、周恩来，被黄炎培先生称为"新闻界之释迦牟尼"。《文汇报》创办人徐铸成同属20世纪中国报业奇才。《文汇报》诞生于风雨如磐的"孤岛"时期，高举抗日旗帜，挺起民族脊梁，宁为玉碎，勿为瓦全。徐铸成开创的办报风格，既熔铸古今，又会通中西。1950年代，毛泽东曾对徐铸成说过，"我每天下午起身后，必首先看《文汇报》，然后看《人民日报》"。俞颂华和徐铸成还是新闻教育家。俞颂华晚年出任国立社会教育学院（苏州）新闻系主任，并仙逝于此，他的一位弟子就是新中国一代新闻学家方汉奇。徐铸成改革开放后参与创办了厦门大学新闻传播系，培养了黄星民等新闻学后起之秀。……

抚今追昔，不管是峥嵘的革命岁月，还是火热的建设年代，清华园走出的许多学子都耕耘在新闻传播领域。他们或以笔为旗，书写历史的第一现场；或激扬文字，纵论天下的风云变幻；或运筹帷幄，擘画新闻传播的宏图大业；或兢兢业业，为新闻传播的大厦添砖加瓦。不管声名远播，还是默默无闻，都在新闻传播的风雨历程上留下点点足迹，付出滴滴心血。小说《红岩》刘思扬的原型刘国鋕烈士，电影《声震长空》里"延安新华广播电台"台长的原型傅英豪等均为代表。

为了继承、发扬与光大清华新闻传播的历史传统，也为了中华民族的复兴大业，2001年清华大学决定组建新闻学院，正式开办新闻学科。翌年，草长莺飞时节，挂牌成立学院，范仲淹二十八代嫡孙、《人民日报》原总编辑范敬宜出任院长，提出"面向主流、培养高手"的教育理念。十来年间，已有一批清华学子活跃于新闻传播界：现为《人民日报》记者的李强同学及其《乡村八记》得到国务院总理的赞许，学院青年教师周庆安博士受聘中央电视台"特约评论员"，硕士生刘鉴强完成一部有内涵、高水平的新闻作品《天珠——西藏传奇》，《中国青年报·冰点周刊》已有五位清华新闻学子……

曾维康，也是其中佼佼者。他的成长历程，同样离不开清华精神的洗礼、梁启超等先辈的熏陶，更离不开已故范敬宜院长的思想感召，离不开新闻学院的文化氛围与专业理想。

二

2002年暮春，范敬宜从王大中校长手里接过首任院长的聘书。至2010年初冬，他在院长任上为清华的新闻教育、人才培养、学科建设奉献了余生，鞠躬尽瘁，死而后已。其间，尤为突出的是确立了以马克思主义新闻观为主导的办学理念和办学方向，包括开展"马克思主义新闻观"教育教学和创办"清华大学马克思主义新闻学和新闻教育改革研究中心"并出任中心主任。

2005年，为了落实党和国家的"生命工程"——"马克思主义理论研究和建设工程"，落实马克思主义新闻观的教育活动，由范敬宜院长提议和推动，清华在全国新闻院系中率先开设面向全体新生的必修课——马克思主义新闻观。课程的宗旨，一方面在于旗帜鲜明地推进"素质为本，实践为用，面向主流,培养高手"的办学方针;另一方面在于立足马克思主义及其新闻观的鲜活灵魂、科学精神和时代要求,以辩证唯物主义和历史唯物主义的立场、观点和方法,探索现实问题,激发问题意识。特别是将马克思主义新闻观的教育教学同广阔的社会政治与历史文化联系起来,在中国特色、中国风格、中国气派的情景之中,培育和造就立足中国、面向世界、服务人民的"高手",进而探索和开辟一代新闻学家甘惜分先生念兹在兹的"中国化的、马克思主义的"新闻传播学学科体系。

毋庸讳言,无论马克思主义还是马克思主义新闻观,都曾经面临"尴尬"处境:一方面,宪法党章无不明确宣示马克思主义为立国之本,一如毛泽东所言"指导我们思想的理论基础是马克思列宁主义";另一方面,马克思主义及其立场、观点和方法又一度边缘化,而形形色色的非马克思主义甚至反马克思主义则以"多元化"畅行。在这种态势下开展马克思主义新闻观教育教学,推进"中国化的、马克思主义的"新闻传播学学科体系,难免会遭遇不解、质疑、抵触、冷嘲热讽等。有位新闻人就曾用心良苦地劝告范敬宜:你们的课程能不能不打"马克思"的旗号,而改用"学术化"的名称?学生的反应起初也是满心狐疑,一脸不屑。一次,有位同学问范敬宜下学期开什么课,当听到"马克思主义新闻观"时,顿以夸张的语气调侃道"好恐怖啊"。

也因如此,清华大学的马克思主义新闻观教学一开始就采用新的教学理念和模式,摒弃照本宣科,从理论到理论,从书本到书本,使人敬而远之,拒人千里之外,而着力于调动学生的兴趣,围绕问题及问题意识展开教学,一步步激发学习与探索的热情。结果,就像同学后来谈到的:"出乎意料",感到"惊喜","如同发现一片宝藏";"启发我用和以前不同的角度去思考和审视与新闻相关的一些现象";"达到一种站得高、看得远、想得深、拿得稳的素质状态";"带进了一个新天地";"不是空洞的、教条的,而是鲜活的、有灵魂的;它不是玄虚的,而是实在的;它不是远离我们的,而是每时每刻我们都能触摸到的";"明白了今天我们怎样做记者,怎样做好中国的新闻工作者"……

清华的马克思主义新闻观教育教学,包括一系列生动活泼的有机环节——专题讲座、课堂讨论、网络学堂、读书笔记、课程心得、电影观摩等,其中每周一次的专题讲座构成主干。这些讲座均围绕马克思主义新闻观的主题,邀请各方权威人士,联系新闻理论和新闻实践的新情况、新发展,以及历史与现实、中国与世界的重大问题,有声有色地讲解马克思主义新闻观的基本原则与基本原理,涉及党性与人民性、政治家办报、舆论导向、实事求是、新闻自由、正面报道、三贴近、党八股等诸多话题。粗略统计,2005年开课至今,我们已经组织百场专题讲座，主讲人包括：杨正泉、何平、张严平、郑保卫、梁衡、童兵、赵启正、赵月枝、翟惠生、胡正荣、张文木、俞可平、乔良……其间，每一轮课程都由范敬宜首先开讲，由于他的亲和、睿智、饱学以及丰富多彩的新闻人生与阅历，他的讲座纵横驰骋，谈笑风生，娓娓道来，可亲可信，自然赢得青年学子的兴趣和认同。

在这些教育教学活动的基础上，还形成若干教学相长的成果，如清华大学出版社的《马克思主义新闻观十五讲》。本书主要精选名家讲座，一位山东大学学生在图书馆偶然发现这本书，读后忍不住发来邮件："《十五讲》彻底改变了我对马克思主义新闻观的看法。在此之前，'马克思主义新闻观'？'估计又是陈词滥调'，但经过一线记者现身说法，学者的严密表述，在我面前，马克思主义新闻观突然有了鲜活的面孔……"

2008年，"马克思主义新闻观"课程被评为清华大学精品课。在马克思主义新闻观以及有关教育教学活动的影响下，学院毕业生进入主流媒体和国家重要岗位的比例逐年上升，2007年达到80%，以后差不多年年都在90%以上。如英语专业出身的研究生裴广江，毕业时放弃待遇优厚的外企，选择了人民日报社，不久派往南非记者站，2011年年初的一篇报道还被《新华文摘》转载。

三

同全国高校的研究生教育及其改革进程一样，新世纪以来清华也在反思和调整研究生培养模式。

对比改革开放初恢复研究生教育并确立学位制度，今天的研究生教育已不可同日而语。坊间种种非议，包括学风不正、心态浮躁、论文水平每况愈下等，之所以隔靴搔痒，甚至于事无补，也就在于没有厘清此研究生非彼研究生。当年研究生凤毛麟角，培养定位在于学术研究，毕业生一般也都进入高校和科研部门，如今研究生已是一个庞大群体，其中只有极少数人有可能、有兴趣进一步深造，朝着学术研究的方向发展，其余绝大多数的定位已从学术研究转为"实际应用"。以新闻学为例，如今博士进高校和科研部门都难乎其难，更遑论硕士，后者若在专业领域发展，绝大多数都只能也应该投身新闻一线。

由于意识到这种根本性变局，清华数年前就着力推进研究生教育的改革，其中关键内容正在于扭转硕士研究生以学术研究为导向的定位，转向为各行各业培养高素质的应用型人才。为此，学制也由三年改为弹性的两到三年（实际上鼓励两年）。如此根本性的变革与改革显然不可能一蹴而就，难免涉及各种繁杂琐细的因素。比如，按照教育部以及各高校的管理条例，不仅研究生（包括硕士研究生和博士研究生）必须撰写学术论文，而且本科生也同样需要学术论文作为授予学位的依据。如果说研究生定位已从学术研究型转为高级应用型，那么就该相应调整以培养学术型人才为导向的学术论文模式。还以新闻学为例，既然绝大多数研究生都将从事业务工作，如新闻的采访、写作、编辑、评论、节目制作等，那么就得考虑突破学理性的论文模式，允许和鼓励学生选取以提高实践能力与专业水平为导向的实践模式。否则，结果就难免学非所用，用非所学。

由于新闻学本属实践性很强的学科，这个矛盾就更加突出。新闻媒体如今常常抱怨，研究生怎么连一些基本功都没有？头上顶着名校光环，却不会采，不会写，不会播。说起来，学生也感到委屈，他们也很用功，可老师教的，学校学的都是坐而论道的学术研究，而非身体力行的实践功夫，也没有教学环节让他们锤炼实际本领。于是，不免谈起来头头是道，做起来样样稀松。其实，欧美新闻学科的著名院系也并非一刀切要求研究生撰写学术论文。

曾维康有句话说得好：世界上最远的距离，是知道和做到。上述道理应该不难理解，难的地方在于如何在现有学位体制下做到这一点。2005年底，笔者受命担任新闻学院副院长，分管教学工作。为了落实学院的办学方针，造就更多新闻传播的"高手"，同时也为了因应学校改革研究生培养模式的动议，我们除了完善教育教学环节，更将改革重点对准研究生教育中最后也最关键的学位论文。经过一年多努力，2007年有关方面终于批准新闻学院"试行"作品代论文。

四

从2007年到2011年，学院已有三届毕业生受惠此项改革，产生了十余篇新闻作品，包括文字作品和影视作品。2011年毕业节更收获了两篇较为理想的成果，一为彭茜的《年保玉则——走入新闻学的田野》，一为曾维康的这部著作。

现为新华社国际部记者的彭茜，是清华国际新闻传播项目的研究生，她的毕业作品《年保玉则——走入新闻学的田野》，获得清华校友熊向晖的女公子、新华社名记者熊蕾的赞许："这是我从2005年开始在北外等几所学校教新闻课以来看到的最好的毕业作品，比那些强弩出来的'论文'不知要精彩多少倍！也是很多专业新闻工作者应该写而没有写出来的东西。"至于曾维康的论文，笔者在导师评语中写道：

曾维康同学的硕士学位论文《农民中国——江汉平原一个村落26位乡

民的口述史》，是一篇别具一格的新闻作品。

首先，如此集中、如此翔实地展现中国农民群像及其心声，在共和国新闻史上尚属罕见。虽然当代诸多学科以及众多学者对此都有堪称经典的专题研究，如黄宗智及其"华北"与"江南"、阎云翔及其《私人生活的变革：一个中国村庄里的爱情、家庭和亲密关系（1949—1999）》、曹锦清及其《黄河边的中国》、高默波及其《高家村的故事》、黄树民及其《林村的故事》、应星及其《大河移民上访的故事》、于建嵘及其《岳村政治》、吴毅及其《小镇喧嚣：一个村镇政治运作的演绎与阐释》、温铁军及其"三农"系列、潘绥铭及其"小姐"系列，等等。但是，从新闻学介入这个领域，《农民中国》应是第一篇。唯其如此，愈显珍贵。这样一部新闻作品不仅突出展现了当下中国农民的"原生态"，而且也为社会史、政治史、心态史、民俗史等提供了颇有参考的一手文献。

其次，为了以一人之力而实现这些目标，作者不仅做了所有新闻学的基本功课，包括案头工作、采访调查、谋篇写作等，而且还对相关问题进行比较系统的研究，如三农问题、社会转型等，并结合自身来自乡村、又对东中西部不同区域的基层状况有所了解等优势，对作品及其主旨进行了深入细致的、实事求是的思考，并对田野调查等理论方法的优劣利弊、文本的呈现形态及其利弊得失等进行了反复推敲。

最后，以口述史的形式表达新闻的内容，既新颖独到，又可信可读，而且由于口述者属于同一聚落的二三十位同代人，他们的叙述互相印证，彼此勾连，前呼后应，又形成一种既杂沓又统一、既多元又一律的奇特效果，在新闻叙事学上不无创新意味。另外，与貌似同类的作品相比，比如作家写的《中国农民报告》、文学博士写的《中国在梁庄》等，新闻人笔下的《农民中国》以其平实而客观方式呈现事实的原貌与真相，较少羼杂至少没有刻意羼杂主观评判——这也是记者与文人、新闻作品与文学作品的区别。

温铁军教授针对中国百年沧桑谈过一个观点："主义"可以变，"问题"无法变。如今，这个主义，那个主张，你方唱罢我登场，城头变幻大王旗，也因此，更需要回到问题本身。不尚清谈，行胜于言——曾维康等研究生的学位论文，可为新闻学与新闻界提供一点启发吧。

2010年夏，学院党委书记王健华教授，将维康的论文开题报告转交范敬宜院长。回家后，老人家一气看完，兴奋不已，当即给维康打来电话：我从头到尾、一字一句地看完了你的开题报告，很激动，也很感动。你写的话题，是关系国计民生的大问题，意义很重大。你好好写，以前李强写的那个《乡村八记》，我送给温总理看了之后，他还专门给我回信了的。你有没有什么困难？（写得）朴实点就好。这是我家里的电话，有困难随时打给我。

令人痛惜的是，范敬宜院长于2010年11月13日永远离去了。王师北定中原日，家祭无忘告乃翁。当维康站在答辩台上，念及院长殷殷嘱托，而今却不能看到自己的这篇习作，不禁哽咽难言，全场为之动容！

（曾维康：《农民中国：江汉平原一个村落26位乡民的口述史》，高等教育出版社，2012）

清华园里好读书
——曹书乐《批判与重构：英国媒体与传播研究的马克思主义传统》序

曹书乐博士的这部学位论文《批判与重构：英国媒体与传播研究的马克思主义传统》完稿之际，适逢2011年清华百年校庆，也算献给母校的一份心意。

清华有所谓"三清团"的戏称，指学士、硕士、博士均出清华者。书乐即属此类"三清团"——本科为外语系（今外文系）英国语言文学专业、硕士为传播系传播学专业、博士为新闻与传播学院新闻传播学专业。此外，她还在中文系修读两年编辑学双学位，在新闻传播学博士后流动站从事两年研究，十五年的求学经历足以表明她的母校情缘，借用已故清华中文系主任徐葆耕教授的话说，"读于斯，长于斯，作于斯，婚于斯"……

我与书乐的交往，始于调入清华前的1999年。当时，应传播系负责人熊澄宇教授的邀请，为书乐一届研究生上传播理论课程。这已是第二次来清华上这门课了。第一次在清华人文学院的一间办公室，学生三五人，而这一次在一间小教室，学生二十许。由于同上届学生一道，为新华出版社翻译了一部书，学生之间声气相通，于是，一次课间休息时，有位端庄开朗的女生就问我："老师，能不能也组织我们翻译一点东西呢？"她，就是曹书乐。于是，我同现任新华出版社副社长的挚友黄春峰联系，恰好他们刚谈妥一部新书版权，我们一拍即合，遂有后来《白宫前沿——白宫记者团团长海伦·托马斯自传》一书。而参与翻译的自然有书乐，另外还包括现为中国人民大学新闻学院青年教师的陈阳博士。也许受此影响，书乐后来陆续为清华大学出版社又译了一些专业书籍，特别是颇受嘉许的《大众传播理论：基础、争鸣与未来》（巴兰、戴维斯），而这些译著的责任编辑正是她的硕士同班同学纪海虹。

2001年调入清华，我与书乐交往更多了，如评阅硕士论文、参加论文答辩等。研究生毕业后，她先在北京电影学院任教，主讲传播理论课程，还兼任班主任，颇得老教师、新同学的认可。2005年，她与同属"三清团"的先生何威一起报考母校博士生，并双双录取，由此成为我的"开门弟子"。

记得入学后，聊起论文选题，她对"发展传播学"流露兴趣，希望在这方面做点研究。考虑她的优势——理论深厚、功底扎实、思想稳健等，以及清华的博士生定位——强调"顶天立地"、注重社会文化等，加之当时蒙复旦大学新闻学院黄旦教授不弃，邀我参与教育部重点项目"传播思想史"并承担欧洲部分，我建议她不妨考虑更有理论内涵，更富历史、文化、人文意味的欧洲学派研究，一方面可望在学术思想上有更大的贡献，一方面也更有益于中国自身的理论建设和传播实践。

不久，国家为了建设一流大学，决定每年选派部分优秀学生留学欧美，入名校，从名师，而书乐与何威均获得首批遴选。由于郭镇之教授的推荐，书乐赴英国威斯敏斯特大学传播与媒体研究所，师从批判传播研究的知名学者科林·斯巴克斯（Colin Sparks）教授。行前，我们几经讨论，学位论文选题大致确定在马克思主义传统下的欧洲传播研究。书乐读博期间，曾担任范敬宜院长的助教，颇受老人家赏识。范院长生前着力推进的一项工作，是马克思主义新闻学的教学与科研，他一手创建了"清华大学马克思主义新闻学研究中心"并兼中心主任。书乐的研究方向、论文选题以及学术关怀，自然也受益于范敬宜、斯巴克斯等马克思主义者的熏染与点化。

在英国一年半，她惜时如金，利用一切机会接触、了解、探询相关的学术渊源，穿梭于历史与现实之间，探求于理论与实践之际，偶尔接到她的邮件，谈的不是又参加了什么研讨会，就是又看到了什么资料文献，兴奋喜悦之情，每每溢于言表，万里之外也能感受她的"研学之乐"（丘成桐语）。

从2005年入学到2009年毕业，四个寒暑，几许汗水，最终凝结成这部博士学位论文。书乐由此获评学院优秀博士毕业生，2010年又获得北京市社会科学优秀成果出版基金的资助。文章千古事，得失寸心知。其中酸甜苦辣，作者自己体味最深。我最难忘的，是论文答辩时她的表现：陈述条分缕析，头头是道，答辩不卑不亢，有条有理。答辩委员会讨论答辩决议书时，按照"八股格式"准备写上"较好地回答了答辩委员会提出的问题"，听到这里，答辩委员会主席、中国人民大学新闻学院教授郑保卫说道：不是较好，而是很好。仅此一端，即知大概。那天博士答辩还有个镜头，给大家留下意味深长的印象。她用课件打出马克思墓前那尊伟人头像，然后带出论文结论的点睛之笔——重要的不是解释世界而是改变世界。众所周知，这是马克思的箴言，也是他一生笔耕不辍、奋斗不止的目标。书乐的学位论文除了学术追求与思想建树，往大里说也在于让世界更遵从天理人心，让人类传播包括中国的传播事业更合乎人间正道，即所谓改变世界。

2010年秋季学期，我与史安斌教授继续主持研究生的前沿讲座课程，此次我们决定稍微调整一下开课思路，除继续延请各路硕儒耆宿，还适当考虑学界新秀。这些青年才俊一时无法同专家权威相提并论，但他们思想之敏锐、眼界之开阔、观点之新颖又不能不令人刮目相看。于是，我们将三位博士后列入计划，而第一位登台的就是书乐。结果，不负所望，同样出色，纵横捭阖而条理清晰，内容厚重而讲解透辟。已入职北京师范大学的何威博士也前来旁听，并参与课堂讨论，妇唱夫随，侃侃而论，举重若轻，要言不烦。当晚，数十位学子既感悟了学术新知，又领略了年轻学者的风范。本来，清华百年校庆前出版的拙著《清谭杂俎——新闻与社会的交响》，有篇《流水前波让后波——对我国传播学研究的回顾与瞩望》，末尾提到的"第四代"传播学者包括书乐，而她坚持划掉自己的名字。她说目前还不够格，希望将来能够做出名副其实的成绩。

书乐虽是我指导的第一位博士生，但其进步与成长主要得益于"三清团"的背景，以及范敬宜教授、尹鸿教授、郭镇之教授、斯巴克斯教授等熏陶。她的博士论文虽在选题、思路和主旨等方面受到我的影响，但达到如此水平却全靠她自己的勤勉与努力，用心与慧心。特别是这项研究及成果立足国际学科前沿，既有开拓性，又有益于学术发展和社会进步，境界高，格局大，无愧清华。对此，我只能乐观其成，而难以置喙了。

（曹书乐：《批判与重构：英国媒体与传播研究的马克思主义传统》，清华大学出版社，2013）

回看射雕处，千里暮云平
——李漫《元代传播考——概貌、问题及限度》序

自2001年调入清华执教，我有幸结识了不少青年才俊，李漫博士就是其中一位非常倜傥之人。二十多年前，他以少年大学生来到北京，感受了未名湖的沉静与波澜。之后，备尝人生甘苦，又投在中国传媒大学蔡帼芬教授门下，继而考入清华，攻读博士学位。2010年毕业前夕，作为导师，我曾为他写下一封推荐书：

  李漫，江苏盐城人，1974年生。北京广播学院（今中国传媒大学）国际新闻硕士，清华大学新闻学院博士生，将于2010年7月毕业。
  懂得英语、法语、德语，由于撰写博士论文元代的新闻传播，又研习了元朝的八思巴文。曾公派留学，以研究生身份在德国交流一年。
  专业虽属新闻传播学，但视野开阔，学养深厚，既博览西学典籍，熟谙其渊源流变，又通晓中国文化，通鉴、十三经、二十四史等多所披览。
  不仅为学专一，有博大清通之象，而且为人端正，温良恭俭，有古仁人士大夫之风。

毕业不久，他凭着渊博学识，在比利时根特大学的全球招聘中，与二十余名求职者包括牛津剑桥博士同台竞争，脱颖而出，获聘这所世界名校的人文与哲学学院研究助理（现为达伽马欧洲外交与国际关系学院教授）。

这部《元代传播考——概貌、问题及限度》，是在其博士论文基础上修订而成的。为了这篇文字，我查了一下我们双方的通信，第一封邮件的日期是2006年5月17日，当时李漫博士还在中国传媒大学攻读硕士学位，准备报考清华大学的博士生并以元代传播为研究对象。如水时光一晃六年，当时的朦胧意向已经化为今天的学术成果，于是回顾此信也就别有意味：

  看到来信，有点诧异。一来，作为国际传播的研究生，竟对中国古代新闻传播有如此兴趣和研究，令人刮目相看。二来，作为北京广播学院的研究生，有如此学术志趣和专精研究，又让人觉得意外。当然，这

么说绝非轻略北广，而是一般印象里，贵校更偏于应用研究，特别在广播电视方面独占鳌头。而如今你呈现的却完全是另一种学术形象，这就使人不免有点诧异。

关于元代问题，当年博士毕业后，我也曾想继续在这个领域做些探讨，移师元代，再谱新章。其中缘由不在其他，而主要是对这个马上民族得天下的朝代颇感兴趣，后来阴错阳差，一直未能如愿，如今渐行渐远，也就再没有多大心劲儿了。看了你的来信，又勾起当年的梦想。你对这方面的钻研和思考，应该说在目前国内新闻传播学界已经领先，后生可畏，可喜可敬。考察元代的新闻传播，肯定得用多学科的资源和视野，而不能仅仅局限于新闻学或报学，也不能仅仅局限于汉语文献。我相信，涉猎的学科越多，视野越广，则发现的问题就越广泛，研究也就越有意义……

他的学位论文《元帝国与传播初探》，对元代的新闻传播问题第一次进行了全面、系统而翔实的学术考察。这个选题是中国新闻传播断代史仅存的两块处女地之一，另一块是魏晋南北朝，而元代之难更胜一筹，因为涉及的领域、文献、语言尤为艰涩而稀缺。对元代传播问题，一般学科往往见不及此，而新闻传播学科又不免心有余而力不足。李漫博士为了此项研究，不仅广泛搜求，爬梳钩稽，在浩如烟海而寥若晨星的史料中寻觅蛛丝马迹，而且还为此学习了元代的官方语言八思巴文。通过作者的努力，有元一代的新闻与传播问题，包括邸报以及传播活动、传播类型、传播内容、传播渠道、传播方式、传播规律等，基本得到呈现或澄清。在此基础上，作者又对元代传播与其政治、经济、社会、文化等关系，进行了专门探讨与分析，为把握元代新闻与传播的总体状况和基本面貌提供了认识框架。特别是其中对邸报的论述、对驿路的复原、对民间传播方式的探究等，更显示了作者的研究功力与学术造诣。总之，这是一项颇有难度、颇有分量、颇有意义的成果。

举例来说，元代有无邸报，既是元代传播的首要问题，也是古代新闻的一大公案。自从戈公振先生所举元代有"邸报"的史料被证明不可靠之后，有关元代报纸的争论已经平静，学界认识趋于一致，即元代不存在邸报，也不存在任何官报。2010年第1期《新闻与传播研究》刊发《元代"邸报"新证》，作者系中国人民大学清史所博士生、安徽大学新闻传播学院教授孔正毅。孔文依据元人文字中提及"邸报"的三则史料，对元代邸报问题提出了新的看法。这三个例证假如成立，势必推翻学界的公认结论——元代无邸报，故而一时引发关注。李漫博士以《元代邸报"新证"考辩——与孔正毅教授商榷》(《国际新闻界》2010年第6期),对孔文的三条史料逐一辨析,备极周密翔实,从而得出确切结论:三条史料均不足为凭,无法据此确证元代存在邸报。

由于元代历史复杂,史料稀缺,以及多民族、多语言、牵连广泛、纵横八荒的帝国形态,一篇初探性的学位论文难免百密一疏,有的问题与分析也有待进一步深入。比如,以欧美现代的"人际传播""组织传播""大众传播"等学术话语,审视元代以及中国古代的传播活动是否完全恰切,是否敞显什么之际又遮蔽什么,所谓"人灵传播"及其立论的价值何在等,在我看来均属此类。

无论如何,李漫博士的学位论文公开出版,对新闻传播学科而言都是可喜可贺的。在新技术风起云涌、新理论潮起潮落之际,仍有学人耐得寂寞,钻研如此荒村野老的"无用之学"并取得这般成就,怎不让人感慨系之?同样令人钦佩的是,无论世事怎样喧腾浮华,北京大学及其出版社始终致力于"研究高深学问"(蔡元培语),薪火相传地延续着文化的命脉与精神的火种。

当年,笔者曾经巴望一窥元代及其新闻传播,神往一代天骄成吉思汗的天高地阔,犹记捧读张承志《荒芜英雄路》的壮怀激烈,慷慨悲歌。同时引以为憾的,还有同美丽燕园擦肩而过:1977年报考大学的第一志愿是北大,2001年还曾拿到北大调令。而如今,《元代传播考——概貌、问题及限度》在此付梓,也算了却自己一桩心愿。

(李漫:《元代传播考——概貌、问题及限度》,北京大学出版社,2013)

文本史、媒介史、社会史的新探索
——常江《帝国的想象与建构:美国早期电影史》序

常江的博士学位论文《帝国的想象与建构:美国早期电影史》,将由北京大学出版社出版。作为导师,笔者自然感到格外欣悦,遵嘱作序更是难拂其情。

已经执教中国人民大学新闻学院的常江(2017年受聘清华大学副教授,现任深圳大学特聘教授),是北大与清华新闻教育珠联璧合的结晶。2001年与2002年,北京大学与清华大学相继成立新闻与传播学院,《人民日报》的一对"黄金搭档"——原社长邵华泽与原总编辑范敬宜分任两院的首任院长。作为吉林省高考"文科状元",常江有幸成为北大新闻学院的"开门弟子"。读书期间,因成绩优异,获得丹麦政府资助,赴哥本哈根大学交流一年。2005年毕业后，又以第一名录取为研究生。2008年，进入清华大学新闻学院攻读博士学位。

名校高徒，洵不虚传。读博三年，除在学术期刊上发表中英文论文，他还出版了4部译著，包括美国新闻社会学的奠基之作《发掘新闻：美国报业的社会史》，文化研究的经典著作《文化理论与大众文化导论》《媒介研究经典文本解读》——均由北京大学出版社出版。与此同时，他还在《新华每日电讯》开设时评专栏，每周一文，迄今已经发表二百余篇。2009年暑期，他与郭镇之教授的学生张梓轩一同参加博士生社会实践团，赴新疆巴音郭楞蒙古族自治州，突逢"7·5"事件，不仅得到锻炼，而且也以自己的专业贡献了心力。同年，常江与张梓轩均获国家留学基金委资助，同赴美国新闻传播学重镇——西北大学新闻学院留学。一年之间，他遍访名师，广搜博览，孜孜矻矻，寻寻觅觅，最终完成了这部高水平的著述。

这篇博士学位论文从文化研究的视角，以文化帝国主义的范式和媒介史的方法，对美国早期电影进行了别有新意的探讨，为传播研究、影视研究、文化研究等提供了不无启发的思想成果，也为中国电影发展提供了可资参考的历史殷鉴。关于论文的主要贡献，我在导师评语里写到以下三点：

> 1. 在充分爬梳和掌握相关资料与文献的基础上，对1950年之前的美国电影业，特别是初期的发展状况及其社会背景进行了深入细致的考察，发掘了一些颇有价值的新材料，提出了颇有见地的新观点。
> 2. 将好莱坞电影置于美利坚帝国的崛起背景下，借助媒介社会学，透视了大众化电影对美利坚民族及其共同心理的塑造过程，分析了美国崛起与美国电影之间丰富而复杂的蕴涵，进而揭示了一种新兴媒介与社会变迁的互动关系，为认识大众媒介及其功能开拓了新思路。
> 3. 论文虽然属于媒介史与影视传播的一个专题，但在研究思路与研究方法上的一些尝试对整个学科都不无启发与借鉴。具体说来，将文本史、媒介史与社会史融会贯通，既有助于在更加深广的维度上对媒介问题的认识，也为方兴未艾的"总体史"范式提供了传播研究的新成果。

常江博士之所以取得如此成绩，除了自身的禀赋、天分与勤勉，显然也得益于两所名校相辅相成的熏染。无论世人对北大、清华如何比较，如何评述，常江的为人、为学都颇似傅雷先生所说的，"又热烈又恬静，又深刻又朴素，又温柔又高傲，又微妙又率直"。

长江后浪推前浪，江山代有才人出。如果说新中国新闻学，以甘惜分、王中、方汉奇等为第一代,以刘建明、童兵、李良荣、郑保卫等为第二代,以当下正执牛耳的一批中年学者为第三代的话,那么常江等年轻学者就属于第四代了。这一代学者生逢改革开放的年代,身处面向世界的潮流,肩负民族复兴的伟业,更具有文化自觉与学术自觉,更体现历史意识与批判意识,更兼顾新闻与传播、中国与世界、理论与实践的会通。随着中国的发展与学术的繁荣,未来他们当会大有作为。

(常江:《帝国的想象与建构——美国早期电影史》,北京大学出版社,2012)

新中国与新文化的一部经典
——黄卫星《史诗〈东方红〉创造者口述史》序

1977年,国史上一个寻常而又非常的年份。此前一年,华国锋为首的政治局以非常手段,解决了王洪文、张春桥、江青、姚文元问题,结束了十年内乱;此后一年,中央工作会议以及紧随其后的十一届三中全会召开,全面开启了"改革开放"年代。

这一年,在我人生历程中也印象深刻。上一年,高中毕业,上山下乡;下一年,成为恢复高考的首届大学生,即"七七级"(今人以为七七级自当1977年入学,其实七七级与七八级同年入校,同年毕业,相距一学期而非一学年)。作为业余"音乐爱好者",自己这一年的鲜明记忆当数一批"解禁"的经典作品:《洪湖赤卫队》《黄河大合唱》《长征组歌》,音乐舞蹈史诗《东方红》……这些排山倒海的黄钟大吕,激荡着历史风云,洋溢着时代气息,黄河之水天上来,万里写入胸怀间,铸就了中国现代音乐以及现代文化迄未逾越的高峰。《东方红》更以沧海横流的史诗性和大江东去的精气神儿,象征性展现了一个古老民族追求复兴的生命意志与心路历程,英风飒飒,生机勃勃,蔚为壮观,动人魂魄,也在自己心底留下荡气回肠的悠远回声。而此时,距离这部文化经典的问世已十三年了。

1964年10月,金风送爽时节,《东方红》作为国庆十五周年献礼作品在人民大会堂上演。风乍起,吹皱一池春水,而《东方红》恰似一颗精神原子弹,在新中国文化领域卷起了惊涛拍岸的千堆雪。巧的是,同月16日,新疆戈壁大漠中炸响中国第一颗原子弹,当天晚上,毛泽东、刘少奇、周恩来、朱德、陈云、邓小平等在人民大会堂接见剧组全体成员,周总理宣布了这一消息,事先提醒大家控制情绪,免得大会堂的地板承受不了冲天而起的喜悦浪潮。由此,《东方红》剧组最早获悉了这一捷报。至于《东方红》山呼海应的感染力,从一位清华学子发在《人民日报》的文章中可见一斑,文章题为《上了生动的一课》,作者胡锦涛:

> 看了音乐舞蹈史诗《东方红》以后,我的心久久不能平静……这不仅是一场很好的歌舞,而且是一部中国革命的巨大史诗,是党领导下的四十多年革命斗争的缩影,是对我们进行阶级教育和革命传统教育的好教材,它赋予我们巨大的精神力量,给我们上了生动的一课。

从此,这部由周恩来总理一手挂帅、云集当时一流艺术家的音乐作品,就同交响诗《嘎达梅林》《红旗颂》,管弦乐曲《瑶族舞曲》《春节序曲》《北京喜讯到边寨》,小提琴曲《梁山伯与祝英台》《金色的炉台》《阳光照耀着塔什库尔干》,钢琴协奏曲《黄河》,歌剧《洪湖赤卫队》《江姐》,芭蕾舞剧《红色娘子军》《白毛女》,电影《阿诗玛》《刘三姐》,现代京剧《沙家浜》《杜鹃山》《红灯记》等音乐精品,在新中国的文化星空上熠熠生辉。这些家喻户晓、深入人心的音乐,不仅凝聚着新中国七十年一脉相承的文化精神,而且体现着现代中国一以贯之的文化政治。由此说来,把握了《东方红》的文化蕴含,也无异于感悟了现代中国的立国之魂。

作为歌、舞、诗、画的综合性创作,《东方红》以革命英雄主义与革命浪漫主义的手法,抒写了"不愿做奴隶的人们"在"毛主席、共产党"领导下,追求国家独立、民族解放、人民自由的苦难辉煌。下列家喻户晓的曲目,凝练传神地勾勒了这一曲折历程以及这部经典的文化政治意味,汇成一幅"长夜难明"到"雄鸡一唱"的东方红图景:

序曲
    歌舞:《葵花向太阳》
    歌曲:《东方红》
第一场:东方的曙光
    舞蹈:《苦难的年代》
    歌曲:《北方吹来十月的风》
    歌曲:《工友歌》
    歌曲:《农友歌》(领唱:王昆)

歌曲：《工农兵联合起来》

第二场：星火燎原

表演唱：《就义歌》

舞蹈；《秋收起义》

表演唱：《拿起武器闹革命》

舞蹈：《井冈山会师》

歌曲：《双双草鞋送红军》

歌曲：《井冈山》（领唱：寇家伦）

歌曲：《三大纪律八项注意》

歌舞：《打土豪分田地》

歌曲：《八月桂花遍地开》

第三场：万水千山

表演唱：《红军战士想念毛泽东》

舞蹈；《飞夺天险》

歌曲：《飞跃大渡河》

歌舞：《情深意长》（独唱：邓玉华）

舞蹈：《雪山草地》

歌曲：《过雪山草地》

歌舞：《陕北会师》

歌曲：《会师歌》

歌曲：《七律·长征》（领唱：贾世俊）

第四场：抗日的烽火

表演唱：《松花江上》（领唱：张越男、李光羲）

歌曲：《义勇军进行曲》

表演唱：《抗日军政大学校歌》

表演唱：《到敌人后方去》

歌曲：《游击战》

歌舞：《游击队之歌》

表演唱：《大生产》

歌曲：《南泥湾》（独唱：郭兰英）

歌舞：《保卫黄河》

第五场：埋葬蒋家王朝

表演唱：《团结就是力量》

歌曲：《坐牢算什么》

舞蹈：《进军舞》

歌曲：《中国人民解放军进行曲》

舞蹈：《百万雄师过大江》

歌舞：《欢庆解放》

歌曲：《解放区的天》

歌曲：《人民解放军占领南京》

第六场：中国人民站起来

乐曲：《国歌》

歌舞：《伟大的节日》

歌曲：《没有共产党就没有新中国》

歌曲：《赞歌》（独唱：胡松华）

新疆舞

歌曲：《毛主席祝您万寿无疆》（独唱：才旦卓玛）

民族舞蹈

歌曲：《歌唱祖国》

全场合唱：《国际歌》

　　围绕这部经典，流传着各种传奇故事。比如，《东方红》从动议到上演不过一个半月，涉及七十多个单位、三千七百多人，包括三十多首歌曲、九部大型舞蹈、十八部歌舞表演、十八段朗诵等。再如，总导演周总理忙完一天的国务活动后，常常凌晨一两点钟来到剧组，和大家一起讨论，大到思路，小到细节，无不亲力亲为，广为流传的《赞歌》就是根据他的意见重新创作的，而这首名曲本身又是一个传奇。当时，周总理审看开国一段场景，觉得应该再加一曲男高音蒙古长调，以烘托新中国旭日东升的恢宏气象。于是，年轻的满族歌唱家胡松华"临危受命"，骑着自行车，连夜赶到剧组，以刚刚深入草原牧区的生活体验与鲜活灵感，通宵达旦，一挥而就，一首脍炙人口的佳作就此诞生，风行天下："从草原来到天安门广场，手举金杯把赞歌唱……"

　　在新中国开国元勋中，文采风流者不在少数，毛泽东、朱德、陈毅、叶剑英等诗作自是脍炙人口，周恩来总理的文化品位与艺术修养同样传为佳话。中共中央文献研究室副主任、北京大学讲席教授陈晋，曾设想过毛泽东、周恩来、邓小平三位伟人的退休生活：毛泽东嗜书如命，当会高卧终日，手不释卷；周恩来邀集文人墨客，高谈阔论，畅叙幽情；邓小平无论干什么，都同家人在一起……因此，有这样一位热衷文化、尊崇艺术的总理与导演，《东方红》的成就也就顺理成章了。当然，周总理首先是政治家，一开始他就明确指出，《东方红》是政治作品，用学术语言来说，他清晰地将《东方红》定位于"文化政治"。同时，他为《东方红》确立了"史诗"的基调："要采用史诗的写法""中国革命本身就是一首壮丽的史诗""努力做到用艺术形式将中国革命这首史诗再现在舞台上"……

笔者曾就《东方红》的精神内涵与艺术魅力，向中央党校李书磊教授就教，他的一个观点一语中的，令人茅塞顿开：审视这部史诗之作，最适于用古代文论的核心范畴——"气象"。确实，《东方红》给人最直观、最深刻、最难忘的感触，就是"日月之行，若出其中；星汉灿烂，若出其里"的气象。气者，气息悠长，气韵生动，气吞万里，气势如虹，力拔山兮气盖世之谓也，一切生命也无不凝聚为一口气。而象者，可观、可感、可闻之形象也，意象也。气象既属于美学的境界、艺术的境界，更体现着一种整体的生命状态与时代精神。如果说慷慨悲歌壮怀激烈的沉雄气象一向为古典时代所推重："身既死兮神以灵，魂魄毅兮为鬼雄""风萧萧兮易水寒，壮士一去不复还""秦时明月汉时关，万里长征人未还"……那么《东方红》则是现代中国一部气吞山河的闳放豪迈之作。

总之，《东方红》既是新中国文化艺术的一次巡礼，也是现代音乐舞蹈在科学的、民族的、大众的新文化道路上的又一座里程碑，实现了周总理所期许的目标："努力做到政治和艺术的统一、内容和形式的统一。要具有新鲜活泼的、为中国老百姓所喜闻乐见的中国作风和中国气派。"

近代以来，随着鸦片战争一声炮响，万世一系的天朝体制或天下体系就此宣告失灵，日渐崩颓，中国由此一步步汇入现代世界体系。在这个血与火的苦难进程中，从生产方式到社会制度，从思想观念到行为模式，中国无不发生着或翻天覆地或习焉不察的变化，而其中至关重要的当数中国人作为现代政治共同体的觉醒，以及相伴相生的现代国家与现代文明的生成。不言而喻，没有自觉自醒的现代政治民族，就不可能开创自强自立的现代国家现代文明，而政治独立与精神觉醒始终离不开文化自觉，离不开现代文化的建设与传播。可以说，从晚清到民国，从毛泽东到习近平，这一觉醒与崛起、复生与再造的社会进程始终连绵不绝，一以贯之。换言之，新中国与新文化始终相伴相生，一脉相连。如果说"中国人从此站起来了"是现代中国的独立宣言，那么毛泽东的《新民主主义论》则为现代文化剪了彩：

我们不但要把一个政治上受压迫、经济上受剥削的中国,变为一个政治上自由和经济上繁荣的中国,而且要把一个被旧文化统治因而愚昧落后的中国,变为一个被新文化统治因而文明先进的中国。一句话,我们要建立一个新中国。建立中华民族的新文化,这就是我们在文化领域中的目的。

大致来说,这一自觉自醒的历史进程已经经历了三次浪潮。第一次浪潮是五四运动。这场决定现代中国命运与方向的运动,既是波及广泛的思想解放与文化启蒙运动,又是旧邦新造的社会政治工程,既以李大钊、陈独秀、鲁迅、胡适以及德先生、赛先生等文化符号彪炳于世,又以学生罢课、工人罢工、"外争国权,内惩国贼"以及马克思主义的传播、共产党的诞生等政治事件轰动天下。五四的救亡与启蒙第一次鲜明体现了现代中国的政治自觉与文化自觉,标志着中华民族作为一个现代政治民族的自觉与自醒,借用陈寅恪先生的话说就是"我民族独立之精神,自由之思想"。

第二次浪潮是以鲁迅为旗手、延安为象征的左翼新文化运动,仅"鲁艺"文化人就足以显示现代文化大河奔流的声势与气象:茅盾、周扬、丁玲、萧军、冼星海、周立波、光未然、贺敬之、刘白羽、李焕之、郑律成、何其芳、陈荒煤、艾青、张庚、吕骥、刘炽、严文井、孙犁、秦兆阳、马烽、西戎、王朝闻、冯牧、古元、江枫、华君武、吴印咸、蔡若虹、张仃、穆青、崔巍、陈强、王昆、于蓝、王大华……左翼新文化运动不仅确立了新中国立国之本——《新民主主义论》所阐发的"科学的、民族的、大众的"宗旨,体现了"古为今用,洋为中用,百花齐放,推陈出新"的追求,而且产生了数不胜数洋洋大观的现代文化经典,迸发着一种鲜明的、生机勃勃的现代精神。其中,有哲学社会科学领域一大批马克思主义中国化成果,如毛泽东的《矛盾论》《实践论》,艾思奇的《大众哲学》,李达的《社会学大纲》,郭沫若的《甲申三百年祭》,范文澜的《中国通史简编》,陈翰笙的《中国的地主与农民》,薛暮桥的《经济学》等;文学有茅盾的《子夜》、巴金的《激流三部曲》、老舍的《骆驼祥子》、郭沫若的《屈原》、曹禺的《雷雨》、萧红的《呼兰河传》、赵树理的《李有才板话》、丁玲的《太阳照在桑干河上》、艾青的《大堰河——我的保姆》、李季的《王贵与李香香》等;音乐有"人民音乐家"聂耳的《义勇军进行曲》、冼星海的《黄河大合唱》以及张寒晖的《松花江上》、贺绿汀的《游击队歌》、马可的《白毛女》、王洛宾的《在那遥远的地方》等;电影有蔡楚生的《一江春水向东流》,田汉、夏衍的《风云儿女》,袁牧之的《马路天使》等;新闻有范长江的《中国的西北角》、邹韬奋的《经历》、夏衍的《包身工》等；且不提译介的成千上万世界优秀文化作品，如《共产党宣言》（陈望道译）、《资本论》（郭大力译）、《铁流》（曹靖华译）、《钢铁是怎样炼成的》（梅益译）、《西行漫记》（胡愈之策划）……真可谓千岩竞秀，万壑争流，风光无限，气象万千。左翼新文化传统及其文化自觉与政治自觉，既延续着五四新文化运动的现代精神，又奠定了新中国的文化政治与文化领导权，在传承五四精神的基础上全面开辟了新中国的新文化。具体说来，这种新文化一方面构成对抗当时国民党黑暗政治及其封建文化与买办文化的崭新气象，一方面为新中国确立了政治格局与文化方向，最终形成不可逆转的现代趋势。

第三次浪潮则以改革开放为契机，既涉及一整套政治经济的革新探索，更关乎思想文化领域的精神解放，从而大大激发了中国人的政治自觉与文化自觉，形成一百年来前所未有的国家强盛与精神独立的时代气象。正如美国汉学家艾恺接受《人民日报》记者采访时说到的："几十年的发展，中国人的思想发生了很大的变化，思想更为活跃和开放，视野更加开阔，社会更加包容，中国传统文化所蕴藏的生命力再次绽放出来。"其间，又可分为两次思想解放的高潮，一是三十年前的真理标准大讨论，一是党的十八大以来日益高涨的文化自觉潮流，前者的关键词是实事求是，后者的关键词是文化自觉。

将《东方红》置于这种语境中审视，当能更加深切地理解其中的文化政治及其现代意味，进而透视现代文化及其建设与传播的内在规律与外在条件，并汲取历史的镜鉴与思想的启迪。随着中华民族作为独立自主的现代政治共同体越来越清晰的历史使命，文化已经成为国家发展与民族复兴的核心命题。借用中国社会科学院美国研究所所长黄平研究员的形象说法，毛泽东时代三十年解决"挨打问题"，邓小平时代三十年解决"挨饿问题"，未来三十年解决"挨骂问题"。挨骂涉及发展中的一系列新问题，如生态恶化、社会分化、精神异化等三重危机叠加。对此，有识之士多所论列，试举几例就不难理解作家张炜疾首蹙额的"全民性精神恍惚"：

——《文艺研究》杂志社长方宁在《人民日报》上指出：没有哪个时代像今天这样热衷于"帝王将相"与"才子佳人"。"帝王剧""宫廷戏"以及泛滥成灾的"才子佳人演义"，恰恰呈现出了一种文化病象。[1]

——中国艺术研究院《文艺理论与批评》杂志副主编祝东力研究员，接受《凤凰周刊》记者玛雅博士采访时说道：不论我们怎样评价共和国前三十年历

---

[1] 张江、高建平、刘跃进等：《文学是民众的文学》，《人民日报》2014年3月14日，第24版。

史的是非功过,当时中国在核心价值观和思想观念方面处于"出超"的地位,应该说是一个基本事实。而如今这方面,我们已由"出超"变为明显的"入超"。[1]

——批评家李陀认为:现在不仅是文学,而且是整个文化都被消费主义的逻辑所控制,被无所不在的资本的力量所控制,形成了一个前所未有的局面:一方面文化的确很繁荣,另一方面,文化品质明显在日益低落。[2]

——中国政法大学人文学院院长李德顺教授的分析表明:文化沙漠化是更深层、更具根源性的问题。文化沙漠化并不是没有文化,而是只有消费型文化,没有或缺少生产型文化,其迹象可归结为三个大家普遍关心的问题:一是意识形态的危机感为什么越来越严重?二是大学里的学术风气为什么越来越糟糕?三是我们为什么培养不出杰出人才?[3]

——国防大学教授金一南在2014年的一次会议上发言:别人都说我们有全世界最强的新闻管控能力。可是从中央电视台播放的一些节目看,可以明显看出我们一些管意识形态的人不懂意识形态;以"维稳""和谐"为最高追求,导致意识形态领域斗争主动权有意无意放弃。[4]

如今,上上下下对文化的重视非比寻常,文化产业更是如雷贯耳。然而,文化之为"文而化之"的精神食粮,并非有钱能使鬼推磨。联系《东方红》的经验,除了领导人亲力亲为、艺术家不计名利等时代背景,首先还在于将文化置于现代政治与现代国家的高度,从而将文化建设与国家建设、文化自觉与政治自觉相提并论,而不是局限于一般化的"丰富生活""调剂身

---

[1] 玛雅:《家国大义——共和国一代的坚守与担当》,北京人民出版社,2016,第255—256页。关于"入超",仅看一例。清华大学新闻学院继任院长柳斌杰,有一次主持学术委员会会议,修订博士生资格考试书目。为此,特将20种书目从资料室搬到会议室,供讨论时参考。一旦齐刷刷摆出来,问题就一目了然了。在这些博士生的必读书中,除了一种中国人和一种华裔外国人的著述,其余18种几乎清一色是美国学者的新闻传播书籍。无怪乎有识之士称中国学界差不多成为西方的"学术殖民地"。

[2] 杨青:《文学史的任务是建立文学秩序——访著名文学批评家李陀》,《深圳商报》2014年9月25日,第C01版。

[3] 王正:《文化沙漠化将是中国的一场文化灾难——李德顺访谈录》,《博览群书》2010年第8期,第22页。

[4] 金一南:《我们取得了前所未有的进步,也充满了前所未有的风险》,《经济导刊》2014年第8期。

心""吹拉弹唱""风花雪月"。其次,将文化作为文化,正心诚意,痴心向往,而非种种现实功利的"敲门砖",诸如"政绩""利润""收视率""点击率"。诚然,文化需要市场,也离不开阿堵物,正如文化人也得安居乐业,据说一些人心目中代表"先进文化"的美国,就是将文化产业一锅煮——恐怕多属误读。但是,市场再发展、再繁荣,阿堵物哪怕堆成喜马拉雅山,也堆不出《卡门》《天鹅湖》《英雄交响曲》,堆不出《东方红》《黄河大合唱》《梁山伯与祝英台》。因为,归根结底,文化是灵魂的翔舞、精神的欢歌、生命的悸动,更是现代国家的立国之魂与精神家园。倘以"非文化""伪文化",乃至"反文化"追求文化,则无异于南其辕而北其辙。既然没有对文化的向往与痴迷,一门心思只想以"文"谋"利",那么文化又怎能发展,如何繁荣呢?文化学者黄纪苏的一个批评深中肯綮:"电视台广大职工也有他们的苦衷:我们也不想下三滥,但上面定了产业化大方向,下了收视率、广告收入硬指标,不下三路,我们不得下岗么?"(《漫议国家与文化》)东方演艺集团的步步落败及其董事长顾欣2015年终于锒铛入狱,提供了令人痛心而又不足为奇的案例。在其所谓产业化改革下,不仅一大批艺术家沦为雇佣劳动者,包括周恩来总理一手培育的著名东方歌舞团不知所终,而且也无异于再次提示我们,青年马克思抒发畅想的人生何尝不是社会主义文艺念兹在兹的境界:

> 我们现在假定人就是人,而人对世界的关系是一种人的关系,那么你就只能用爱来交换爱,只能用信任来交换信任,等等。如果你想得到艺术的享受,那你就必须是一个有艺术修养的人。如果你想感化别人,那你就必须是一个实际上能鼓舞和推动别人前进的人。你对人和对自然界的一切关系,都必须是你的现实的个人生活的、与你的意志的对象相符合的特定表现。如果你在恋爱,但没有引起对方的爱,也就是说,如果你的爱作为爱没有使对方产生相应的爱,如果你作为恋爱者通过你的生命表现没有使你成为被爱的人,那么你的爱就是无力的,就是不幸。(《1844年经济学哲学手稿》)

这部别具一格的新中国与新文化的著作,是作者黄卫星博士在清华大学从事博士后研究的成果之一,从酝酿到现在差不多已有十年,也可谓十年磨一剑。黄卫星,湖北蕲春人,硕士与博士均受业于蒋孔阳先生的高足、马克思主义实践美学权威张玉能教授(吕新雨教授的博士同门),博士学位论文《审美价值观的传播与建构》由人民出版社付梓。2010年初夏,上海交通大学人文艺术研究院院长、美国杜克大学教授刘康来电,举荐一位学者来此从事博士后研究,这是我第一次听说黄卫星博士。恰好自己正想为手头的国家项目"新中国六十年新闻事业史研究"物色人选,而且已有预期人选。单从学科背景等条件看,黄博士同国家项目似显疏离,说实话我更多碍于朋友情面,请她一并前来参加面试。而结果出乎意料,看好的人选名落孙山,她却得到面试专家的一致认可。入站以来,她更以优异表现证明自己的实力与大家的判断,仅仅是如今趋之若鹜的所谓 C 刊文章就发了一大把(恕我对数字不敏感,对此类评估体系更不以为意)。

犹记我们第一次相见,是在自己一周一次的开放时间。当晚,夜雨骤降,水流成河,学院办公室少了往日的欢声笑语。顶着狂风暴雨,她如约而至,伴着音响里悠然飘荡的音乐,我们随意聊着有关研究设想,擘画着如何同国家项目有机契合。不知不觉间,谈到音乐舞蹈史诗《东方红》。这部新中国的文化经典,可从文化建设、文化传播、文化研究等多方面展开探讨,而这些方面正是她的学科专长。两年之后,茫茫沙漠的旅人终于看到一片郁郁葱葱的绿洲,当初幼芽似的朦胧设想一点点长成枝繁叶茂的大树。围绕《东方红》研究,她不仅在《现代传播》《文化研究》《新闻学论集》《清华大学学报》等期刊发表了颇有分量的论文,而且更完成两部专著:一是出站报告《新文化与新政治——大型音乐舞蹈史诗〈东方红〉研究》,一是《史诗〈东方红〉创作者口述史》(已由清华大学出版社付梓)。两书珠联璧合,息息相通,前者是系统厚实的理论研究,后者是鲜活丰满的口述文献。从当年参与《史诗〈东方红〉创作者口述史》访谈的几位清华北大学子而今主流媒体记者的感悟中,既可以体会新中国与新文化的精神魅力,又可以感悟大型音乐舞蹈史诗《东方红》的文化意味:

> 学者阎云翔说:"集体化终结、国家从社会生活多个方面撤出之后,社会主义的道德观也随之崩溃。既没有传统又没有社会主义道德观,非集体化之后的农村出现了道德与意识形态的真空。"我想,不仅是农村,我们整个社会都面临着这种真空带来的虚无和危险。(蒋肖斌,《中国青年报》记者)

有人问音乐、文学等艺术有什么用,不能吃不能穿,更不能走遍天下都不怕,我曾因这样的质问而语塞沉默,听了黄卫星老师与乔羽老师的访谈录音之后,我想试着回答你:有一种美和情怀不是为了有用而存在,那是为了听拍岸的大河浪花、闻两岸稻花香薰、看海上点点白帆,

是即便经历波折，依然能够夜奔八千里路、披着云和月为祖国奉献的纯真和激情。（杨荣荣，新华社记者）

怎样的一种坚定，我无从知晓。直到我看着眼前口齿不怎么清晰但精神依旧矍铄的老艺术家（欧米加参），努力想象着当年流浪卖艺的年轻小伙的模样，我才慢慢消除了心底由来已久的隔膜。听老师讲辗转流浪的生活经历如何凝练成《东方红》中5分钟的藏族舞蹈，讲50年代的艺术家如何到基层演出、一连八个月与百姓同吃同住，才会觉得"艺术创作要体现人民群众的思想感情"真的不是一句空话。（杨丽娟，《北京日报》记者）

…………

进入新时代以来，这种红色精神及其传承已由星星之火而渐成燎原之势，伴随中华民族自立于世界民族之林的崛起以及文化自觉意识，新中国与新文化即将迎来又一个妖娆春天，而黄卫星以及一批批后来人的心血也必将融入东方红的风云画卷。

（黄卫星：《史诗〈东方红〉创作者口述史》，清华大学出版社，2013）

细数流年话体育

——薛文婷《体媒人物——新中国体育新闻传播口述史》序

从1999年到2013年，在教育部一年一度全国百篇优秀博士论文评选中，新闻传播学科一共有四篇作品入选，包括薛文婷博士的《中国近代体育新闻传播史论（1840—1949）》。完成博士论文后，她再接再厉，将研究触角延伸到新中国的新闻与体育领域，取得同样突出的成果，就像这部《体媒人物——新中国体育新闻传播口述史》。虽然我对新媒体敬而远之，但通过不同渠道得知，此书付梓前已在网上流传甚广，对读者也可谓"转轴拨弦三两声，未成曲调先有情"了。

这里，蒙她不弃，邀我作序，许是我曾建议并支持她将学术重心转向新中国吧。不过，既欣欣更赧然的是，我于体育实属外行，体育新闻也很少关注，不知说什么好。后来自忖，与其班门弄斧，不若借此机会，聊点自身的运动"往事"，但愿为其研究提供点私人叙事或素材。之所以想到这些往事，也是受本书口述历史的启发，觉得自己这点儿陈芝麻烂谷子，多少透露着一个时代的社会面貌与体育风貌，对研究新中国体育与新闻可能不无参考。特别是，此类体育往事大致横跨"文革"十年——之前自己尚在学龄前而之后则是改革开放上大学了，无论对学术探讨，还是对知人论世，应该别有一丝意味吧。

冬季长跑

一个时代有一个时代的风尚，一个时代也有一个时代的体育。如果说今天竞技体育万众瞩目，成为全社会关注的焦点，那么当年则是大众体育、全民健身风风火火，热热闹闹。从城市到乡村，从内地到边陲，群众性体育活动真是丰富多彩、五花八门，包括简便易行且活泼有趣的儿童项目，如踢沙包、跳皮筋、踢毽子、滚铁环等，诗人北岛回忆少年生活的《城门开》一书，就娓娓讲述了不少这方面的故事与细节。[1] 学者高默波在颇受关注的《高家村》一书序言中也写道："对高家村一带的农村来说，'文革'是当地文化的史无前例的最好时期……村民也能第一次参加有组织的体育活动。村与村的年轻人组织篮球之类的体育比赛，这也是史无前例的。"[2] 至于学校的春秋两季运动会，以及常规性运动如广播体操与眼保健操、季节性运动如冬季长跑等，更是集中体现了那种淳朴自然的体育风尚与体育精神。看过意大利现实主义导演安东尼奥尼（Michelangelo Antonioni）的纪录片《中国》（1972），对其中那些如上所述的体育运动场景应该留有鲜明印象。

我是乌鲁木齐人。每年冬天，边城白雪皑皑，滴水成冰，如《三国演义》三顾茅庐第二顾描绘的情景："朔风凛凛，瑞雪霏霏，山如玉簇，林似银装。"于是，下午课外活动时，最适宜的运动就是长跑了。好像要求每天跑三五千米，才能放学回家，而且是在校外的大马路上，三五成群，络绎不绝，因为校内逼仄跑不开。现在想来不可思议，而当时没觉得有什么不安全，更未听说发生过什么意外。只记得，个个跑得满头冒汗，脱下棉帽子，但见热气蒸腾。

作为文体委员，我的一项工作就是更新黑板报上每日长跑的英雄榜、排行榜，列出每人的长跑记录等。自己当年的一个小小"得意之作"，至今记忆犹新。为使统计数据更加明了，同时鼓励和激发同学们的长跑热情，我曾绘制一幅中国地图，用一条红线标出乌鲁木齐到北京的路线和距离：吐鲁番、哈密、嘉峪关、酒泉、兰州、咸阳、西安、三门峡、洛阳、郑州、邯郸、石家庄、保定——

---

[1] 参见北岛：《城门开》，生活·读书·新知三联书店，2015。

[2] 高默波：《书写历史：高家村》，《读书》2001年第1期。

北京!每天统计完长跑数据,再按相应比例换算出红线的延伸距离。于是,大家就能直观看到,从边城到北京,我们已经跑出多远,离心中的首都还有多近。

乒乓球

五花八门运动中,球类要算最通行,也最有人缘了。篮球,足球,排球,网球,板球,棒球,乒乓球,橄榄球,羽毛球,不一而足。看到一家之言,说是人类之所以喜欢球类,就因为我们生活在一个大球上,而环绕地球的也是日月星辰等球体。毛主席有诗道:小小寰球……

由于容国团、庄则栋等世界冠军极大提升了国人的自豪感、荣誉感,更由于小球转动大球的传奇故事,乒乓球曾经成为一个时代的国球。不过相比今天,我们当年的条件未免太寒酸、太简陋了。自己的第一副球拍还是光板的,估计早就没有了,如今的孩子可能想象不出,那会是怎样可怜兮兮的球拍。即使这种"裸拍",大家还都金贵得不得了,用专门的"球套"装着,就像今日时尚人士的网球套。

有了球拍,就先在家里对着墙壁打着玩儿,打来打去,熟能生巧,最后球与拍、球与墙好像连为一体。可惜,那时乒乓球案太少了,一般只有学校、机关有一两个,而且机关单位的乒乓球室还不对外。不得已,常常趁着没人注意,悄悄溜进去,偷偷摸摸玩一会儿。一次,机缘凑巧,居然痛痛快快地打了一下午。当然,更多情况下就没有这么幸运了。有一回溜进去,发现球网锁在柜子里了。没办法,只好想象着有副楚河汉界的球网,一来二去,也打得不亦乐乎。虽然条件有限,球艺还是渐长,体会了什么是心手如一,什么叫得心应手。

印象中"文革"后期,学校开始砌了一些水泥乒乓球案,多少缓解了一点无台可用的困窘。不过,奢侈的球网依然可遇而不可求,偶见有人自备球网,令人艳羡不已,而更常见的则是一排砖头排列的替代球网。后来,水泥案子又出现一些破损小麻点,球落上去便无厘头似的乱蹦乱跳,常常觉得奔右手来了,结果飞往左手去了,让人手足无措,防不胜防。

如今,这些印象多成星星点点、片片断断的追忆,唯有一首优美的歌曲还镌刻心中,一想起当年的乒乓往事,就不由得萦绕耳畔。这就是1973年一部纪录片《万紫千红》的插曲。该片报道了在北京举行的亚非拉乒乓球友好邀请赛,片中可以看到刚刚复出的邓小平、陈云等领导人。由歌唱家邓玉华演唱的插曲《银球飞舞花盛开》,旋律动听,声情并茂,随着影片传遍四方,构成一个时代难忘的音乐记忆:歌如潮,花如海,欢迎朋友四方来。银球万里传友谊,友谊花朵遍地开。花满乒坛春常在,万紫千红迎客来。亚非拉人民心连心,友谊歌声传四海……

篮　　球

三大球中，如今足球最风光，而当年篮球最普及。我们印象中，足球貌似天生属于新疆巴郎的禁脔，球场上真像呼啸而来的骑兵军，奔跑，突进，踢球，顶球，个个刚健骁勇，所向披靡。为此，每当听到中国足球要死不活的事情，自己就不由瞎想：如果球员换成新疆巴郎，我们说不定早就冲出亚洲，走向世界了。

犹记第一次上篮球课，高高挺挺的体育老师才工作不久，还带着一点羞涩腼腆，先教运球，再讲投球，还演示三步上篮等。爱屋及乌，于是大家也就喜欢上篮球。同样，篮球也好，场地也罢，当时更是只有机关学校才配备，很少见谁自备篮球。没球可玩的时候，就腾挪弹跳摸篮板，比谁跳得更高，摸得更高，从指尖触碰到手掌触摸，半掌全掌甚至更多，不知哪来那么大劲头儿。东边不亮西边亮，这么干干地跑着、跳着、玩着，虽然说不上什么球艺，但不知不觉竟身轻如燕，弹跳起来好似踩着弹簧，但觉身子一个劲儿往上蹿。

后来缠磨着父亲，答应去内地出差时买回个篮球。而第一眼看到朝思暮想的宝贝时，真像"泄了气的皮球"，因为那是比常规篮球小一号的所谓篮球。小就小吧，总比没有强。当年父亲单位各部门下班后常常举行篮球赛，每逢此刻，大人小孩都很兴奋，犹如盛大的节日，把篮球场围得水泄不通。在我们心目中，每位参赛队员都是姚明啊。如今还清楚记得一幕，一位球员运球快攻，从这半场传球给奔突到对方篮下的队友，不料一甩手，球飞出一个远远的抛物线，"唰"的一声，干脆利落直接进了对方篮筐，全场欢呼，一片沸腾！

还有一件人和事，我一直纳闷不解。父亲单位有个小伙子，上海人，长得很周正，身材匀称，帅气矫健，听说出身资本家。在一个讲究家庭出身、强调阶级意识的年代，他却整日趾高气扬，不可一世，好打篮球，球场上很活跃，大呼小叫，颐指气使，对我们小孩子更是凶巴巴的，"贫下中农"子弟见到他，就跟老鼠遇上猫。我不明白，一个所谓"黑五类"，怎么看上去如此"嚣张"呢？一点也不像如今流行叙事的刻板印象——低眉顺眼、唯唯诺诺、点头哈腰、战战兢兢。

游　　泳

按照常情常理，天山脚下最独特、最通行的运动该是滑冰滑雪。可我的少年记忆中，最难忘的却是游泳，最有故事的也是游泳。仁者乐山，智者乐水。

称仁称智不敢说，乐山乐水免不了。乐山，就是爬山，边城的大小山丘，留下我们不少足迹；乐水，就是游泳，从童年戏水到半生游泳，五十年来一直乐水不疲，点点滴滴，润物无声。

除非科班出身，绝大多数人的游泳生涯想来都始于戏水玩水。其实，自古及今，戏水玩水与游水游泳可谓息息相通，水乳交融，玩着，闹着，嬉戏着，不知不觉就会游水了。君不见，弄潮儿向涛头立，手把红旗旗不湿。而不管玩水，还是游水，都与体育及其精神一脉相通。换言之，既可强身健体，活络筋骨，又能心胸开朗，精神舒畅，取自然之精华，养自身之气韵。总之，游水或游泳当数体育锻炼的上上品，正如游泳健儿在各类人员中，身材可以说最健美、最匀称、最合乎黄金比例。

不同于江湖纵横、云蒸霞蔚的江南，塞外游水条件无法相提并论。比如，一年四季，只有盛夏七八月份可以下水，其余时间均冰凉刺骨。新疆水源大都来自冰川融雪，虽然水质清冽，但水温也可想而知。在天山南北任何一处山泉，将手伸进去，要不了一会儿就得抽出来，不然手指就冻得生疼。乌鲁木齐市的主要游泳池——红山游泳池，用的也是这种雪山融水。游泳池紧邻有名的和平渠，一条纵贯全城的河流与河道，当年水流湍急，飞珠溅玉，而其源头正是天山冰川。所以，游泳池每次新换池水，都得暴晒几日，人体才能适应。有几次，正巧赶上刚刚换了新水，外面虽然烈日当头，但水里却如泰坦尼克号的冰海，咬牙跳进去，几分钟就不得不赶快上岸。出水时，浑身哆嗦，嘴唇变色，马上趴在晒得滚烫的瓷砖上，半天才如农夫怀里冻僵的蛇，一点点缓过气来，起身后一看，前胸一片红红的印记。在这样的条件下，自己初一就考取了"深水合格证"，可以自豪地进入人少水清的深水池，而当时全校也没几人有此殊荣。所以，拿着深水合格证的那份喜悦自得，想来不亚于现在学生考过雅思、托福律师证。

除了红山游泳池，我们当年还有一处颇有时代特色的戏水之地——红卫兵水库，后来改称水上乐园——同样富有时代特色。红卫兵水库修建于"文革"初起的1966年，曾经看到天山网一位记者回忆，谈及自己参加水库建设的情景：每当游览如诗如画的乌鲁木齐水上乐园，漫步在宏伟壮观的水库大坝时，半个世纪前修建水库的情景便会浮现眼前。

今日水上乐园，当年戏水天堂。偌大一片水域，自由，开放，无拘无束，既没有救生防护，也没有任何限制。每逢盛夏，万里蓝天，艳阳高照，小伙伴结伴而来，一玩就是一整天。早上出门，带上干粮，还有装满水的行军壶，迈着小细腿，走上一两个小时，才到南郊红卫兵水库。欢呼着翻上大坝，一眼望见波光粼粼的水面，喜茫茫空阔无边，一路疲劳顿时烟消云散。于是，时而下水嬉戏，时而趴在大坝的斜坡上晒暖，优哉游哉，此乐何极。有时带了充气轮胎，还鼓起勇气横渡水库，品味偷吃禁果似的兴奋。那时语文课本有一课《小英雄雨来》，其中一段戏水情景尤其觉得亲切："雨来最喜欢这条紧靠着村边的还乡河。每到夏天，雨来和铁头、三钻儿，还有许多小朋友，好像一群鱼，在河里钻上钻下，藏猫猫，狗刨，立浮，仰浮。雨来仰浮的本领最高，能够脸朝天在水里躺着，不但不沉底，还要把小肚皮露在水面上。"当时，我们也学着雨来，躺在水中，一个劲儿地把小肚皮露出水面，自得其乐，乐此不疲。就这样，直到太阳西斜，才兴尽而还，宛若欧阳修《醉翁亭记》的情景：夕阳在山，人影散乱，树林荫翳，鸣声上下，游人去而禽鸟乐也，然而禽鸟知山林之乐，而不知人之乐……

不管风吹浪打，胜似闲庭信步——毛主席的著名诗句，既是游泳运动的生动写照，又是时代精神的凝练体现。有一次，乌云浓重，天色阴沉，至少四五级的风横冲直撞，水库浪头翻滚，起伏跌宕，水温骤降，穿一两件厚衣服，还觉凉飕飕的。而我们还是毅然跃入水中，心中口中，念念有词，提气壮胆的就是这两句诗。1974年，《人民日报》发表军旅诗人张永枚的叙事长诗《西沙之战》，中央人民广播电台还以配乐诗朗诵的形式播送千家万户。其中一句写到我军舰艇挺进西沙的生动画面，我们在水中劈波斩浪时，禁不住想象自己也如诗中的战舰："掠过涌的丘峦，登上浪的山尖，舰首剪开万朵梨花，舰尾抛出千条白练。"

现在细想，在那个火红年代，日常生活内容也不免同天下风云息息相关。毛主席的号召，激荡着千百万青少年的天下情怀：你们要关心国家大事……就连如今娱乐休闲的体育，也无例外地带有鲜明的政治文化色彩，"发展体育运动，增强人民体质""友谊第一，比赛第二"等，不仅是全国城乡触目可见的标语口号，而且堪称一代人对体育文化与精神的共识。而这种共识应该说更体现着体育运动的本质与精髓，与时下纠结着金钱、财富、名利、八卦的娱乐化明星化体育世风不可同日而语。在这一时代背景下，毛主席1966年畅游长江之举，激发了空前的游泳热潮，海燕一般搏击风浪，在大风大浪中锻炼成长，更成为一代中国青年的精神追求。每逢毛主席畅游长江纪念日，天南海北都举行形式多样的游泳比赛，横渡江湖，武装泅渡，声势浩大，群情激昂。每年这一天，红卫兵水库也有横渡活动，观者如堵，声势如虹。能够入选的健儿，自然成为众人瞩目的偶像。

细数流年话体育。四十多年前的往事，如今想来栩栩如生，历历在目，而我已人过中年。其他运动都化作追忆，唯独游泳坚持不辍，两三天一次，一次两千米。清华大学的游泳馆设施一流，条件优越，四季开放，而每到夏天，自己还是喜欢去露天的西湖游泳池，觉得天辽心阔，气脉通畅。仰泳时，不再玩弄雨来的小把戏，而只是仰望高天流云，任由思绪荡漾，恰似普列维尔《公园里》的末尾神游：巴黎是地上一座城，地球是天上一颗星……

［薛文婷：《体媒人物——新中国体育新闻传播口述史》（上下册），清华大学出版社，2015］

实事求是出真知

——刘娟《疫病防治与健康传播：重庆的天花灭绝实践（1891—1952）》序

西南政法大学新闻学院青年教师刘娟副教授，2014年在清华大学获得博士学位，这部《疫病防治与健康传播：重庆的天花灭绝实践（1891—1952）》，就是在其学位论文基础上成稿的。由于她身兼教职，在读期间我们交往无多，只在论文阶段参与开题、答辩等环。起初，她同其他学生一样，进入学科前沿两眼一抹黑，如同新兵进入实战难免手足无措。但不久，她就显示良好的学术资质与研究禀赋。做学问先得坐板凳，她不仅在图书馆、档案室老老实实地坐了很长时间冷板凳，查阅大量一手文献资料，而且许多资料都是一页一页手抄的。她说道："以前从来没做过历史研究，对档案查阅整理的知识几乎为零。第一次走进重庆市档案馆，调出民国时期的卷宗，整个人都傻了。习惯了电子化的规范文件，对当时笔迹各异的档案，不要说找到逻辑，就是把那些字都认出来对我来说都是一大难题。于是我就每天白天在档案馆找资料，晚上回家之后再一字一句把它们辨认抄录出来。"

这篇学位论文以健康传播的理论与视角，研究重庆近代开埠至新中国成立初期，即1891年至1952年，天花的防治与灭绝问题，包括种牛痘等信息如何传播。民国年间的烈性疫病有十三种之多，致死率最高的为鼠疫、霍乱和天花。如今，天花早已灭绝，而在旧中国，天花却是一种常见病，居高不下的儿童死亡率也与此有关，我母亲就得过天花。现在，种牛痘、防天花的常识家喻户晓，从城市到农村，从内地到边疆，适龄儿童都有种牛痘的经历。而新中国成立前，仅在重庆就可以看到，种牛痘有多么费劲，"健康传播"又多么难以奏效。为此，刘娟选择了这一研究课题。记得中期检查时，虽然论文还八字才有一撇，但她的侃侃陈述以及丰富翔实的资料、渐渐清晰的思路等，已让大家看到一项有价值成果的雏形。

当然，好事多磨，高水平研究更不可能一帆风顺。比如，由于流行学风的潜在影响，尽管她的论文资料、相关背景以及前期研究包括数据统计等，都已昭然若揭地显露一个事实：清末民国忙活半个多世纪也未消灭的天花，随着新中国的成立迅速终结。但她的初稿不仅止步于这一画龙点睛的神来之笔，还生搬硬套一些舶来理论，致使结论显得不伦不类莫名其妙。而一旦解放思想，突破束缚头脑的条条框框，认真直面历史事实及其逻辑关系，探究其来龙去脉与前因后果，那么所谓中国特色、中国风格、中国气派的学术思想以及传播理论也就水到渠成了。

现在，这篇学位论文经过一年多修订终于付梓，我为这一独创性成果感到欣慰。在我看来，这篇论文弥足珍贵的地方，是一种我们致力倡导的治学精神与科学态度：不唯书，不唯上，不唯洋，只唯实。其中，我印象尤深的是，论文通过步步为营的考察，得出令人深思的结论：旧中国半个多世纪未能解决的传染病防控，更不用说根治问题，新中国短短几年就彻底实现了；其中除了各种主客观条件，最重要的一点还在于两种世道、两种路径：旧中国尊奉精英路线，新中国实行群众路线；而后一种"健康传播"的路径，如同我们熟悉的人民战争方略，不仅推翻三座大山，实现国家独立、民族解放、人民自由，而且也通过大规模的爱国卫生运动、宣传教育以及数十倍增加的接种疫苗人数，一举解决了天花等传染病的防控难题。

这个结论看似寻常，不如专业主义、公共领域等新潮理论听起来高大上，但深究起来却耐人寻味。比如，什么是群众路线？群众路线的社会意味何在？2014年，修远基金会的一份研究报告就此写道："'群众路线'作为一种中国共产党宝贵的历史资源，其理论和实践意义，不仅仅局限于干部教育方面，可以进一步深度发掘"；"群众路线的要旨，在于它是一个自上而下与自下而上相互循环的动态政治过程"；"在城市革命遭受挫折之后，以毛泽东为代表的共产党员接受中央指派，进入广大农村地区发动群众运动。一个突出的问题是，先进的理论并不能吸引农民，党员必须把这些理论本土化、在地化、物质化，用'土地、大米、馒头'讲清楚何为剥削，讲清楚为什么要反抗……党员为了能指导农会工作，要保持权威，就得注重农民的诉求，改变作为知识分子常有的教条主义的工作作风，更注重中国现实。……这种'星火燎原'的工作模式，成本低，见效快，并且使得中央与基层的沟通更为畅通、有效，这可以说是一个'从群众中来到群众中去'的过程：群众成为政治的参与者，而党也成为大众政治的一部分，它们相互塑造，水乳交融"。[1]

刘娟的新作也为上述理论概括提供了一个新的鲜活案例，而诸如此类的案例在中国的革命、建设和改革年代俯拾皆是。至于为什么是群众路线而不是其他路线，说到底还是为什么人的问题。

群众路线说来说去无非一句话——全心全意为人民服务，正如我们的国号是中华人民共和国。同样，旧中国疫病防控走精英路线，归根结底也在于此。1934年，国难当头，民不聊生，而蒋介石却搞起一个提倡礼义廉耻的所谓"新生活运动"，南京国民政府为此发布的《新生活须知》，对衣食住行规定得不厌其详，包括种痘防疫等条款：饮具须净，食物须洁；饮嚼无声，坐必正席；饭屑骨刺，毋使狼藉。黎明即起，漱口刷牙；剪甲理发，沐浴勤加。厨房厕所，尤须净扫；捕鼠灭蝇，通沟清道。和洽邻里，同谋公益；互救灾难，种痘防疫……看到这些具文怎不恍若隔世，不知今夕何夕，王树增在新作《抗日战争》中写道："连年的自然灾害、军阀混战以及日本入侵引发的战乱，令这片国土上难民和流民在死亡线上挣扎；由于贫富差别的巨大以及社会不公的加重，占这个国家绝大多数人口的农民常年衣不蔽身食不果腹，苦难深重中的百姓怎么可能做到食具要干净，物品要排齐，走路胸部要挺出，衬衣要常洗，头发不超过二寸？"[2] 当然，又怎么可能"厨房厕所，尤须净扫""互救灾难，种痘防疫"，当此时所谓健康传播即便用心良苦，也是既难健康，也难传播。

关于健康与社会，刘娟的论文作了有说服力的传播考察，而玛雅、李玲的对谈又作了富有启发性的社会分析。所以，读刘娟的著述，获得一种历史的澄明，读玛雅与李玲的访谈，又获得一种现实的反思。

[刘娟：《疫病防治与健康传播——重庆的天花灭绝实践（1891—1952）》，中国传媒大学出版社，2016]

---

[1] 修远基金会：《群众路线：人民民主的当代实践形式》，《文化纵横》2014年第6期，第18—22页。

[2] 王树增：《抗日战争·第一卷（1937年7月—1938年9月）》，人民文学出版社，2015，第49页。

泥巴汗水的学问

——沙垚《吾土吾民：农民的文化表达与主体性》序

新世纪以来，伴随现代性危机以及"起火的世界"（蔡美儿），传播研究也出现转机，冷战与新自由主义一脉的"主流研究"俨然江河日下，渐入困境，而"批判研究"即源于马克思道统、追求人的自由而全面解放、超越异化现实的学术思潮，则似野火烧不尽，春风吹又生，也召唤着一批青年学人倾心于解释世界与改变世界的学术志业，沙垚博士的《吾士吾民：农民的文化表达与主体性》就是一例。

这部"文化与传播"新著，属于沙垚博士以其学位论文为核心完成的十年磨一剑的研究。关于这项研究及其成果，我在导师评语中曾经评述道：

> 论文以乡村传播这一学术前沿为方向，以中国农村文化特别是新中国成立以来新文化建设为主线，以激发农民的文化自觉与文化主体性为问题导向，基于比较丰富的田野调查资料与一手文献资料，对关中皮影活动及其传播路径作了深入细致的学术考察与理论研究，得出了一些颇有启发的思想观点。论文选题既紧扣学术前沿，又契合社会生活实际，研究工作扎实严谨，无论田野，还是文献，都力求细致入微，竭泽而渔，故而资料翔实，内容丰富，视野开阔，对历史的把握与问题的分析实事求是，往往切中要害。论文结构得当，条理明晰，语言顺畅，叙事生动，在历史与逻辑有机统一上达到较高水平，体现了良好的学风与文风，显示了科学严谨的治学态度。

这套四平八稳的评语，难以看出十年一剑的心血，而从如下数据中，或可略见一斑：田野工作400多天，一手档案3000多页，访谈500多次，音视频材料300多小时。而更值得关注的还是字里行间的学术追求与取向。

近年来，对传播研究的批评不绝于耳，三种传神说法尤为深刻：一曰"不痛不痒"，二曰"装神弄鬼"，三曰"罗马在燃烧"（兀自躲进小楼成一统，管他冬夏与春秋）。一言以蔽之，远离社会政治，沉湎学院游戏，言必称希腊，死不说中国（即使说也往往好似海客谈瀛洲）。我曾策划过一组学术笔谈，主题为"昨天·今天·明天：追寻新闻学之魂"，我的"主持人语"写道：如今新闻传播领域有点类似于叶公子真见天龙的情形，"失其魂魄，五色无主"，新闻理论体系也几近分崩离析，莫衷一是，就像《红楼梦》的贾府，"外面的架子虽未甚倒，内囊却也尽上来了"。在一片众声喧哗之际，曹锦清教授所言"西语""译语"，则貌似异军突起，攻城略地，俨然成为主导性学术潮流。随着新说异见乱纷纷你方唱罢我登场，新闻学也日益游离中国社会，同五千年文明历程、近两百年近现代历史、共产党共和国两个百年中国梦，以及千千万万普通新闻人的光荣与梦想渐行渐远。有鉴于此，我们策划了这个选题，一方面自然是让思想冲破牢笼，重新激发中国新闻学的内在生命力与想象力，脚踏实地审视与探究中国新闻实践及其社会背景与历史传统。一方面更是借以召唤起富于政治活力、契合新闻传播与社会历史实践、有益国计民生的学术话语，开辟历史与逻辑有机统一的新闻理论体系，将中国学人的聪明才智汇成一江春水向东流的思想清流，既淘洗僵化板结的新闻学版图，又唤回五迷三道的新闻学命魂。借用张承志世纪之交的呼唤："旧的时候该结束了，泥巴汗水的学问刚刚登场。我们只是呼唤真知实学；我们只是呼吁，一种不同的知识分子的出现。"[1]

　　沙垚以及越来越多的新一代传播学人，日渐意识到如今流行的学术进路即便不是绝路，也是狭路，从而自觉地探索中国学术的"人间正道"及其中国作风与中国气派。他们的探索仍或粗疏，研究纵然稚嫩，但不掩一派元气淋漓，生气洋溢，既应和着新时代新思想——以人民为中心、把论文写在大地上，也契合着一代马克思主义新闻学家甘惜分的学术向往——"立足中国土，请教马克思"。北京大学法学院苏力教授留学归国时，写下一部《法治及其本土资源》，日前法学界召开此书"初版二十周年学术研讨会"，有学者将其成就概括为四种意识：问题意识、反思意识、实证意识和使命意识。沙垚等也体现了类似的自觉意识，正如苏力所言：

> 书中所有主题都是基于我在中国生活的经验而发生的表达冲动，现在回想起来，这就是一种问题意识。无论是法治与变法、秋菊的困惑、市场经济与法治、法律规避、司法专业化、抗辩制改革，所有这些问题都来自当时中国的现实，而不是来自书本。我的分析和回答，尽管借助一些理论视角和学术资源，但一直力求贴近中国社会，贴近中国社会的普通大众。我不关心某些学者或学派的理论怎样回答某个问题，而是看

---

[1] 张承志：《人文地理概念之下的方法论思考》，《天涯》1998年第5期，第27页。

一个合乎情理的普通中国人在知情的条件下会怎样看这个问题。这违背了当时比较流行的先看外国法条或法理，然后反省中国、找出差距、努力达标的写作方法。概括地说，这种写作方式就是贴着中国社会生活的经验写，或者如同当年沈从文先生说的，贴着人物写。[1]

了解中国现代学术进程，不难看出这一路径也正是吴文藻、潘光旦、费孝通一代先驱踏出的足迹。费孝通谈到吴文藻毕生致力的"社会学中国化"目标，同中国道路与马克思主义中国化的追求一脉相通："'社会学中国化'就是着重研究工作必须从中国社会的实际出发。中国人研究中国社会（本社会、本文化）必须注意中国特色，即中国社会和文化的个性。"费孝通谈到的一个问题，同样值得传播研究关注和反思。将近一百年前，中国社会学界出现两种不同倾向："一是用中国已有的书本资料，特别是历史资料填入西方社会和人文科学的理论；另一种是用当时通行于英、美社会学的所谓'社会调查'方法，编写描述中国社会的论著。"对于这两种学术倾向与方法，吴文藻均表怀疑，因为，"它们都不能充分反映中国社会的实际"，而恰恰"反映了当时中国大学里所讲的社会学走上了错误的路子，成了'半殖民地的怪胎'"，它们"仍不脱为一种变相的舶来物"。而吴文藻、潘光旦、费孝通等一代学者，一生的志业归结起来就是一句话："学术的用处就在为人民服务。"[2]

对沙垚来说，走向这样一条学术进路，尤其难能可贵，也格外耐人寻味。因为，他属于从校园到校园、从书本到书本的一代，又身处知识分子精英化的时代潮流。他2005年入学，2015年毕业，在清华号称"三清团"，即本、硕、博均出身清华。他求学时适逢学院的黄金时代，范敬宜院长带领师生成就的中国新闻教育一段华彩篇章。李强的大二习作《乡村八记》、曾维康的硕士学位论文《农民中国》、姚遥的博士学位论文《新中国对外宣传史》等堪称典范，沙垚所在班级也涌现一干青年才俊，"弃燕雀之小志，慕鸿鹄以高翔""服务祖国，服务人民"是他们共同的精神特质，一时间风云际会，俊采星驰。

我记得一幕迄今栩栩如生。当年，所有新生，无论本科生还是研究生，都必修一门"马克思主义新闻观"。这门课程由范敬宜亲力亲为，在一片近乎废

---

[1] 于明：《法治的中国经验如何书写？——二十年后再读〈法治及其本土资源〉》，《文汇报》2017年1月13日，"文汇学人"第3版。

[2] 费孝通：《开风气，育人才》，见《师承·补课·治学》，生活·读书·新知三联书店，2002，第41—57页。

墟之上重新树起马克思的大纛,将马克思主义课程与学科大举推进,并以学生喜闻乐见的内容以及丰富多样的形式,使之成为最受青睐的"重头戏",在他们的成长历程上留下深刻烙印。

沙垚入学之初,自然也修了这门课。不久,网络学堂爆发一场针锋相对的讨论,主题是张爱玲。交锋双方一是沙垚,一是庄庆鸿,前者力挺张爱玲,操持一套"流行文化流行语",后者拒斥张爱玲,同范敬宜看法相似:不出旧中国上海滩多愁善感的小女生境界。初次看到两人名字,我想当然以为沙垚是女生,庄庆鸿是男生,而事实刚好相反。后来,我在沙垚新婚典礼上感叹道:这些年来,看着他一步步从对月伤心、见花落泪的文学青年,成长为脚踏实地、心系苍生的传播学者,虽然手头枕边仍有红楼相伴入梦,花前月下常与朋友煮茶品茗,却一路风尘仆仆,日入日深做着泥巴汗水的朴素学问。

沙垚的变化既为范敬宜新闻教育模式提供了又一范例,也让人想起乔治·奥威尔(George Orwell)的心路历程。作为"二战"中的BBC记者,奥威尔在《我为什么要写作》一文中,提到作家总是不同程度受制于四种动机:自我主义、审美热情、历史的冲动、政治的目的。回顾自己,他意识到:"在我缺乏政治目的的时候,我写的书毫无例外地总是没有生命力的,结果写出来的是华而不实的空洞文章,尽是没有意义的句子、辞藻的堆砌和通篇的假话。"[1] 东海西海,心理攸同,也可见去政治化均属"雕虫小技,壮夫不为",而政治无非是家事国事天下事,也是学术研究的风声雨声读书声。无须多言,沙垚以及新一代传播学人才刚刚起步,本书也只是一个起点,前路还崎岖漫长,仍需勉力攀登。

(沙垚:《吾土吾民:农民的文化表达与主体性》,中国社会科学出版社,2017)

本土化或中国化

——《自我对他人:媒介、信息与第三人效果》译序

1983年,美国新闻学和社会学教授戴维森(W.Phillips Davison),在《舆论季刊》上发表了一篇文章《传播中的第三人效果》(The Third-person Effect

---

[1] 奥威尔:《奥威尔文集》,董乐山译,中央编译出版社,2010,第263页。

in Communication）。由此引起传播学界的关注，你来我往的研究不断验证并丰富这一论题。新世纪以来，第三人效果更成为美国传播研究的热点，趋之者若鹜，言之者如云，仿佛为日渐萎靡的美国传播学注入一支强心剂。而这一切都超出戴维森的预期，当年他提出这一猜想时，认为第三人效果虽然是一个有趣的现象，"但是具有较小的理论意义"。

何谓第三人效果？简言之，人们往往觉得除去自己，其他的人即所谓"第三人"，都更容易受到传播的不良影响。就像过去沉溺电视，现在迷恋手机，每个人都觉得是别人的问题，而自己肯定"守身如玉"，"无动于衷"。过去常说"马列主义手电筒只照别人不照自己"，意思是说坏事坏毛病都是别人的，而自己总是正确的，同样涉及第三人效果。"人民论坛"发表文章谈"四风"问题，即形式主义、官僚主义、享乐主义和奢靡之风，其中一点不妨说也属于第三人效果：

> 对于形式主义、官僚主义这些东西，人们习惯于指向第三人称，似乎所有问题都是"他"的，"我"永远是可怜的受害者。问题是，对于别人来说，"我"就是"他"，"他"就是"我"。[1]

戴维森讲的两个真实故事，有助于我们从专业方面理解第三人效果。一个故事是"二战"后期，美军进攻硫黄岛之际，日本开展宣传攻势，空投传单，鼓动美国黑人士兵不应该"冒着自己的生命危险为白人打仗"。结果，美国白人军官看到传单后，便将黑人士兵从战斗一线撤了下来。这里，"第三人"是黑人士兵，"我们"即白人军官认为他们很容易受到敌方信息的影响。第二个故事发生在二战期间的欧洲，这一次是盟军在德国高级军官中散布假情报，说德军飞行员很容易受盟国广播影响，以至于德国军官怀疑自己的飞行员驾机叛逃，于是加强了对他们的监视，结果导致德国空军士气低落。

熟悉中国文化传统，对此当不难理解。第三人效果无非是习以为常的社会心理，如将心比心、设身处地、换我心为你心，以及钱穆所谓"同情之了解"，钱锺书所谓"东海西海，心理攸同"等。当然，中国人理解的第三人问题同美国人关注的第三人效果貌合神离，一者侧重求同，如老吾老以及人之老、幼吾幼以及人之幼，一者侧重求异。这一点同中美文化对政治第一要义的认识不无相似。如果说政治的首要问题在于敌我之辨，如施米特所言，政治是敌我之辨，

---

[1] 习骅：《找找"四风"中的"我"》，《人民日报》2018年2月1日，第4版。

经济是盈亏之辨，伦理是善恶之辨，美学是美丑之辨。那么，由此说来，源于基督教天堂地狱、天使魔鬼的美国政治，就只认绝对敌我，不是朋友，就是敌人，而且，一旦成为敌人，就是不共戴天的死敌。而源于天地圆融、和而不同的中国政治，在区分敌我的基础上，还懂得政治的更高境界在于化敌为友，就像诸葛亮的七擒孟获。毛泽东在延安时期对胡耀邦说过：政治就是把拥护自己的人搞得多多的，把反对自己的人搞得少少的。

第三人效果理论，对认识传播问题提供了新的视角，有其不言而喻的学术价值。同时，也应看到，这一理论同美国一系列传播理论一样，归根结底还是植根于特定的社会历史土壤，具有鲜明的"美国化"色彩。这里提"美国化"，是因为我对"本土化"心存质疑。本土化比千篇一律的教条化固然聪明了一点，但其前提同教条化如出一辙，都预设一个高高在上的东西，人世间一切是非对错最终都由这个东西裁定。当然，这个东西如同所谓普世价值裁判权一样，只能归属于西方或美国。只不过，教条化是原封不动照搬照抄，本土化则结合实际"化入本土"，即所谓本土化。其实，传播学如同其他人文社会学科一样，都是一方水土一方人，离不开具体的、生生不息的社会历史实践，否则，就成为无本之木、无源之水。换言之，一切社会科学归根结底都是本土的，如同橘生淮南则为橘，生于淮北则为枳，因为水土不同。马克思、恩格斯一段精彩论述，对理解这个问题尤有启发，他们在批评德国哲学家搬弄法国社会主义文献时写道：

> 在这种著作从法国搬到德国的时候，法国的生活条件却没有同时搬过去。在德国的条件下，法国的文献完全失去了直接实践的意义，而只具有纯粹文献的形式。它必然表现为关于真正的社会、关于实现人的本质的无谓思辨。[1]

因此，在我看来，传播研究也应是"各行其是"而"殊途同归"。所谓各行其是，就是中国化、美国化、俄国化、埃塞俄比亚化、巴布亚新几内亚化等，即各美其美，美人之美；所谓殊途同归，即美美与共，天下大同。

本书对第三人效果作了深入而不失生动的阐述，对我们认识、学习、借鉴这一美国传播学"新论"，包括缘起、演化、相关内容、实践背景、具体研究

---

[1] 马克思恩格斯：《共产党宣言》，载《马克思恩格斯文集》第2卷，人民出版社，2009，第57—58页。

及其发现等,提供了一个恰如其分的读本,也为我们的传播研究提供了一定借鉴。中文译本清晰流畅,平易近人,翻开一看就知道了,不假仆一二谈也。译者武楠是中国传媒大学的青年教师,也是我2016年招收的博士生(已经如期毕业)。读其译本,不由忆及三十多年前,我在梁洪浩先生门下研修外国新闻业的情形,最初的学术工作就是从翻译开始的,作为一种学习和训练获益良多。武楠刚一出手就达到相当出色的翻译水准,令人欣慰而钦佩,也无愧清华博士生的水平。

(朱莉·L.安德萨格、H.艾伦·怀特:《自我对他人:媒介、信息与第三人效果》,武楠译,中国传媒大学出版社,2017)

书写以人民为中心的新闻史
——王华《山东解放区新闻史(1937—1949)》序

王华博士的新作《山东解放区新闻史(1937—1949)》,即将由人民出版社付梓,嘱我作序,承蒙不弃,也只能谈点先睹为快的感想。前两年,曾为另一位山东学者俞凡博士的《新记〈大公报〉再研究》写过同样的文字,两项成果一正一奇,加之2018年新闻史青年论坛又在山东大学举行,顿觉"风景这边独好"。

方汉奇先生倡导新闻史研究打深井,王华这部专著堪称"打深井"的又一典范。作为断代史兼区域史的正史著述,本书对特定时期与地方的新闻史进行了钩沉爬梳,展现了中国新闻史版图上鲜为人知的一方"风景",别开生面,颇有足观。我们知道,作为复旦新闻系一代宗师,王中先生的新闻生涯就源于山东解放区,而类似传奇在王中的"徒子徒孙"王华笔下俯拾皆是。试举几例,以见一斑:

——如今名满天下的《新华文摘》,1945年底诞生于山东解放区,由共产党和共和国的将军文人陈沂提议创办。同样享誉新闻学界的《青年记者》,也于1941年创办于大众日报社。

——1941年,大青山战役中,新华社山东分社首任采编室主任郁永言,以及18位大众日报社新闻人英勇牺牲,平均年龄20岁,谱写了新闻史上又一壮烈篇章。郁永言(1907—1941),江苏南通人,21岁考入南京中央大学,22岁入党,抗战全面爆发后,进入抗日军政大学学习。另外,《大众日报》从创刊的1939

年到1949年，就有新闻烈士578位。

——1945年问世的《群力报》是一份通俗报纸，或曰大众化报纸，下面这则报道《日本投降了!》，朴实无华，平白如话，如同白居易写给老妪的新乐府：

> 日本鬼子在中国横行了八年多，叫咱们打得鼻青脸肿，没法招架，加上苏联又对他宣战，两天的工夫就在东北占领了很多的县城，他觉得实在没有办法，便宣布投降了，真鬼子二鬼子都要放下武器，交给我们，杀人不眨眼的混蛋们，也要受人民的审判。
>
> 大家听了这个消息，心中都很高兴，但是，同志们！我们不要因胜利到来就不干了，咱们还有很多的任务要来干，反动头子蒋介石，他不抗战领着大军反共反人民，我们要坚决反对他这种坏政策，一定要改组国民政府，成立联合政府，大家要把这个重大的担子挑起来。（1945年8月23日）

——1946年至1952年，有家以人名命名的报刊《麓水报》，或许成为古今中外独此一家的"人名报"。《麓水报》是为纪念八路军师长兼政委王麓水而命名的，陈毅题写报头。王麓水（1913—1945），江西萍乡人，13岁参加革命，19岁入党，经历了中央苏区历次反"围剿"。1937年参加平型关战役负伤。1940年随115师陈士榘部挺进山东，开辟滨海抗日根据地，战功卓著。32岁时出任山东军区八师师长兼政委，同年牺牲。原八师《前线通讯》由此改称《麓水报》，1949年成为中国人民解放军22军军报。

——山东解放区的战邮局既是递信送报的邮局，又是武装作战的部队，还曾护送刘少奇通过封锁线，前往延安。君看一叶舟，出没风波里。战邮局的身影活跃于烽火岁月，形成现代传播史上的独特景观，同时与古代的驿站、驿路、邸报等传播系统遥相呼应，如驿传系统也多属兵部。倘若以此为题展开学术研究不仅新颖别致，有几多传播规律可供探究，强似李金铨教授批评的"不痛不痒"的博士论文，而且千呼万唤始出来的中国新闻传播之学及其特色、风格、气派，在立足中国大地的研究路径中也自然水到渠成。[1]

拜读王华《山东解放区新闻史（1937—1949）》，令人印象最深的还是在军

---

[1] 山东大学新闻学院王咏梅副教授已经以此为题，撰写了第一篇论文《"战时邮政体系"下的党报发行及其社会影响》。清华新闻学博士梁骏以此为题撰写了学位论文，并纳入"中国新闻学丛书"。

民一家、党群一体、水乳交融、命魂相系的年代，革命报业正心诚意为人民的新闻实践及其新闻观，所谓全党办报，群众办报，全心全意为人民服务，热情维护人民自由精神的千呼万应的喉舌、群众的鼓动者宣传者组织者等新闻熟语，绝非如今貌似风干的抽象"政治教条"，而是无所不在的活生生现实，就像胡乔木延安时代的《人人要学会写新闻》一文彰显的气象。李一氓、师哲、吴冷西、甘惜分等回忆文字，陈学昭、赵超构、刘白羽、田方、穆青、莫艾等新闻作品，也以灵动笔墨描绘了这一风云画卷——唤起工农千百万，不周山下红旗乱。北京大学青年学者王维佳的理论概括更是新人耳目："更引人注目的是，当时共产党报刊普遍实行通讯员制度，数以万计遍布基层的报纸通讯员为党办的这些新闻媒体提供了大量群众新闻，打破了新闻职业的分工边界，推动了新闻的大众化……相比新闻专业主义，显然更具有民主进步色彩。"[1]

在世界新闻史上，中国革命与中国共产党开辟的这脉新闻传统新闻魂，上承马克思主义天下大同自由解放的道统，下启人民共和国政治家办报的正宗，具有鲜明的专业方位和政治意识，由此形成的一整套新闻理论与理念独树一帜，正大光明。概而言之：在阶级社会及其各种现实关系即马克思界定的人之为人中，新闻不是也不可能是自欺欺人的所谓"社会公器"，对人民大众来说，新闻是求解放、争自由、谋幸福的"耳目喉舌"；与此相应，新闻自由也只能是体现于具体阶级关系与权力关系的自由，而非抽象"人性论"基础上的虚幻自由；新闻不是自视甚高的所谓"专业"，甚至资本主导的"产业"，而是"贩夫走卒引车卖浆者流"皆可与之的"事业"；新闻不是也不可能是所谓不偏不倚、客观超然的"第三方""旁观者"，而是追求天下太平、世界大同的参与者、建设者，化用马克思的名言：新闻不仅是反映世界，更重要的是改变世界。一句话，正如毛泽东在《解放日报》改版座谈会上开宗明义谈到的："共产党的路线，就是人民的路线。"正因如此，当年《大众日报》甚至直言"报道不真实，就是欺骗人民"。截至1947年元旦，仅《大众日报》就有通讯员七百人，特约通讯员四百人。由他们发掘报道的一系列新闻故事，更是突出体现了以人民为中心的工作导向，如赫赫有名的民兵英雄地雷战。于是，仅为保护大众日报社的人员与器材，先后就有160多位父老乡亲献出生命，包括老人、孕妇和孩子。

我有迷魂招不得，雄鸡一唱天下白。原《群力报》编辑、新中国成立后任《福建日报》副总编辑的王仲莘，2005年发表回忆文章，对新闻工作的群众路

---

[1] 王维佳：《"党管媒体"理念的历史生成与现实挑战》，《经济导刊》2016年第4期，第29页。

线作出诠释，也有助于破解专业迷思："世界上的马克思主义政党，在革命过程中，恐怕还没有一个政党像中国共产党这样面对这样多的目不识丁的农民，也从未听说有哪一个政党像中国共产党这样重视运用通俗报纸来做农民的工作，发挥报纸的社会教育功能。从这个意义上说，创办通俗报纸不失为我们党在新闻工作上的一个创造。……报纸的作用已经超出了报纸本身。"[1] 如此一脉新闻实践及其理念，恰似习仲勋1951年在一篇讲话中概括的新闻方位："新闻工作就是群众工作。"

山东走出的国民党新闻记者王鼎钧，在其脍炙人口的回忆录中，也以细致入微而引人入胜的笔触，描绘了依靠人民与背离人民两种对比鲜明的历史图景，包括文宣路线及其策略，一种是共产党的，一种是国民党的。比如，他写到抗战期间，山东流传的三句话：日本鬼子抱窝，国民党吃喝，八路军唱歌。

> 八路军的特征是唱歌，像原始民族一样爱唱，像传教士一样热心教人家唱，到处留下歌声。
>
> 我不爱唱歌，喜欢看人家唱歌，人在唱歌的时候总是和悦婉转，坦然无猜。我走出草屋察看。
>
> 屋后路旁，石碾周围，大姑娘小媳妇有站有坐，目不转睛地望着站在她们面前的女兵，这位女同志斜背着枪，挥舞着双臂。想必是，她们没见过如此奇怪的装束吧？有人目瞪口呆，有人哧哧笑，不久，也都融化在歌里了。[2]

当然，国民党并不是不唱歌，只不过与大江东去、洪波涌起的《义勇军进行曲》《黄河大合唱》《游击队歌》《中国人民解放军进行曲》相比，更像援琴鸣弦发清商，短歌微吟不能长。只消对比一下共军《三大纪律八项注意》与国军《宪兵学校校歌》，一者简洁明了，生机勃勃；一者佶屈聱牙，暮气沉沉。如王鼎钧所言："你得读过许多文言文，才看得懂，即使读过许多文言文，也听不懂。"不妨听一听："咨尔多士，为民前锋，夙夜匪懈，主义是从；克励尔学，务博尔知，唯勤唯敏，唯职之宜……"——谁人听得懂？无怪王鼎钧后来

---

[1] 王仲莘：《花甲群力——创刊六十周年纪念专集》，福建省新闻工作者协会编印，2005，第3页。

[2] 王鼎钧：《昨天的云：回忆录四部曲之一》，生活·读书·新知三联书店，2014，第160—161页。

慨叹："就在我们嗡嗡作声、不知所云的时候，黄河北岸中共士兵朗朗上口的是：人民的军队爱人民！"[1]

一次，在某部"马工程"教材审定会上，有学者提出"党和人民"的喉舌是否应该改为"党和政府"的喉舌。我深心不以为然，因为人民在新闻业与新闻学中虽然日渐漫漶，日渐朦胧，值得严肃反思，但反思方向不是彻底取消人民在新闻中的主体地位，而是如何回归群众路线，为马克思主义旗帜下的新闻业与新闻学赋予无可置疑的现实性与现代性，既有中国特色，又有普遍意义。从王华对山东解放区新闻史的考察中，也不难发现以延安《解放日报》改版为源头，我们对传统新闻的"改造""再造"，始终与群众路线息息相关，水乳交融。这一新闻遗产的核心是党性原则和群众路线的辩证结合，而其中群众路线又是灵魂所在，包括1945年七大修订的党章强调的四个观点："一切为了人民群众的观点，全心全意为人民群众服务的观点；一切向人民群众负责的观点；相信群众自己解放自己的观点；向人民群众学习的观点。"这一点不仅是新闻领域马克思主义中国化的历史方位，所谓"从群众中来，到群众中去""知识分子劳动化，劳动人民知识化"，而且也是现代世界一切严肃新闻业与新闻学的共同目标。王华新作所展示的丰富史料和细致分析，对真切理解这一"党性人民性有机统一"传统提供了新的历史渊源，也为重新把握共产党共和国的新闻路线打开了新的实践空间。

既然人民属于"两个一百年"的历史主体，共产党、共和国的一切奋斗始终依靠人民，无不为了人民，那么，就必然要求新闻活动超越专业苑囿，冲决"文人论政""记者办报""同人办报"一类各行其是的褊狭境界，成为人民群众共与、共治、共享的事业。为此，也自然要求新闻工作者与人民群众打成一片，从无根漂浮的阶层转变为葛兰西说的"有机知识分子"，在人民自由解放的历史伟业中，在摆脱自身"成名想象"的新闻实践中，实现个人的超越性价值。这是共产党共和国的新闻始终如一的方向、主流与本质，从邓拓到穆青，从范长江到范敬宜一以贯之——与时代同行，与人民同在。王华的新闻史书写及其意义也在于此，即以人民为中心、为人民著书立说，与吴文藻、潘光旦、费孝通等前辈学者及其一生志业与追求一脉相承："学术的用处就在为人民服务。"[2]

---

[1] 王鼎钧：《关山夺路：回忆录四部曲之三》，生活·读书·新知三联书店，2014，第41—42页。

[2] 费孝通：《旧话相应：费孝通人物随笔》，群言出版社，2016，第157页。

毋庸讳言，在市场化的媒体环境及其消费主义氛围中，"人民""群众"等政治蕴涵丰富的词汇俨然发生变异，甚至名存实亡，领导人关于新闻舆论工作"党性原则"的宣示，也往往招致一些明里暗里的抵制和嘲讽，赵鼎新挑明媒体精英与国家精英只有利益认同而无价值认同的论断，可谓一针见血[1]。当此时，重塑马克思主义新闻魂，需要面对真问题、大问题，进而通过一系列体制机制的配套改革，拨乱反正，正本清源，切实落实以人民为中心的新闻方位，而非仅仅停留于从口号到口号、从文件到文件、从会议到会议，从而看上去红红火火而落下来冷冷清清。对此，王维佳所作的精辟论述与王华的新闻史书写相得益彰："通过对中国共产党新闻宣传思想产生历史过程的简单梳理，我们清楚地认识到两个问题：首先，仅用'党性原则'和'党管媒体'来概括中国共产党的宣传理念是失之偏颇的，'群众路线'是这个革命政党宣传理念中更原始、也更根本的核心部分，这是传播领域'党性和人民性相统一'的灵魂所在。其次，在很大程度上，'党性原则'这一政治要求具有工具性质，如何更好地说明和印证自身，我们党在革命斗争和社会主义建设中有非常宝贵的经验，这就是必须和'群众路线'的传统结合在一起。离开了'群众路线'这个灵魂，媒体行政管理体系的活力和效率都很难保证"；"在不断强调'党性原则'底线的同时，更应当重视和解决的问题，是当前政治经济发展格局对'群众路线'这个新闻宣传理念的灵魂的钳制。对媒体融合、文化产业发展、市场化改造等关键政策的讨论，有必要纳入复杂政治后果的考量"；"让'党性原则'获得合法性的关键，是'党性和人民性的统一'，是怎样为'党性原则'找回'群众路线'这个灵魂和活力源泉"。[2]

与此同时，迫切需要培养造就一代又一代立足中国大地的人民记者，正心诚意，身体力行。毛泽东当年曾经热望："如果我们党有一百个至二百个系统地而不是零碎地、实际地而不是空洞地学会了马克思列宁主义的同志，就会大大提高我们党的战斗力量。"（《中国共产党在民族战争中的地位》）山东解放区首屈一指的《大众日报》，堪称这方面的典范。作为一个人才辈出的摇篮，从抗日战争到新中国成立前后十余年，《大众日报》陆续调往各解放区、中央新闻单位以及其他方面的工作人员，就有七八百人，其中不少人都成为名编辑、

---

[1] 赵鼎新：《社会与政治运动讲义（第二版）》，第十二章"新闻、大众舆论和社会运动"，社会科学文献出版社，2012。

[2] 王维佳：《"党管媒体"理念的历史生成与现实挑战》，《经济导刊》2016年第4期，第30—31页。

名记者，以及政治家、教育家、文学家、学问家、外交家等，人称"建国学校"，如：

恽逸群：上海解放后《解放日报》首任社长、总编辑。

匡亚明：南京大学校长。

夏征农：复旦大学党委书记、《辞海》主编。

陈沂：解放军总政治部文化部部长、少将。

邓岗：新华社副社长。

戈扬：《新观察》主编。

王力：《红旗》杂志副总编辑。

王中：复旦大学新闻系主任、统战部部长。

刘敬之：《吉林日报》总编辑、吉林省委书记。

刘爱芝：《甘肃日报》总编辑、《光明日报》副总编辑。

陈楚：中华人民共和国常驻联合国代表、首任驻日大使。

李力众：《四川日报》总编辑。

吴之非：《解放军报》总编辑。

张黎群：《中国青年报》总编辑。

季音：《人民日报》农村部主任。

吴保康：中国人民大学档案系主任。

谢冰岩：中国社会科学院新闻研究所副所长……[1]

其中，最为新闻学界所熟知的，当数随同解放大军进入上海的"军代表"王中，那一身戎装腰别手枪的勃勃英姿，从此定格在复旦老人的记忆中。

与王维佳一样，王华也是师出名门，曾经在复旦大学新闻学院受业吕新雨教授，毕业后执教山东大学新闻系，八年来，笔耕不辍，新作不断，包括2018年复旦大学出版社与人民出版社出版的两部书稿。我主持的北京大学出版社"新中国新闻史"丛书，也纳入他的一部专著。犹记当年评阅其博士学位论文，打眼看到标题"少数民族纪录片"，还限于新中国前十七年，心里不免犯嘀咕，这方面的内容可以支撑一部博士论文吗？结果，展卷细读，赞叹不已，既为少数民族纪录片的丰富多彩而感慨，又为王华所作的精深研究而击节，也为自己的无知强有知而汗颜。

[王华：《山东解放区新闻史（1937—1949）》，人民出版社，2019]

---

[1] 于岸青：《一张报纸的抗战——大众日报社史撷英》，山东人民出版社，2018，第303—316页。

有美思，有文采：一部新颖的口述新闻学术史
——陈娜《大道同源：当代中国新闻传播学术精神寻踪》序

2009年是中华人民共和国六十大庆，也是复旦大学新闻学院八十华诞。按照孔老夫子的说法，这一年适逢笔者知天命（不敢自视知天命）。记得那年岁末某天晚上，黄浦江畔，彤云四垂，寒风瑟瑟，我与本书作者用餐后一边漫步，一边热火朝天地聊起这部书稿。当时她是复旦大学新闻学院博士生，也是天津师范大学新闻学院的青年教师。

说是书稿，并不确切，因为八字还没一撇。我们只是谈起这个研究设想，擘画来年国家社科基金项目的课题。之所以考虑这个选题，是由于我刚刚获批2009年度国家社科基金重点项目"新中国六十年新闻事业史研究"，觉得新中国新闻学经过一甲子，也需进行系统考察，"辨章学术，考镜源流"（章学诚）。如今想来，当年我们对青蘋之末的丕变有种朦胧感觉：一个旧时代即将过去，一个新时代终将到来，新闻学也到了一个新的历史节点。而今，习近平新时代已经清晰展现，也使我们的朦胧求索开始显得豁然开朗。

2010年，陈娜顺利拿到国家社科基金青年项目"当代杰出新闻学者口述实录研究"。说实话，我没想到一位二十来岁的博士生，申报国家项目能够一举成功。也没想到这个课题从立项到成果出版，转眼已八年，离浦江漫步，谈及此事则近十年。而更没想到的是，她把这个项目做得如此风生水起，摇曳生姿。借用方汉奇先生的嘉许："既有美思，又有文采，清新俊逸，风韵天然。"

其间，除了获得博士学位、晋升教授以及完成这部《大道同源：当代中国新闻传播学术精神寻踪》等，她还获得若干名副其实的荣誉，包括首届全国高校青年教师教学竞赛文科组一等奖第一名（理科组一等奖第一名在清华）、霍英东基金会高校优秀青年教师奖、"全国五一劳动奖章""天津市优秀共产党员"。"幸福都是奋斗出来的"，陈娜的成长也是一个明证。

不难想象，这一切成果与荣誉背后是怎样的付出和心血。八年来，在积累百万字口述史料和近百小时口述历史音视频资料之际，陈娜陆续完成了对三十二位当代中国新闻学者的深度访谈和文字勾画，发表了数十万字的研究成果，2017年《人民日报（海外版）》对她的报道，多少勾画了这一研究过程的酸甜苦辣：

从2010年着手研究以来，陈娜的足迹遍布大江南北。打开她的28寸大旅行箱，整齐地罗列着录音笔、耳机、摄像机、单反相机、三脚架等器材。"这些都是访谈时的必备工具，也是我忠实的出差伴侣，"陈娜告诉笔者，"你看，其实我的日常用品并不多，基本上是设备占满了空间。"

频繁的出差，还让陈娜养成了一个职业习惯：一上卧铺就赶紧"抢占"电源，抓住旅途中的一切时间缝隙投入工作。"火车也是不错的工作场所，采访结束后，我需要趁热打铁，立刻整理资料。"车轮飞速运转，车厢有节奏地动荡，人物的叙述在陈娜的键盘上被敲击成文字。[1]

这部书稿以三十二位新闻学者学术历程的口述为主体内容，以新中国的时代风云与学术流变为背景，既分别展现不同代际新闻学者之间的相互勾连和演化轨迹，又对当代中国新闻学术精神的传承演化及其规律进行深入探求，提出一些独到见解。另外，本书采用口述历史研究方法探讨新闻学，也堪称国内第一部此类专著，特别是她从方法论角度，更为中国新闻学提供了新视野和新路径。

作为第一部拓荒之作，《大道同源：当代中国新闻传播学术精神寻踪》自然难免存在缺憾，从而既为作者，也为后来者留下进一步探索的空间。在我看来，其中对当代中国新闻学的反思意识尚待强化，对一些人事包括我的访谈与分析，尊重有余，批判不足，多仰视，少平视，更缺俯视，即站在新的历史高度和理论高度予以审视。当然，作者与读者都能理解，所谓爱之深，期之殷，责之切也。

暮春三月，江南草长，杂花生树，群莺乱飞。中国特色社会主义已经进入新时代，中国新闻学随着进入十一门具有支撑意义的学科也将面临新局面，陈娜一代新闻学者由此势必迎来自己的学术春天。

（陈娜：《大道同源：当代中国新闻传播学术精神寻踪》，中国社会科学出版社，2020）

---

[1] 张达、顾桥孜：《口述史学者陈娜："文字肖像"的勾勒者》，《人民日报（海外版）》2017年11月23日，第5版。

涂鸣华《〈盛京时报〉社会评论》序

清华有一种面向全校的"新生研讨课",一般为15人的小班课。一次,我上新生研讨课《新闻中的文化》,有位外系学生在课堂讨论时,谈到所谓"崖山之后无中国"。意思是说,1279年崖山海战之后,随着南宋朝廷覆亡,中国已经不复存在,三皇五帝的华夏从此为外来民族的一统天下所覆盖、所取代,成为蒙古的中国、满族的中国等。当时听到这种论调觉得很怪异,也很吃惊,居然可以这么胡诌一套分裂中国的言论。

我只知道,中华民族自古以来就是多民族、大一统的文明形态,蔓延至今五千年。在这个进程中,历史上与现实中的各族人民都为中华文明的丰富发展作出贡献,无论血缘还是文化无不形成你中有我,我中有你的血肉联系。隋唐开国皇帝杨坚、李渊,娶的都是鲜卑人,李世民最信赖的长孙皇后也是鲜卑人,皇后的兄弟长孙无忌成为凌烟阁上的开国元勋。据史家考证,隋唐历史有一半都是由鲜卑或具有鲜卑血统的人创造的。这样的故实,在中国历史上屡见不鲜,绵延不绝。

正因如此,费孝通提出"多元一体"理论,潘维则以"大家庭"或"中华大家庭",作为中国的核心价值观,其中既蕴涵着中华文明天下大同的理想,也寄寓着各民族人民血脉相连的因缘。至于历史上的猃狁、匈奴、鲜卑、羌、狄、乌桓、柔然、突厥、吐蕃、回鹘、契丹、党项、女真、蒙古、后金等少数民族及其政权,历史学、人类学、民族学、社会学、政治学等诸多学科及其学者也早就作出科学解释,如清华国学院姚大力教授在《多民族背景下的中国边疆》演讲中的学理阐发:

> 把过去几千年内中国国家建构的历史进程,理解为仅仅由内儒外法的专制君主官僚制这一种模式之起源、发展和演变所支配的看法,并不完全符合历史的事实。它实际上是由内儒外法的专制君主官僚制和以辽、金、元、清等政权为代表的内亚"边疆"帝国体制这样两种国家建构模式反复地相互撞击与整合的过程。如果没有满族、蒙古族和藏族等民族对创建中国多民族统一国家的贡献,就不会有今天这样版图规模的现代中国。

后来我发现,学生所谈"崖山之后无中国"不过是人云亦云,表达的或者说传达的是一种流行说辞，如同近年流行的所谓"新清史"。第一次听到这种说法只觉似是而非，混淆视听，但并不知所来何自。因为，在中国的历史叙事中，不管是古代还是近代，也不管是共产党还是国民党，都不可能见到如此说法。即便入主中原的少数民族政权，也始终奉中国为正朔并竞相以正统自居——中州自古英雄气，也到燕山敕勒川。

那么，"崖山之后无中国"从何而来，又从何谈起呢？拜读涂鸣华博士的学位论文《〈盛京时报〉社会评论》，才意识到学生或网上的此类"奇谈怪论"，无非是"大东亚共荣圈"理论的翻版。且看七七事变后，《盛京时报》一篇评论《读史感言》（1937年8月3日）：

> 昔蹶（崛）起满洲之女真族，灭辽建金，趁战捷之余威，进兵中原，奠都汴京。宋则国势日蹙，仅保江南偏安之局，苟延残喘。西谚云，历史不古，周而复始。今日迁都南京之国民政府，仿佛昔日南宋朝廷一般。彼时南宋无复如何，乞灵北方之蒙古族，与之缔结攻守同盟。于是南宋蒙古联合军到处击破金兵，势之所迫，金遂亡矣。然而，金灭亡之日，即南宋告急之秋。无几崖山一役，南宋幼帝与陆秀夫造成千古悲剧，整个为元军所亡。所当注意者，今日中国党人所意欲提携之北方苏俄，势成努（弩）末，断不可与蓬勃新兴之大元帝国同日而语。至久跻于世界最强之林的日本，并不是金国之流亚。若夫以真正汉族自命，夸负软弱文明之南京政府，则俨然是当时之南京朝廷也。宋美龄与宋美龄的男人，或带有将来悲剧主角之命运。亦未可知。
>
> 相传万里长城，系秦始皇所筑。其实长城在始皇以前，略具雏形。至现存之万里长城，则在明代修理补筑。需时多年，然后完成。按中国宋朝以后，始有北患发生。故汉人国家之内政外交，常以如何消弭北患为重要政策。明承元后，虽不忘北顾之患，然意存消极，绝无积极征夷之毅力。仅以怀柔招抚为能事毕矣。幸维持三百年之昌平者，非由明朝实力之所致，而由满洲族晚起之悻悻耳。明朝在其消极怀柔之政策中，尤不敢急忽，或设防九边，以备万一。曾几何时，以汉人国家得意自鸣之南京政府，不但将九边长城置诸九霄云外，并且迁都万里，偷安江南，而不知外患为何物，门户洞开，中原空虚。夫中国形势，既然如此，虽非金元之铁骑，必当萌饮马黄河之志。自不知外患之所由来骂为侵略，滑稽矛盾，莫此为甚。实则其所为，不啻自弃，他人拾之耳。
>
> 党人重党利轻国家，所以绝无脚踏实地之救国设施。仅为使国人眼

光转向国外计,定无数的国耻纪念日。对于全国青年,种种煽惑,无所不至,是以似文天祥胡澹庵而更非之学生大学教授等,充塞全国。慷慨悲歌,高唱入云,而国事愈不可问。最后寄语蒋介石以下,党国领袖暨军阀官僚大学教授以及学生诸君,是时须把宋元历史,仔细热读,以资鬻味,学有余师。

文章东拉西扯,而主旨无非把南京政府比作偏安一隅的南宋,而把自己视为饮马长江入主中原的又一波"新朝"。如此比附,日本好像就不是"侵略"中国,而仿佛成为魏晋南北朝的鲜卑、隋唐的突厥、北宋的辽金、南宋的蒙元、明末的后金,并且是以"跻于世界最强之林"的文明替换"软弱文明"。

诸如此类的《盛京时报》言论,以及日寇"笔部队"的滔滔言说,实际上都是"大东亚共荣圈"理论的变体。而这套喧嚣一时的理论则不像报刊文章那般浅薄,而有一整套貌似精致的学术思想,如京都学派的内藤湖南及其"文化战略理论"、宫崎市定的"主权侵略理论"。对此,卢燕娟在《中日战争背景下的〈在延安文艺座谈会上的讲话〉与中国现代文化道路选择》一文中作了深刻独到的论述。

首先,日本侵华期间,最著名的理论莫过于"东亚联盟论"或称"大东亚共荣圈"理论。这一理论的要害在于,以"文化圈"这一朝贡体系下的文化帝国概念,混淆"主权"这一现代国家概念。

其次,这一理论的学术形态及其代表,就是京都学派。京都学派起于京都帝国大学。京都帝国大学的创立,有赖甲午战争后清政府的"赔款"。作为以"东洋史研究"为主的京都学派,从来不是一个纯学术团体,而是直接服务于日本外务省和陆军部。

最后,这一学派不仅在理论上直接催生了侵华意识形态,而且影响了大量学生,进而踊跃参加侵华战争。仅1943年,就有4500名京都大学学生成为日本军人。内藤湖南之后的京都学派领军人物宫崎市定,也作为士兵参加了侵华战争。

按照卢燕娟的分析,京都学派理论从内藤湖南的文化战略理论发展到宫崎市定的主权侵略理论,有两个一以贯之的逻辑:

第一,在"文化帝国"视角下,将"文化中国"泛东亚化,然后以"东亚"的共同形象面对强势的西方现代文明。具体说来,就是将中国的历史扩大为包括日本在内的整个东亚共享、同源同质的历史,因而从中国的历史文化中寻找整个东亚(当然也就包括日本)面向西方现代文明的合法性、先进性，以及不依靠西方而能够自我更新、走向现代的内驱力。在这种逻辑下，中国的独立存在也让位于东亚的共同存在。

第二，在"主权国家"的视角下，将"政体中国"窄化，仅承认历史上的中原汉民族政权是"中国"，而将历史上的少数民族（如匈奴、满蒙等）政权视为独立的政治体（与日本、朝鲜相同）。这样，历史上曾经征服中原的元、清两朝，就为日本侵华提供了"历史先例"。[1]

众所周知，随着日寇覆亡，世界人民反法西斯战争取得全面胜利，"大东亚共荣圈"理论早已成为过街老鼠。然后，在所谓"去政治化"潮流中，不仅京都学派又成为新宠，"新清史"紧随其后，改头换面重复"大东亚共荣圈"的陈词滥调。而且，光怪陆离的"邪魔外道"也粉墨登场，如所谓"哈日""精日"以及2020年武汉抗疫期间揭露的一些学者文人骇人听闻的言论。这些前呼后拥的新潮背后，让人依稀看到当年的幢幢鬼影，隐约听到日寇笔部队"海军班头号功臣"衫山平助，当年随日军攻入武汉时的叫嚣："军人用刀来刺支那人，我们文化人要用笔把他们的灵魂挖出来！"什么是中华民族的灵魂？一言以蔽之，就是屈原身上虽九死其犹未悔的爱国情怀或家国情怀，就是毛泽东所称"空前的民族英雄"鲁迅先生灵柩上覆盖的"民族魂"。

如此说来，涂鸣华的这部著作虽然研究的是一份日本早年在华报纸，但今天依然具有显而易见的学术价值与现实意义。已是上海东华大学新闻系副教授的涂鸣华，在清华新闻学院攻读博士学位时，以《盛京时报》为题作了这项研究。为此，还在日本问题专家卓南生教授安排下，前往日本访学一年，得到卓老师的悉心指导，从而完成这篇学位论文。现在，经过十余年修订完善，即将付梓。蒙他不弃，赐我先睹为快，写点心得，聊助笔兴。

为人民把握文化领导权
——蔡斐《新华日报与统一战线》序

2019年记者节，我应李珮教授邀请，再去西南政法大学新闻学院讲学。此行除了一如既往酣畅淋漓的学术交流，还结识了年轻有为的副院长蔡斐教授，

---

[1] 罗岗等主编《重返"人民文艺"》，上海人民出版社，2019，第6页。

我们虽然初相识，却一见如故，把谈甚洽。

清华有"三清团"，即本、硕、博均在清华就读者，与此相似，蔡老师本、硕、博都是西南政法的"嫡系"。他上大学的2001年，正好也是我调入清华之时，至今已二十多年。他同天津师范大学新闻学院副院长陈娜教授一样，都在三十七八岁晋升教授，2019年又入选中宣部"四个一批"人才。类似的"80后"才俊，已经多为学界骨干。

在新中国法学领域，西南政法大学一向声名卓著，影响广泛，培养了大批司法界、法学界的杰出人才，包括现任最高法院院长。近年来，其新闻传播学科异军突起，成为西部地区继川大之后的又一博士学位授权点。自2017年中国特色新闻学高级研讨班启动以来，已经举办四届，前三届在清华和华东师大，今年第四届放在了西南政法。这里还有三位清华新闻学博士，其中刘娟博士的学位论文出版时，我也有幸学习并作序。

蔡斐教授的这部《新华日报与统一战线》，既是新闻史的学术新篇，也是党史百年的研究成果。为了这部新作，作者充分利用重庆各种得天独厚的条件，挖掘了一批颇有新意和价值的档案、文献、资料，更立体、更鲜活、更真切地展现了一段波澜壮阔的历史风云，生动展现了共产党为人民谋幸福、为民族谋复兴的初心与使命，也有力回应了历史虚无主义的唯心谵语，成为建党百年一部别具一格的献礼之作。

众所周知，抗战时期，以延安为大本营的中共中央一方面领导前线后方各界民众，有力打击了日寇汉奸，成为名副其实的中流砥柱，一方面同消极抗战、积极反共的国民党顽固派，进行了一系列有理、有利、有节的斗争，团结一切进步力量，形成广泛的统一战线，从而奠定了中国革命与中国共产党从胜利走向胜利的一大基石。其中，常常为人称道的有周恩来领导的南方局以《新华日报》为阵地的舆论宣传及其斗争艺术，将统一战线工作做得出神入化，淋漓尽致，既有正面强攻，又有迂回包抄，既有倾盆大雨的挥洒，又有润物无声的点染，目的都在于把拥护自己的人搞得多多的，把反对自己的人搞得少少的，对今天开展伟大斗争，因应百年未有之大变局，从事新闻舆论工作，为人民把握文化领导权，依然具有现实意义。《新华日报与统一战线》从报刊透视历史，从历史解读报刊，对此作了独到的阐发，尤其采用大量原汁原味的图片、版式、漫画、木刻，再配以新颖而生动的文字，读来琳琅满目，目不暇接，纵横捭阖，引人入胜。

且看一例，略见一斑。1941年11月16日，《新华日报》大张旗鼓地刊出"纪念郭沫若先生创作生活二十五周年特刊"，囊括三版与四版，并由周恩来题写刊头，登载了郭沫若大幅半身照，刊发了董必武的《沫若先生五十大庆》（诗）、邓颖超的《郭沫若先生创作二十五周年纪念与五秩之庆致祝》、潘梓年的《诗才·史学·书生气度》、欧阳凡海的《我们应该研究郭沫若先生的作品》、田汉的《南山之什》（诗）、吴克坚的《沫若先生创作二十五周年纪念》（诗）、绿川英子的《一个暴风雨时代的诗人》，以及苏联大使潘友新等各界的贺诗贺词与纪念文章，洋洋洒洒，蔚为大观。

此前一个多月，周恩来就提出给郭沫若祝寿的想法。他对郭沫若说："为你做寿是一场意义重大的政治斗争，为你举行从事创作25周年纪念又是一场重大的文化斗争。通过这次斗争，我们可以发动一切民主进步力量来冲破国民党在政治上和文化上的法西斯统治。"因此，"纪念郭沫若先生创作生活二十五周年特刊"，成为南方局组织实施的一场文化政治活动："鲁迅先生死了，鲁迅的方向就是大家的方向。郭沫若先生今尚健在，五十岁仅仅半百，决不能称老，抗战需要他的热情研究和战斗，他的前途还很远大，光明也正照耀他。我祝他前进，永远的前进，更带着我们大家一道前进！"（周恩来）在《1942：走向民间》一书中，李书磊也谈到通过给郭沫若祝寿等盛大仪式，并赢得大后方文化界的广泛拥护，共产党确立了郭沫若在鲁迅先生之后新文化运动中的核心地位。

显而易见，在甚嚣尘上的虚无主义浊流中，郭沫若及其象征的新文化曾经遍体鳞伤，如同人民领袖与人民英雄横遭亵渎，峨冠博带的煞有介事与流言蜚语的市井伎俩一度层出不穷，花样繁多。中国社会科学院青年学者李斌以一部《女神之光》（2018），将颠倒的历史重新颠倒回来，还郭沫若以清白，而《新华日报与统一战线》也提供了有关的翔实背景。

沉舟侧畔千帆过，病树前头万木春。翻阅此书后，深感如此著述不仅带来新的参考和启发，而且也与守正创新的思潮一脉相承。更令人欣慰的是，一批生机勃勃的年轻学者，伴随中国道路的愿景而日益突破"新启蒙"的僵化教条，封闭保守，日益展现开放、务实、求真的学术姿态，蔡斐教授自然也是其中一员。他的新作付梓之际，赐我作序，却之不恭，受之有愧，只好恭敬不如从命地写下一点粗浅文字，权当为新时代新青年摇旗呐喊鼓与呼。

人民音乐与人民广播

——傅晓杉《歌声嘹亮：〈战地新歌〉的创作与传播》序

2021年7月1日早上八点，天安门广场举行庆祝中国共产党成立100周年纪念大会。当天一大早，我恰好去校医院做年度体检，便不得不从广播里收听实况。八点之前，先是暖场，十万之众，齐聚广场，万名学生合唱团齐声高歌，歌声嘹亮，把气氛一步步推向热潮，即使不在现场，从广播里也不难感受热火朝天的氛围。后来，我又细看了一遍广场放歌的视频，六首穿越时光的历史名曲，无不令人心潮起伏，意气飞扬：《唱支山歌给党听》《团结就是力量》《我们走在大路上》《社会主义好》《我们是共产主义接班人》《没有共产党就没有新中国》。

这些承载着时代风云的经典歌曲，也成为无数共和国同龄人难以磨灭的音乐记忆。《唱支山歌给党听》诞生于1963年的上海之春音乐节。如果说首届上海之春音乐节——在我出生的1959年，有一部蜚声世界的小提琴协奏曲《梁山伯与祝英台》，那么1963年的上海之春当以翻身农奴才旦卓玛演唱的《唱支山歌给党听》流传最广："唱支山歌给党听，我把党来比母亲……"我也是当时从家属院邻居的收音机里，第一次听到这首歌。同样，《社会主义好》（1957）、《我们是共产主义接班人》（1958）、《我们走在大路上》（1962），都给我留下难忘的童年印象。记得小时候，小伙伴们打闹嬉戏，一方退却，一方便得意扬扬哄唱"帝国主义夹着尾巴逃跑了"（出自《社会主义好》）。所以，当看到广场上新一代青年学子朝气蓬勃，纵情高歌，又是欣慰，又是怀念。

2021年年初，为了迎接建党百年，推动"四史"即党史、新中国史、改革开放史、社会主义发展史的学习活动，具有最新国史性质的《中国共产党简史》出版发行，其中第六章"社会主义建设的探索和曲折发展"对新中国"站起来"的历史时期即1949年至1978年，作出更全面、更科学、更实事求是的阐述，关于精神文化与时代风貌的一段文字，让千千万万亲历者奋斗者倍感鼓舞，心有戚戚：

> 值得自豪的是，党领导人民艰辛探索，在社会主义建设上取得巨大成就的同时，在精神力量上也获得巨大丰收。我国各族人民意气风发投身于

热火朝天的社会主义建设，涌现出大量先进典型和英雄模范人物，抒写了无数改天换地的壮丽诗篇，形成了跨越时空、历久弥新的时代精神。

……………

这是新中国建设困难重重、艰苦奋斗的年代，是一个英雄辈出、精神昂扬的年代。为了建设繁荣富强的新中国，翻身做了主人的中国人民与时间赛跑，用生命和鲜血描绘了一幅幅最新最美的图画，用实际行动证明了：同困难作斗争，是物质的角力，也是精神的对垒。[1]

如此洋溢诗情、抒发感情的文字，出现在如此权威严肃的正史叙事中，与其说是作者使然，不如说是历史使然，是站起来的亿万各族人民，发奋图强、不屈不挠、艰苦卓绝、改天换地的英雄业绩使然，正如广场放歌唱到的："我们走在大路上，意气风发斗志昂扬，毛主席（现在改为共产党）领导革命队伍，披荆斩棘奔向前方……共产党好，共产党好，共产党是人民的好领导，说得到，做得到……"

澳门科技大学传播学博士傅晓杉的学位论文《歌声嘹亮：〈战地新歌〉的创作与传播》，以唯物史观的立场、观点和方法，融通社会政治、历史背景、音乐艺术、传播学科等，通过解剖20世纪70年代广为流传的《战地新歌》，对"站起来"的精神文化与时代风貌作了深入探究、细致描摹，揭示了中国现代音乐以及现代文化即新文化与现代国家即新中国风雨同行的历史轨迹。具体说来，她的这部书稿从音乐社会学与声音传播学的视角展开论述：前者，把《战地新歌》作为现代中国的一种文化政治，置于数千年礼乐文化传统，特别是现代音乐和左翼音乐的演进脉络考察；后者，把《战地新歌》与六七十年代无所不在的广播生态联系起来分析，由此及彼，由表及里，达到历史与逻辑的统一。2021年，清华110周年校庆之际，我在一部献礼小书《清园闲墨：新闻与人生的交响》中，也谈到《战地新歌》与她的研究：

1972年，为纪念毛主席《在延安文艺座谈会上的讲话》发表三十周年，国务院文化组发起征集优秀歌曲的活动，然后出版了一本《战地新歌》。由于反响热烈，第二年又推出《战地新歌》（续集），同样深受喜爱。于是，从1974年到1976年，相继又有《战地新歌》第三集、第四集、第五集，从编号也可知道最初并无次第推进的计划，更不曾想到《战地新歌》如

---

[1] 本书编写组：《中国共产党简史》，人民出版社、中共党史出版社，2021，第202页、204页。

此走红。这些歌曲集有许多至今堪称经典的作品,如《浏阳河》《山丹丹开花红艳艳》《世世代代铭记毛主席的恩情》《阿瓦人民唱新歌》《乌苏里船歌》《火车向着韶山跑》《我爱北京天安门》《千年的铁树开了花》(花腔女高音)《雄伟的天安门》《我爱这蓝色的海洋》《我爱五指山,我爱万泉河》《红星照我去战斗》《人民海军向前进》等等。2011年5月2日,在北京民族文化宫上演了一场"难以忘记——战地新歌音乐会"。央视举办的历届青歌赛曲目,少年儿童音乐考级曲目等,也常出自战地新歌。澳门科技大学一位博士生,本科学声乐,在我的博士生课上受到启发,从文化政治的角度研究《战地新歌》。这一学位论文选题得到普遍认可,她也不负所望,高水平完成这一研究,并如期毕业。[1]

如今,她在博士论文的基础上形成的书稿,进一步唤起我的回忆,触发我的思绪。1970年2月1日《人民日报》与第2期《红旗》杂志同时发表了五首"革命历史歌曲"——《工农一家人》《毕业歌》《抗日战歌》《大刀进行曲》和《战斗进行曲》,中央人民广播电台也反复播放和教唱。"九一三"事件后的12月25日,中央人民广播电台又播出了五首"陕甘宁边区革命民歌":《咱们的领袖毛泽东》《山丹丹开花红艳艳》《军民大生产》《工农齐武装》《翻身道情》。这十首歌曲与之前的"语录歌"截然不同,仿佛吹来一缕清新的气息,给人带来耳目一新的听觉感受。那时,我家有了半导体收音机,可以翻来覆去收听,至今仍然鲜明记得《毕业歌》里的"同学们,大家起来……"1972年春节之后,为纪念毛泽东《在延安文艺座谈会上的讲话》(下文简称《讲话》)发表三十周年,当时的国务院文化组向全国征集新创作的歌曲,选编了《战地新歌》。时任国务院文化组副组长的一位音乐家,根据毛泽东诗句"战地黄花分外香",将歌曲集命名为《战地新歌——无产阶级文化大革命以来创作歌曲选集》。前言里的"革命的政治内容和尽可能完美的艺术形式的统一"等文字,均出自《讲话》精神。

如前所述,从后来的续集等编目看,《战地新歌》起初应该没有系列出版计划。由于第一部《战地新歌》获得意想不到的反响,才相继有后续的四部。从1972年到1976年,五集《战地新歌》共收录了556首歌曲:"新创作的革命歌曲"527首,重新发表或重新填词后发表的革命历史歌曲26首,"文革"时期重要歌曲4首《东方红》《国际歌》《三大纪律八项注意》《大海航行靠舵手》(《三

---

[1] 李彬:《清园闲墨:新闻与人生的交响》(上),新华出版社,2021,第70页。

大纪律八项注意》在第一集与第三集各收录一次)。其中,五首家喻户晓的《北京颂歌》《红星照我去战斗》《万泉河水清又清》《我为祖国献石油》《我爱这蓝色的海洋》,入选2019年中宣部发布的《庆祝中华人民共和国成立70周年优秀歌曲100首》。从音乐社会学的角度审视,《战地新歌》同属20世纪70年代一系列文化复苏的迹象,与一批诗歌、电影、油画、版画、舞蹈等新作一脉相通,包括1975年轰动一时的"人民音乐家聂耳、冼星海音乐会"。如此新声,在独领风骚的《红灯记》《智取威虎山》《沙家浜》《龙江颂》《杜鹃山》《红色娘子军》《白毛女》等样板戏之外,呈现出一派多样化的文艺气象。当年,由于电影《芳华》而重入人们视野的芭蕾舞剧《沂蒙颂》(1973)、舞蹈《草原女民兵》(1976)固然堪称经典,电影《创业》《闪闪的红星》《青松岭》《海霞》等插曲也一向脍炙人口,而根据《战地新歌》以及其他作品改编的器乐作品,同样不可胜数:

小提琴曲《满怀深情望北京》(秦咏诚改编)、《歌唱我们的新西藏》(盛中华改编)、《金色的炉台》(陈钢改编)、《井冈山上太阳红》(江西歌舞团改编)、《我爱北京天安门》(上海徐汇区少年宫改编);

大提琴曲《伟大的北京》(董金池改编)、《萨丽哈最听毛主席的话》(黄小龙改编);

双簧管、单簧管二重奏《苗岭连北京》(郑德仁改编);

圆号曲《我爱五指山,我爱万泉河》(熊融礼改编);

双簧管曲《山丹丹开花红艳艳》(王小寿编曲);

弦乐四重奏《翻身道情》(阿克俭改编)……

与其他文艺类型相比,歌曲无疑具有更广泛的群众性、参与性,正如书稿所言:"传播过程中不依赖于繁杂的工具,也不要求受众具备高级的鉴赏能力,同时又具备着较高的机动性,可以在任何空间内传唱。"因此,《战地新歌》成为一个时代极其普遍并具典范的文艺样本,公私场合处处可以听到这些"新歌"。我的一位大学同学,1974年上山下乡,当过"铁姑娘"队的队长,1978年考上"文革"后首批大学生("七七级"是1978年春天入学)。她回忆知青岁月的文章,有节小标题就叫"用《战地新歌》治好腰酸背痛":

> 麦收季节,天不亮就下地割麦,一连割七八天。我们村里男劳力少,妇女也要参加打场。白天割一天麦子,晚上还要加班打场,困得不行,时常抱着桑杈站着就睡着了。割麦子累得直不起腰,每时每刻都觉得要坚持不下去了。有伙伴儿在我面前哭诉着说:"咋办呀,咋办呀,太累了!"

其实,我也很累,中午休息时,不敢躺下,躺下歇会儿感觉腰背更痛。我说:"我也快挺不住了。干脆,不躺,咱们学唱歌吧。"于是,我抱着《战地新歌》开谱,大家一起学唱歌。现在还记得那时唱的《师长有床绿军被》《毛委员和我们在一起》的歌词和旋律。别说,这战地新歌还真给力,唱着唱着就忘了腰酸背痛。队长一吆喝"下地了",我们拿起镰刀就又出门了。[1]

中国自古讲究礼乐文化,周公制礼作乐千古传诵。从正面讲,有孔子的"移风易俗,莫善于乐";从反面看,礼崩乐坏,天下大乱。所以,《礼记·乐记》篇说"声音之道,与政通矣"。清末民初,伴随三千年未有之变局,以学堂乐歌为先导的中国现代音乐,也在救亡图存的历史大潮中兴起。延安时期,随着革命浪潮高涨,无论解放区,还是国统区,抑或敌占区,都涌现了一批我以我血荐轩辕的革命知识分子、进步知识分子、左翼知识分子,如人民音乐家聂耳、冼星海以及郑律成、李焕之、贺绿汀、吕冀、任光、李劫夫、吕其明、周巍峙、刘炽、黄准[2]。1942年,毛泽东发表里程碑式的《讲话》,确立了新文化的发展方向与根本原则,特别是为什么人的问题。2014年党的文艺工作座谈会再次重申:"为什么人的问题,是个根本的问题、原则的问题。"电影《芳华》(2017)虽然引发争议,但也如实复原了20世纪70年代一些文艺情景,如文工团演出剧场的大幕两旁,书写着当年无处不在的毛主席语录:"我们的文学艺术是为人民大众的,首先是为工农兵的,为工农兵而创作,为工农兵所利用的","古为今用,洋为中用,百花齐放,推陈出新"。谈及《战地新歌》以及这个时期的精神文化,离不开这一文化传统与历史背景,如傅晓杉写到的:

通过对《战地新歌》以前中国革命歌曲的梳理,我们不难看出包括《战地新歌》在内的"文革"时期歌曲虽然有其特殊性,但这些歌曲的形成并不是偶然,而是自"学堂乐歌"到抗日救亡歌曲再到建国17年的群众歌曲逐步发展而来。这几个阶段的革命歌曲的共同点是对大众性的追求,并且都有着强烈的政治诉求,只是在革命的不同阶段使用不同的话语体系,如"学堂乐歌"时期的反帝反封建、抗日救亡时期的抗击侵略等。

---

[1] 王建国:《卫河岸边新农民》,见关少锋:《笔耕苦乐》,河南人民出版社,2021,第208页。
[2] 参见王海军:《中国共产党革命话语的建构与表达(1919—1949)——以红色歌曲为视角的解读》,《学术前沿》2021年第14期(总第222期)。

革命歌曲通过短小精练的革命口号和音乐形式上强有力的表现手法，成为构建认同、鼓舞人心、教育民众的重要宣传工具。

她的分析与我的印象若合一契。在我看来，《战地新歌》既"平常"，又"非常"。平常在于上承西风东渐的学堂乐歌，下续五四以来以鲁迅为旗手、以延安为灯塔的新文化，处于现代国家与现代文化的历史延长线。"非常"则在于高度的"无产阶级文化政治"，难免带有过度政治化以至于单一化、教条化的时代烙印。即便如此，《战地新歌》也与极端年代的一度"流行曲"，在表现内容与艺术风格上颇异其趣，"题材上，有歌颂中国共产党、歌颂毛主席、歌颂社会主义祖国的内容；有反映工、农、兵在社会主义革命和建设各条战线上的斗争生活的内容；有反映青年、少年儿童在毛泽东思想阳光照耀下茁壮成长的内容"。（第一集前言）因此，《战地新歌》一般不是为专业歌唱家而作，而是"献给广大工农兵群众"，也是满足当年遍及城乡的群众歌咏活动的需求。其中，除少部分为专业女高音、男高音创作的歌曲外，大部分歌曲的定调都符合一般人的唱歌音域。

本书除了概述《战地新歌》对伐木工人、石油工人、大寨贫下中农、解放军战士、赤脚医生等塑造，还专门剖析了七首风格各异的代表作。如《我爱北京天安门》，是几代人耳熟能详的童歌。歌词根据13岁的上海市小学生金果临的诗歌改编，谱曲是19岁的上海女工金月苓。诗歌《我爱北京天安门》刊于1970年2月的《红小兵》杂志，金月苓谱曲的歌曲发表于同年9月同一杂志。在专业与业余相结合、普及与提高相统一的文化潮流下，大批业余歌曲作者及其作品都颇有艺术水准，而且雅俗共赏。不仅如此，成千上万的工农兵文艺爱好者如同数不胜数的工农兵通讯员，在几乎所有文艺门类中也都留下传世之作。复旦大学学者倪伟对户县农民画的解读同样适用于此：

> 艺术不再是少数文化人的专利，也不再笼罩着"天才论"的神秘色彩。长年累月、坚持不懈的美术普及教育，使许多普普通通的农民掌握了绘画的技能，并由此而发现了自己的创造潜能，认识到他们作为一个已经站立起来的阶级，是有能力创造文化的，也有能力创造自身乃至整个社会、国家的崭新历史。正是艺术唤醒了他们的主体意识，并帮助他们树

立了创造历史的自信心。[1]

相对于《我爱北京天安门》的平易近人，《千年的铁树开了花》是以高难度的演唱技巧而闻名的，至今仍是青歌赛等舞台上展示专业水平的保留曲目。这首花腔女高音作品，创作于1971年，收录于第一集，歌颂了解放军医疗队运用针灸技术治疗聋哑病人的事迹，革命的政治内容与现代的艺术形式完美统一。《我爱这蓝色的海洋》同样是一首至今流传的名曲，创作于1973年，由胡宝善等作词，胡宝善作曲，并由作曲家亲自演唱，收录于续集即第二集。胡宝善隶属海政文工团，与中央乐团的哥哥胡松华同为一代音乐家（今人则更熟悉他的儿子演员胡军）。在一次观看海政演出后，周恩来提出大海也有平静的时候，抒情歌曲也是可以有的，不要局限于一种情绪的演绎（童村）。受此启发，胡宝善随海军出海训练，领略祖国海疆的辽阔，感受海防战士的艰辛，创作了这首圆舞曲风格的作品。歌曲采用三拍子节奏，优美抒情的旋律好似柔波荡漾的海浪，成为一首别开生面的军歌，问世后不胫而走，扣人心弦，也为后来的抒情音乐创作添上浓墨重彩的一笔，包括王酩的《海霞组曲》、施光南的艺术歌曲等。类似草蛇灰线的演化脉络，让我不由想到北京大学电影学教授戴锦华的一段观影经历：

> 那是八十年代末，我曾在新中国电影课上与同学们一起重看样板戏《智取威虎山》。我的本意是把它作为一个文化笑柄、一个封建文化复活的怪胎；但我自己被震惊了，我原有的想法完全被击垮了；在其中我看到了大交响乐队的伴奏、现代舞蹈形式、现代舞台美术、现代灯光与旋转舞台——一个如此现代的文本！当时我"第一次"回忆起钢琴伴奏《红灯记》、交响音乐《沙家浜》，在那一时刻，作为八十年代文化支撑的关于现代化伟大进程的叙事在我心里坍塌下来了。[2]

与戴锦华观影感受几乎同时而相似，新西兰汉学家康浩（Paul Clark）以一部学术新著表明，即使"文革"时期，中国的现代音乐创作也没有停止对现

---

[1] 罗小茗编《制造"国民"：1950—1970年代的日常生活与文艺实践》，上海书店出版社，2011，第264页。

[2] 李陀、戴锦华、宋伟杰等：《漫谈文化研究中的现代性问题》，《钟山》1996年第5期，第174页。

代性的追求,突出表现为交响乐、古典乐的民族化、通俗化、大众化,以及传统的、民间的音乐现代化、西方化,如钢琴协奏曲《黄河》(1969)。在《"文革"文化史》(*The Chinese Cultural Revolution：A History*)一书中,康浩详细考察了当年的文化样式,包括样板戏、电影、舞蹈、音乐、话剧、美术、建筑、诗歌、小说、手抄本、知青文学、芭蕾舞剧、语录歌、红卫兵歌曲等,在他笔下,人们看到的"不再是一幅单色调的、枯燥无味的'文化沙漠'图,而是一幅多色彩的、浓淡有致的画面"。[1]

作为一篇传播学科的博士论文,傅晓杉的书稿也从声音传播学的视角,对《战地新歌》作了专业研究和新颖论述。1956年中共中央主持制定的《1956—1967年全国农业发展纲要》提出,"从1956年起,按照各地情况,分别在7年或者12年内,基本上普及农村广播网。要求大部分农业、林业、牧业、盐业和手工业的生产合作社都能收听广播"。遵照这个纲要,22个省、自治区、直辖市先后制定了发展农村有线广播网的规划。根据已故北京广播学院原副院长、人民广播历史权威赵玉明教授的研究,从1969年开始,县广播站的事业经费列入国家预算,大大推进了有线广播的发展。其间,有线广播站由1966年底的2181座,增加到2503座;有线广播喇叭则由1965年底的872.5万只,激增到1亿1000多万只。与此同时,有线广播覆盖了97%的人民公社、93%的生产大队和86%的生产队,农村广播喇叭入户率60%,牧区和边远地区还建成小片广播网16万多个。另外,城市也实现了有线广播与无线电台的结合。以1974年为例,半导体收音机的产量与销售量较之1965年增加千倍以上,同期售价则下降60%。

许多亲历者都对当年如下情景记忆犹新:有线广播的大喇叭遍布于田间、地头、车间、码头、广场、校园、集市,成为日常集会、劳动生产、百姓生活的组成部分,广播入户更将时代强音带入千家万户,将人们的听觉经验融为一体。20世纪70年代以后,随着中美交往、中日建交、中国恢复联合国合法席位、邓小平复出等一系列国内外重大变化以及文艺政策调整,广播内容也开始复苏。1973年一部纪录片《万紫千红》的插曲不胫而走,也给我留下不灭印象。该片报道了在北京举行的亚非拉乒乓球友好邀请赛,片中可以看到刚刚复出的邓小平。由歌唱家邓玉华演唱的插曲《银球飞舞花盛开》,旋律动听,声情并茂,构成一个时代难忘的音乐记忆:歌如潮,花如海,欢迎朋友四方来,亚非拉人民心连心,友谊歌声传四海……

---

[1] 宫宏宇:《不仅仅只是"红宝书、样板戏、语录歌"——康浩(Paul Clark)著《"文革"文化史》述评》,《黄钟(武汉音乐学院学报)》2009年第4期,第194页。

其间，《战地新歌》尤其成为引人注目的景观，一批革命历史歌曲、革命历史民歌和曲调清新优美的新歌，一改"高、快、硬、响"的听觉体验。1972年8月3日《人民日报》刊登了新华社通讯《革命歌曲选集〈战地新歌〉受到工农兵群众的欢迎，其中一些歌曲已在全国各地传唱开来，鼓舞了群众的斗志》："这本歌集发行以后受到了广大工农兵群众的欢迎，许多工厂、农村、部队、机关和学校进一步开展了群众性的歌咏活动。"我在几部拙稿中，也谈及70年代自己的类似经历和体验，如组装无线电收音机、下乡插队安装大喇叭、日常哼唱《战地新歌》等新曲，当年农村家家户户的小喇叭也让我印象深刻，记忆犹新：

> 小喇叭很简陋，大概一块钱，狀若饭店的普通盘子，黑色，纸质，中间有手表大小的装置，也是小喇叭的关键部件，用于"声电转换"。它的两边有两条引线，一条接外来的毛细血管导线，一条接地线，一般家庭都把小喇叭挂在门口，地线也就埋在门框下面。从县里到公社，从公社到大队，从大队再到各家各户的导线负载着节目信号，经过小喇叭与地线形成闭合循环，节目信号流经小喇叭的"声电转换"装置时，就被转换成声音了。[1]

我下乡的地方，广播站早中晚三次播音，所以，饭点儿走家串户，总能听到小喇叭的声音。赵月枝教授为北京大学潘佼佼的博士论文《中国农村广播网的历史研究（1949—1978）》所写的书序里，也谈到当年的声音传播与记忆：

> 我是听着有线广播在中国农村成长的60后。我生长的"十八间"大院里，住着爷爷辈七个兄弟所属的七户人家，老老少少总共40多口。那只灵巧好看小喇叭，就安装在院子中堂左前方那个柱子的顶端。除家庭、学校，没有什么比有线广播，更影响我对世界的想象，更塑造了我的主体性。
>
> 以乐曲声《东方红》开始，以乐曲声《大海航行靠舵手》结束，一天三次，从全球到村庄，从国内到县内，从国际形势到春耕秋收，从普通话广播到缙云话内容，从中央人民广播电台的普通话广播剧到时任缙云县文化馆馆长丁金焕同志的缙云话故事，从世界上一个个国家的名称到本县一个个村庄的名字，有线广播比课本更丰富和生动地给了我政治、

---

[1] 李彬：《清园闲墨：新闻与人生的交响》（上），新华出版社，2021，第149—150页。

经济、社会、历史、地理、语文、农业和日常生产生活知识的滋养。

虽然我只去过自家周围的村庄和本县有亲戚的几个村庄，虽然我直到15岁那年秋天去上大学，才第一次走出本县，但广播新闻中那些地名，早已构成了我从全球到村庄、从村庄到全球的"想象共同体"。那种与首都北京"共时"、与全国各地"共时"的主体感觉，是有线广播，尤其是一早一晚的"新闻与报纸摘要"节目和"各地人民广播电台联播"节目赋予的。

我自己很少特意去听广播，而广播的特点也正在于它的伴随性，在于它"嵌入"了农村的日常生活。不过，在我的脑子里，也铭刻着我隔壁姑父端着饭碗，靠在中堂那个柱子上，专注入神地听广播的画面。姑父是个文盲，从一个几十里外的山村入赘到我隔壁的三叔公家。他出生的那个山村戏曲文化兴盛。我隐约记得，姑父专注听的节目，主要是文艺节目。

…………

我的体验也许是特殊的，但是，听有线广播的经历却是大多数人的。毕竟，直到1980年，中国农村人口还占80%以上。从我这样的学生到我姑父这样的文盲，有线广播影响了中国的大多数人，构建了几代人的主体性。[1]

当我读到书稿中那些有关农民听广播的生动描述时，我想说，这也是我自己的经历，我愿意用我自己的体验为书中的描述和分析加一个注释；今年夏天，当我终于有机会参观陕西户县农民画博物馆时候，我注意到，农民与各种媒体的关系，尤其是他们与当时的广播这一"新媒体"的关系，是户县农民画的重要主题；而当我站在著名农民画家刘芝贵那幅《红色电波传喜讯》作品时，我忍不住对陪我参观的刘芝贵的弟弟刘公信先生说，用这幅画作为潘佼佼的著作的封面，多么合适，多么相得益彰！

同样相得益彰的是，傅晓杉也以宣传画为文本，解析了《战地新歌》创作与传播的声音背景，入情入理，可圈可点，同样体现了"为了多数人的传播学术"。

请君莫奏前朝曲，听唱新翻杨柳枝。同属新中国新文化的《战地新歌》，虽然多已成为历史，但其独具气象的审美范式在新时代新征程中依然历久弥

---

[1] 赵月枝：《为了多数人的传播学术》，《新闻记者》2019年第10期，第92—96页。

新，韩毓海称为"伟大传统"：以广大劳动者为审美主体、表现对象、欣赏主体；以"新中国"为创作内容，采用群众喜闻乐见的、具有民族特色的表现形式；以克服知识者和劳动者、东方与西方、传统与现代、作者与读者之间的矛盾为目标，从而使广大人民参与到文化创造活动之中。[1] 中央戏剧学院年轻学者张晴滟在其清华博士论文中，将这一影响广泛、遍及城乡的文化实践概括为从"礼乐革命"到"革命礼乐"，借用其导师汪晖教授的话说：

> "礼乐"是一种动态的关系模式，是在人的行动和交往关系中形成的秩序，而"革命礼乐"致力的就是在打破旧秩序之后对于新世界、新人及其伦理/政治秩序的创造。"春风杨柳万千条，六亿神州尽舜尧"或许便是对于一个革命礼乐世界的憧憬。在这个世界中，普及与提高的辩证关系得以实现，精英与大众的藩篱得以打破，每一个劳动者在投身生产和工作的同时，也能够成为思想者、艺术实践的参与者和创造者。在文化革命中，这一动机渗透在不同形式的尝试和实践之中，例如让普通的农民、工人、士兵和学生不但直接参与政治生活，而且担任国家领导者；又如让田间地头、车间厂矿的劳动者们与机关干部、大中学生一起"学哲学、用哲学"；如同欧洲哲学家所说，人人都成为"哲学家"的尝试不免有点儿可笑，但让哲学回归日常生活世界其实是一个从未实现的古老理想。这或许是一次幼稚的和失败的预演，但幼稚和失败并不构成对于这一理想本身的否定。[2]

如今回望历史，这一切不正是延安时代确立的新文化方向——民族的、科学的、大众的。沿着这个方向，七十多年来，以人民为中心的新中国新文化可谓漫山遍野，灼灼其华，星汉灿烂，熠熠生辉，小说、诗歌、戏剧、舞蹈、歌曲、器乐、绘画、雕塑等名篇佳作举不胜举，黑板报、宣传栏、广播站、曲艺说唱、文艺会演、群众艺术馆、工人文化宫等文化形式丰富多彩，人民既是新文化的欣赏者，也成为新文化的参与者、创造者，甚至领导者。与此同时，由于站起来、富起来、强起来的历史使命有所不同，新中国新文化也发生相应演化，从声乐艺术及其传播的方面看，一个意味深长的对比是《歌唱祖国》（1950）

---

[1] 韩毓海：《"漫长的革命"：毛泽东与文化领导权问题（下）》，《文艺理论与批评》2008年第2期，第10—20页。

[2] 张晴滟：《样板戏——文化革命及其最新形式》，人间出版社，2021，汪晖"序"第14页。

与《我和我的祖国》(1985)。两首歌曲均入选《庆祝中华人民共和国成立70周年优秀歌曲100首》，都寄寓着个体与共同体的一往情深。只是在《歌唱祖国》里，个体在共同体之内，构成复数的"我们"，或者说同甘共苦、荣辱与共的"共在"：

  我们勤劳，我们勇敢
  独立自由是我们的理想
  我们战胜了多少苦难
  才得到今天的解放
  我们爱和平，我们爱家乡
  谁敢侵犯我们就叫他灭亡

而在《我和我的祖国》里，个体是单数的"我"，成为共同体之外的独立"存在"，与共同体的关系好似母子情深："我和我的祖国，一刻也不能分割，无论我走到哪里，都唱着同一首歌……"不过，诸如此类问题当属包括本书在内的后续研究的事情了[1]。

---

[1] 据曹锦清的分析：当代中国社会转型的真正起点是1982年废除人民公社体制并全面推行土地家庭承包责任制。土地家庭承包责任制的要害在于一个"分"。伴随此"分"而来的一系列"分化"——从所谓的产权分化（从所有权与使用权的分开，到化公为私），贫富分化、阶层分化、区域分化、城乡分化，直到所谓的"政企分开""党政分开"等等——乃是改革开放以来最引人注目的社会变化。"分"或说从整体中分离出来获得个体行为自由也是改革开放时代最引人注目的精神现象。与"分"相应的是"合"，所谓"合"，即被孙中山所说的"一盘散沙"的中国社会"合"成一整块钢筋水泥。孙中山指出"合"的目标但没有找到"合"的方法与手段。真正将"一盘散沙"的中国人组织在各自的"单位"内，且一切单位隶属于国家的，是中国共产党。为"合成一个整体"所设定的近期目标：一是为了消灭阶级，实现分配平等。二是为快速推进工业化，为追赶发达国家提供"原始积累"。这样，为了整体的民族目标，要求一切个体放弃自由。事实上，近代中国的主流思想一直指向民族的解放与复兴。这也解释了以个人权利和自由为最高诉求的自由主义只能成为少数留洋知识分子不切实际的言谈。然而，经历那十年的折腾，整体给一切个体设定的生活意义与未来目标，与千百万新一代人的实际生活体验发生日益明显的冲突。此后，一股希望从整体对个体过度压制的状态中摆脱出来的思潮开始形成并日趋发展。的确，没有个人利益在其内的整体利益，注定因其虚幻而被抛弃。正是这股强大的思潮推动着由"合"向"分"的时代转换。（曹锦清：《思想为何放弃职守》，《文化纵横》2008年12月。）

让思想冲破牢笼
——向芬《新中国新闻思想流变》序

向芬研究员的《新中国新闻思想流变》，涉及新中国新闻史领域。诚然，这个领域颇有进展，诸如获得吴玉章新闻奖的《新中国新闻传播60年长编（1949—2009）》（刘家林），以及《中国新闻事业编年史》下卷（方汉奇主编）、《中国新闻传播史（1978—2008）》（吴廷俊主编）、《中国电视史：1958—2018》（常江），均为筚路蓝缕之作。但是，相对于新中国七十余年气象万千的历史风云与烟波浩渺的新闻图景，新中国新闻史无疑还明显薄弱，尤其是旧中国渐行渐远，新中国"两个一百年"越来越近，而新中国与旧中国的新闻史研究却比重倒挂。至于方汉奇先生倡导的更多刚好的"打深井"研究，就像向芬这部深耕细作的著述，还不能不让人翘首以待。

向芬是中国社会科学院新闻与传播研究所的青年学者。当年，她的博士论文答辩会在新闻所举行，我受邀参加，对其学位论文留下鲜明印象：治学严谨而不拘谨，分析细腻而不拘泥，看似"一介小女生"，落笔处却仿佛老吏断案。博士毕业，留在新闻所工作以来，她在学术上依然步步为营，稳扎稳打，取得同样坚实的进展。这些年更是渐入佳境，静如处子，动如脱兔，出手往往切中要害。比如，她对甘惜分与王中的新闻论争所作的分析深中肯綮，超越囿于时代恩怨的成见，故研究成果在《清华大学学报》发表后颇受关注。再如，20世纪80年代以来，党性人民性问题在新闻学界聚讼纷纭，而她以敏锐的洞察力和历史感，发现其中关键症结并不在党性人民性，而在明修栈道暗度陈仓的"独立性"，一举澄清新闻理论的一大谜团。按照她的考察和分析，党性、人民性从毛泽东到习近平从来都是一致的、一以贯之的，从理论到实践都是有机统一的；与党性、人民性这一有机统一体相对的始终是"独立性"，即延安整风以及《解放日报》改版所着力清除的自由主义新闻观。由于80年代自由化思潮泛滥，党性、人民性遭到人为切割分立（迄今有人还认为改革开放前只有党性，改革开放后才有人民性，如1983年邓小平批评的"在党性和人民性的问题上提出违反马克思主义的说法"，结果既使"独立性"这一非党性非人民性的关键问题被搁置，被遮蔽，也使有悖党性、人民性的新闻观因之而起，时新的"新闻专业主义"即属这一思潮的代表，而与马克思主义新闻观分庭抗礼的新闻专业主义标举的正是所谓"独立"旗号。向芬此类研究持之有故，言之成理，给人启迪，令人信服。

这一治学精神与科学态度，在这部著述中得到进一步展现。作为考察"新中国新闻思想流变"的研究，作者围绕"新闻论争三十年"的脉络，对新中国新闻学的核心问题及其演化展开深入细致的考察，对一系列相关问题与语境作出由此及彼、由表及里的分析，体现了突出的守正创新意识。其中，既对新中国新闻思想展开翔实而如实的历史梳理，又揭示了不同时期的丰富内涵、演化脉络、传承关系等；既条分缕析地考察了新中国新闻学的核心思想及其发生发展、演进演化的脉络，又细致入微地透视了几代中国新闻学人艰难曲折的心路历程；既颇中肯綮地分析了七十余年来国内外风云变幻及其在新闻业与新闻学上的鲜明烙印，又以流动的而非停滞的、辩证的而非片面的、有机的而非孤立的、深刻的而非粗浅的视角，把握新中国七十余年的新闻思想以及新闻运行，从而对新时代开辟中国新闻学的新局面颇有裨益。这里，令人尤为感佩的是作者对七十余年的总体观照，以及对其间错综交织问题的会心理解，既彰显了唯物史观的气质，也体现了温情与敬意、同情与理解的风范。

谈及新中国的新闻业与新闻学，可谓一波三折，我称之为"三十年河东、三十年河西、三十年再河东"。其间纷繁复杂的新闻问题及其历史背景，既涉及甘惜分和王中为标志的"新闻论争三十年"，又关乎新中国"两个三十年"的历史方位；既上连中华民族"数千年未有之大变局"，又下通新时代"百年未有之变局"，剪不断而理还乱，横看成岭侧成峰。在2019年北京大学新闻学研究会年会上，有青年学者发问：为何新中国新闻史研究的阵势远不抵晚清民国？有位专家回应道：新中国一些敏感问题不好把握，相关档案有待解密，等等。初听不无道理，细想又觉不然。一方面，七十余年来在探索中国道路及其新闻实践的曲折进程中，确有许许多多、大大小小的疑难问题，一些关键文献难以获得更使有关研究或举步维艰，或难以为继。另一方面，新中国的大历史、大脉络、大格局及其新闻图景，即邓小平所谓宜粗不宜细的政治、经济、社会、文化等基本面貌又一目了然，并不含混，一言以蔽之无非共产党领导亿万各族人民走社会主义道路、奔共产主义理想。正如我们近观江南水乡，河汉纵横，难辨源流，而登高壮观天地间，则大江东去、百川归海之势又赫然在目，一清二楚。

进而言之，任何学科及其研究都不可能穷尽文献档案，也不可能毕其功于一役地解决所有"疑难杂症"。更何况，文献档案也大抵属于对社会历史的摹写、记录、叙事，相对于原生态的、一次性发生的社会历史本身，即使一手文献也不过是间接资料。所以，任何学术研究只能在无限丰富的社会历史与有限的文献资料前提下，不断趋近万事万物的本相与真相。与此同时，趋近本相与真相之际，还必不可少并必不可免地体现特定时代的观念、意识、价值等，如同钱穆所谓"历史意见"与"时代意见"的交织。由此说来，没有所谓绝对客观、完全真实、镜像一般的历史，只有不同时代的人基于各自时代的问题以及问题意识，对社会历史的再认识、再解读，好似云卷云舒，潮起潮落，永远不可能也做不到增一分则太多而减一分则太少。既然每个时代有每个时代的问题以及问题意识，那么每个时代自然就有每个时代的学问，新中国七十余年的新闻业、新闻史与新闻学的研究同样如此。

如果说新中国七十余年的新闻业、新闻史与新闻学在学界遭到冷遇，那么主要原因首先并不在于文献资料，也不在于所谓敏感问题，而在于一种占据学界主流并日渐僵化的集体无意识，即20世纪80年代新启蒙所形塑的一整套世界观、价值观、历史观、新闻观等，不妨统称为新教条主义。大约十年前，一位新闻学博士生的学位论文就曾遭遇这种新教条主义的强力阻遏。这位名校名师的博士生通过《人民日报》的有关报道，分析了大众传媒与当代中国农村医疗卫生报道的演化，不料被一位评审专家全盘否定，论文的所有评判指标均为"不合格"，而理由是："首先在标题上就值得商榷，《人民日报》从创刊到现在都是中国共产党的机关报，不属于一般意义上讨论的大众传媒"；"作为乌托邦经济制度和意识形态国家机器的产物，合作医疗已随着改革开放成为历史，和那个年代所营造的制度神话'大庆''大寨'一样"；"从大众传播的信息模式上来说，我们需要通过健康传播的推广来建构新的社会营销模式，而不是把廉价的意识形态幻觉和社会民粹主义当作社会未来的路标"等。且不说《人民日报》是不是"大众传媒"，也不说"大庆""大寨"是不是"制度神话"，更不说美国所谓"健康传播"是不是解决十四亿人民健康问题的不二法门，仅就新中国前三十年建立的一整套行之有效并得到举世公认的合作医疗制度而言，怎么成为乌托邦，又怎么扯上"民粹主义"？事实上，从1949年人均预期寿命35岁到70年代能够大约翻一番，显然离不开此类制度创新，而新世纪新时代大力推进的新型农村合作医疗，也离不开新中国七十余年来的政治传统与制度遗产。

新版《中国共产党简史》（2021），也显示了新教条主义同极左教条如出一辙的荒腔走板。美国经济学家熊彼特的一个论断同样适用于此："没有人能指望去理解任何时代（包括当前时代）的经济现象，如果他没有对历史事实的足够掌握，没有足够的历史感或可以描述为历史经验的东西。"如果掌握足够的历史事实并有足够的历史感，那么不难看出新教条主义实际上都在用一套粗疏的知识体系与思维框架，去框定苟日新、日日新、又日新的社会人生与大千世界。陷入新教条主义，旧中国自然越看越美，而新中国越看越不入法眼。于是，不仅新中国新闻史相对于旧中国新闻史不温不火，而且中国新闻学及其学科体系、学术体系和话语体系也日渐面临困境与危机。我在一组为新中国七十年而策划的新闻学笔谈中，将这一普遍状况概括为失地、失人和失魂，而关键在失魂：所谓失魂，既指缺失中国文化的主体意识与自觉意识，更指丧失马克思主义及其中国化的精神价值。除此之外，学科思路单一，学术视野狭窄，画地为牢，故步自封，鸡犬之声相闻，老死不相往来，以及缺乏历史意识、政治意识、跨学科意识、实事求是的问题意识，也严重制约了甚或窒息了新中国新闻学包括新闻史的生机与活力。

作为对比，其他学科领域俨然呈现另一番景象，如同解放区的天和希望的田野，春风荡漾，鸟语花香，社会学、政治学、历史学、文学等，更是野花发而幽香，佳木秀而繁阴，一批新颖、厚实、科学的出色研究，对当代中国以及世界的人文社会科学日益产生广泛影响。仅以我有限的涉猎为例，不少海内外颇受瞩目的著述，都对七十余年来的政治、经济、社会、文化等作出别开生面的研究，略举几部，可见一斑：

李书磊：《村落中的"国家"：文化变迁中的乡村学校》（1999）。

曹锦清：《黄河边的中国：一个学者对乡村社会的观察与思考》（2000）。

应星：《大河移民上访的故事：从"讨个说法"到"摆平理顺"》（2001）。

马社香：《前奏：毛泽东1965年重上井冈山》（2006）。

唐小兵编：《再解读：大众文艺与意识形态》（2007）。

李洁非：《典型文坛》（2008）、《典型文案》（2010）。

蔡翔：《革命 / 叙述》（2010）。

贺桂梅：《"新启蒙"知识档案——80年代中国文化研究》（2010）。

罗小茗编：《制造"国民"：1950—1970年代的日常生活与文艺实践》（2011）。

温铁军：《八次危机：中国的真实经验1949—2009》（2013）。

高默波：《高家村——共和国农村生活素描》（2013）。

鄢一龙：《目标治理：看得见的五年规划之手》（2013）。

强世功：《中国香港：政治与文化的视野》（2014）。

李零：《鸟儿歌唱：二十世纪猛回头》（2014）。

李向东、王增如：《丁玲传》（2015）。

谢保杰：《主体、想象与表达：1949—1966年工农兵写作的历史考察》（2015）。

路风：《光变：一个企业及其工业史》（2016）。

朱羽：《社会主义与"自然"》（2018）。

这些著述虽然分布在不同学科，关注不同的学术问题，但隐然显示了一个共性，即辩证统一地把握新中国七十余年的大历史、大脉络、大格局。可以说，新中国七十余年及其内在逻辑，已经构成当代学界不可回避的首要问题与研究前提，各种论述与话语都离不开对这一问题的认识，而且，认识越深入、越科学、越实事求是，则专业著述越有说服力、创造力、生命力。而其他学科领域之所以有所作为，一个关键因素正在于破除新迷信，解放旧思想，脚踏实地而非云里雾里地面对中国与世界，如江晓原所说的"第二次思想解放"：

> 改革开放以来，我们在第一次思想解放中冲破"左"的桎梏，向西方虚心学习了三四十年，确实是卓有成效的。但是，在这次思想解放中成长起来的一代人，也出现了一个问题，即不少人对西方形成了习惯性迷信……到这时候，我们对西方的习惯性迷信，就变成一种新的桎梏。所以，今天我们急需第二次思想解放，来冲破这几十年间形成的新桎梏。（《两次思想解放：我与〈读书〉40年》）

令人欣慰的是，新闻学也开始出现一批意气风发的青年才俊，冲破牢笼，走出迷思，以文化自觉、学术自觉和政治自觉，超越20世纪80年代新启蒙的流行思维流行语，显示了新时代的学术想象力和理论创新力，对新闻传播学科日益产生积极影响，也有助于最终破解新教条主义。比如，前述向芬的出色研究，王洪喆对新中国电子工业与传播业以人民为中心的历史考察，潘祥辉从中国文化传统中阐述的传播观念，等等。与此同时，一批博士学位论文同样卓有建树，焕然一新，包括王维佳的《作为劳动的传播：中国新闻记者劳动状况研究》（2011）、姚遥的《新中国对外宣传史：建构现代中国的国际话语权》（2014）、郑宇丹《新中国民营报纸的消失》（2016）等。

从这个视角审视向芬的著述，就不难理解其中的普遍意义与大势所趋。从她的研究以及类似著述中，可以真切感受新中国七十余年来的新闻业、新闻史、新闻学，原来蕴含着如此丰富而庞杂的专业遗产，有待我们认真清理、细致辨析，去粗取精，去伪存真，从中总结、提炼、发展中国新闻学及其学科体系、学术体系和话语体系。为此，就需要首先从知识体系与思想观念上经历一次新的"思想解放",从一系列僵化的、陈旧的、内卷的,既脱离中国现实也远离世界大势的思想迷雾与学术幻觉中解放出来,老老实实、踏踏实实回归"九百六十多万平方公里的广袤土地、五千多年中华民族漫长奋斗积累的文化养分、十数亿中国人民聚合的磅礴之力",做真学问,写大文章,研究真问题,真研究问题,为人民著书立说。而一旦"让思想冲破牢笼"(《国际歌》),"走向历史的深处"(陈先达),就不难发现新中国七十余年以及共产党一百余年来的新闻业、新闻史和新闻学,确是一片无限广阔的、有待开垦的、充满生机与活力的学术沃土。

红日初升,其道大光,河出伏流,一泻汪洋。向芬这一代新闻学者已经崭露头角,相信不久更头角峥嵘。我自然是乐观其成,也期待中国新闻学及其学科体系、学术体系和话语体系,能够日渐完善并自立于世界学术之林,不负新时代对"支撑性学科"的瞩望。

白洪谭《儒林新史:一位大学老师眼中的高校图景》序

两年前,曾经看到两篇网文,印象深刻,过目难忘。一篇是《院里来了位李云龙式院长:一切为了评估!》,一篇是《宋江写给李逵的一封信:我对你的学术有点失望》。满纸荒唐言,一把辛酸泪。两篇"奇文"对学术生态与高校生态的刻画,亦庄亦谐,活灵活现。

山东师范大学成立马克思主义新闻观研究中心,邀请赵月枝教授和我参加有关活动。其间,偶然得知,忙前忙后的赵月枝弟子白洪谭博士,竟是前文作者。更意外的是,他已完成二十余万言的同类文稿,正在结集,拟在清华大学出版社付梓。浏览之下,颇长见识,于是毛遂自荐,写篇书序。

动笔之际,又不知从何说起。因为,这部《儒林新传:一位大学老师眼中的高校图景》,太平常,太琐细,如风,如空气,如一地鸡毛,无所不在,无人不晓。而且,各路方家已有鞭辟入里的分析,似乎也把能说的都说到了。

> 清华大学教授应星:许多圈子都具有或浓或淡的江湖气息……自觉不自觉地把世俗的那套手腕和心机带到圈子中,带进学术中。(《且看今日学界"新父"之朽败》,《文化纵横》2009年第8期)

《光明日报》总编辑王慧敏：（硕士）毕业论文，商定的题目是《新时期经济新闻研究》，范敬宜约我到其万寿路的家中详谈。这次我做了充分准备，西方传播学的原理整了一套一套的。听我谈了大约20分钟，范敬宜便打断我说："新闻是门实践学科，没必要搞那么多复杂的理论，更不要言必称西方。现在一谈做学问，就从西方书籍中去找理论根据。这种风气很不好，至于写作，咱们老祖宗有很多宝贵经验，为什么非要从西方去生搬硬套？"（《教诲将伴笔耕老》，《光明日报》2014年2月21日，第5版）

南京大学教授成伯清：学术探索似乎跟真实的社会生活无关，沦为同行之间的一种符号游戏。（《学术的悬浮化及其克服》，《探索与争鸣》2019年第4期）

中国社会科学院研究员孙歌：学术评价标准的堕落，普遍性的知识腐败，在学界几乎是有目共睹的现象，但是批评归批评，腐败归腐败，这井水不犯河水的现实格局才是问题的关键。其实大家都心知肚明，各种跟利益链直接配合的"学术评价"机制，绝不会因为舆论界指出它的丑恶而有所改变。（《伴跑〈读书〉》，《读书》2019年第4期）

《中国共产党与中国社会主义——"新发展阶段的理论创新"研讨会综述》：中国知识界长期以来尾随西方理论的习惯，让我们无法清晰且自觉地认识自身的历史和现实；学术生产的日益制度化、规范化虽然在学术界建立起基本的规则，让知识积累得以可能，同时却导致学术研究和写作越来越"八股化"，越来越远离正在发生的生活实践。这一切都在呼唤重拾朴素的文风和实事求是的学风，重建面向现实问题和自身历史文化的知识生产和公共对话机制。（《文化纵横》2021年第3期）

············

纷吾既有此内美兮，又重之以修能。想当初，新闻学界的"大先生"，正心诚意，正大光明，脚踏实地，著书立说，开新中国新闻学的一代新风。"山中方七日，人间已千年"，谁承想仅仅一代人工夫，实事求是的学风、风清气正的作风、平易近人的文风已破败如斯，如我近年也曾谈及的学术江湖、学风浇薄、学术腐败等情形或问题。

尤其是，上述情形或问题不过是冰山一角，"学术圈儿"的真实状况就像"娱乐圈儿"的潜规则，更多还是可意会而不可言传。至于"路遥知马力，日久见人心""疾风知劲草，板荡识诚臣""欲说还休，却道天凉好个秋"等况味，恐非洪谭等"青椒"现在所能完全体悟。好在近十年，随着自然生态与社会政治生态改观，学术生态以及精神文化生态也一点点扭转，特别是在新时代推动下，方方面面大张旗鼓"破五唯"——唯学历、唯资历、唯"帽子"、唯论文、唯项目，取消中国高校晋升教授得有欧美高校一年的资历、少一天都不算数之类"奇葩"制度，重申中国大学的社会主义办学方向——培养建设者和接班人而非旁观者和掘墓人，等等，让人看到光明和希望。

在这一背景下，《儒林新传：一位大学老师眼中的高校图景》的问世，自然有助于进一步反省和净化学术生态。本书正题出自我的建议，传者，历史也。常言道，过去的新闻就是今天的历史，今天的新闻也将成为明天的历史。书中各色人等虽然不得不用化名，但均为真人、真事、真情况、真细节，作者称为"非虚构写作"，固然未尝不可。而我首先想到中国源远流长的史家传统，除了峨冠博带的二十四史、《资治通鉴》、通典、通志等正史，还有不绝如缕的私家撰述，如笔记、小说、志怪、传奇、杂录、琐闻、传记、随笔等等。这些私家撰述由于个人的局限性，包括观察失误、听闻不确、所见有限，因而难免张冠李戴，混为一谈，郢书燕说、豕亥鱼鲁之事也时或发生。但毕竟来自亲眼所见，亲耳所闻，尚属"依据事实描写事实"，如同现代的新闻报道，具有历史初稿的独特价值，对正史更是不可或缺的补充。《儒林新传：一位大学老师眼中的高校图景》同样如此，因而与其说是欧美一路的"非虚构写作"，不如说是中国史传的"家学渊源"，让人想到作者那位山东老乡蒲松龄笔下的《聊斋志异》。

事实上，本书也颇得中国史家与新闻传播之真传，不虚美，不掩恶，所记所述、所议所评皆有所本，寓春秋笔法于不动声色的如史直书，细致入微地揭示了学界特别是新闻学界的现实状况，并作了犀利的剖白与含泪的自嘲，堪称一部当代学人为当代学界所作的逼真画像，就像鲁迅先生所言喜剧：将人生无价值的撕破给人看。由于文笔轻俏，叙事生动，读来有声有色，有滋有味，既有新闻的真切，又有文史的鲜活。与此同时，字里行间也不时反衬学术的人间正道——立足中国大地、为人民著书立说、追求真知、追求真理、解释世界、改变世界。

九评都是好文章

——读盛阳博士学位论文《中苏论战与新闻传播》

毛泽东主席平生最后一首七律，是1973年写给郭沫若的《读〈封建论〉》，其中颈联一句有"百代都行秦政法，十批不是好文章"。读到清华大学盛阳博士的学位论文《中苏论战与新闻传播》，不由想起这一名句。这篇博士论文聚焦于20世纪60年代轰动全国、激荡世界的"九评苏共中央公开信"——从1963年9月至1964年7月，中共中央以《人民日报》和《红旗》的名义，发表的9篇理论文章。化用毛主席的诗句，可谓"九评都是好文章"。

中苏两国的恩恩怨怨，从十月革命到苏联解体，剪不断，理还乱：一部《中苏关系史纲：1917—1991》可见一斑，曾在中苏高层交往中角色突出的师哲（1905—1998），在其回忆录中以鲜有可比的亲身经历与平实叙述也展现了冰山一角。其间，五六十年代，在一系列事关社会主义前途与人类命运的大本大源问题上，中苏分裂，愈演愈烈。先是"文斗"，后有"武斗"，珍宝岛之战险些酿成核战。如今遍及全国的"人防工程"以及据此改造的各种设施，均为当年"深挖洞，广积粮，不称霸"的时代印记。

盛阳的博士论文，就围绕着中苏"文斗"的高潮"九评"而展开。对此，1981年中共中央《关于建国以来党的若干历史问题的决议》概括道："苏联领导人挑起中苏论战，并把两党之间的原则争论变为国家争端，对中国施加政治上、经济上和军事上的巨大压力，迫使我们不得不进行反对苏联大国沙文主义的正义斗争。"2021年，中国共产党成立百年之际付梓的《中国共产党简史》也写道：

> 从20世纪50年代后期开始，中苏之间的矛盾和冲突日渐加剧。苏联党以"老子党"自居，要求中国共产党在军事和外交上服从其苏美合作主宰世界的战略。正如邓小平所说："真正的实质问题是不平等，中国人感到受屈辱。"中国共产党坚持独立自主，坚决顶住来自苏联的巨大压力，维护了国家主权、民族尊严和党的尊严。

《中苏论战与新闻传播》从新闻传播学角度，回溯"九评"的来龙去脉，分析前因后果，探究传播过程，揭示了这一影响深远的文化政治"大决战"，分析了其间错综复杂的时代背景与政治意味，特别是文化领导权的重要意义。选题别开生面，研究深入细致，观点发人深思，体现了新时代新青年的学术勇气，堪称研究真问题、真研究问题的求是之作。

"九评"都是好文章。关于中苏论战，一种流行观点视之为无用的"空论"。确实，仅从"九评"题目看，均属高大上的"宏大叙事"：《苏共领导和我们分歧的由来和发展——评苏共中央的公开信》《关于斯大林问题——二评苏共中央的公开信》《南斯拉夫是社会主义国家吗？——三评苏共中央的公开信》《新殖民主义的辩护士——四评苏共中央的公开信》《在战争与和平问题上的两条路线——五评苏共中央的公开信》《两种根本对立的和平共处政策——六评苏共中央的公开信》《苏共领导是当代最大的分裂主义者——七评苏共中央的公开信》《无产阶级革命和赫鲁晓夫修正主义——八评苏共中央的公开信》《关于赫鲁晓夫的假共产主义及其在世界历史上的教训——九评苏共中央的公开信》。然而，站在人心向背的政治高度，透过广阔的历史视野，特别是审视苏联在相当程度上一步步走上"九评"所言不归路，同时回首新中国七十多年"左一脚、右一脚，深一脚、浅一脚"的艰辛探索与奋力前行，如今可以越来越深刻地理解"九评"的理论内涵与文化政治意味。

放眼全球，纵览古今，类似"九评"这样的"空论"可以说代为不绝，无所不在——从百家争鸣到独尊儒术，从孔孟之道到宋明理学，从上帝造人到君权神授，从人人生而平等到民有民治民享，从自由平等博爱到天下大同共产主义——古往今来的"大道理"，哪个不像是"空论"？同时，此类论说与论争哪个又仅仅是笔墨官司而不关乎现实利害，不关乎安身立命、生死存亡、何去何从？得人心者得天下，而大势所趋、人心所向，说到底也正系于这些大本大源的"高谈阔论"。

今天，我们身处百年未有之变局，进行具有许多新的历史特点的伟大斗争之际，更能深切意识到"九评"不仅当年让新中国占据了理论制高点、道义制高点、话语制高点，既摆脱了国际上被孤立、被污名、被压制的局面，又赢得了全世界正义力量的普遍尊重与广泛认同，连苏联总理柯西金都对新华社驻苏记者承认，你们的"九评"太厉害了；而且，其中蕴含的高屋建瓴、光明正大的马列真理与理论命题，至今仍然深刻制约着21世纪人类命运共同体，包括每个国家每个人的生存与发展，如帝国主义与战争问题，如五评里提出的"社会实践是检验真理的唯一标准"。特别是，时下"国际传播""国家形象"热火朝天，文章不计其数，观点层出不穷，论坛法相庄严，当此时，"九评"为给力的国际传播以及不信邪、不怕鬼、阔步人间正道的社会主义国家形象提供了一个经典范本。

"九评"都是好文章。"九评"之作,上有文章大家毛泽东主席亲力亲为,下有邓小平总书记(当时相当于中共中央秘书长)为核心的一个非比寻常、出类拔萃的写作班底,加之延安整风形成的实事求是的学风和文风,因而,"九评"一方面体现了马克思主义的立场、观点、方法,摆事实,讲道理,力透纸背,鞭辟入里;一方面展现了凌云健笔的论证风格和大江东去的论战气势,俨然一个现代版的唐宋八大家:登高壮观天地间,大江茫茫去不还;黄云万里动风色,白波九道流雪山。即便不论立意,仅看文章,"九评"也给我留下了鲜明印象。尽管当年看得懵懵懂懂,一位过来人的回忆让人心有戚戚:

> 坚持摆事实、讲道理,文章的逻辑性和说服力非常强。还有它的语言文字与修辞,干净利索,佳句迭出,力透纸背。我在读它的时候,时不时有一种拍案叫绝与醍醐灌顶的感觉。后来才知道,"九评"并非一般人所写,它是由毛泽东牵头,组织当时最杰出的写作人才,以集体的力量精雕细刻而成的,每一篇都经过毛泽东的亲自修改和审定。所以"九评",不仅浸透了毛泽东的诸多心血,而且蕴含着他的丰富思想,特别是他的在无产阶级取得政权以后应当怎样继续革命的思想,在"九评"中得到了比较系统和深刻的阐述。"九评"固然是中苏论战中的产物,但它旗帜鲜明地宣示了毛泽东领导的中华人民共和国的内外政策,划清了与修正主义的界限,为中国在错综复杂的国际斗争中站稳脚跟起到了十分重要的作用。……阅读"九评",对我后来的写作帮助极大,不仅是在文字运用方面,更重要的是写作思路和写作手法。(《回忆:"九评"、中国第一颗原子弹爆炸成功和赵朴初的〈哭三尼〉》)

一切活的历史,都是当代史。新时代,新征程,同样离不开天下归心的"大本大源",面对各方啧有烦言的党八股、洋八股、学八股,更是需要改造我们的学习,改进我们的文风。而这些,从"九评"中也能有所获益,憬然而悟。

万方乐奏有于阗

——读刘晓伟博士新著《少数民族题材电视剧中的国家认同建构研究》

2021年国庆假期,刘晓伟博士寄来新作《少数民族题材电视剧中的国家认同建构研究》,并请我作序。这一成果源于她的博士学位论文,而论文选题源于我的建议,于是,恭敬不如从命,勉力谈点感想。

大概七八年前,我去暨南大学新闻学院开会,结识年轻的博士生刘晓伟,巧的是她出生,我从教,同年我前往暨南大学进修,而来三十七年了。相识时,她正为学位论文焦心,根据其背景与兴趣,我提了提这个选题,心里并没有底。因为,这项研究对年轻学子是有一定难度、风险和挑战的,不少新生代学人,谈美国,论西学,滔滔不绝,如数家珍,而说到自家,别说少数民族[1],就连主体民族从哪里来,都不免懵懵懂懂,中华民族近代以来追求独立、自由、解放、复兴的艰辛探索与苦难辉煌,往往更如云里雾里。没想到,两年后,她不仅拿出一篇像模像样的论文,顺利毕业,入职名校,而且不久在《新闻与传播研究》上接连发文,晋升高级职称,并以博士研究选题获得教育部科研项目。现在,经过几年努力,又完成这部书稿。

书稿以少数民族题材的影视剧为题,系统考察了从旧中国到新中国,这一类型作品的创作与传播,包括古代题材的和亲、归顺和治边,现代题材的抗日、解放,分析了其中寄寓的政治、社会、历史、文化等错综内涵,也体现了作者的家国情怀。全书字里行间,既有多元一体、国家认同、民族团结等宏大主题与宏阔背景,又有细致入微的文本解读、细节解剖、话语分析,展示了这一独具特色的文化研究与传播领域的丰富意味、独特魅力以及传播规律,为新时代新闻传播学又贡献了一部佳作。书中论及的话题,从虚构演绎的故事到真实记录的历史,每每引人入胜,细腻、生动、富有文采的叙述,更使阅读过程多了

---

[1] 若干年前接到一篇送审论文,涉及广西少数民族话题,看后大吃一惊,满篇汉族如何、壮族如何,甚至少数民族文化毁灭云云,既没有历史,又没有史观,更不懂唯物史观。为此,我一方面写出详尽意见,一方面找博士生好好谈了谈,提醒迷途知返,否则不仅没有前途,而且弄不好出大问题。

一些赏心悦目的精神享受，少了一些敬而远之的学术压迫。

全书虽然着意于当下与未来中华民族的国运，体现着不言而喻的问题与问题意识，但从历史文化、思想理论与学术研究上看，更值得关注的是书中分析的两个时段，一是民国时期，一是新中国前三十年。前者，诞生了第一部边疆民族题材的电影作品《塞上风云》（1937），作者阳翰笙与田汉、夏衍、周扬并称"四条汉子"，1925年加入中国共产党，与李鹏的父亲、革命烈士李硕勋共事，是左翼新文化的骨干，新中国成立后曾经担任全国文联党组书记。这一时期的纪录片《民族万岁》（1940）更是经典。导演郑君里执导或参与执导了《一江春水向东流》《林则徐》《枯木逢春》等传世之作。《民族万岁》反映中国西北、西南地区少数民族支援抗战的事迹以及风土人情等，其中一曲电影插曲风行天下，传唱至今，这就是王洛宾的《在那遥远的地方》。至于新中国前三十年，边疆民族题材的作品真是花事芳菲，灼灼其华，星斗满天，熠熠生辉，仅国产故事片就有47部，涉及18个少数民族，包括家喻户晓的《芦笙恋歌》《五朵金花》《山间铃响马帮来》《刘三姐》《阿诗玛》《冰山上的来客》等。透过这些作品，可以折射异常丰富的理论命题、艺术精神、传播特性。对此，刘晓伟博士从专业上做了筚路蓝缕的开拓性工作，取得难能可贵的进展，也为后继拓荒者勾勒了研究方向、前行路线、相关背景，以及某些"此路不通"的路标。

书当快意读易尽，又得浮生半日闲。拜读书稿之际，也与作者默默交流，或击掌，或扼腕。有价值的研究既在于提供新知新意，更在于激发思考思绪。下面略谈几点粗浅感悟，就教于作者与方家。

第一点，"中华民族"。关于这个问题，早有精彩纷呈的论述，从梁启超到顾颉刚，从郭沫若到范文澜，从费孝通到谭其骧，举不胜举。最新的力作，有北京大学李零的《我们的中国》（2016）、中国人民大学黄兴涛的《重塑中华：近代中国"中华民族"观念研究》（2017）等。中华文明五千年的进程，与近代西方五百年的"民族国家"不可同日而语，中国从来没有这样的"民族"，这样的"国家"。一方面，从血缘讲，中华民族浑然一体，难分彼此，所谓"汉族"，其实不知融汇了多少民族的血缘，如千古一帝李世民。一方面，华夏各民族与其说是"族群"认同、"血缘"认同，不如说是"文化"认同。陈寅恪先生在清华讲授魏晋南北朝史就指出，"五胡乱华"时期，一个人认同鲜卑，就是鲜卑，哪怕祖孙三代都是中原汉人，反之亦然。王蒙在《人民日报》撰文指出："祖国各地，包括新疆、西藏等少数民族聚居区，文化上有着相当接近的追求与走向。其传统文化在总的方向上是一致的，比如敬天积善、古道热肠；

尊老宗贤、崇文尚礼；忠厚仁义、和谐太平；勤俭重农、乐生进取等。"[1] 这些年来，除了常规阅读，每年我也迫使自己读读经典大部头，今年在读《续资治通鉴》。其中，重头戏是宋辽金元你来我往的历史风云，走向历史深处，可以深切体味你中有我、我中有你、多元一体、天下一家等错综纷繁的进程与图景。所以，一代马克思主义的宗教学家任继愈把中华五千年的历史概括为两件大事，一是建立多民族、大一统的封建国家，即秦皇汉武，唐宗宋祖，一代天骄成吉思汗；一是近代以来不断摆脱帝国主义和封建主义，建立现代化的人民民主国家。前者是古代中国即旧中国，后者是现代中国即新中国。无论旧中国，还是新中国，边疆民族都是事关重大的家国政治与理论叙事，历朝历代，高度重视，也积累了异常丰富的治国理政经验和社会文化传统，如新中国的一国两制接续旧中国的一国多制。

对新中国来说，遵循马克思主义及其民族理论，才能在纷披庞杂、见仁见智的现象中，作出历史与逻辑的有机统一的解释，也才能正大光明地维护五十六个民族命运共同体。举例来说，中原王朝与边疆"夷狄"杀伐攻取代为不绝，没有唯物史观的视野，就难免陷入王顾左右而言他的"禁忌"。而摆脱想当然的唯心论，从人类社会生产生活的物质基础入手，分析诸如此类的矛盾冲突，那么，一切矛盾冲突都有合情合理的历史动因和社会条件，正如贫富差距一度拉大而导致地区间、民族间、阶层间冲突加剧。按照马克思主义理论，历朝历代的民族冲突同人民起义一样，归根结底都是阶级矛盾的体现。换言之，所谓民族矛盾，不过是阶级矛盾的反映。旧中国民族矛盾之所以连绵不绝，就在于各民族统治阶级以民族矛盾掩盖阶级矛盾，新中国之所以实现各民族的平等、友爱、互助，则在于根除阶级剥削与压迫的社会经济基础。对此，新中国前三十年一大批人民文学创作与现实主义经典，均有生动而深刻的书写，迄今难以超越，包括王蒙唯一的茅盾文学奖作品《这边风景》（2013）。正如汪晖所说："没有对抗西方列强和创造新的政治的过程，中华民族作为一个自觉的历史主体就难以诞生；没有各族人民共同参与建设新中国的实践，中华民族就不可能成为一个自觉的政治实体。"[2]

第二点，叙事与建构。一切叙事与建构自然属于人为，故事是人讲的，道理是人说的。同时，种种人为的叙事与建构，归根结底无不基于现实存在，而现实存在的经济关系、政治法律、文化意识形态等都体现着特定时代的权力结

---

[1] 王蒙：《与边疆一起奔向现代化》，《人民日报》2014年7月7日，第5版。

[2] 汪晖：《东西之间的"西藏问题"》，生活·读书·新知三联书店，2011，第106页。

构与意志,故叙事与建构不可能不受制于"什么树开什么花,什么人说什么话"的基本逻辑。简言之,所谓叙事与建构,离不开存在与意识的辩证统一。边疆民族题材的影视剧,同样离不开这一基本逻辑。书稿的侧重点在于文本的叙事与建构,也着重体现中华民族血脉相连的立意。与此同时,也应该看到中华民族多元一体的历史进程,归根结底还在于一系列实实在在的现实存在。否则,弄不好就不觉陷入说什么是什么的唯心思路。说到底,中国这方土地的山川河流、气候物产、各族人民的生产生活等,才根本性决定着大一统的格局与面貌。1972年,科学家竺可桢在《考古学报》上撰文,初步谈到五千年气候变化对中国历史的影响,连宋辽金元的"抱团取暖"也关联着同一时期冬季温度的升降:

> 十二世纪初期,中国气候加剧转寒。这时,金人由东北侵入华北代替了辽人,占据淮河和秦岭以北地方,以现在的北京为国都。宋朝(南宋)国都迁于杭州。公元1111年第一次记载江苏、浙江之间拥有2250平方公里面积的太湖,不但全部结冰,而且冰的坚实足可以通车。寒冷的天气把太湖洞庭山出了名的柑橘全部冻死。在国都杭州落雪不仅比平常频繁,而且延到暮春。[1]

清华大学国学院姚大力教授,在《多民族背景下的中国边疆》演讲中,从中华民族的漫长进程中,提炼了三个主题词:由南到北、由北到南、由东到西。所谓由南到北,是指史前人类从南方进入中国,在寻求生活资源的艰苦迁徙中不断分化、不断融合的历程。这一历史进程约在公元前两千年,随着夏商周三代在中原的兴起而结束,中华文明也由此出现雅斯贝尔斯所谓"轴心时代"以及文明的突破,有了定居农业,有了牲畜养殖,有了文字,有了城郭,有了诸子百家。公元后第一个一千年,华北或中原成为中国历史文化不断向前推进的动力所在,历史变迁的空间节奏开始从"由南到北"转为"由北到南",南北朝的人口大规模南迁,宋元时代的南渡与江南地区的开发,均属这一进程。不管是由南到北,还是由北到南,都是雨养农耕文明的拓展,主要分布于胡焕庸线以东。以历史地理学家胡焕庸命名的这条线,同贯穿南北的年降雨量分界线一致,此线以东,年降雨量在400毫米以上,以西在400毫米以下。胡焕庸线也代表着农业与游牧经济的分界线,汉族农耕文明及其传播停在这条线上不是偶然的。而将胡焕庸线东西两大社会经济板块融合起来,逐渐形成浑然有机的文

---

[1] 竺可桢:《中国近五千年来气候变迁的初步研究》,《考古学报》1972年第1期,第23页。

明共同体，离不开边疆少数民族，特别是各少数民族王朝对中华历史文化与中国国家建构的历史性贡献，这就是姚大力教授分析的公元第二个一千年间由东到西的历史过程：

> 把幅员广大的西部非汉人区域巩固地纳入统一的多民族国家版图，也就是历史中国的国家建构从东到西覆盖到今天的全部中国版图的任务，就历史地落在诸如元、清这样的少数民族王朝的肩上。……把过去几千年内中国国家建构的历史进程，理解为仅仅由内儒外法的专制君主官僚制这一种模式之起源、发展和演变所支配的看法，并不完全符合历史的事实。它实际上是由内儒外法的专制君主官僚制和以辽、金、元、清等政权为代表的内亚"边疆"帝国体制这样两种国家建构模式反复地相互撞击与整合的过程。如果没有满族、蒙古族和藏族等民族对创建中国多民族统一国家的贡献，就不会有今天这样版图规模的现代中国。[1]

第三点，新时代新思想。2017年，中国共产党第十九次全国代表大会提出了新时代与新思想——习近平新时代中国特色社会主义思想。这是一个承前启后的进程，包罗广泛，意义重大，涉及一系列理论问题与现实政治。事实上，党的十八大以来，中国就开始进入新的时代，不断感受新的思想，意识形态则如春江水暖鸭先知。当然，由于相当一段时间以来，许多人特别是开明绅士两面人"不讲（真懂真信真践行的马克思主义）政治而只讲（官样文章）政治正确"，思想文化领域"真傻""装傻"问题一时积重难返，影视方面尤为突出——从《色·戒》到《无问西东》，从《金陵十三钗》到《集结号》，从《八佰》到《金刚川》，喷有烦言已非一日，甚至党的十九大刚刚闭幕，一部审核多年的问题影片一度大行其道，把历史虚无主义演绎得淋漓尽致："特别是发生在毛泽东时代的那个故事段落，彻底暴露着影片创作者对历史的无知，以及基于这种无知的对那个时代的诬蔑。"[2] 因此，人们对重大问题的理解与把握，不免受"旧时代旧思想"的束缚和制约，如20世纪80年代泛滥，并若隐若现蔓延至今的自由主义世界观、历史观、方法论等。比如，一大批学术著述与文艺作品包括影视剧以唯心论如"人性论"与形而上学的手法，把"国军"塑造成威武之师、

---

[1] 清华国学院编《全球史中的文化中国》，生活·读书·新知三联书店，2014，第160—165页。

[2] 孙柏：《〈无问西东〉》的青春叙事和历史书写》，《电影艺术》2018年第2期，第55页。

抗日英雄,抓住一点,不及其余,严重扭曲历史的基本面貌。就像电视剧《我的鄂尔多斯》(2005),国民党归绥支部书记电示重庆,誓死保卫鄂尔多斯,蒋介石支持赞赏,"改变了'蒋介石消极抗日'的传统叙事模式,呈现了国民党最高层'积极'抗日的精神"。

与此相关,尤为突出的一个问题是"解放"题材影视剧中"国民党形象的转变"。典型如家喻户晓的《冰山上的来客》,改编为同名电视剧后,原来的国民党特务"真神"摇身一变,成为守土固边的爱国军人,坚决反对分裂图谋,亲手打死分裂分子,最后"以一个军人的方式选择了自杀,刻画出正面的国民党军人形象"。与之相应,人民解放战争的性质也就像一大批影视剧一样,模糊成"兄弟阋墙"。于是,原来电影里同境外反动势力勾结的"真神",在电视剧中对解放军的"杨排长"慷慨陈词:"你和我,你们和我们,再怎么斗,关起门来是自己在争斗,大家在自己国土上,两个阵营,水火不容而已……"这就成为"此亦一是非,彼亦一是非",如同时下流行的所谓"多元思维""相对论":没有对错,没有是非,只有不同角度云云。那么,为什么水火不容呢?不用多费口舌复述鸦片战争至新中国的百年风云,只看抗美援朝战争爆发时,志愿军背负祖国人民的重托,雄赳赳气昂昂跨过鸭绿江,抗美援朝,保家卫国,而退避台湾的蒋介石却积极配合穷凶极恶的麦克阿瑟,热望"国军"前往朝鲜,对志愿军和朝鲜人民军作战。朝鲜停战后,一批志愿军战俘又被"美蒋"处心积虑劫持台湾。

自从古代中国进入现代中国,中华民族追求独立、自由、解放、复兴的艰辛探索与苦难辉煌,已经不可能"关起门来",而必然同广阔的世界与人类的前途密不可分,中国革命与中国共产党追寻马克思列宁主义,向往《国际歌》的"英特耐雄纳尔",走十月革命的道路,就是这一必然的选择。为此,国共之争势必超越国内范畴,成为现代世界"两种命运、两种前途"的一场决战——一种是光明的,一种是黑暗的。如果说影视剧改写"国军"形象,那么改写的不只是"叙事与建构",也是大是大非。"果粉""精日""娘炮"等骇人听闻的问题,之所以匪夷所思大行其道,这些作品以及意识形态乱象显然脱不开干系。日前,郭松民出版新作《南征北战——郭松民影视评论自选集》,对此类问题也作了剖析。在他看来,1986年的《血战台儿庄》,开创了两个"先河",一是正面表现国军抗战,从此影视作品中再也没有国军"消极抗战,积极反共"的内容。一是开创了重新讲述抗战历史的"先河",从此《地道战》《地雷战》《铁道游击队》《平原游击队》《小兵张嘎》等浓墨重彩的"人民战争"便悄然隐去[1]，而"正规军抗战"的主题则日渐凸显，如《八佰》（2020）。久而久之，相沿成习，"八路拍神剧，国军主旋律"逐渐成为潮流："这些影视作品中，国军内部的官兵关系、军民关系都直接拷贝了传统革命战争电影中红军、八路军、解放军的官兵关系和军民关系，国军内部残酷的阶级压迫、国军官长喝兵血的种种劣迹，国军欺压老百姓，甚至奸淫掳掠的种种恶行，没有任何表现。"[2]

诸如此类的问题今天需要认真反思与批判，在新时代新思想的引领下，重塑江山就是人民、人民就是江山的叙事与建构，包括边疆民族题材影视剧。新中国成立之初，毛泽东主席即兴赋诗：一唱雄鸡天下白，万方乐奏有于阗！这才是社会主义新中国的正道沧桑，也是并应是民族题材影视剧创作与传播的人间正道。

文化多娇人折腰
——读彭翠《人文日新：新时代与新文化》

青年学者彭翠写了一部论述中国文化的新书，惠我先睹为快并作序。我对《诗经》、楚辞、诸子百家、秦皇汉武、唐诗宋词一脉文化传统心怀敬意，也对弘扬此道者心怀敬意，可谓虽不能至，心向往之。所以，读到彭翠书中的灿然文字，禁不住悠然神往：

> 巍巍华夏，煌煌九州，自古就是德行天下的文明古国，执着于天下大同的美好梦想。五千年来，炎黄子孙栉风沐雨，弦歌不辍，创造了灿烂辉煌的中华优秀传统文化。……斗转星移，时过境迁，历代先贤虽已不在，但中华民族数千年来生生不息的精神血脉却始终绵延向前，心怀天下的仁义礼智信和忠孝传家的优良美德依然是文化强国的君子品格。

2021年是中国共产党成立一百年，同年召开的十九届六中全会对一百年的奋斗历史作了总结，其中一系列大道理同样适用于现代中国的文化建设与学术

---

[1] 韩东育：《抗日不需要神剧：日本家书如是说》，《读书》2021年第10期。文章从一个侧面，也展现了共产党领导的人民战争在抗战中发挥的中流砥柱作用。

[2] 郭松民：《南征北战——郭松民影视评论自选集》，三辰影库音像出版社，2021，第51页。

思想，特别是马克思主义中国化既是与中国革命的具体实践相结合，也是与中国文化的内在精神相结合。对第一个结合，人们耳熟能详，对第二个结合可能不甚了了。其实，这方面的有机联系同样无所不在，同样值得"博学之、审问之、慎思之、明辨之、笃行之"。在鸦片战争以来天崩地坼的三千年未有之变局中，中国人之所以最终选择马克思主义，或者说马克思主义之所以在林林总总的西潮新潮中脱颖而出，不仅是因为马克思主义行——实实在在地把国将不国的旧中国带入改天换地的新中国，而且也在于或者说更在于马克思主义的价值理想同中国源远流长的文化传统"一见倾心""相见恨晚"。

这里，且不说李大钊、陈独秀、瞿秋白、郭沫若、范文澜、陈望道等数不胜数筚路蓝缕的先驱，也不说一批批层出不穷的后进之士——从徐大同的"大同辨析"到赵汀阳的"天下意识"等，更不提海外各路学术名家深入细致的考辨与探析，包括近年颇受关注的沟口雄三，仅就新闻与新闻学而言，就不难看到马克思与古老中国一脉"相看两不厌"的千丝万缕。正如范敬宜为《李庄文集》作序中提及的一批近代百年新闻大家：从王韬、章太炎、梁启超、张季鸾到毛泽东、瞿秋白、邹韬奋、恽逸群、胡乔木、乔冠华……他们之所以成为如此这般的中国新闻人，而没有成为"胡适们"念兹在兹的美式新闻人，也在于他们与生俱来的、浓郁的中国文化气息。同样，中国新闻学之所以成为如此这般的新闻学，即如今概括的"马新观"而没有成为"美新观"，也在于中华大地根深蒂固的文化基因以及马克思主义与中国文化若合一契的相遇。就像清华大学新闻学教授李希光说的：

> 中国新闻学或东方新闻学之所以是"光明新闻学"，而不像美国一路的"耙粪新闻学"，与中国人的三大信仰体系密不可分：从儒家核心价值观看，就是隐恶扬善的仁义新闻学；从佛家观点看，就是摆脱内心贪嗔痴的去烦恼新闻学；从道家的宇宙观看，就是天人合一万物和谐的生态新闻学。

显然，这一切又无不同《共产党宣言》中的"人的自由而全面发展"一脉相承，而同鸡零狗碎、鸡鸣狗盗、鸡飞狗跳一路的新闻与新闻学不可同日而语。

既精研马列又深谙中国旧文化与新文化的北京大学教授韩毓海，也从旧邦维新的历史视野对此作了精辟阐发，比如：

> "革命"这个词，在中国与西方意思不同。

"周虽旧邦，其命维新"，革命在中国的意思是"推陈出新""革故鼎新"，而不是打翻一切、斗倒一切、否定一切，不是全面内战。和而不同，终归是中华文明的底子，中华文明宽厚的底子，在人类历史上最为危急和严谨残酷的时代，也还没有被淘洗殆尽。

彭翠受业于文脉深远的河南大学，先治中国文化，再攻新闻传播。曾经连续两届入读"中国特色新闻学高级研修班"，在此基础上，攻读博士学位，选定一代中国名记者郭超人作为博士论文选题，从而也显示了中国文化与马克思的双重影响。众所周知，郭超人既是一位新中国新文化造就的大记者，又是北京大学新闻专业第一届的佼佼者，文采斐然，风流蕴藉，借用范敬宜的话说，"既是杰出的政治家，又是学养丰厚、才华横溢的文化人，政治品质和文化修养在他们的身上和笔下都得到了完美的统一"。彭翠愿意步其后尘，让人再次看到新时代新青年的别样风姿。

凌云健笔新华体
——读《新华通讯社 90 年 90 篇精品选》

2021年11月8日记者节的前一天，适逢新华通讯社成立90周年，习近平发来了贺信，新华社举办了纪念活动，还出版了一部《新华通讯社90年90篇精品选》（以下简称《精品选》）。犹记新华社成立80周年时，也有如此精彩回眸。当时，新华社《新闻业务》杂志策划的"纪念特刊"，从80年众多名家名作中，以10年一段的规格遴选了新华社8个代表人物及其代表作：

> 1930年代，瞿秋白《中国能否抗日？》；
> 1940年代，华山《踏破辽河千里雪》；
> 1950年代，穆青《因为分配了土地》；
> 1960年代，黄昌禄《苦聪人有了太阳》；
> 1970年代，彭迪《同床异梦，夜长梦多》；
> 1980年代，冯东书《重访昔阳》；
> 1990年代，邵云环《悲壮的贝尔格莱德》；
> 2000年代，张严平等《明天，太阳照常升起——献给汶川灾区的父老

乡亲》。

80年选8个颇费思量，90年选90篇就从容一些。这90篇精品佳作，既是中国"新闻史上的奇情壮彩"（方汉奇），又是第一个百年的奋斗缩影："与天奋斗，其乐无穷；与地奋斗，其乐无穷；与人奋斗，其乐无穷。"（毛泽东）

前者，在书中星汉灿烂的记者阵容里灵光乍现：陈克寒、范长江、穆青、缪海稜、朱穆之、刘白羽、李普、华山、黄昌禄、郭超人、袁木、冯健、周原、田聪明、南振中、郭玲春、徐新华、蔡名照、和平、慎海雄、邵云环、张严平、贾永、李从军……

后者，从一篇篇传世之作的字里行间可见一斑：《棋盘陀上五壮士》《雁翎队》《女共产党员刘胡兰慷慨就义》《毛主席的队伍进入拉萨》《人民英雄永垂不朽》《库尔班·吐鲁木见到了毛主席》《英雄登上地球之巅》《伟大的战士雷锋》《大庆精神大庆人》《县委书记的榜样——焦裕禄》《鱼水新篇——沂蒙山纪事》《金山同志追悼会在京举行》《"两弹"元勋邓稼先》《别了，"不列颠尼亚"》《索玛花儿为什么这样红——记优秀共产党员、木里县马班邮路乡邮员王顺友》《乌蒙山传奇》……

诸如此类名家名作耳熟能详，常读常新，现在借着《精品选》重温一遍，依然唇齿留香，青春荡漾。其情其景仿佛开国大典上用俄语播报的新华社记者瞿独伊，在共产党一百年、新华社九十年时唱起父亲瞿秋白译配的《国际歌》时的心境："爸爸你还这么年轻（瞿秋白就义时36岁），独伊却老了。"——革命人永远是年轻啊。

有非常之时，乃有非常之人，有非常之人，自有非常之文。百年奋斗的激越时代，造就了一批批前赴后继的中国记者，从而涌现了一篇篇气象峥嵘的新闻华章。陈克寒的《游击生活三个月》（1938年6月8日），如实记述了晋察冀根据地一支游击队的故事，字字句句好似跳荡着《游击队歌》的豪迈音符："我们都是神枪手，每一颗子弹消灭一个敌人，我们都是飞行军，哪怕那山高水又深……没有吃，没有穿，自有那敌人送上前，没有枪，没有炮，敌人给我们造……"

新闻是历史的初稿，历史是新闻的定稿。《游击生活三个月》描写的一个场景，让我联想到电影《太行山上》中的情节：一个日本伤兵被俘，受到抗日军民悉心救治，并一点点被感化，后来返回日军，想与伤员一起回家，不想残忍的日寇在火化士兵尸体时，也把他扔进火中。起初看到这个场景，以为纯属虚构，而记者陈克寒的记述，展现了活生生的历史镜头：

敌人是再迷信不过了，他们以例要把战死的焚化掉，负伤的运回去。这次战斗后，因为运输的困难，竟把重伤的也都当成死的，用火焚化，炽烈的火焰中爆发出伤兵的呻吟与惨叫。

最后一句，让我不由猜想，《太行山上》的主创人员说不定就由此得到灵感。

读到徐心华的《周谷城说，西方资产阶级民主不是一朵花》（1986年12月26日），禁不住感叹三十年河西，三十年河东。周谷城是复旦大学名教授、大学者，徐心华毕业于中国人民大学新闻系，后任中宣部新闻局局长、经济日报社社长和中国记协党组书记，可谓高手写高手。这篇报道今天读来依然鲜活，特别是新冠疫情暴发后，触目惊心的现实场景一一都到眼前来时，周谷城的智者之见肺腑之言，穿越历史时空，更是丝丝入扣，对新时代新青年尤为亲近而无违和：

> 周谷城说，我一贯的治学态度是：对别人的东西不能囫囵吞枣，不能人云亦云。你说它是一朵花，我要亲自看一看，它是否真的美。一切都要经过仔细调查，认真研究，再作结论。早在"五四"运动时期，有人就曾提出要"全盘西化"，结果证明这种主张是行不通的，因为它不切实际。现在，又有人旧调重弹。时代虽已有变化，但未见得就没有问题了。近百年来，中国人民为了推翻压在中国人民头上的三座大山，前仆后继，英勇斗争。只是在中国共产党的领导下，才取得了人民民主革命的胜利。现在，党中央又领导全国人民，坚持改革和开放，为建立高度文明、高度民主的社会主义现代化强国而不懈地努力。如果否定我国人民现在享受到的经过前人英勇奋斗才得来的民主权利，而去效法西方人自己都未必完全满意的东西，那只会使我们已经得到的民主权利重新丧失。

这篇报道的背景是1986年自由化思潮泛滥，多地高校爆发学潮，一时天下耸动。就在这篇报道发出四天后的12月30日，邓小平同中央负责同志谈话，这就是后来收入《邓小平文选》的《旗帜鲜明地反对资产阶级自由化》，其中还提到周谷城："在这次学生闹事中，民主党派表现是好的，周谷城、费孝通、钱伟长等几位著名的民主人士的态度是好的，不好的倒是我们有些共产党员。"这篇朴素直白的讲话，今天看来更觉深谋远虑，掷地有声："从中央到地方，在思想理论战线上是软弱的，丧失了阵地，对于资产阶级自由化是个放任的态度，好人得不到支持，坏人猖狂得很。好人没有勇气讲话，好像自己输了理似的。没有什么输理的。四项基本原则必须讲，人民民主专政必须讲。要争取一个安定团结的政治局面，没有人民民主专政不行，不能让那些颠倒是非、混淆黑白、造谣诬蔑的人畅行无阻，煽动群众"；"我们执行对外开放政策，学习外国的技术，利用外资，是为了搞好社会主义建设，而不能离开社会主义道路。我们要发展社会生产力，发展社会主义公有制，增加全民所得。我们允许一些地区、一些人先富起来，是为了最终达到共同富裕，所以要防止两极分化。这就叫社会主义"。

当然，《精品选》有些篇目之前不了解，而今读来同样赞叹，如那篇凌云健笔意纵横的《中国曙光——1949年10月1日历史一幕再现》（2009年9月15日）。这篇国庆六十年的大报道，把中国记者的"脚力、眼力、脑力、笔力"发挥得淋漓尽致，读后不禁心潮起伏，激情飞扬：为有牺牲多壮志，敢教日月换新天；天若有情天亦老，人间正道是沧桑。

这篇大手笔把一幕幕生动的、有力的、活灵活现的细节，穿针引线地编织起来，犹如一部"极简版""新闻版"的新中国大历史，琳琅满目，落英缤纷，其中一些新内容更是新鲜、新奇，无愧名副其实的"新闻"：

> 曾经的南京总统府，留给人民解放军女战士张永春这样的第一印象："相片、文件、书报等杂物扔得满地都是，有的卫生间水龙头还开着，水流了一地……"

> 国民党控制下的成都，在平静和压抑中迎来新中国的开国之日。国民党政府要求，这一天每家每户都挂起白纸灯笼，写上反共标语。

> 身穿深色旗袍的宋庆龄站在城楼上，看着眼前涌动的人潮，看着广场上矗立的孙中山画像，不禁热泪盈眶。

> 就在宋庆龄为中国人民的胜利激动得流泪的这一刻，比她小4岁的妹妹宋美龄正在万里之遥的美国，为挽救国民党政权没落的命运四处奔走。

> 离旗杆几十米远的人群中，36岁的北京美术供应社女工赵文瑞，看着五星红旗缓缓升起，泪水模糊了双眼。4天前，政协会议通过新中国国旗为五星红旗。制作第一批五星红旗的任务，落到了这位旧社会靠给人缝补浆洗度日的普通女工身上。

这是45岁的邓小平第一次来北京。看到全国解放在即，他的心情十分愉快，闲暇之余还带着孩子去了颐和园，在秋水潋滟的昆明湖上泛舟畅游。

毛泽东把身子向广场深深一探，他对身边人，又像自言自语地说："我们用了28年办了一件大事，把'三座大山'搬掉了，也就是头上的问题解决了。解决脚下的问题任务还很重，建设我们这样的国家要花更大的气力。"

夜已很深，中南海菊香书屋，灯火依然——

毫无睡意的毛泽东对着卫士连说两遍："胜利来之不易！"

6个月前，离开西柏坡前往北平时，毛泽东曾意味深长地对周恩来说："今天是进京'赶考'去。我们决不当李自成！"

现在，毛泽东和他的战友们正式走进了"考场"，全世界都在关注他们将给出怎样的答案。

东方曙色初显，屋内寂静无声。在繁忙的工作和深远的思考中，毛泽东迎来新中国开国后的第一个黎明……

暾将出兮东方！

值得一提的是，毛泽东也是新华社"最好的记者"，一生为新华社撰写了一系列朗朗上口、大气磅礴、不断入选教科书的经典之作：消息《我三十万大军胜利南渡长江》、时评《别了，司徒雷登》、广播稿《敦促杜聿明等投降书》……清华有位博士生正以《记者毛泽东》为题撰写学位论文。

读罢《精品选》，也难免有些遗憾。这样大跨度、大规模的作品选，即使精挑细选，也总少不了遗珠之憾，包括上述毛泽东的作品。不过，主要遗憾还在于把握历史大势。《精品选》是在今年11月11日闭幕的十九届六中全会之前付梓的，而六中全会通过的历史决议对百年奋斗历史作出了全面总结，《精品选》显然不可能充分体现决议精髓，尽管习近平的"七一"讲话已经包含基本要义。比如，全书五百来页，而"七一"讲话与"历史决议"的四个时期中，前两个时期只占五分之一的篇幅。虽然可以厚今薄古，作品选更不一定按年代平均分配，但有些遗珠不能不说关乎历史大势历史观，如《劈山太行侧》(1965)、《人民的好医生李月华》(1972年)、《驯水记》(1974年)等。《驯水记》又名《万里神州驯水记》，是后任新华社社长郭超人的代表作之一，磅礴万里，气势非凡，以如椽之笔谱写了一曲站起来的中国人民，在毛主席、共产党领导下与天奋斗、与地奋斗、与人奋斗的新闻史诗，正如新版《中国共产党简史》抒写的：

> 这是新中国建设困难重重、艰苦奋斗的年代，是一个英雄辈出、精神昂扬的年代。为了建设繁荣富强的新中国，翻身做了主人的中国人民与时间赛跑，用生命和鲜血描绘了一幅幅最新最美的图画，用实际行动证明了：同困难作斗争，是物质的角力，也是精神的对垒。

无论走多远，都不能忘了从哪里来，也只有清楚从哪里来，才能明白往哪里去。在各路西潮新潮一波未平一波又起之际，在诗人昌耀所谓"神仙的说教"包括新媒体的"第几次浪潮"一惊一乍之时，中国记者更需要"不忘初心、牢记使命"，更应该"发扬革命传统，争取更大光荣"。由此想到，新华社百年大庆时，相信还会看到"100年100篇"的回眸。新中国70年时，王蒙、王绍光主编了一部精当的《中国精神读本》，除了入选篇目多彩多姿，作者介绍简练生动，还有挥洒自如的精妙评点。期盼新华社百年华诞"精品选"，也能更精彩、更立体、更引人入胜地展现中国新闻的风采。

科学性与革命性
—— 《记者马克思》序

2022年10月16日星期日，举世瞩目的二十大隆重开幕。前一天，星期六，是我与研究生两周一次的"沙龙"时间。活动结束时，毕业留校的黄斐博士告诉我，她的博士论文《记者马克思》已经纳入清华大学出版社的"优秀博士论文"丛书，为此需要导师写篇序言。

黄斐，郑州人，2011年从郑州外国语学校保送清华大学新闻学院。大一时的作业，发表在《青年记者》杂志上，后以年级第一的成绩毕业，并获得外文系第二学位。她曾经获得很多荣誉，包括北京市优秀毕业生、清华大学优秀毕业生、全国"挑战杯"一等奖、首都"挑战杯"特等奖等。

确定读博时，她问我，录取后、入学前需做什么功课。我说，读读新版《马克思恩格斯选集》吧。于是，她潜心数月，啃下这部四千来页的巨著。然后，发来长长邮件，兴奋之情，溢于言表，说读书多年，第一次遇到如此深刻通透的思想，确是"醍醐灌顶"。

也因此，后来考虑博士论文选题时，她欣然接受赵月枝教授的建议，研究记者马克思。论文顺利通过，且获得2021年清华大学优秀博士论文奖。

为了研究记者马克思，2020年，黄斐作为全球50名青年之一，拿到"德国联邦总理奖学金"，赴哥廷根大学访学一年。哥廷根大学是欧洲名校，季羡林的《留德十年》，记述了他二战期间在此留学的经历。黄斐访学期间，一边突击德语，一边踏访伟人行止，请教各路方家，寻觅大小图书馆、档案室，搜集一手资料与文献，对记者马克思做了一次系统考察。

关于马克思与新闻，以往研究大多着眼于新闻思想，以及《莱茵报》《新莱茵报》等办报活动，而几乎不把马克思视为记者，即使偶或谈及，相对其新闻生涯与革命生涯也仿佛微不足道。确实，就千年第一思想家而言，记者马克思可以略而不计。而对马克思的一生，以及开天辟地的唯物史观新闻观而言，记者马克思就如串起珍珠项链的丝绳了。在他波澜壮阔的人生中，记者是他唯一的职业，也是一生从事的职业，他的所思所想都离不开记者工作与新闻工作。正如毛泽东主席一生钟情的两个职业，一是记者，一是教员（黄斐的同学正在撰写"记者毛泽东"博士论文）。

通过黄斐的研究与著述可以看到，马克思不仅创立了博大精深的科学理论体系，为解释世界、改变世界提供了强有力的思想武器，使全世界劳苦大众的自由解放，以及每个人自由而全面的发展从千年梦想到具体实现有了可行路径，而且以磅礴的气象、非凡的才情、敏锐的洞察、生机勃勃的文笔，成为名副其实的大记者。在贯穿一生的新闻工作中，马克思不仅留下一整套社会主义的办报经验和新闻思想，而且写下一大批非同凡响的新闻力作。

今天，我们从记者马克思汲取的营养同马克思主义精髓一脉相承，用列宁的精辟概括来说，记者马克思同马克思主义一样，都是科学性与革命性的统一。科学性体现在记者马克思对新闻的理解上，即唯物史观的认识论和方法论，包括依据事实描写事实而不是依据想象描写事实（如某些新闻报道编造人名、地名并美其名曰保护当事人）、在事物的有机运动中把握事实而非形而上学胶柱鼓瑟、热情维护人民自由精神的千呼万应的"喉舌"，等等。革命性体现在记者马克思一洗万古凡马空，同资本主义旧世界及其新闻业不屈不挠的伟大斗争中。

应该看到，时下颇有记者与学者专注于、着意于马克思的科学性一面，往往忽略甚至回避其革命性的一面。触目所见的许多文章、著述、论坛、报告等，峨冠博带，美轮美奂，而对现实中显而易见的矛盾、问题及乱象，或视而不见，或作壁上观。特别是面对资产阶级新闻观，如专业主义、建设性新闻等，不敢、不愿或不会开展伟大斗争，"顺着说、围着转、绕着走"的开明绅士两面人，更使马克思主义与中国化时代化的马克思主义陷入空转，宛若"云中的神啊雾中的仙"。

  令人欣慰的是，党的二十大擘画了社会主义现代化强国的蓝图，"三个务必"也把伟大斗争提到战略高度。当此时，黄斐的博士论文出版，既对新闻学自主知识体系的建设有所启发，也对新时代新征程牢牢把握马克思主义的文化领导权，以伟大斗争推进伟大事业提供了又一学术利器。

学海漫游
XUEHAI MANYOU

越陌度阡，枉用相存，契阔谈䜩，心念旧恩。从清华到河大，长长短短的电子邮件约计十数万言。如此精神交往，无论耆宿，还是才俊，于我都如应接不暇的"挑战与应战"，诗人周涛说得更传神："我的对手太强了，他们以惊人的洞察力和才气及对现实的直觉把握向我摆出一个又一个阵势，尽是些我前所未见的棋局。"（《伊犁秋天的札记》）2011年清华百年校庆时的拙著《清潭杂俎——新闻与社会的交响》，选录了此前十年间的部分邮件。这里再选录近十年的若干书札，学海漫游，聊备一格。

1. 差不多一年来万圣书园排行榜第一名都是贡布里希的《世界小史》。想起逛万圣的多是"高知"，于是忍不住买来看看。果然，作者文笔漂亮，叙事生动有趣，不过看了几章，就看不下去了。贡布里希属于文艺复兴一脉人文学者，正心诚意，学养深厚，但骨子里毕竟嵌入不自知的"文明等级论"，亦即"西方中心论"。而近百年前成书之际，也正是这套文野之分的话语和叙事，借列强之势横行宇内之时。翻看费孝通人物随笔中的《顾颉刚先生百年祭》，说自己上中学时在课堂上偷看《古史辨》，而之所以喜欢，"是因为它告诉我，书上的东西不要全信，看书要先看一看这书是谁写的，想一想他为什么要写这本书"。现在也需要问一问，这书是谁写的，想一想作者为什么要写这本书了。对照《邹忌讽齐王纳谏》提到的三种情形，即私臣、畏臣、有求于臣，此类书籍或话语属于私臣。

与此相对，弗兰科潘的《丝绸之路》则体现了一种世界视野或全球视野。作者在前言中讲到，他小时候，人们习惯于这样一套内容沉闷的"文明史"：古希腊之后出现罗马，罗马之后出现基督教欧洲，基督教欧洲之后出现文艺复兴，文艺复兴之后出现启蒙运动，启蒙运动的政治民主带来工业革命……他意识到，这套历史叙事正是一曲"西方政治成功、文化优势和道德胜利的颂歌"，"欧洲的崛起触发了一场激烈的权力竞争——同时也是一场历史解释权的竞争"，"历史被扭曲、被利用，人们制造出一种假象，似乎西方的崛起不仅是自然天成、无法避免，而且是由来已久、顺势延绵"。实际上正如弗兰科潘所言，数千年来，连接欧洲和太平洋、坐落在东西方之间的那块区域才是地球运转的轴心，世界各大宗教与各种语言文化，无不在此汇聚，相互碰撞，五彩缤纷，热闹非凡。10世纪一位学者，曾用诗的语言赞美德黑兰附近的赖伊，称之为"地球上的新郎"，世界上"最美的作品"。丝绸之路沿线更是遍布一串珍珠似的历史名城：杭州、汴梁、长安、喀什、撒马尔罕、伊斯法罕、大马士革、伊斯坦布尔……

杉山正明的《蒙古颠覆世界史》也谈道："长期以来的世界史之所以简略单纯，或者说其较大的缺点，便是由于明显缺乏对欧亚的整体眼光所致"；"我们在第二次世界大战后长期被灌输的世界史图像，带有一种浓浓的色彩，这种色彩大多肇因于十九世纪中叶开始到二十世纪初期以西欧为中心的欧美列强割据支配世界的国际情势和历史变迁"。

2. 王蒙自传第二部《大块文章》（花城出版社2007年），"爆料"刘宾雁及其《人妖之间》，解构了轰动一时的王守信案以及夺人性命的《人妖之间》，如同何建明的《部长与国家》对"渤二"事件及其报道的披露。王蒙自传第二部《半生多事》（花城出版社2006年），又无意间消解了伤痕文学的苦情叙事：

> 一九七五年，我更勇敢地在乌市（乌鲁木齐市简称——引者注）大十字——当时叫做红卫路的电器商店买了一台十四英寸的黑白电视接收机。这在芳（王蒙前妻——引者注）的校园中，是第一台电视机。我们得以在电视屏幕上欣赏《春苗》《红雨》《决裂》《寂静的矿山》与老电影《地雷战》《地道战》《南征北战》和《小兵张嘎》……
> 许多个晚上，我坐在廉价购得的一个竹片躺椅上，占据着最佳位置，周围是家属和邻居的孩子。后来芳不止一次开我的玩笑说我的看电视座位太自我中心，太妄自尊大。

想当年，作为无线电爱好者，我也时常光顾他说的这家电器店。不过我最早接触电视还是20世纪70年代末上大学之后，当时系里购置一台差不多大小的电视机，每逢周末晚上放在阶梯教室前面，让一两百学生近看远眺。

3. 断断续续读完赵汀阳的《坏世界研究：作为第一哲学的政治哲学》。赵汀阳是一位思想深邃的哲人，他的博士论文《论可能生活》就入选"三联·哈佛燕京学术丛书"。《南方周末》宣扬所谓"普世价值"时，他就明确指出检验一种价值的标准只能是社会历史实践，而不能是另外一种价值，否则就成为"思想专制与精神独裁"，堪称批驳普世价值最深刻的洞见。治学方面，他的一大特点在于融会贯通，论从己出，从不拾人牙慧，极少引经据典，所论多独得之见、深刻之思，语言也明白如话。比如，《坏世界研究：作为第一哲学的政治哲学》开宗明义就讲道："世界首先是个坏世界，而人们幻想好世界。人们通过政治去研究坏世界，而通过道德去想象好世界"；"只要具备人人自私和资源稀缺这样两个条件,世界就是个坏的世界。很不幸,人类世界所具备的缺点远不止这两点";"我原来研究形而上学,考察了许多呆主意,后来研究伦理学,考察了许多傻主意,再后来研究政治哲学,又考察了许多坏主意"。

书中论及古今中外的政治哲学与历史实践,每每新人耳目,这些大抵得在其论述脉络里方能理解,下面"断章取义"引述一二:

> 文化政治不能被理解为政治的一个方面,而必须被理解为政治的一个基础。政治至少有两个基础:一个是利益,另一个是文化。
>
> 一个社会把什么事情看作是最值得追求的和最受尊敬的,它将决定一个社会的总体价值取向,所以这是根本的政治问题。
>
> 与西方的政治思路完全不同,中国政治不是从国家问题开始的,而是从世界问题开始的。
>
> 如果西方国内民主不能推广成为世界民主,如果西方国内自由迁徙不能推广成为世界自由迁徙,如果西方的人均占有资源不能推广成为世界的人均占有资源,如此等等,就证明了西方制度不是一个能够普遍推广的制度,不是一个对世界负责的制度,它只利于一国之私,而有损世界共同利益,所以就不是一个普遍有效的制度。西方政治从来没有形成一个以世界利益为重的政治世界观,而只有个人利益和国家利益观念,这是一个明显的政治思想缺陷。

4. 前些年,华中科技大学新闻学教授赵振宇批评新闻博士不会写新闻,引发讨论。无论如何,这个批评确实点到新闻教育的要害与症结。试想,一个医学博士对一般头疼脑热都束手无策,怎不令人质疑?同样,一个新闻学博士,若连一篇消息都写不好,却高谈阔论高大上的新闻传播理论,又怎不令人心生疑窦?

5. 梁启超关于"美国人生"的六个匆匆忙忙,可谓精辟而传神。影片《卡桑德拉大桥》有句台词,同样精辟而传神。影片中,北约总部的美国上校为了国家脸面,不惜隔离肺鼠疫感染的列车,将其导向一条死亡之路,并命令沿途不许任何人离开列车,否则"格杀勿论"。蒙在鼓里的乘客们嚷嚷下车,有人说到巴黎还有急事,于是旁人劝道:"晚到巴黎,总比早进天堂好。"

现代社会现代人匆匆忙忙地"奔命",生怕赶不上什么似的,其实人生终点殊途同归,与其急急慌慌趋之若鹜,何如朱光潜说的"慢慢走,欣赏啊"。

刚读了《当代》上发表的《多少往事烟雨中——我的父亲陈占祥》。陈占祥是城市规划设计师，解放初与梁思成一道提出保护北京城的《梁陈方案》。文中也写道：

> 生命为什么一直都在匆匆忙忙地奔走赶路？为什么非要在自己头顶悬一条鞭子，天天敢死队似的冲锋陷阵？我们为什么不生活得简单一些、悠闲一些，让我们有足够的时间领略人生旅途的绚丽风光？女儿的法国丈夫斯岱芬是美国斯坦福医学院的博士后，他对美国人拼命工作、拼命赚钱的生活方式很不以为然。……斯岱芬对我们说："每个人都要走到生命的终点，有的人是气喘吁吁地跑着冲向终点，有的人是悠闲地散着步走向终点。为什么不走得从容一些，放慢脚步欣赏一下路边的湖光山色？那不都是你生命的一部分？高速和财富并不代表品位，也未必有美学上的意义。"

6. 万圣旁边的超市里，新开一家特价书店。前日去了一趟，两百来块钱抱回二十余部佳作（多数都有，依然想买），如人民文学"名著名译"系列的《这里的黎明静悄悄……》。如此珍宝如此"贱卖"，让人不知欣然还是怅然。

《这里的黎明静悄悄……》不记得读过多少遍了，每次读来都感到一种心灵的洗礼与精神的震撼。五位女兵，形象鲜明，性格各异，一个个活灵活现，最后各以不同形式为国捐躯。第一位牺牲的姑娘是高才生，爱读普希金诗歌，在替准尉取烟荷包途中，死于德军侦察兵刀下。由于对方没想到是女兵，一刀下去，扎在左胸，没有当即致命，故发出了一声"微弱、仿佛叹息似的呼唤"。这一声似有如无的呼唤，被作战经验丰富的准尉听到了。"他的神情逐渐严峻起来。这一声古怪的呼唤仿佛深深印在他的心上，仿佛至今还在耳边鸣响"，准尉的心"顿时凉了，他已经猜想到这一声呼唤意味着什么"。当他后来手刃两个德寇后，心痛地想道："在人类这连绵不断的棉线上，一根细小的纱被一刀割断……"作品虽是二战题材，主题却是和平，诗一般的书名也蕴含着这一意味。书的结尾，一起一伏，一动一静，恰如其分地表达了作者的心意。"一起"与"一动"是准尉最后冲冠一怒，破釜沉舟，独身一人，硬闯敌巢，用仅剩的一颗手枪子弹和一枚失效手榴弹，逼降了剩下的五个德寇，撕心裂肺地吼道：

> 怎么样，胜利了吗？……胜利了吗？……五个姑娘，总共五个姑娘，总共只有五个！（却阻击了16个人高马大、武装到牙齿的特种兵）……可你们别想过去，什么地方也别想去，就得老老实实地死在这里，统统

死掉……哪怕上级饶了你们，我也要亲手把你们一个一个毙掉，亲手！让他们审判我好了！由他们审判去！

而"一伏"与"一静"是随即过渡的"尾声"，一片迷人的田园风光里，人们尽享安宁、静谧、鸟语、花香，湖畔有人钓鱼，还有人给朋友写信："我今天才发现，这里的黎明是那样的静悄悄，静悄悄。"如此动静相连的结尾，让人想起小提琴协奏曲《梁祝》，随着梁山伯与祝英台双双殉情的高潮涌过，音乐迅速滑向余音袅袅的尾声，在如梦如幻中渐渐消散。

俄罗斯文学翻译家高莽（乌兰汗），在为《这里的黎明静悄悄……》写的序言《一部杰出的小说，一本杰出的译著》里，讲了一个动人故事。1987年，作者瓦西里耶夫随苏联作家代表团访华，一天游览长城，高莽同他谈起这部小说及其同名电影在中国的影响。为了证实，他们在一家餐厅吃饭时，随便问起女服务员："你看过《这里的黎明静悄悄……》吗？"她一愣，不知道这个问题同进餐有何关系，故轻轻答道："看过啊……"高莽说："这位苏联朋友就是小说的作者！"她一下清醒过来，睁大眼睛，满脸喜悦地说："我看过两遍！我感动得哭了！"然后，开闸放水，滔滔不绝。她不停地讲啊讲，高莽已经无法翻译。瓦西里耶夫望着她，热泪滚滚："你不用翻译了，我都明白了！"在场的卡尔梅克诗人看到这个场面，插了一句话：世上有些作家很有名气，大家都知道，可很少读过其作品，这样的作家是可悲的；世上有不少人知道一些作品，很少知道其作者，这样的作家是幸福的——而你，瓦西里耶夫，就是这样的作家。

新中国六十余年是近代以来唯一的和平年代，没有战火硝烟，家破人亡，各族人民尽享和平，已经习以为常，就像没人留意每天呼吸的空气一样。而和平同样来之不易，这里的黎明静悄悄，我们不该忘记："忘记历史意味着轻薄，篡改历史意味着背叛。"（潘维）

7. 黄宗智的一段论述，将理论的利弊得失阐述得非常透辟，对新闻传播研究颇有启发：

> 理论读起来和用起来可以使人兴奋，但它也能使人堕落。它既可以使我们创造性地思考，也可以使我们机械地运用。它既可以使我们打开广阔的视野并提出重要的问题，也可以为我们提供唾手可得的现成答案并使人们将问题极其简单化。它既可以帮助我们连接信息和概念，也可

以使我们加上一些站不住脚的命题。它既可以使我们与中国研究的圈子之外的同行进行对话，也可以使我们接受一些不易察觉但力量巨大的意识形态的影响。它既可以使我们进行广泛的比较，也可以使我们的眼界局限于狭隘的西方中心的或中国中心的观点。对理论的运用将像一次艰难的旅行，其中既充满了令人兴奋的可能性和报偿，也同样布满了陷阱和危险。

理论与实践、逻辑与历史，始终是学术研究所面对的基本矛盾或关系，对新闻传播学来说，如何处理这对矛盾或关系，同样是严肃学人不得应对的"第一哲学"。在2020年第一期《开放时代》上，黄宗智发表文章，再次谈到这一问题：

> 我们对待所有现有理论的基本态度，是把它们当作问题而不是答案。相对千变万化的实际而言，理论只可能是片面的或局部的，不可能是普适的，只可能是随真实世界的演变而相应变化，不可能是给定的永恒真理。学术可以，也应该借助不同流派的现有理论来协助我们认识实际，来推进我们对实际的概括，但绝对不应该像高度科学主义化的主流西方理论那样用来表达虚构的普世规律，或对真实世界实际片面化和理想化。真正求真的学术是根据精准的经验研究，通过对现有理论的取舍、对话、改造和推进，来建立带有经验界限的、行之有效的、更符合经验实际的概括，再返回到经验／实践世界中去检验。如此的学术，探索的应该是由求真和崇高的道德价值动机出发的问题，不该局限于如今流行的比较庸俗和工具主义／功利主义的研究方法或其所谓的"问题意识"。(《建立前瞻性的实践社会科学研究：从实质主义理论的一个重要缺点谈起》)

熟读《实践论》就知道，这也正是毛泽东的哲学思想与核心观点，所谓从实践中来，到实践中去。

8.《博览群书》2010年第3期，刊发贺越明的文章《"历史"与"新闻"的学科归属》。作者是复旦大学新闻系七七级的，毕业后接着读研究生。文章回顾说，他们作为"文革"后第一届学生，毕业时按《中华人民共和国学位条例》颁授的是"文学学士"学位，注明"新闻学专业"。而三年后读完研究生，授的又是"法学硕士"。原来，1981年王中出任国务院学位委员会文学学科评议组的唯一新闻学成员时，新闻学还属于文学门类下的二级学科。在北京开会时，他作了一个发言，要求将新闻学置于法学门类。由于准备充分，讲得有理有据，这个建议得到采纳。于是，贺越明等研究生毕业时，拿的就是法学学位了。一次，王中召集研究生谈话，还专门解释：

> 新闻是反映事实真实的，而文学是依靠想象和虚构的，还可以夸张，所以新闻学挂靠在文学下面不合适。……我考虑，法学是注重事实的，要求以事实为依据，以法律为准绳，记者报导新闻也必须以事实为根据。所以，就提出划入法学门类好。

甘惜分先生1985年在兰州大学新闻系的演讲《新闻学与历史学》，同样从注重事实这个角度提出将新闻学挪出文学门类，而置于历史学门类。在他看来，新闻与历史"是一家"，"记者与史学家是一对亲兄弟"。如果新闻教育附属于文学，那么学生"受文学艺术作品的感染和熏陶，他们只幻想文学艺术的优势，他们却不懂得或者不去想新闻工作者的巨大优势，不立志把自己锻炼成一个优秀的新闻工作者。请问这样的教育体制对培养新闻工作者不是南辕北辙吗"？他建议：

> 第一，凡未设新闻系的高等院校中的新闻专业，最好从文学系中分离出来，放在政治系、哲学系、党史系均可，最好放到历史系，以便学习历史理论和中外历史知识。第二，适当增加新闻专业的历史课程。第三，大学授予学位，如果不能单独授予新闻学学位，也最好不要把新闻学学位归入文学类去，不要授文学学士、文学硕士、文学博士。最好把新闻学归入历史学这一大类中去，授予历史学学士、历史学硕士、历史学博士。最近两年又把新闻学学位归入法学范围，因为新闻学和政治学（属于法学门类）也有血缘关系，比之把新闻学归入文学一类要好一些。但我以为归入历史学一类更为妥当。

1990年，国务院学位委员会第九次会议通过《授予博士硕士学位和培养研究生学科专业目录》，新闻学又被列入文学门类所属一级学科"中国语言文学"之下，与现当代文学、古代文学和现代汉语并列二级学科。方汉奇任学科评议组成员时，将新闻传播学列为一级学科，下设新闻学和传播学两个二级学科，不过仍然属于文学门类，继续颁授文学学位。不过，1998年，我在中国人民大学博士毕业，授的却是"法学博士（新闻学专业）"学位。

9. 李良荣说，现在一些博士生、研究生喜欢玩弄宏大理论，整一些虚头巴脑的东西，而连基本的新闻现象都不懂，既不会读报纸，又不会看电视。他说，新闻学子应该能够看出一期报纸上，什么报道好，什么标题不对，原因何在，如何改进，贴近新闻实践，针对具体问题开展理论分析。钱锺书的弟子张隆溪在《书城》发表文章，谈到钱锺书对后人的启发，也批评了崇尚空谈、不切实际的学风：

> 在系统理论的大旗下，往往从概念到概念，无论几十年前如唯物、唯心、阶级性、人民性那样的老概念，还是近十多二十年来如身份认同、话语霸权、自我殖民等来自西方后现代、后殖民主义的新概念，都很容易脱离文本和现实，变成一套充满抽象概念和术语的套话、空话。不少人从这样的概念出发，写论文下笔千言，看起来洋洋洒洒，振振有词，其实却脱离实际，虚假空洞。钱先生的著作则与此相反，都始于古代典籍文本的具体细节，有感而发，绝不做空疏的议论。

10. 汪晖的《亚洲视野：中国历史的叙述》（牛津大学出版社2010年）收录了一篇论文《东西之间的"西藏问题"》（后来又拓展为三联书店付梓的一部小书），对"3·14"事件进行了深入分析，其中有关"去政治化"和文化领导权的论述，尤其令人深长思之：

> 这一危机是"去政治化"状态下的危机。需要说明的是：我在此讨论"去政治化"状态下的危机不是出于对社会主义时期的怀旧，而是借此指出一个常常被忽略的基本问题：西藏问题是后社会主义中国的普通危机的一个部分。正由于危机根源植根于当代进程本身，民族问题并不能单纯地用经济不平等来加以全面解释，它也体现在文化政治的领域。在1950至1980年代，民族题材的文学、音乐、美术、戏剧、电影和其他文化创作中，少数民族文化始终居于极其重要的地位。值得注意的是，在这个时代，国家的少数民族文化政策不仅体现在对西藏、内蒙古和其他少数民族史诗、民间音乐与文学及其他文化遗产的整理和保护，而且更体现在对一种新的政治身份和文化身份的创造。在音乐史诗《东方红》中，由胡松华、才旦卓玛等演唱的民歌在整个史诗剧中居于极端重要的

地位；《五朵金花》《草原英雄小姐妹》《阿诗玛》《农奴》《冰山上的来客》《刘三姐》等以少数民族故事为中心的电影是那个时代中国电影中的经典性作品；在1950—1980年代，中国油画、国画和壁画创作中，新疆、内蒙古、西藏和西南、西北各民族的人物、场景和故事始终居于重要位置。我们可以毫不费力地在上述作品后面添加一个漫长的系列。但伴随整个社会的"去政治化"过程，这个系列在1990年代终结了——我所指的终结不仅是少数民族题材作品的大规模介绍终结了，而且是少数民族文化日渐地与旅游市场的开发相互联系，而后者正是东方主义在中国重新植根的社会基础。如果将这两个时代的民族题材作品加以对比的话，前者的宗旨是通过一种社会主义文化来形成新的普遍身份，而后者则通过强化民族文化的"东方性"以适应市场的需求。……前者在民族文化的基础上创造新的普遍身份，而后者则将民族性建构为本质性差异……

11. 1998年，昌耀在访问俄罗斯后写下一首闪耀着理想主义光芒，吞吐着英雄主义气息，仿佛贝多芬《英雄交响曲》一般恢宏壮丽、气势磅礴的长诗《一个中国诗人在俄罗斯》。这首现代"离骚"流露的思绪与意念，可以说与批判学派的精神气质一脉相通：

> 我在物欲横流的世间，"堕落"为一个"暧昧的"社会主义分子。此际朝觐几代人的精神的家园，纯是一次不期而至的殊遇。而现在，我能够用平静的心境，称自己是半个国际主义的信徒。
> 看哪，滴着肮脏的血，"资本"重又意识到了作为"主义"的荣幸，而展开傲慢本性。它睥睨一切。它对人深怀敌意。它制造疯狂。它蛊惑人心。它使几百万儿童失去父母流落街头。它夺走万千青年人的生命。
> 这个世界充斥太多神仙的说教，而我们已经很难听到"英特纳雄耐尔"的歌谣。

12. 伊格尔顿的《马克思为什么是对的》不愧是大家之作，精彩之论目不暇接，如"阶级斗争从本质上说就是争夺剩余价值的斗争"，"只有在资本主义制度下，才能产生足够多的剩余价值，使消除物资匮乏、消灭社会阶级这样的目标成为可能。但只有社会主义才能将这个目标变为现实"。

13. 看了几部世界史或全球史的著述，刘禾的《世界秩序与文明等级》颇有启发，李伯重的《火枪与账簿：早期经济全球化时代的中国与东亚世界》也新人耳目。这些著述都对学术流行语提出深刻质疑，其中包括主导国内外学界的一套历史叙事。这套叙事正如郑永年在一篇论及"自由主义历史观"的文章中指出的：

> 主导今日世界的是自由主义历史观。自由主义是一种进步的力量，近代以来的确改变了世界。可是事物并非如自由主义所设想的那样单线发展，文明更非像自由主义所想象的那样日渐进步。自由主义历史观因为理想而变得天真，因为天真而变得简单甚至愚昧，到今天不仅很难解释正在发生的历史，更是误导历史。

世界史或全球史的新进展如何落实在新闻史上，似乎还没有多少实质性的进展，而这也是新一代学人的使命。鉴于目前状况，我们的"顶层设计"一方面需要超越陈陈相因的"自由主义历史观"，诸如一套市场经济、民主政治、新闻自由的流行语，另一方面，更需要体现我们即中国对世界新闻业演化的认识、理解与态度，这既来自实事求是的科学研究，又不可避免地包含着我们的世界观、历史观、价值观、新闻观等。

14. 刘禾的《世界秩序与文明等级》的最后一篇作者刘大先，是中国社会科学院民族文学所的副研究员，在对少数民族的人类学、社会学、民族学的访谈调研中，他日益感到这些调研报告"没有实质性的知识生产和思想更新"，究其原因在于"人类学中研究主体与对象根深蒂固的等级结构"，"始终摆脱不了自我与他者之间的不平衡"。由此，他也对吴文藻、费孝通等研究及其取向进行了批判性的反思："这些人类学'中国化'的代表性著作与其说是关注中国，不如说是以西方视角观察中国，更关注的是西方问题。"另外，他提到21世纪以来，人类学蓬勃兴旺，包括新闻传播也颇受影响，有三种代表性的文本与言说：景军的《神堂记忆》、王明珂的《华夏边缘》和王铭铭的"中间圈"。他对三者均作出分析和批判，认为他们不同程度脱离中国的族群状况，如"你中有我，我中有你"的关系结构、"你就是我，我就是你"的社会政治文化的混血局面。文章以费孝通晚年"迈向人民的人类学"以及"文化自觉"作结，谈到当下两种学术取向使"服务于人民"的学问打了折扣，一是成果取向，一是交换取向（用付费问卷以换取调查资料）。

15. 费孝通的《纪念〈文汇报〉的女将》，回忆浦熙修与潘光旦，让人领略了君子之风与大家之风："他们两个人有一个共同之处，就是从不怨天尤人；承受得住委屈，从不对不公平的遭遇抱怨，更不记仇。在这些方面，我不如他们，有时还有点不平之气，耿耿于怀。但是在他们的影响下，也懂得能坚持根本信念的人，决不会因个人的恩怨得失而有所摇摆。"

16. 古人云"移风易俗，莫善于乐"，而今移风易俗莫甚于林林总总的影视剧。不过，人们对于自然环境的雾霾已经充分意识到了，而对于精神世界的雾霾还没有明确觉察，甚至以所谓大发展、大繁荣而自慰。赵汀阳说得好："审美生活表面上离政治很远，但艺术感惑人心，移风易俗，影响深远，因此是政治的重要可用之资……假如一个政府愚蠢到纵容甚至主持淫邪低俗、粗鄙弱智的审美生活，就几乎是在为亡国亡天下创造条件。" 2016年10月号《文化纵横》的头题文章，题为《资本逻辑的兴起与当代中国的价值重建》，非常犀利，令人深思："中国传统社会也曾实现过儒家思想的'大一统'，但其社会结构是离散的，即每一个个体的决策都服从于自己的内在法度，按照个体的'良心'法则，以'推己及人'的理路来决策，这种社会结构必然是一盘散沙，而毛泽东对社会秩序建构的最终目标是实现中国人精神的统一，也就是不仅要实现国家制度层面上的强制性统一，而且要实现全国人民精神层面上的统一。在一定意义上可以说，毛泽东完成了这个使命，实现了这个宏伟目标，这是其功绩所在"；"改革开放是中国发展的历史必由之路，这种选择是历史的必然，但是，一个意外的后果是，市场经济体制机制的整体作用，在促进了经济发展的同时，对建立在计划经济基础上的精神秩序也起到了全面解构的作用"；"资本逻辑发展的极端后果是，毛泽东倾心打造的精神秩序与社会秩序合一的生活世界不复存在，很多人尤其是一大批年轻人，在资本的逻辑中盲目地随波逐流，精神无所皈依。这是一种非常可怕的社会精神状况"；"邓小平晚年最大的遗憾是教育，这里的'教育'实则是个人信仰的迷失。教育是信仰的教育，教育仅仅是手段和途径，信仰才是教育的最终指引"；"共产主义信仰问题成了无人顾及的真空地带，资本逻辑又日益摧毁着毛泽东时代建立起来的信仰基础，三十多年过去了，信仰问题的社会效应就突然显现出来了"。

17. 学位论文刚刚看完，很受启发和鼓舞，虽然一系列论述都是我们经常讨论的话题，但经过你从专业角度的阐发以及步步为营的逻辑，还是让人时有豁然开朗、别有洞天之感，正所谓无边的黑暗也掩盖不住一支蜡烛的光辉：

中国革命的传统对于社会主义中国而言，不仅是政权合法性的历史依据，更是新中国的政治伦理和政治理想所系，它是中国共产党政党政治的精神血脉的源头。在和平时期发展无产阶级政党政治，离开革命的传统是无法想象的。在毛泽东看来，中国革命不仅仅是被无产阶级政党定义的意识形态，更重要的是中国革命承载了新中国的原始理想。这一原始理想包括保障社会公平正义、维护独立完整的国家主权和不断发展的政党政治。

70年代以前的社会主义中国大体上处在不断强化政治、突出政治的时代氛围中，在这里"突出政治"的真正含义实际上就是在生产力发展的同时，对于生产关系特别是政治领域的事态变化保持高度的警惕性。"阶级斗争"作为政治纲领并非是指人为地制造社会矛盾，而是从阶级斗争中不断激活和更新无产阶级政党政治，保持社会主义制度的纯粹与稳固。

在这个意义上，阶级斗争的真正对象是政治思想或阶级意识，而非某种政治出身或社会成分，它在本质上是作为政治思想的更新机制与政治运动互为表里，从本质上说它并不必然导致大规模暴力行为和政治迫害，后者恰恰是"去政治化"的结果。"突出政治"在这里的真正含义是不断强化无产阶级政党政治对于社会主义发展的主导性，它并不意味着对于其他社会要素的忽略或轻视，而是在社会发展的深层次意义上保持无产阶级政党政治对于社会各要素的框范和控制。

在毛泽东那里，"突出政治"是一种宏观的政治思维，它体现了独创性、前瞻性的思想品质，它是在马克思未曾预料到的——在经济文化相对落后国家中建设社会主义的——情形下深刻的自省意识和危机意识。尽管历史的实践结果表明，毛泽东对于当时中国的政治现实的判断存在严重的偏差，但这并不能证明毛泽东的忧虑就毫无道理，在这里或许存在的只是时间上的错位，而并非思想逻辑的谬误。

18. 昨晚去书店买回一批新书，包括李零的《万变》等。李零2016年当选美国艺术与科学院士，同年付梓四卷本《我们的中国》。《万变》的《说马》一文谈及游牧，颇有启发：

历史上，游牧民族与农耕民族是共生关系，就像虎狼和马牛羊是共生关系。游牧民族的生存线是一条以沙漠、绿洲、戈壁、荒山和草原串连的干旱带,从北非、阿拉伯半岛,经伊朗、阿富汗、中亚五国,到中国新疆和蒙古草原,逶迤一线,把旧大陆的北半分成东西两块,很像太极图的阴阳鱼。世界上的古老文明多半都是傍着这条线发展。草原有如大海,航海都是顺边溜,游牧也是。草原帝国的前沿总是贴近农耕定居点。这些财富集中、人口集中、天下最富庶的地区,好像天意安排,专等他们抢。他们每次发起攻击,都像弃舟登岸。

第10期《读书》有刘禾等讨论纪要,围绕刘禾的《世界秩序与文明等级》一书,核心议题是破解"文明等级论"即"西方中心论",这套东西不仅禁锢世界一两百年,而且迄今一直束缚着中国智识阶层。最后是汪晖发言,他特别说道:"尽管中国革命当中有很多问题,所以现在有一个后革命、反革命的思潮,但是如果任何人忘记20世纪对这个秩序(指帝国主义与资本主义秩序)的抵抗,从中梳理出里面的那些要素和可能性,我们可能又真的就回到19世纪的殖民主义当中去。现在这个可能性不是很小,是非常大,很多层面在再造这个秩序。"从20世纪80年代新启蒙以来,智识阶层就在不断再造这个19世纪的殖民秩序。

叶朗的《中国文化读本》(第二版),疏疏朗朗,颇有《世说》之风。如论《孙子兵法》及其辩证意识,举了"归师勿遏,围城必阙,穷寇勿迫",说明凡事应该留有余地。再如论述禅宗的一段妙论与美文:

  禅具有活的精神,禅的根本秘密,就是对活力的恢复;禅宗最高的法,就是"活法"。
  忙碌的世界并不一定就是活泼的世界,挤得满满的时间表并不代表有意义的人生。禅要恢复人生活的单纯,在单纯中感受繁复;恢复世界的原有寂静,在寂静中聆听世界的声音。
  禅要恢复的活力,是生机勃勃是世界。

19. 2015年诺贝尔文学奖得主阿列克谢耶维奇的《二手时间》,以复调写作的纪实笔触,对苏联解体前后的世道人心作了细致入微的揭示,也有益于我们认识自己的道路与命运。其中有句话令人印象深刻:"没有故乡的人,就像没有家园的夜莺一样。"书中许多苏联人对"亡党亡国"的心痛神伤,尤其令人感慨嘘唏。如:"一个强大的国家,赢得过最严酷的战争,就这样崩溃了。不是敌人用坦克和导弹干掉的,他们摧毁的是我们最强的一点,我们的精神。"
再如:

> 自由就是金钱,金钱就是自由。
> 自由的人民没有出现,却出现了这些千万富翁和十亿富翁,黑帮!
> 你们去喝自由吧!吃自由吧!
> 把这么一个超级大国都卖了!没有开过一枪……我有一点不明白,为什么就没有人问一声我们?

程巍《中产阶级的孩子们》一书论及苏联解体,也令人深思与反思:由于苏联文宣系统失去了文化领导权,人心政治一败涂地,最后他们即使说真话,也被当作谎言,而反对派即使明明在撒谎,也被当作真理。

20. 看到今天《中国青年报》"思想者"栏目(5月7日),其中突出处理的下列文字令人诧异:

> 《共产党宣言》中所说的"消灭私有制",德文原版用的是 Aufhebung(扬弃),而不是 Abschaffung(消灭)……中文译本又以俄文本为原本,以讹传讹,误译为"消灭",从而造成混乱。

如此重大的理论问题,自然不敢掉以轻心。真如《中国青年报》所言,那么一部世界现代史都得改写,也包括"中国革命与中国共产党"的历史。

于是,首先翻出手头的《马克思恩格斯文集》(人民出版社2009年),其中第2卷第45页的这段文字赫然写道:

> 共产党人可以把自己的理论概括为一句话:消灭私有制。

这部十卷本文集,是中共中央编译局主持的"马工程"重大项目,汇集国内外最权威、最前沿的研究成果,出版后获得国家图书大奖。据项目负责人之一的俞可平教授说,这部文集仅校对环节,就比一般图书多二十多道(一般图书是三校)。在"编辑说明"的第四条里,特别说明:

> 为了保证译文的准确性,课题组根据最权威、最可靠的外文版本对

全部译文重新作了审核和修订。校订所依据的外文版本主要有:《马克思恩格斯全集》历史考证版(MEGA^2)、《马克思恩格斯全集》德文版(柏林)和《马克思恩格斯文集》英文版(莫斯科、伦敦、纽约)。

21. 重庆作协名誉主席黄济人,是改革开放初的大学生,20世纪80年代曾以一部纪实之作蜚声海内外——《将军决战岂止在沙场》。作品第一次打破禁区,真切地、细致地记述了内战中被俘的国军将领,从战犯到公民的改造过程及其心路历程,曲折,丰富,生动,既揭开了一页不为人知的历史,更展现了共产党、新中国再造新人的气魄。如淮海战役全军覆没的"黄维兵团"司令官黄维,一直拒绝认罪,认为"最大的罪恶,就是把仗打败了",后来也不得不心服口服:"旧社会不讲生产,不搞建设,国民党把大量物力人力用于内战,用于巩固政权。共产党掌权以后,虽然也有内部斗争,但是头等大事是老百姓的穿衣吃饭,是发展国民经济而非发展官僚经济。由此发生的巨变我们有目共睹,我一个人也不可能睁着眼睛说瞎话呀!"2013年,经过补充修订,又有《将军决战岂止在沙场》的"完全本",将80年代版本作为"上部",而将补充内容扩展为"下部"。新书叙事也颇有独到之处,如每节结尾与下节开篇,都用一个词语或词组过渡衔接,环环相扣,钩心斗角,仿佛行云流水的旋律自然流淌。这种笔法让人想起米兰·昆德拉的小说,如《生命中不能承受之轻》。

22. 兵法影响国人可谓深广矣,无论是君子智慧,还是小人计谋,无论是经国大业,还是凡人琐事,无论《孙子兵法》,还是《三国演义》,此类影响无所不在。即以学问而论,兵法的道理也同样适用。比方说:

——兵无常势,水无常形。故治学没有一定之规,百花齐放,百家争鸣。

——你打你的,我打我的。因此,要走自己的路,莫循他人的辙;自己的路才是生路,他人的路都是绝路。

——兵贵神速,先发制人,后发制于人。当然,这是就一般情形说的,有时也有积累一生而后发制人者,但一般人难以寂寞一生而后发制人。

——伤其十指,不如断其一指,集中兵力打歼灭战。在关键点上投入全部精力,一点突破,满盘皆活,故有所谓"一本书主义",如亨廷顿的博士论文。

——出奇制胜。要有创造力,想象力,而不要循规蹈矩,亦步亦趋,如同现在美国传播研究的僵化刻板套路——国内也开始盛行。

——上将伐谋,最下攻城。王国维所论治学三境界,第一位的是昨夜西风凋碧树,独上高楼,望断天涯路。或可理解为,最好的学问在于思想即谋,而最笨的才是死打硬拼，就像美国传播研究费尽移山功夫而得出一些妇孺皆知的常识。

....

23. 自上半年读了《史记》与《毛泽东年谱》后，就忙于书稿《新中国新闻论》，没有专注读书。半年来，只是兴之所至地读了读《瞻对》(阿来)、《鸟儿歌唱——二十世纪猛回头》(李零)、《红雨：一个中国县域七个世纪的暴力史》(罗威廉)、《论中国》(基辛格)、《中国的内战》(胡素珊)、《王明年谱》(郭德宏编)、《延安缔造》(朱鸿召)、《技术赋权》(郑永年)、《人有病，天知否（修订本)》(陈徒手)、《我从新疆来》(赛买提)、《镜子》(加莱亚诺)、《东西风马牛（修订版)》(启之)、《科学外史（Ⅱ)》(江晓原)、十八军军长张国华之女张小康的《雪域长歌：西藏1949—1960》、《上庄记》(季栋梁)等。

开学两个月来，又是十里一走马，五里一扬鞭，一直不遑喘息。直到此次阴差阳错，计划外多了一个长假，才算放松一下。同时，一边批阅四十多份学生的作业，一边集中精力突击了一批积攒下的新书。其中值得一提的，有鲁迅文学奖作品《在新疆》(刘亮程)，为此又买了刘亮程的《虚土》《一个人的村庄》及其诗集等，同时重读了《呼兰河传》(萧红)。刘亮程可谓奇人，《在新疆》也是奇书，如同萧红及其作品。更令人称奇的是，刘亮程生长在新疆沙漠边缘的小村庄，却写出这样有蕴涵、有诗意、有灵性的文字，一点不次于马尔克斯的《百年孤独》等名作。刘亮程也说过，我们的作家、评论家不要只盯着卡夫卡、西方现代派、拉美魔幻主义等，将目光投向广袤的西域，投向不同民族的文学世界，就会发现同样浩瀚甚至更加浩瀚的精神天宇。他与王蒙一样，看来也受惠于边疆地区多彩多姿而源远流长的多元文化（王蒙著述等身各有千秋，但最富灵性的创作当数"在伊犁"系列)。刘亮程的《凿空》，早些年就已读过不止一遍，奇思异想，妙不可言。

格非的《雪隐鹭鸶——〈金瓶梅〉的声色与虚无》，出版后颇受关注，买了有一段时间，直到前天才打开，一打开就合不上了。早就知道，这位老友是一位有思想、有学问的作家，但看了《雪隐鹭鸶——〈金瓶梅〉的声色与虚无》，还是不由得赞叹与惊异。全书围绕《金瓶梅》及其时代，展开了一幅幅静水流深的思想画卷，既启人心智，又让人目不暇接。同时字里行间又让人联想到现代中国与现代世界，同样的经贸繁荣，同样的物欲横流，同样的礼崩乐坏，同样的惊心动魄。

昨天购得的新书中，还有茅海建的《天朝的崩溃》(修订版)、乔海燕的《随记光阴》等。《天朝的崩溃》已成当代学术名作,茅海建也已"成名成家",不亚于乃师陈旭麓。鲁迅先生说,人生得一知己足矣,一位先生平生得一个这样的高足也足矣,就像宗白华与刘小枫、谭其骧与葛剑雄、范敬宜与王慧敏等。

乔海燕是新华社名记者周原(原名乔元庆)之子。周原就是经典报道《县委书记的榜样》的草拟者,河南分社的老人。《随记光阴》写的是乔海燕在南阳"上山下乡"的故事,于是买来看看。没想到,一翻开便放不下,一口气看完。作品对知青岁月的叙述有趣生动,活灵活现,对时代命脉的把握也堪称剀切,尤其是作为"黑五类"子弟,能有这样的通达认识和冷静反思,实属难能可贵。其中写到一段乡村教师与孩子们的课堂对答,令人过目难忘:

春风杨柳多少条?
万千条!
六亿神州怎么"摇"
尽舜尧!

看来这位乡村教师还是挺懂教学法与心理学的。也无怪乎数十年后,乔海燕依然记忆犹新。

古尔登的《朝鲜战争:未曾透露的真相》两大本,读来也颇受启发。由于作者站在敌方立场,又基于大量一手的揭秘文献,读来尤其开眼界,长见识,更能体会开国领袖的雄才大略和志愿军将士的英勇卓绝。书中有个细节过目难忘:板门店停战协议签署前,美方要求中朝方面铲去签字大厅山墙上的"和平鸽",说是共产党的宣传。由此也表明一个当时习见的基本事实:和平及其话语权在社会主义阵营,而资本主义阵营却与战争脱不开干系。

24. "以出世之心,行入世之事":没有儒家的入世之事,则人生难免游手好闲,如贾宝玉;而没有老庄的出世之心,又容易汲汲于功名利禄,如贾政。

25. 诗人沈苇的《新疆词典》用111个词条,以诗人、哲人、学人的眼光对边疆、对历史人文、对人类文明作了饶有意味的阐发。如第一条按照音序,恰好也是哈萨克大诗人阿拜:

几乎每一个哈萨克人,都会唱阿拜的《无风的夜 明亮的月》(叶尔克西·胡尔曼别克译为《月光》,歌词:夜空风静挂着月亮/银光落在水面上／阿吾勒一边深山谷／小河奔流涛声唱／树叶啊沙沙入梦乡／好像对亲人诉衷肠／看不见无边黑土地／青青绿草铺地上／山中有歌声在回荡／伴着夜莺声声唱／你说过等我在山梁／我们相逢小路旁）。

为此，又把多年前买的《突厥语大词典》翻出来，读得兴味盎然！

26. 李陀的文章《"新小资"与文化领导权的转移》（2013），分析了如今文化领域已被各路小资精英所占据，文化生产的上游下游，各路咽喉要道，基本上被新小资掌控和把持。虽然国家与资本貌似财大气粗，但人们平常读什么书，看什么电影，听什么音乐等，往往取决于新小资。比如，文宣系统一直以范长江、邹韬奋、穆青等作为新闻人的样板，而众多记者以及新闻院系师生却对《看见》《痛并快乐着》、方大曾、普利策趋之若鹜。李陀指出，这个文化领导权的转移，将对中国当下与未来产生无可估量的影响。为此，清华中文系曾就这篇文章专门举行了研讨会。

27. 李伯重的《火枪与账簿——早期经济全球化时代的中国与东亚世界》用作者自己的话说，"是一本体现国际学术新潮流、面向社会大众的全球史研究著作"。李伯重与冯契之子冯象、杨晦之子杨镰、王力之子王缉思、王西彦之子王晓明、金冲及之子金以林等，均属学有所成的学二代。李伯重父亲李埏是一代史学大家，抗战期间毕业于西南联大，终生执教于云南大学。《火枪与账簿——早期经济全球化时代的中国与东亚世界》资料宏富，立论严谨，视野开阔。与彭慕兰、弗兰克等名家的学术思路一样，李伯重也致力于打破僵化、刻板、意识形态化的世界史叙事，重构一种全新的、更符合历史与逻辑的人类图景，就像《大分流》《白银资本》等。在这幅新的历史图景中，西方不再是想当然的"中心"，明清时代也不再是所谓"闭关锁国"，他的弟子、《清华大学学报》主编仲伟民以其博士论文也对此作了深入揭示。李伯重书中有不少"闲笔"，读来颇有意思：

> 小说家编造谎言以便陈述事实，史学家制造事实以便说谎。
>
> 不少专家都认为，如果没有中国、印度、伊斯兰地区的技术传入，欧洲的工业革命是否可能发生还是个问题。
>
> （一些人）宣称自己是在"玩历史"……古代一些史家为秉笔直书，送掉性命的大有人在。娱乐渗入这门学科，真可算是娱乐至死了，可死

的不是娱乐，而是史学的严肃性和真实性。

历史学家约翰·麦克尼尔（John McNeill）说：中国拥有一个世界历史上独一无二的内陆水道系统，能够将巨大的和富有生产性的空间结合为一体……这个内陆水道系统创造了一个比起世界上任何相对较大和较富裕的地区更统一的市场、政治实体和社会。

（1872）李鸿章在一份奏章中说："……此三千余年一大变局也。"这段话在后来的流传中，逐渐变成了"三千年未有之大变局"这样一句我们耳熟能详的话。

…………

从书中了解到伊斯兰的扩张分为两波，第一波是阿拉伯人，方向在阿拉伯半岛、北非、欧洲，第二波是突厥人，方向为中亚、南亚、东南亚。新疆处在第二波中，其间标志性人物、帖木儿帝国创始人、以残暴著称的"跛子帖木儿"，在棺材上留下一句豪言："只要我仍然活在人间，全人类都会发抖！"突厥人不同于"对各种宗教都持宽容态度的成吉思汗、忽必烈"，也不同于奉行一国多制的清代。因此，在这一波扩张中，若非佛教复兴，在中国的西、北、东三面筑起"佛教长城"，那么中国历史都得改写。

28. 伊格尔顿是英国文化研究学派宗师威廉斯的剑桥弟子，而威廉斯的文化唯物主义同马克思遥相呼应。所以，伊格尔顿的新作《马克思为什么是对的》也涉及传播问题及其社会主义道路，指出所有制是关键所在。比如，他借导师的名作《传播学》（1962年）谈道：

实际生产文化产品的"工厂"——包括广播电台、音乐厅、电视台网、剧院、报社等等——将被收归公有（公有制也包含多种形式），这些机构的管理层也将通过民主选举产生，选举出的管理机构中将包括普通民众和媒体或者艺术机构的代表。

这个体制最明显的好处在于，可以避免让一群权欲熏心、贪得无厌的商人政客利用他们掌握的媒体资源给我们洗脑——或者更直白点说，向我们灌输他们自私自利的观点，让我们支持他们所支持的体制。

在资本主义制度下，大多数媒体都尽可能回避那些艰巨、具有争议或是创造性的工作，因为这些会妨碍媒体盈利。相反，他们满足于各种陈词滥调，追求哗众取宠，并从不以展现赤裸裸的偏见为耻。与之相反，社会主义的媒体将对全部文艺作品开放……

伊格尔顿的书沉住气，静心读，会有更深体悟。不过，即使粗略浏览，也同样有所收获，不妨摘录一二：

> 资本主义的确造成了惊人的高失业率，但世界主要资本主义国家已经找到了极富创意的解决办法。比如在今天的美国，监狱已经"安置"了一百多万失业人口。

> 他认识到，被牢牢控制着的世间男女的观念都源自他们日常的实践，而不是哲学家或辩论协会之间的交流。如果你想要了解人们的真实想法，就得留心观察他们做了什么，而不是听他们说了什么。（孔子曰：听其言，观其行）

> 一些保守派人士也是乌托邦主义者，只不过他们的乌托邦不在未来，而在过去。（致君尧舜上，再使风俗淳）

> （马克思不愿滥用"历史"这个高贵词汇，认为迄今为止人类经历的都是"史前阶段"——也就是说一种压迫延续另一种压迫，一种剥削延续另一种剥削）我们会看到在这个阶段，大多数人的劳动成果都落入了统治精英的私囊，而劳动者自己操劳一场却两手空空；我们会看到各种形态的政府时刻都准备着用武力维持这样的局面；我们会看到这一时期的神话、文化和思想都在某些程度上为这种局面辩护……

> 我们有理由相信共产主义社会中仍将存在许多问题，大量的矛盾冲突，以及一些无法挽回的悲剧。也少不了儿童虐待狂、交通事故、难看的小说、致命的嫉妒、过高的抱负、没品位的裤子和无以慰藉的伤痛。也许公共厕所会干净一些。

> 我们也不可能建立一个人人平等的社会秩序……马克思从来没有过这样的打算。他坚决反对这种毫无个性的统一。事实上，他认为平等是一种资产阶级的价值观。他将其视为交换价值在政治领域的反映……马克思还将中产阶级的民主视为抽象的平等，认为人们作为选民和公民的平等掩盖了财富与阶级的真实差异……

真正的平等不是以同样的标准对待每个人，而是对每个人的不同需要给予同等的关注。

马克思所述的平等是为了个体之间的个性而存在的。社会主义并不是所有人都穿着同样的工作服。是消费资本主义让所有人穿着千篇一律的制服，还美其名曰将这种统一的着装称为运动装和运动鞋。

共产主义将更像是一部现代派的小说，而不是传统的现实主义文学……马克思提出的社会秩序与乔治·奥威尔笔下的《1984》相去甚远。

的确有一种充满敌意的乌托邦主义正在毒害当代社会，但它的名字不是"马克思主义"。这种为害甚大的乌托邦主义痴迷地认为，可以用一种称作自由市场的单一全球体系让全世界的不同文化和经济都拜倒在它脚下，并寄希望于通过这种方式治愈世界的疾患。

如今，马克思最忠实的信徒似乎反而是那些对马克思的历史理论不屑一顾的人们。这些人包括银行家、金融顾问、财政官员、公司管理人员等等。他们的所作所为无不证明他们坚信经济的重要性。他们全部都是自发的马克思主义者。

马克思著作中的"生产"一词包括任何能达到自我实现的活动：吹笛子，吃桃子，就柏拉图的思想与人争辩，跳苏格兰双人舞，发表演说，参与政治，或者给自己的孩子庆祝生日。

在他看来，美好的生活不是工作而是休闲。

由于知识分子不需要像砌砖工那样劳作，他们就可以认为他们自身以及他们的思想是独立于社会其他部分而存在的，而这是马克思主义者所说的"意识形态"一词涵盖的众多事物之一。

29. 金以林以1931年胡汉民被软禁到1932年蒋介石重新掌握党政军大权为题，勾连了国民党派系政治的来龙去脉，既严谨实在，又生动可读，类似《万历十五年》。读此书可以具体而微地认识国民党、蒋介石、国民政府诸多问题，尤其党国要人争名于朝，争利于市，翻手为云，覆手为雨，毫无道义与信义，除了乌烟瘴气还是乌烟瘴气，正如新中国初年毛泽东赋诗所言：长夜难明赤县天，百年魔怪舞翩跹。最后一章是新版内容，集中讨论蒋介石与政学系的问题。

这个问题民国史中时有所闻，要么是言人人殊，要么是语焉不详，正如蒋介石喜欢的庐山及其云雾，只在此山中，云深不知处。而看了金以林的条分缕析，好似拨云见日，云开雾散，感觉豁然开朗。

首先，国民党的权力是分割的，就像国共和谈期间，周恩来与一位美国教授谈到的：党务操在CC系与二陈手中，财务操在宋子文、孔祥熙手中，军事操在黄埔系手中，行政操在政学系手中。

其次，政学系源出民国初年李根源在北京创办的"政学会"，蒋介石时期的政学系要人杨永泰就是政学会的一员。杨永泰的"三分军事，七分政治"，得到蒋介石的认可，对"剿共"作用显著，故后来被蒋任命为湖北省政府主席，而他最后也是在武汉遇刺身亡，成为民国一大悬案。

再次，政学系多为文人式高官或高官式文人，亦政亦学也算名副其实，如翁文灏、王世杰、钱昌照、顾维钧、清华校长周诒春、清华教授蒋廷黻和南开教授何廉（他们是留美同学，又曾是南开同事）等等。金以林说得好："政学系吸引蒋的，是其工具层面的行政才干，而非价值层面的高山流水，双方其实缺乏共事的强固基础，相互利用，而非相互认同。"

最后，政学系的要人吴鼎昌及其《大公报》尤其值得关注。众所周知，蒋介石的成功得力于江浙财阀，而他同民族资本的联系主要在金融资本，而很少有工商资本。金以林写道：

> 中国的金融资本，主要是在第一次世界大战前后发展起来的。当时最著名的银行莫过于"北四行"和"南五行"。"北四行"的中坚是盐业银行和金城银行，核心人物就是两行总经理吴鼎昌和周作民。

总之，政学系这批教育、外交、金融的精英数十人，无论在朝在野，联系都非常密切（1932年成立的"中国太平洋国际学会"就是一例）。他们大多具有西学背景，具有行政能力和人脉关系，他们"因政见相似而同声相求，因地位相近而相互照应"（金以林）。这些问题，对理解当下中国问题也颇有镜鉴。

30. 元旦前夜，在人民大会堂聆听一场莫斯科爱乐乐团的新年音乐会，上半场为德、法、意等作曲家作品，下半场全是俄罗斯作品。其间演奏了两首中国乐曲，一是开场的《红旗颂》，一是返场的《北京喜讯到边寨》，皆共和国前三十年经典。眼下富了，而此类作品却稀少了，若能多一些元气淋漓、生气洋溢的佳作，多一些《梁山伯与祝英台》《嘎达梅林》《瑶族舞曲》，当比什么软实力都更有说服力。或曰,先秦有《诗经》《楚辞》,魏晋有古诗、《世说新语》,唐有唐诗,宋有宋词,元有散曲,明清有小说,现代有鲁、郭、茅、巴、老、曹的作品,而眼下有什么可以传世?娱乐吗?所以,文化自觉与自强当是未来精神世界的"第一要务"。

当代文化及其建设至少包括三大有机构成,一是以马克思主义为灵魂的哲学思想以及学术理论,二是以中华文明与中国革命为骨架的历史叙事,三是以熔铸古今中外一切精神遗产为血肉的艺术作品。若将注意力过多放在技术、市场、营销、做大做强等方面,则未免本末倒置。优秀的文化不是钱堆出来的,也不是抖机灵玩出来的,而是用心用命用灵魂创造出来的。

31. 说起俄罗斯的"强力集团",在音乐史上可谓独树一帜。一方面,其主要成员都是"业余"音乐家,本职不是教授,就是军官什么的。另一方面,他们的作品既具有浓郁的俄罗斯风情,又富有一种淳朴的、散发着生活气息的民间风味,就像观赏列宾的油画似的,使人往往为其深深感染。如里姆斯基·科萨科夫的《天方夜谭》,缤纷绚烂,五光十色,将东方神秘的故事演绎得淋漓尽致,那段少女哀怨幽深的主题,一听之下便难以忘怀。穆索尔斯基的《图画展览会》也是如此。我最钟爱鲍罗丁的《在中亚细亚草原上》,但见一队驼队行进在广袤的戈壁上、沙漠中,在明澈的天空映衬下,一片金灿灿,明晃晃,悠来荡去,优哉游哉,宛若一幅诗意盎然的风景画。

俄罗斯作曲家,无论是专业的柴可夫斯基、拉赫玛尼诺夫,还是业余的强力集团,都具有如此鲜明的美学风格,富有诗意,充满活力,柴可夫斯基的《第一钢琴协奏曲》、拉赫玛尼诺夫的《第二钢琴协奏曲》,更是人类音乐宝库的璀璨明珠。而诸如此类的浓郁风情在俄罗斯音乐先驱格林卡身上已经一目了然,他的歌剧《鲁斯兰与柳德米拉》序曲就是代表。这首世界名曲往往被用于欢腾热烈的场合,如大学生健美舞比赛等。如此英气逼人的作品,欧美恐怕只有德奥作曲家的作品可以媲美。

32. 《读书》发表了河南大学青年学者郭绍敏文章,论述"现代国家建设",结论一段写道:

> 就二十世纪中国的长期发展趋势来看,国家建设成为最核心的政治主题,无论是改革抑或革命均以独立富强的现代国家为目标追求。
> 清末宪政改革、辛亥革命、国民革命虽然在国家建设上取得一定成

效,但它们均没有取得最终的成功。近代中国的全面危机直到作为全能型政党的中国共产党的出现并以彻底革命的方式才得以最终克服。为了实现国家的真正统一和政治整合,这种全能型政治是十分必要的,虽然它对新中国的政治发展带来一定的负面影响。

没有前三十年奠定的政治和经济基础,没有前三十年在国家建设方面的经验和教训,后三十年的国家建设不可能顺利展开。

如何建设一个富强、民主、文明的社会主义国家,仍然需要中国人民不断探索。

曾任蒋介石高级幕僚,后来成为港台新儒家代表的徐佛观(复观),抗战时期以少将军衔派驻延安,写下一些深具洞察的工作报告。他对照中共边区与民国政府,发现国民党政权只能称得上"半吊子"组织,"半身不遂"的组织,横向不到边,纵向不到底,县以下基本上掌握在土豪劣绅手里:"党团为国家民族之大动脉,心血轮。然血液之循环,若仅及半身而止,则必成为半身不遂之人。今日现象,中央有党团,至省而实际效能已减,至县则仅有虚名,县以下更渺然无形无影;是党团之组织,乃半身不遂之组织;党团之活动,亦成为半身不遂之活动。故奸伪可以控制社会,会门可以控制社会,土劣可以控制社会,迷信团体可以控制社会,而本党团反不能以独力控制社会。"所以,他主张国民党学习中共的一元化体制,"以一元化对一元化"。

33. 红军长征期间,毛泽东有《忆秦娥·娄山关》《念奴娇·昆仑》《七律·长征》《清平乐·六盘山》《沁园春·雪》等诗词佳作。即使千钧一发,纵然命悬一线,也仍有如许作品,简直不可思议。特别是《娄山关》《昆仑》以及后来的《雪》等奇伟之作,气象高古,意境沉雄,哪怕有一首,都足以雄视千古了。如《娄山关》:

西风烈,长空雁叫霜晨月,霜晨月,马蹄声碎,喇叭声咽。
雄关漫道真如铁,而今迈步从头越,从头越,苍山如海,残阳如血。

丝毫不亚于李白的千古名作《忆秦娥》:

箫声咽,秦娥梦断秦楼月。秦楼月,年年柳色,灞陵伤别。
乐游原上清秋节,咸阳古道音尘绝。音尘绝,西风残照,汉家陵阙。

王国维《人间词话》认为，"西风残照，汉家陵阙"，"寥寥八字，关尽千古登临之口"。同样，"苍山如海，残阳如血"，也道尽革命英雄主义的豪情与革命浪漫主义的柔情。更令人称奇的是，这样一首千古绝唱，居然是在军情似火、处境险恶的情景下构思酝酿的，唯大英雄能本色，是真名士自风流啊。

34. 昨天把应星文章《"把革命带回来"：社会学新视野的拓展》又细读一遍，批批画画，一边读，一边联系新闻传播领域的问题，许多地方何其相似。如中国革命的主题很少在中国新闻传播学界得到正面呈现，根本的问题也在于过于狭隘的经验取向和对专业分工的偏执，造成诸多研究有社会而无国家、重现实而轻历史、重生态而轻心态的问题，我们至今没有超越个案与定量双峰并峙的格局，没有超越就现实问题谈现实问题的视野。再如：

> 我们今天的研究越来越规范化，却也越来越碎片化；越来越看似精巧，实则越来越小家子气。可以说，社会学目前的研究格局与我们身处的历史巨变所激发出来的思想空间是远远不相称的。

对中国革命的社会学研究，要做到理解的贴切性和深入性，就不宜直接搬用西方的理论概念，也不宜自行发明理论术语，而是要从中国共产党的基本文献和组织结构入手，将那些原本被视为意识形态的术语及规则转化为学术分析对象。

阶级斗争概念在战争年代主要表现出来的是夺取政权的政治内涵，但这往往使人忽略了阶级斗争概念所具有的更为重要的伦理内涵。夺取政权只是革命的手段，通过阶级斗争谋求社会平等，塑造社会主义"新人"和"新世界"，才是革命的真正目的。也正因为此，列奥·斯特劳斯才批评施米特那种将划分敌友界定为政治概念的做法是肯定了政治而否定了道德，并没有真正解决现代社会"非政治化"的问题，究其实，"对政治的肯定最终无非是对道德的肯定"。从西方现代性伦理来说，共产党人企图通过阶级斗争所提出的平等问题与自由主义关切的自由问题构成了张力。从中国近代社会来说，从太平天国运动到科举制废除等一系列重大历史事变带来了社会夷平的局面（孔飞力，1990），传统中国的德治秩序和双轨政治格局被破坏，需要重新建立一个新的伦理秩序。中共早期领导人在接受马克思主义时就已经赋予了自己通过阶级斗争再造"新德治"（应星，2009）秩序的使命，只是这一使命后来被紧张的政治、军事斗争所遮蔽，直到延安整风时才开始展露出来，并在1949年后得以全面铺开。

35. 卜宪群总撰稿的《中国通史》很好看，以时间为经，以专题为纬，辅以有情趣、有文采的叙事，读来既生动有趣，又颇受启发。历史教训斑斑在目，可惜正如黑格尔所言，人们从历史上得到的唯一教训就是从不吸取教训。看着卜宪群讲述的历史一再无奈重演，唯有慨叹"秦人不暇自哀，而后人哀之；后人哀之而不鉴之，亦使后人而复哀后人也"。

36. 向之所欣，俯仰之间，已为陈迹，犹不能不以之兴怀。赵越胜的《燃灯者》也将作者的局限暴露无遗，当年"光环"时过境迁已为"陈迹"，犹如东晋名僧支道林叹息友人"与君别多年，君义言了不长进"。由此也时常反省并提醒自己，如孔夫子谆谆告诫的：毋意，毋必，毋固，毋我。（李零解释：不臆测，不武断，不固执，不主观）

不过，赵越胜对周辅成先生的重情重义，还是非常难得的，在人情浇薄的当今之世，在精致利己泛滥之时，显得尤为可贵。同样，赵越胜由于聚餐晚到，对当年的工人师傅下跪，更是令人钦佩感动。遗憾的是，由于时代局限（每人都难免这样的局限），包括知识结构的制约，作者未能超越20世纪80年代新启蒙。就《燃灯者》而言，除了辅成先生令人钦佩，其他如刘宾雁就不敢恭维了。赵越胜记述了周先生书房门上，挂着先生手书的文丞相狱中的诗作："孔曰成仁，孟曰取义……"先生在旁注道：为国尽忠，乃义之尽也；为民族尽孝，乃仁之至也。这才是辅成先生那一代爱国知识分子的精神内核。

20世纪80年代知识精英的局限性，主要在于理论与历史。就理论而言，深陷邓实所谓"尊西人若帝天，视西籍如神圣"的小胡同，日入日深，走不出来，就剩一点可怜苍白的"人性论"。就历史而言，更是深陷新启蒙的形而上学，只知其一而不知其二，只见表象而未得本相等。

无论如何，新中国经历一个甲子的风雨兼程，如今站在乱云飞渡的全球背景下，我们更能深切体味"周虽旧邦，其命维新"的意蕴。赵去国二十年，对此已然隔膜，只能沉溺于潦倒新停浊酒杯。

37. 纪录片导演左力的长征报告，读来心潮澎湃，其中一个故事更让人心痛：

我在若尔盖草原班佑村见过一座红军雕塑，我知道这个雕塑背后的故事，因为1995年我在王平将军家里听他讲起过这个故事。老爷子回忆说，当时大部队已经过了草地，突然彭德怀来找他，说还有一个营的部队没有到，让他回去找。王平带着警卫员走到班佑河边时，正是黄昏，玫瑰色的夕阳挂在天边，他远远看见几百个红军小战士背靠着背在睡觉，他当时勃然大怒，走过去就推那些小战士，谁知推一个倒一个，700多个红军小战士再也经不起体力透支、饥寒交迫，在睡梦中全部死去了。王平将军讲到这里时老泪纵横，他说："你知道那天有多安静吗？鸟都不飞，鸟都不叫。我把他们一个个放平，他们还都是一群孩子呀！"

故事的画面如此安静又如此惊天地泣鬼神！由此想起陶铸、曾志的女儿陶斯亮讲的一件事。有一次，陶斯亮问曾志，当年红军战士怎么刮胡子？曾志回答，傻孩子，红军战士都是一二十岁的年轻人，哪有胡子啊。当年"少共国际师"更年轻，不少战士才十四五岁、十六七岁，师政委、开国上将萧华十八岁。同为开国上将、曾任志愿军司令员的杨勇，听到毛委员一番话后，跟着上井冈山时才十四岁，他的表弟、与他一起走的胡耀邦十二岁。一条鲜血浸染的革命路上，倒下了多少年轻鲜活的生命。然而，左力报告中提到，竟有大学生说什么红军是流寇云云！如果说流寇，华盛顿领导的大陆军当年也被英国视为"暴徒"，而美国人民对自己的革命历史念念不忘，连首都都以国父华盛顿命名。

38.《读书》发表段志强的《三千弱水入流沙》，讲述了古往今来河西走廊的历史沿革，融会贯通，纵横捭阖，串起一系列新疆之行的所见所闻、所思所想，包括《走马河西》一文的黑河、居延海、霍去病、大漠孤烟直等。原来弱水三千，就是源出祁连山、北入居延海的黑河啊。

文章起句就显得不凡：祁连山由西北而东南，将青藏高原与河西走廊截然分开。接着说到，广义的祁连山是条狭长的谷地草原，历史上，羌、氐、匈奴、吐谷浑、吐蕃、蒙古都曾在此游牧，形成多民族杂居的格局。《禹贡》河名中，最西的一条叫弱水，即弱水三千，取一瓢饮的弱水。今天这条河有许多名字，甘州河、张掖河、黑河等，经张掖折向酒泉即称为弱水。弱水进入内蒙古的戈壁与沙漠，成为额济纳河。文章说，黑河各段名字远为错综复杂，"一种东西的名字多且混乱，说明它的历史一定丰富多彩，而弱水所流经的地区，又长期处于中原王朝与周边族群的争夺和汇融地带，更显其承载历史信息之深广"。段志强沿着黑河从头走到尾，意识到地理不仅是历史的舞台，有时候干脆就是推动剧情的主角，是戏剧的焦点。

祁连山的雪水季节性下泄，冲积出几个绿洲平原，构成河西走廊的精华。

在这里,无论是畜牧加骑射,还是农耕加屯田,人们都得因水而活,而对水的依赖程度与利用方式,则因农耕与畜牧而大相径庭。汉武帝拓边以来,河西一直处于农耕与游牧的混杂与拉锯状态,直到明代才奠定农业为主的局面。畜牧依赖草原的天然水系,而大片屯垦的农田则非兴修水利不可,渠成水到,五谷丰登。民国年间号称"全国第一水利工程"的鸳鸯池水库就在金塔绿洲,由中央大学水利系主任原素欣教授主持修建,是在经营西北的口号下于1943年动工,也是近代国家意志深入西北的见证。

雪山融水虽然甘美,但一来总量有限,二来季节性强,于是,水资源的分配遂成河西社会的首要问题。"围绕着引水、用水,河西地区形成了错综复杂的水权分配与管理方式",其中主要矛盾有三:一是不同河段之间的用水矛盾,尤其是下游与中游;二是军屯与民田、移民与土著的用水矛盾;三是农业与牧业的用水矛盾。

> 显而易见,这三种矛盾无一例外,都超出了地方社会或小共同体所能应对的范围,而上升为带有国家甚至帝国性质的问题。如果说长城、亭障、关塞的建设是卫护帝国边界的国防工程,那么通过水利管理整合起河西社会,并集聚其资源用于军事用途的过程则是塑造边疆的社会工程。

何谓社会工程,接下来就解释道:

> 国家正是通过对水的管理与分配,将军田与民田、农区与牧区、不同行政区划的人群与资源统统纳入掌控之中,这样,当边墙之外的马上民族麾师叩关的时候,会发现他们面对的是一个高度组织化的军事国家,而造成这种现实的不仅是锁链一样的边防体系、措天下于指掌间的文书和邮传系统,也包括大体稳固且由国家强力控制的农牧生产区,持续供给着粮秣与兵源。

黑河的经验表明,只有强大的政治权威,才能照顾并压制各方诉求,达到相对平衡。这也是大一统、多民族的中国数千年的历史传统,即毛主席所论十大关系之中央与地方、内地与边疆、汉族与少数民族等。当年,霍去病引兵打通河西走廊,切断匈奴与羌人的联系,继之以边疆建设,短时间就形成南北狭长的居延县。居延县的属地除黑河末端的居延绿洲外,都分布在黑河的东西两岸。从蒙古高原到河西走廊，黑河是唯一的通道，而离开了水，任何军队只能迷失在戈壁与沙漠中。汉朝守此一水，就控制了匈奴南下而牧马的必由之路。王维诗曰：单车欲问边，属国过居延。大漠孤烟直，长河落日圆。当时，他任凉州河西节度使的判官，更写下兴高采烈的《出塞作》：居延城外猎天骄，白草连天野火烧。暮云空碛时驱马，秋日平原好射雕⋯⋯

两千年来，大量湖泊干涸，绿洲荒废，只有星星点点的古城和烽燧遗址还矗立在居延的戈壁沙漠中，最有名的是黑水城。黑水城位于居延古绿洲南端，成吉思汗与西夏曾经在此鏖战，城破后成为元朝亦集乃路的治所，"亦集乃"就是党项语的"黑水"之意，后来写成额济纳即今名。围绕弱水三千，"牧区与农区之间、中央国家与周边部族之间、不同人群之间、政府与民众之间、军屯与民屯之间产生了复杂的斗争，控制与合作的关系，不仅体现曾经的华夏边缘的塑造过程，更渗透着不同生态的人类集群的生活史"。而这正是全文的要旨。

39. 看了汪晖的《纪念碑》一文，寄慨良深，意味深长，如将人民英雄纪念碑与奥斯威辛纪念碑相比较，同样是反抗暴行的象征："奥斯威辛与人民英雄纪念碑所指涉的历史不同，却未必对立，它们都是对于帝国主义时代的暴力和压迫的拒绝，前者通过对受难者的祭奠控诉纳粹的暴行，而后者则寄寓了对于1840年以来一切内外压迫形式的反抗理念，凝聚着对那些为中华民族解放而献身的英雄们的纪念。"值得留意的是，纳粹集中营里"集中"的，除了犹太人，还有吉卜赛人、共产党人、残疾人、同性恋等，而如今似乎只记得犹太人。

40. 《我们的中国》第一部第一篇文章题为《两次大一统》，一次周，一次秦。李零说得多么深刻，多么形象，秦始皇的大一统不同于西周的大一统，"不是靠热乎乎的血缘纽带和亲戚关系，而是靠冷冰冰的法律制度和统一标准⋯⋯中国的大一统是靠这两股力，热一下，冷一下，共同锻造，好像打刀剑要淬火一样"。

在他看来，秦始皇犹如中国的亚历山大，但从未得到亚历山大在欧洲的那般殊荣，因为秦朝短命，汉朝诋毁，他一直背黑锅："历史都是由征服者撰写，由胜利者撰写。周人不可能说商人的好话（酒池肉林商纣王），汉人也不可能说秦人的好话。几千年来，儒家掌握话语权，两个大一统，周好秦坏，这个调子，是汉代定下来的。"

李零书中的注释提到一点，原来1929年，南京政府还通过了一项《禁止污蔑太平天国案》，孙中山和蒋介石都认同太平天国。《师门五年记》里的胡适，也对太平天国持一种理性态度，认为后世污蔑诋毁之辞，源于胜利者清政府的书写。

李零还提到一点"中国是个开放的国家"，"近代，中国挨打，据说因为不开放，妨碍了西方来中国做买卖和传教的自由。西方一直这么讲，不足怪也。奇怪的是，中国人自个儿也给自个儿扣屎盆子，说明清两代，咱们闭关锁国，自绝于世界之林。冷战时期更不必说，人家从外面上把锁，说你干吗把自个儿反锁在里面，我们也点头称是，深刻反省，恨不得自个儿抽自个儿"。李零最后一语中的，一剑封喉："开放不等于开门揖盗。"

这篇大一统文章，既是举重若轻的学问，也是立意明确的立场。他说"西方汉学家，最最讨厌，就是讨厌'大一统'。这是最有特色的讨厌。他们要解构'永恒中国'，一要破其长，二要破其大"。李零对此也很讨厌，"中国太大，历史太长，你不喜欢，可以，但不能说，它不该这么大，不该这么长，非把它切碎了不行"。

41. 李零讲秦皇汉武大一统，说秦始皇"累"，汉武帝"鬼"（机灵）。他说，秦始皇心里有三个大一统：制度大一统、学术大一统、宗教大一统。制度大一统成功了，学术大一统失败了，宗教大一统完成了一半。秦朝立国，三个大一统还很脆弱，秦始皇不放心，每隔两三年就出去转悠一圈"巡狩封禅"，像老虎巡视山林，最后死在沙丘。于是，想到他，就会想到一个词——累。第二个大一统，涉及焚书坑儒，数千年骂名不断，而李零的看法是：

"焚书坑儒"，是汉代的骂人话。其实，"焚书""坑儒"是两码事。"焚书"是禁民间私藏六艺诸子之书，这是针对"文学士"，事在秦始皇三十三年（前214年）。"坑儒"指活埋了460多个"诸生"，则是针对"方术士"，事在秦始皇三十五年（前212年）。"焚书"并不都是儒籍，还包括其他诸子之书。"诸生"也不是儒生，反而是替他求仙访药的燕齐方士。这些方士，阿上所好，骗取了大笔经费，最后什么也没找到，无法结项。他们不但把钱卷走，溜之大吉，还骂领导专用狱吏冷落文学博士，也不重用他们这批专家，什么都是他一人说了算，根本不配给他寻仙访药。秦始皇派御史查办他们的贪污案，他们互相揭发，咬出460多人，真正活埋，其实是这批人。现在，大家很能联想，说秦始皇从骨子里就仇视知识分子，所以迫害知识分子，根本不对。其实，知识分子，他何尝不喜欢。秦并天下，山东的读书人，儒生也好，方士也好，都往陕西跑，利之所在，禄之所在，趋之若鹜。他把山东的读书人请到咸阳宫，让他们共襄盛举兴太平，非常礼遇，和汉武帝并无不同。问题是，他从六国之乱刚刚走出，最怕乱。当时人都认为，"百家争鸣"是天下大乱之一象，不像现在的学术史，以为"中国学术的黄金时代"或什么"知识分子的春天"。当时，光是知识分子争宠就很难办。周青臣和淳于越打起来，谁容得下谁？这种局面，秦始皇也不知该怎么办，让李斯处理。李斯原本是读书人，因而也最会收拾读书人。他的想法很简单，天下初定，统一思想最重要，与其让他们乱说乱动，不如让他们不说不动。冲突乃是始料不及。

看看像不像现代某些情景，光是知识分子争宠就很难办，让知识分子处理知识分子问题，局面更乱，因为他们有时比普通人更狭隘、更偏执、更自以为是。

42. 李零的《大地文章》有一篇《说中国山水》：

> 南方的山很美，好像美女，脸蛋和身段都不错，比北方柔美。我是北方人，过去我老觉得，北方的山有啥好看，满脸大褶子，好像罗中立画的《父亲》，而且干巴巴、光秃秃，好像裸奔的莽汉。
> 这种想法，同样很肤浅。
> 有一天，有个西方汉学家跟我说，北京去承德，一路的风景真美，美得都让他喘不过气来。这让我吃了一惊。因为我对自己身边的山已经麻木不仁。
> 我对北方的山刮目相看，是因为历史，是因为考古，是因为穿越时空，有了一点大地理的感觉。跑路多了，我才明白，这些山水，太有历史沧桑感。大山深处，有讲不完的故事。
> 于是我说，美不仅在于漂亮。

他还说，过去我嫉妒过美国的大好河山，也嫉妒过日本的小好河山，觉得自家山水不怎么美。现在才明白，中国的山，中国的水，其实很美。北方的山，北方的河，也自有其雄浑壮丽。雄壮也是一种美。北京大学历史地理中心的唐晓渡教授，在美国九年，走遍美国大好河山，他对李零说："看了太行山的大峡谷，美国的大峡谷还用看吗？"

43. 中国文化论坛一直秉持文化自觉的理念，不骄不躁开展了一系列建设性工作,尤其一年一度的年会及其成果都触及思想文化领域的要害问题。每次年会围绕一个主题,形成一本论文集,也包含年会中最有价值的现场讨论内容。2009年的成果《中国人文社会科学三十年》,由朱苏力和陈春声主编,是对改革开放三十年的总结和反思。这一代学人在许多学科都涌现一批方家,他们的成果与水平、贡献与地位同前辈相比并不逊色,"三联·哈佛燕京学术丛书"等著述均为典范。只不过前辈大家经过"累层"式宣扬如同"神话",而当世大家尚待时光淘洗。当然,这一代也不乏平庸之辈,如同《儒林外史》《围城》。陈春声认为,一些"77""78"的所谓"大牌学者"已经沦为学术发展的绊脚石:

> 他们位高权重,掌握了过多的学术资源,却未能产生相应品质的学术产品;他们建构了似乎无远弗届的学术网络,而所作所为却往往难掩人际关系庸俗的一面;他们指导着许多硕士生、博士生,而却日益墨守成规,对新的学术进展和思想发明缺乏兴趣和敏感;更可怕的是,他们中的不少人继承了某些上辈学人的文化基因,开始带着酸溜溜的偏见,看不惯、看不起下一代学人。

王晓明主编的《电视剧与当代文化》,同为当年中国文化论坛的精华。作为学二代,王晓明是左翼大家王西彦的哲嗣。看《电视剧与当代文化》,让人没想到许多学界中人对电视剧感兴趣,包括汪晖、王绍光、甘阳等。

汪晖:

最感兴趣的是"碎片",有时候碎片很重要。讲《钢铁年代》,就要讲50年代,讲《人间正道是沧桑》,就要讲1927年"清党"的残酷性,处理两党政治在那个时候的尖锐分歧和冲突。这些都是被精英的历史叙述、中国现代史研究所抹杀的历史。所以,大众文化所显示出的部分碎片,其尖锐性远胜于中国现代史的学术研究的主流。

甘阳:

电视剧看得很多,尤其从1999年到2009年,从美国回来,发现文学作品没法看,电影没法看,电影不知道在说什么,比如《满城尽带黄金甲》,而电视剧给了我一个活生生的、我所熟悉的中国和中国人的生活。这些年,有些电视剧故意装深沉,就装出很多事情来,比如《甄嬛传》,没有任何伦理,就是完全的阴谋，人与人之间没有任何一点正面的东西。《悬崖》结尾，说没有人受得住严刑拷打。我妈妈说："怎么没有啊？那么多的革命烈士，当时都是英勇就义的，怎么没有啊？"

王绍光：

我每天花两小时看电视，我相信中国看电视的人越来越多，所以每年才会播出一万五千集电视剧，迄今为止中国已经播出22万部电视剧。

王晓明：

我们这些"门外汉"，为什么要专门讨论"电视剧热"？各人有各人的理由，我的主要是两个。第一，想从这个角度去了解社会。第二，想从这个角度去探究良性文化的生机。从《激情燃烧的岁月》到《继父》，革命军人和硬汉工人竟然成了越来越多电视观众注目的对象，这个现象该怎么理解？七十年代末期以来，深受"文革"式惨痛经验困扰的人民大众，一直紧跟知识精英，越来越明显地疏远这一类形象，为什么今天改变态度了。这些电视剧的热播，是二十年来第一个大规模的征兆，显示了公众对于越来越资本主义的现实的强烈不满，和对于别样未来的模糊要求。有一点可以肯定，电视剧是今日中国社会影响最大的"文艺"活动，每个关心中国文化和社会走向的人都该注意它。

44. 就左右的现代政治意味而言，说到底也是这样的问题：人类应该更向着少部分出类拔萃之辈，还是大多数平淡无奇之辈？就像言论自由，我们是应该尊重大多数人的看法，还是应该听从一小部分人的高见？一般善的伦理包括释迦牟尼、穆罕默德、耶稣基督、孔子、老子，更不用说马克思、毛泽东，都是站在绝大多数人一边，即现代政治的左翼。与之相对，精英阶层，更不用说法西斯、特朗普，显然都站在右翼，左派被污名化正反映当下全球精英的强势。佩里·安德森以两句东亚箴言概括左翼精神："一句是日本德川幕府时期武士的信条：锄强扶弱。另一句则取自《道德经》：绝仁弃义，民利百倍。老子的话针对的是当时儒家虚伪的仁义道德的信条。可当今世界上，类似的说教难道少吗？而诉诸武力的原则并没有改变。因此，这话仍然有效。"艾尔牧师布道也说："耶稣基督与财阀政治势不两立，基督要求我们重新恢复上帝的福利国度，这个正义的国度不是建筑在一个国族的基础上，它必须建筑在国际的基础上。基督严禁积累私有财产……即使在这个时代，人们都会尝到基督预言的天国的滋味，那就是社会主义的理想。"

45. 李零《我们的中国》第四部最后一篇，是《革命笔记——从中国地理看中国革命》，如此主题与安排耐人寻味，让人想起韩少功的《革命后记》，最终还是落在共产党、新中国、毛泽东等历史的"大江大海"：

> 美国立国靠两场战争……前者谋民族独立，后者谋国家统一……独立和统一，对绝大多数国家，是革命的首要问题，特别是四分五裂被人奴役的国家。
>
> 现在，俄国已"告别革命"，中国已"告别革命"，但美国和北约一刻不消停，正起劲地搞"颜色革命"。
>
> 武王克商、周公东征是中国的第一次大一统。秦灭六国和东西周是中国的第二次大一统，还是从陕西征服中国。历史上的统一，成事者皆以西北伐东南，只有项羽的反秦复楚和朱元璋的反蒙复汉是例外。
>
> 南京是六朝古都，在南方，位置突前，守着长江天堑，对江浙很重要，对东南沿海很重要，从孙权起就是南方最重要的古都。朱元璋之后，洪秀全、孙中山、蒋介石都曾把首都定在南京，但没有一位真正统一过北方。
>
> 共产党取天下，大体上是从西到东，从北到南。司马迁说"夫作事者必于东南，收功实者常于西北"（《史记·六国表》）。辛亥之后，山河破碎，中国的再统一，竟然还是从北方统一南方，再次应了司马迁的话。
> ……

李零特别强调的一点，就是中国是多民族国家，中国的版图一半是汉人奠基的，一半是少数民族打下的，中国的历史一半是汉人书写的，一半是少数民族书写的。这个简单而重要的事实，常常被人忽略。比如，一般不曾留意人民币的背后是用五种文字，即汉文、壮文、蒙古文、维吾尔文、藏文书写的"中国人民银行"。没有西北与东南的地理维度，没有汉族与少数民族的关系维度，就不可能真正了解中国、切实把握中国。

46. 强世功的《中国香港：政治与文化的视野》谈及19世纪大英帝国政治家用印度女王的方式，一举三得地化解了君主体制的危机时，对比中国的情况写道：

> 相比之下，我们早期的资产阶级要么忙于废帝制，根本没有意识到由此导致的政治正当性的流失，以及进一步引发的内战；要么忙于镇压工人运动，甘心依附于西方资产阶级，陷中国于半殖民地状态之中。而今天的新兴阶层依然"勇于私斗，怯于公战"，对爱国主义和民族主义心怀恐惧，忙于对外与国际接轨，对内剥削压榨同胞大众，而不知道如何把民众引导并团结在自己的周围。其原因一方面如同当年毛泽东批评中国资产阶级由于天生的软弱性和对帝国主义的依附性，无力承担起民族独立解放的政治领导权；另一方面正如韦伯批评当年德国新兴资产阶级沦为庸俗的市侩主义，政治上鼠目寸光，缺乏政治远见和政治智慧，不明白政治是围绕民族生存展开的永恒斗争，更不明白政治支配权的最高境界是"不战而屈人之兵"的文化领导权。

47. 某期《文化纵横》的"封面选题"，是四篇一组的中国外交新时代。头题文章作者华东师范大学杨成，用的几个比喻颇有意思：毛泽东时代的外交是"围棋思维"，纵横捭阖，富有大局观；邓小平时代是"桥牌思维"，精打细算，一个都不能少，也很好维护了国家利益；与此相应有"麻将思维"，盯着上家，看着下家，防着对家，反正不管自己和不和，重点是不让别人和。

48. 李小江的《对话汪晖：管窥大陆学术风向与镜像（1990—2011）》通过"对话"，既回应了汪晖提出的一系列重大的、影响广泛的思想命题，又透视了20世纪90年代以来的思想学术及其社会历史动因，力求将二十多年来弥漫学界的"理念中国"思维路径，还原到"大地中国"的历史地缘环境中。说白了，拒绝食洋不化的思辨，回归中国人生息繁衍的常情常理，如同黄仁宇晚年悟出的道理：天下的大道理都可以用常情常理来度量。

一方水土养一方人，李小江从这一简单的生活现象，引出的一系列社会政治制度的宏大话题，无不与中国的自然山川、地缘历史息息相关，同时又不是简单的环境决定论如魏特夫等东方专制主义的思路。她很认同李零的见识："研究中国，脚踏实地，有地理感，非常重要。"

49.《中华读书报》刊发了陶东风的整版文章，题为《戏中人看戏——从杨绛〈干校六记〉说到中国革命的文学书写》。文章别开生面，最后一段结论性文字，尤其值得深思：

> 中国20世纪是一个革命（主要是社会主义革命）的世纪，而革命的最大遗产就是新中国的建立，包括新中国的制度建构、社会实践和关于它的理论表述。这是中国对世界独特"贡献"……我们可以扪心自问：什么是特属中国、其他任何国家不可替代的东西？大约也就是中国的社会主义革命和实践……因此，不管是中国的人文社会科学研究，还是中国的文学艺术创作，都必须研究/书写这段历史、认识并反思这段历史，才有可能对世界社会科学人文科学、对世界文坛做出创造性的贡献。……
>
> 但不得不承认，相比于20世纪中国社会主义革命和实践的波澜壮阔、举世无双，20世纪和21世纪的中国文学相形见绌。其中的一个重要原因，就是中国20世纪的革命史，特别是解放后的社会主义实践史的书写和研究，还存在很多不足。很多作家回避这段历史，穿越到遥远的古代或虚拟世界去寻找灵感；或者就是热衷于对当下中国消费主义的浅表化书写，而唯独避开既非遥远得虚幻、又非贴近得媚俗的共和国30年的历史。我坚信：如何理解和书写这段历史，无论是对一个作家个人，还是对整体的中国文学而言，都至关重要。回避这段历史书写，当代中国文学决不可能成就自己的伟大。

同样，如何理解和书写这段新闻史，无论是对一个新闻人，还是对整体的中国新闻业而言，也都至关重要。回避这段新闻史书写，当代中国新闻学绝不可能成就自己的伟大。

50. 钱锺书年轻时在上海遇到胡适，当时一个红得发紫，一个才刚刚崭露头角。胡适谈起自己的一首诗作，自视甚高地说，你拿宣纸来，我可以给你写下来。这在学术追星族看来，该是多大的宠幸。而钱锺书根本不屑于胡适的书写，心想："这胡适很坦率，他就没想想，也许有人并不想求他的墨宝呢。"

对各路权威应该"敬而远之"，你打你的，我打我的，打得赢就打，打不赢就走，尊重有加，但不盲从，不迷信，太阳底下没有新鲜事，一切皆有可能。而唯一不变的还是善良的天性、正义的良知，还有对天地万物、山川河流的永恒敬畏，对亲人恋人、父老乡亲的无限忠诚。

51. 甘惜分仙逝，表达一点哀悼之意，自属人之常情，但写文章纪念非有

"燕许大手笔"不可。甘老的一生在新闻学界教育界都是大手笔、大文章，一般的窸窸窣窣还不如不说。2011年范敬宜塑像揭幕仪式上，我有个简短发言，用了这样的句子：如光，如电，如地火奔突。甘老的革命一生，也同样如光，如电，如地火奔突！提到甘老，也该如同其同乡"革命军中马前卒"，所谓关西大汉，操铜琵琶、铁绰板，高歌大江东去，而不是柳永词中的花间女郎，执手相看泪眼，竟无语凝噎。甘老身上集中体现着一代革命志士的风华，凝聚着一个英雄时代的精神，长风几万里，吹度玉门关。从邓拓到穆青，从范长江到甘惜分，一代革命新闻人首先是战士，然后才是记者、学者、文人。而"去政治化"的侏儒，哪里懂得壮士一去不复返的英雄情怀，包括甘老为创立中国社会主义新闻学体系作出的卓越贡献，如政治家办报、党性人民性、实事求是、调查研究、为人民服务、中国老百姓所喜闻乐见的中国气派中国作风等，一整套迥异于资产阶级新闻学的话语。《光明日报》上的一篇报道以一句引语作为标题——"我唯一的标准是学术标准"。甘老在天有灵，对此不知作何感想，好像他英雄一世、革命一生仅仅为了苍白贫血的所谓"学术"。毛泽东研究专家萧延中在中国人民大学课堂上的一句话，也同样适用于此：小看毛泽东的人，不是他小，而是你小。

52. 迟子建是我非常尊敬的作家，真诚，纯净，恬淡，如大山之子，自然之子。在"浮云柳絮无根蒂，天地阔远随飞扬"的时代，在"贪婪之气、虚荣之气和浮躁之气"（迟子建语）弥漫的社会，这样一种生命状态、精神状态尤其显得珍稀可贵。她说，自己非常喜欢贝多芬的《田园交响曲》，"百听不厌"，我也深有同感，每当心灵麻木、呼吸不畅时，听听"田园"，整个身心顿时载欣载奔，"云青青兮欲雨，水澹澹兮生烟"。她的作品何尝不是《诗经》、《楚辞》、《古诗十九首》、唐诗宋词的千古感喟——青青子衿，悠悠我心；人生天地间，忽如远行客；人生代代无穷已，江月年年只相似……

53. 什么是诗？诗自然属于艺术，或者精神世界，同现实世界相对而言。现实世界自古及今一直难脱丛林法则，所谓文明不过是另一种野蛮，即使现代社会又好到哪里去呢，追名逐利，刀光剑影，一年三百六十日，风霜刀剑严相逼。为此，人就需要诗、艺术、精神世界，由此提供一种超越性的境界，从而为世界一步步摆脱丛林法则，展现一种向往、一种方向、一种向度。如此说来，什么是诗以及艺术、精神世界等问题，也就可以归结为一种超越性的境界。相对于现实世界的假恶丑，这个境界的方向与向度自然是真善美。拿诗来说，古今中外的传世之作首先无不真诚、真切地表露美好的心声,言为心声,莫过于斯。从青青子衿到对酒当歌,从诚既勇兮又以武到风萧萧兮易水寒,从万里赴戎机的花木兰到生当作人杰的李清照,从聂鲁达到双桅船,无论咏叹什么样的情怀,无不让人强烈感受到一种真诚。其次,诗、艺术、精神世界都致力于人世人心的善,特别是大诗人、大艺术家更是如此,乐圣的《海利根施塔特遗书》读来令人无不动容。最后,对诗、艺术、精神世界来说,美更是不可或缺,而诗的美首先就直接体现在节奏、韵律等,这一点同音乐相通,古往今来,诗与乐往往相亲相近。《诗经》、《楚辞》、乐府、宋词、元曲以及民歌民谣,甚至流行音乐,既是诗,又是歌。就此而言,离开节奏、韵律等,诗也就不成其为诗了。所谓"现代诗",恐怕正步入这样的死胡同,剩下散兵游勇的几员时髦诗人自娱自乐,加上几个诗歌理论家自说自话,而理论家的学术黑话有多么佶屈聱牙,所谓现代诗读起来就有多么荒腔走板。至少20世纪90年代以来,留在普通人印象里的诗人与诗作,仿佛就剩下海子及其"面朝大海,春暖花开"了。

54. 池田大作与汤因比的"对话录",20世纪80年代影响广泛,当年的印象里只觉落英缤纷,思想的阀门犹如珠箔银屏迤逦开。而今天收到一份材料,是汤因比的孙女写的回忆文章,读了真是大开眼界,也大跌眼镜,原来池田大作还有如此不堪的行径。由此想到,当代的思想宣传、传播媒体以及当代意识形态,对人的思想操控是何等恐怖,而又让人觉得春风化雨,心悦诚服。80年代的中国,还是相对理想主义的,而如今资本、市场、种种私利早已水银泻地,无孔不入,"意识形态操纵"就更是令人警醒,纪录片《穹顶》就是最近一例……

55. 王蒙的《王蒙:不成样子的怀念》(人民文学出版社2005年)总体不错,胡乔木、丁玲、周扬等不用说了,几年前读他写胡乔木的文章,就对其中"贵族马克思主义"与"流氓马克思主义"印象深刻。特别欣赏《张光年:形象与境界长存》一文,这才叫"境界":

《黄河大合唱》歌词的这位作者,生时如黄河奔流,波涛汹涌,九曲连环;死时如雪山崩颓,烟飘云散,一了百了。好一个诗人光未然,好一个革命者……

写张洁的这篇则让人看到另一种"境界",写尽男男女女的"怨妇""怨夫"

心态：

> 任何一个人的成就里都包含着众人的关心与爱护，都有天时地利人和的帮忙；所以还是心存感激之心为好。哪怕是比上不足比下有余的老思想，也比老那么怨毒好。小姐心胸，娘子军命，心比天高，身在泥地，掉到了自产自销自怨的怪圈里，越挣扎越陷得深，越挣扎越是把一切曾经美好的东西化成渣滓污水；这确实是写出了一种悲喜剧、一种性格、一种典型、一种大时代的小女人的内心……

56.《文化纵横》的朱永嘉一文谈海昏侯，关涉当下社会政治大问题，包括吃苦受难下基层："青少年时期到社会底层去历练一番，对一个人的成长还是有益的，没有这样的历练垫底的话，成不了大气候……实践出真知，当年上山下乡还是一件好事，对我们的干部子弟起到了锻炼作用，如今的领导成员没有当初一番磨炼，哪有今天的大事业，所以我不喜欢伤痕文学的道理就在于此。"

57. 王鼎钧举重若轻提及五种"反共"类型耐人寻味：有仇的、有病的、有野心的、有理想的、莫名其妙的。也许，有仇有病有野心有理想原本就莫名其妙搅在一起。恰在这里，最能看出一个人的格局大小与境界高低。甘阳文章中提到的两个人，一是托克维尔，一是"法国自由主义史学重镇基佐"，家世远比"两头真"凄惨，但他们对法国大革命的识见则远在其上：

> 托克维尔对法国大革命的检讨绝然不同于柏克（Edmund Burke）对法国革命的全盘否定，如托克维尔后来在评价柏克时所指出，柏克对大革命的分析虽然在许多局部问题上不乏洞见，但柏克所描绘的全景却是"一幅全盘错误的图象"（a false picture altogether），因为"大革命的一般品性、大革命的普遍含义，以及大革命的预兆，从而大革命的起点，完全都在柏克的视野之外"，其根本原因就在于"柏克生活并拘囿于尚处在旧世界之中的英国，因此不能把握法国大革命的全新之处和普遍意义"。
> 中国知识界的保守主义基本上是一种柏克式的立场。中国知识界今天对法国革命和英国革命等问题的看法也仍然拘囿于柏克的视野内，并且是从这种被托克维尔称为"尚处在旧世界之中"的狭隘视野出发而进一步引申出对自由主义与民主等更基本问题的片面看法。尤为重要的是，

托克维尔突出地强调了所谓"民主"远非只是一个政治范畴，而同时甚至首先是社会、文化、习俗、家庭、婚姻，以至知性活动方式、感性生活方式及基本心态结构等人类生活一切方面的普遍性范畴。确切地说，托克维尔是把民主作为现代人的基本生活方式来分析和考察的，也正是这样一种考察视野，使他特别敏感地指出，民主将永不会在某一阶段或某一领域就停步不前，而将成为对现代人和现代社会的永无止境的挑战过程，如他以揶揄的口吻所言："难道谁会以为，民主在摧毁了封建制度和打倒了国王以后，就会在中产阶级和有钱人面前退却？"

我个人以为，中国知识界近年来对革命和激进主义的反省现在已经走到了尽头，而且开始在走向自己的反面。晚近以来的许多近代史研究因此往往以一种非历史的方式追问为什么近代中国人会走错了路，例如为什么中国人不要改良要革命，不走渐进走激进，不爱自由爱平等，不追求"消极自由"而狂热向往"积极自由"，等等。

我认为，今天已特别有必要提出：拒绝以自由主义为名否定民主，拒绝以英国革命否定法国革命，拒绝以柏克否定卢梭，拒绝以所有这些为名否定辛亥革命以来的二十世纪中国革命史和五四以来的中国现代思想史。我们需要的，不是从批判激进主义而走向拥抱保守主义，而是要同时"超越激进与保守"！

58.《文化纵横》有一组知青学术笔谈，延续前面项飚的讨论，作者包括罗小明、郑也夫、郑戈。罗小明提到"新知青"问题，尤其值得深思。所谓新知青，指大学扩招后入学的一代大学生，他们的境遇同农民工相差无几，"他们中间很多人会像当年知青一样，有一种想'翻转'这个世界的冲动，这种冲动可以是非常破坏性的，也可以转化成非常建设性的"。郑戈上大学时，校园风气仍是崇拜诗人和哲人，北岛、舒婷、李泽厚、金观涛、甘阳、刘小枫等，都是"我们的偶像"。后来，"世界越来越开阔，而眼界越来越狭小。金钱日益成为衡量人生成功与否的唯一尺度"。他对后知青一代学者之优劣的分析颇有见地。他们的劣势即"先天局限性"包括：社会经验单一化，激情的缺乏（学术日益成为一种职业，失去为天地立心一类使命感），自由度的丧失（体制内的一个萝卜一个坑），等等。优势在于学术训练正规化，与体制没有私人恩怨，对西方没有神秘憧憬。

59.苏武及其故里始终传承着对先人追思怀远的想念之情。子子孙孙每到过年,都徒步几十里到苏武庙,祭拜先祖,"请"先人之灵回家团圆,将上好贡品献于牌位。精英们一边为中国人没有所谓宗教而痛心疾首,一边又对中国人的所谓迷信疾首蹙额。殊不知,他们心仪的西方宗教,千百年来造成了多少血流成河的人间苦难,骇人听闻的旷古浩劫,包括十字军、希特勒、犹太人以及"文明的冲突",相反,他们鄙视的中国迷信,又蕴含了多少普通百姓的正心诚意。彭林教授有一次在央视讲中华文明,谈到所谓迷信,说古人敬神如神在,礼敬先人就仿佛先人在眼前,而非虚应故事,装模作样。鲁迅先生二十几岁时,写出《破恶声论》,提出伪士当去,迷信可存。为什么迷信可存?因为百姓的信乃是正心诚意。为什么伪士当去?因为,他们的高谈阔论并非源于内心的、神圣的召唤。里尔克的《我那么害怕人们的言语》也写道:

> 我那么害怕人们的言语。
> 他们把一切说得那么清楚:
> 这叫做狗,那叫做房屋,
> 这儿是开端,那儿是结局。
>
> 我还恐惧它们的意思,嘲弄连着它们的游戏,
> 将会是什么,曾经是什么,他们什么都知道;
> 没有什么高山他们觉得更奇妙;
> 他们的花园和田庄紧挨着上帝。
>
> 躲远点:我要不断警告和反抗。
> 我真欢喜倾听事物歌唱。
> 你们一碰它们,它们就僵硬而喑哑。
> 你们竟把我的万物谋杀。

60. 黄永玉的三部曲《无愁河的浪荡汉子》不仅文字高妙,内容丰富,曲折有致,而且插图也妙不可言,令人捧腹。以前也曾听说这个可爱的老头儿,但没有看过他的东西,这部作品真是令人大开眼界啊。三部曲第一部《朱雀城》,是主人公童年在湘西凤凰城的故事,朱雀城显然指凤凰城。第二部写抗战时期,主人公小学毕业,随父亲到长沙,下洞庭,经武汉,去安徽,最后落脚厦门。作品的主题或许可以归结为苍凉,那是一种饱经沧桑的欲说还休,同时又对人世的一切充满"爱、怜悯、感恩",就像他在朱雀城扉页上题写的。

书中有一段写道：

> 城里头和乡下，常常把文明差别代替生活道德差别。你用洋油美孚灯他用桐油茶油灯；你用丝绸、华丝葛他用麻布、家织布；你听留声机他听雀儿叫。以后科学发达了，你坐车、坐飞机他走路、骑马；你有电风扇、空调机他坐在树荫底下乘凉。这种差别有什么值得骄傲的？

61. 一般印象里，东林党人俨然骨鲠之士，正人君子，他们的"风声雨声读书声，声声入耳；家事国事天下事，事事关心"，一直像清风朗月，一江春水，滋润着人们的心田。而实情却蛮不是那么回事儿。名震天下的名流原来并不清高，其实并不纯粹，至于黄宗羲等所谓清流，党同伐异，唯我独尊，褊狭偏执，更让人联想到一度赫赫炎炎的所谓"公共知识分子"及其左右的媒体与记者，空谈误国，如出一辙，沽名钓誉，何其相似，借用顾诚名作《南明史》的描绘：

> 他们当中的许多人出仕以来从来没有什么实际业绩，而是以讲学结社，放言高论，犯颜敢谏，"直声名震天下"，然后就自封为治世之良臣，似乎只要他们在位，即可立见太平。实际上根本不是那么回事。
>
> 人们常常受旧史籍的影响，以为东林－复社人士大体上都是骨鲠正直之人，其实它是一个很复杂的团体，其中光明磊落者故不乏人，但由于明末东林－复社名满天下，往往具有左右朝政的势力，许多热衷名利的人也混迹其间，变成一个大杂烩。东林－复社人士的"别正邪、分贤佞"实际上是自封"正人""君子"，为独揽朝政造舆论。
>
> 直至社稷倾覆，江山变色，东林－复社党人仍把责任全归之于弘光昏庸、马阮乱政，自我标榜为正人君子，实际上他们自己也是一批追名逐利、制造倾轧的能手，对弘光朝的覆亡负有直接责任。

62. 京都学派的宫崎市定，谈到有关历史的三点主张，第一，历史不是客观的学问。第二，时间在历史学中的重要性，如年鉴学派的长时段。第三，"历史学不管在什么情况下都是一门关于事实逻辑的学问"。他区分了两种治学的思维方式。一是重视词语，尊崇这种思维方式的人，"对于词语和词语间的关系，不管到什么时候都能跟得上其逻辑展开"，"他们的头脑中堆满了抽象语，并认为对抽象语和抽象语的关系进行体系化便形成所谓理论，而学问的目的则是完成这种理论"。他还提醒，对事实进行抽象并制造出抽象语后，"这些词语就算没有事实的佐证也会有独立行走的危险"。比如，二十八个半、公共领域、新闻专业主义等，都可以"像幽灵一样独立行走，还会相爱、结婚"——从逻辑到逻辑地生成新的词语或理论话语。而他则信奉另一种思维方式："这种头脑遇到具体的事实便原样放到脑子里，对于事实与事实之间的联系和因果关系，即便是极为复杂、冗长的，也能够立刻理解。但是如果被抽象化了，便没办法跟上词语间的逻辑，因为词语没有具体性。"

不过，京都学派在日本侵华战争期间演绎的"大东亚共荣圈"理论，以内藤湖南和宫崎市定的中国史研究为依据，却显然不仅仅只关注所谓"事实"。

63.《新闻爱好者》做了一期甘惜分纪念号，包括甘老的几幅书法："写真事，说真话，讲真理"，"做人莫做小家子，写文要写大文章"。

64. 毛泽东与鲁迅心心相印，息息相通，他们都是"最伟大的文学家、思想家、革命家"，当之无愧的民族英雄，在半殖民地半封建的旧中国，他们的骨头无疑是最硬的，他们代表了亿万各族人民的心声。至于文人雅士、中产小资的趣味，如胡适、徐志摩、陆小曼，只能在太太的沙龙、教授的客厅、文人的书斋里高谈阔论，永远无法走入更不用说融入人民的生活世界。喀什大学教授姑丽娜尔·吾甫力就别开生面地论及鲁迅："20年代以来，鲁迅及其作品在维吾尔族中传播近百年，其影响广泛而深远。在全国民众中进一步开展对鲁迅作品的阐释和研究，要凸显鲁迅精神对中国各民族精神的代表性意义。"也就是说，鲁迅先生的"民族魂"意味，绝不仅仅针对汉族，也包含着民族文化现代化的少数民族。

65. 1973年，叶嘉莹去渥太华中国大使馆申请回国，大使章文晋的夫人接待她，问她看过国内的小说吗。她说没有，大使夫人推荐说：有个作家叫浩然，写了一部《艳阳天》，挺不错的，你可以看看。于是，叶嘉莹就去哈佛图书馆借了三大本《艳阳天》：

> 本来我没有抱着很大的兴趣去看，因为我以为，凡是带着宣传的气味写的小说，不是真正的文学艺术，而且那么厚的三大本哪有时间看。所以开头我是抱着敷衍的态度，打算翻一翻知道了就可以了。可是我一看，它就把我给吸引住了，我不是在农村生长的，我也不熟悉农村的情况，可是我居然能看进去，而且我认真地把它看完了。《艳阳天》里写的乡村

故事非常生动，语言也非常活泼，完全是生活化的，我真的是很感动。

叶嘉莹回国后，结识了浩然，认为"浩然不仅有才华，还是一个相当正直的人"。她先后为浩然和《艳阳天》写了四篇文章，最长的一篇有好几万字，发表在香港的《七十年代》，她还在哈佛大学发表了《艳阳天》的演讲。叶嘉莹、张光直等，都是有良心、有正义感、令人敬佩的海外华裔知识分子。

66. 2019年，《北京青年报》文化记者尚思伽（所思）英年而逝，令人痛心惋惜。之前，曾想邀请她来我们的新闻传播学前沿讲座课堂，同清华学子谈谈当代文化与思潮，而如今成为永远的遗憾了。电影《色·戒》横扫大江南北，主流媒体也一片欢呼赞誉之际，她的一篇收入《读书》的文章《只谈风月，不谈风云？》横扫千军，令人难忘，显示了可贵的独立之精神、自由之思想。

她的影评、书评、剧评等收入北京大学出版社的《散场了》（2014年），读来但觉"不薄今人爱古人，清词丽句必为邻"。比如，她批评中国话剧演员"三板斧"，让人想起话剧《大先生》："一上舞台总是给人松散的、晃来晃去的感觉，爆发就大声疾呼捶胸顿足翻来翻去，抒情就像诗朗诵般抑扬顿挫。"她批评话剧《白鹿原》，同样适用于莫言等作品："用春宫手法描写男女，用漫画手法绘制革命。"批评张艺谋《满城尽带黄金甲》一文，标题又犀利，又有趣："是金子也不发光。"她还说，电影《拯救大兵瑞恩》就是美国的"人性样板戏"，真是言简意赅。《散场了》一书最后一篇是《蒋公的面子》，写于2013年。该剧出于南京大学女生手笔，写作时她还在念大三。据说演出现场笑声不断，掌声热烈，而所思说："用掌声和笑声来衡量戏剧水准，和用票房来衡量又有什么不同呢？"她谈及鲁迅更让人击掌，并流露了一丝温婉柔媚：

"真的猛士，敢于直面惨淡的人生，敢于正视淋漓的鲜血"，但鲁迅并不仅仅是这样一个"猛士"，仅有直面的愤怒和勇气，并不能造就我们的鲁迅。我更喜欢他的一句诗——"曾经秋肃临天下，敢遣春温上笔端"，在"秋肃"与"春温"之间，是艺术的创造。

67. 何兆武认为，胡适的思想缺乏深度，始终停留在进化论、实证主义。不过，他也指出，有两类不同学者，衡量标准也两样，一对学问的贡献，一对社会的影响，胡适、梁启超都属于后者。他还说，不喜欢巴金的文章，平铺直叙，缺乏深度，徐志摩的诗是模仿，模仿英国浪漫派。

68.《南方都市报》记者问王鼎钧：对黄仁宇的《黄河青山》与齐邦媛的《巨流河》怎么看？王鼎钧委婉地回答道：黄仁宇没有文学抱负，齐邦媛没有历史抱负。也就是说，《巨流河》可爱而不可信，《黄河青山》可信而不可爱（《黄河青山》的文字其实也很好）。

69. 张隆栋、傅显明编著的《外国新闻事业史简编》，虽以社会主义与资本主义的此消彼长为体例，但其中体现的却是一种全球史的视野，也反映了《共产党宣言》的洞见或预见："过去那种地方的和民族的自给自足和闭关自守状态，被各民族的各方面的互相往来和各方面的互相依赖所代替了。物质的生产是如此，精神的生产也是如此。"后来一些同类著述包括拙著日渐失去了这种视野，即总体的、系统的、有机的视野，不同程度陷入琐屑、无序、混杂的形而上学唯心论。

70. 从20世纪80年代以来，张承志一直孤独行走于"荒芜英雄路"，天地苍茫，义无反顾，也让衮衮诸公望尘莫及、自惭形秽。如果说游牧长城的精神如今依稀流淌在美丽的伊斯兰血脉中，那么张承志就是这种精神血脉的孤臣孽子。他对贺兰山、蒙古草原、天山南北的如醉如痴，对游牧后裔的边疆各族人民以及全世界受苦受难受欺凌者的情真意切，他与一代天骄毛泽东的心有戚戚，都显得格外特立独行。他在《读书》上连载的《轻轻地触碰》，再次显示了这一情怀：

> 中国式表达的"父精母血不可弃也"，与《古兰经》的精神其实是一样的。生之价值，命之高贵，绝不容为一时处境或一世贫富而舍弃。
> 清贫自重不惧独行的气质，一诺千金洁癖顽忠的人格，美在眉宇呵斥下流的魅力——哪怕它如今日益稀薄渐行渐远，它是我继承的珍宝。
> 侵略、雾霾、指鹿为马、践踏生命——迟早都会灰飞烟灭。从来没有不变的历史，更从来没有永恒的黑暗。失语的人民都在焦急地寻找，当然我也不例外——准备已经太久，岁月不再等待。我小心翼翼，一词十问，多年以来，积攒了这一点点学习心得。

这一篇心得的文末注明"第十五次校订"，可见郑重与慎重。他的天纵之才与飞扬之思，与千百年圣哲心性相通，仿佛悲欣交集的弘一法师，也同《共产党宣言》的气韵一脉相通——对信仰的持守、对拜物的鄙弃、对人之为人的高贵天性的心仪：

　　人一旦在心中树立了金钱、地位、利益的"主宰"，就与暴戾、污秽、等级的"S"（即体制 system）沆瀣一气。人就变成了"S"网上被捕获的小虫，踽踽爬行，寻觅着唾尘粪土充饥。

　　那些见小利忘命，遇大义惜身的人，那些向着"S"三跪九叩的伪信者，迟早会被唾弃。确实"S"如山，但更有大义当前。生而为人，抉择之际，不能首鼠两端。

　　由于对香喷喷的利益的毅然放弃，人本身会得到加倍的升华。"脱离了低级趣味的人"（毛泽东语），能达到无畏的信仰。

71. 沈祖棻不仅与范敬宜同乡，而且都曾受业于吴梅，也可谓同学了。她的旧体诗词流芳学林，"有斜阳处有春愁"可谓绝唱，被誉为"当代李清照"（好像过誉了），而她的新诗同样耐人寻味，如《别》：

　　我是轻轻悄悄的到来
　　像水面漂来一叶浮萍

　　我又轻轻悄悄的离开
　　像林中吹过一阵轻风

　　你爱想起我就想起我
　　像想起一颗夏夜的星

　　你爱忘了我就忘了我
　　像忘了一个春天的梦

在我们的记忆中，沈祖棻是与《宋词赏析》连在一起的。遗憾的是，1977年的一次意外车祸夺去了她的生命，如今车祸猛于虎啊。

72. 陈先达《走向历史的深处——马克思历史观研究》，真是大家大作，大开大合，对我常常困扰纠结的一系列政治哲学问题，都作了鞭辟入里的论述，让人觉得豁然开朗,以往令人懵懵懂懂、纠缠不清的问题都像是"珠箔银屏迤逦开":"一个工人,在政治国家中,他作为一个公民享有法律给予的形式上的平等权利;而在市民社会,即私人经济生活领域,他可以穷得一无所有";"虽然资产阶级人道主义者以人的代表自居,虽然马克思也曾经把法国大革命看成是人的复活,但现在他发现,政治解放一方面把人变成了公民,另一方面又把人变成利己的、独立的个人。这不是整个社会的解放,而是市民社会中一部分人的解放;这不是使人全部占有自己的本质,而是使人丧失自己的本质。"以出版自由以及"普鲁士书报检查令"为例,陈先达细致考察了马克思的精神发展史,指出当时他的基本观点还未超出黑格尔唯心主义范畴:

> 用有无理性来区分人与动物,从一个侧面来说是正确的,但把它作为唯一的、决定性的区别却是唯心主义的。人们可以根据意识、理性、宗教信仰或者其他为人所特有的东西来区别人与动物,但真正把人与动物区别开来的是物质资料生产。……
> 当把人看成是自然存在物,必然强调人的自然本性;当把人看成精神存在物,必然强调人的精神本性。只有把人看成社会存在物,才可能把握人的社会本性。
> 很显然,马克思当时对人和人类本性的理解是唯心主义的。自由并不是精神的自由。不能把自由归结为自我意识的自由、思维的自由、理想的自由。对不合理现实的反抗,并不是对人类自由本性的自觉意识,而是由现实的社会关系决定的。……
> 马克思在这里是以人的本性为尺度来衡量书报检查制度和出版自由,就其政治倾向来说是革命的,而就历史观来说则是唯心主义的。

再如,关于唯心史观与唯物史观问题:

> 每一个人都可以根据自己对人的本性的理解,设想一种完美的制度,完全排除了对历史的客观研究。至今西方仍然有些人坚持这种看法。他们认为资本主义私有制的进步作用,正在于它符合、承认和肯定人的自私本性,充分发挥了人的自私本性,极大地激发了人们追求私利的激情,从而推进了生产力的发展和科技的进步。这实际上是把人的所谓本性(自私的情欲),看作社会发展的动力。在他们看来,不是私有制产生私有观念,而是私有观念产生所有制;资本主义的历史进步性不在于它符合生

产力的发展要求，而是符合人的自私本性；不是由于资本主义的商品生产产生资本主义竞争，而是人的自私情欲激励他们舍命拼搏。其实，竞争是商品生产的规律。资本主义的竞争是资本主义商品生产的规律，是不依人们意志为转移的经济规律，而不是人性的规律。资本主义私有制及其商品生产的规律支配人们的行为，反映在人们的意识中，表现为对私利的追求。

此书是他20世纪80年代的成名作和代表作，当时我们正随波逐流"新启蒙"，追逐"河殇"新话语，而陈老先生（当时并不老）已经走在世界前列，走向历史深处。而今蓦然回首，才发现真才实学原来就在灯火阑珊处。

73.夏目漱石《我是猫》有段俏皮文字，今天读来宛若当下："就拿大学教授来说，大家都知道，那些专讲别人听不懂的课的人，总是声望很高的；而讲别人都能听懂的人，声望却不高。"他曾在高校任过教，还去英国留过学，这些"妙论"想来都有他的切身体验。

74.拜读了《全球传媒学刊》中的大作《批判视角下中国传播学研究主体性建构的思考》，一如既往心有戚戚，虽然许多思想都很熟悉，但常读常新，"学而时习之，不亦乐乎"。如所引的席勒原话，作学术研究"没有比对人民更有意义和更有用，能够更给人动力了"。我在学术委员会主任就职讲话中，也谈到为人民著书立说的问题。

75.《中国青年报》用了两个整版刊发鲍鹏山的文章，题为《〈商君书〉：秦王朝专制政治的黑暗心脏》，本以为有什么高论，一看还是20世纪80年代的陈词滥调，把商鞅、秦始皇痛批一番，貌似唬人，冠冕堂皇，实则偏执，走火入魔，也可见时下新闻界的政治理论水平——数十年怎么就不长进呢？且不说秦皇奠定的大一统千秋功业，任继愈称之为中华五千年文明第一件大事，也不说秦朝统一结束战国纷争，天下大乱，更不用说车同轨、书同文，李零《我们的中国》等新作均有精辟论述，就算商鞅十恶不赦，即便秦始皇罪大恶极，两个匹夫如何一手遮天，形成什么"专制政治"、所谓专制，追根溯源也在于特定社会经济基础与物质生产条件，而不在于商鞅、秦始皇等历史人物的"黑暗心脏"。天翻地覆，影响千载的历史进程，如果仅仅取决于一两个人的"心脏"，岂非唯心史观，形而上学。至于文中指桑骂槐、借古讽今的意味就另当别论了。

1964年6月24日,毛泽东与刘少奇等会见外宾,其间谈道:

> 秦始皇比孔夫子伟大得多。孔夫子是讲空话的,秦始皇是第一个把中国统一起来的人物。不但政治上统一中国,而且统一了中国的文字、中国各种制度如度量衡,有些制度后来一直沿用下来。中国过去的封建君主还没有第二个人可以超过他的。可是他被人骂了几千年,骂他就是两条:杀多了人,杀了四百六十个知识分子;烧了一些书。

伟人平生最后一首诗作《七律·读〈封建论〉呈郭老》,也蕴含着同样鲜活而深刻的唯物史观:

> 劝君少骂秦始皇,焚坑事件要商量。
> 祖龙魂死业犹在,孔学名高实秕糠。
> 百代都行秦政法,十批不是好文章。
> 熟读唐人封建论,莫从子厚返文王。

诗中的"唐人封建论",指的是柳宗元即柳子厚的名作《封建论》。在《封建论》中,柳宗元分析了秦朝的败亡是由于政策而非制度即"失在政而非制",周朝的败亡则是由于制度而非政策即"失在制而非政"。"熟读唐人封建论,莫从子厚返文王"一句尤为警策言,仿佛针对前述高论,也好似《共产党宣言》批驳"封建的社会主义"那段生动文字:

> 半是挽歌,半是谤文,半是过去的回音,半是未来的恫吓;它有时也能用辛辣、俏皮而尖刻的评论刺中资产阶级的心,但是它由于完全不能理解现代历史的进程而总是令人感到可笑。
>
> 为了拉拢人民,贵族们把无产阶级的乞食袋当作旗帜来挥舞。但是,每当人民跟着他们走的时候,都发现他们的臀部带有旧的封建纹章,于是就哈哈大笑,一哄而散。

众所周知,《中国青年报》是中国共产主义青年团的机关报,理应宣扬马克思主义,而一度却热衷于唯心主义的世界观、历史观、价值观。当然,正如毛泽东对吴冷西说的,"不犯错误的报纸是没有的",还说"人民日报登过不少乌七八糟的东西……没有马克思主义,或者只有三分之一甚至四分之一的马克

思主义"。(《毛泽东年谱》,1966年3月18日)

76. 奥威尔在《我为什么写作》中,提到作家总是不同程度地受制于四种动机:纯粹的自我主义、审美热情、历史的冲动、政治的目的。回顾自己的写作经历,他发现:"那些没有政治目的的书,也是我写得最没有生机的书,总是一些华而不实的段落、没有意义的句子、修饰性的词语和骗人的鬼话。"对此,我越来越深有同感。

77. 红旗歌舞团以气势雄浑、波澜壮阔的男声合唱蜚声世界,黄河落天走东海,万里写入胸怀间!《神圣的战争》更是慷慨激昂,壮怀激烈。这样的民族无愧英雄的民族,而这样的民族又有一大批普希金、帕斯捷尔纳克、茨维塔耶娃式的抒情诗人,可谓又温柔,又豪迈,又恬静,又热烈,又曲径通幽,又气象万千!

78. 钱理群的《岁月沧桑》谈及"郭小川的命运",令人浮想联翩。郭小川一生追求"革命与爱情的统一,战士与诗人的统一",也是又温柔,又豪迈,又恬静,又热烈,又曲径通幽,又气象万千!钱理群在郭小川逝世九十周年座谈会上的如下发问,不能不令人深思:

> 这么一个献身于革命、进步事业,具有坚定的革命理想,永远站在人民一边的"人",这么一个永远对生活抱有信心,永远真诚与热情,而又根本不懂政治的"人",生活在当下的中国,人们将会怎样看待他?他又将怎样看待我们这个价值日渐混乱,两极分化越来越严重的社会?
> 他还会坚持他的"革命"与"人民"两大信念吗?——如果要坚守,他将如何坚守?
> 他还会对生活充满信心,还是充满蓬勃朝气,炽烈的热情吗?——如果依然有信心,有朝气和热情,那么,他的信心建立在哪里?他的朝气、热情来自何处?……
> 如果他坚持革命理想,依然热情、真诚、天真,他能够得到周围的人,年轻的一代,社会的理解和支持吗?
> 这一切,都是"假如活着"的郭小川必然遇到,并必须正视与处理的问题。……
> 如何认识郭小川的"革命时代"?这个问题,又是和如何认识当下"我

们的时代",紧密联系在一起的。如何认识这两个有着内在联系的时代,实际上是当下知识界、思想文化界、学术界所面临的一个核心问题,也是争论的焦点。据我的观察,存在着四种倾向:一是对革命年代和当下中国现实的全面肯定和赞扬,将革命理想化,现实盛世化;二是对革命和现实都持尖锐的批判,以致全盘否定;三是肯定革命时代而否定现实社会;四是肯定现实而否定革命时代。

79. 又读了一遍格非的"江南三部曲"之三《春尽江南》。三部曲内容横跨百年,第三部堪称当代社会历史的生动写照,对智识阶层及其精神状态的刻画更是入木三分、惟妙惟肖。作品还是刚刚问世时读的,印象漫漶,重读之后,看到封底的广告文字,觉得还是很恰当的:"江南三部曲"用具有穿透力的思考和叙事呈现了一个世纪以来中国社会内在精神的衍变轨迹,《春尽江南》用逼近时代的粗粝的犀利文笔,深度切中了这个时代精神疼痛的症结。

作为淡妆浓抹总相宜的风情画、风俗画,《春尽江南》中的各色人等活灵活现,栩栩如生。其中有段对话,这些年常被我用来说明社会政治问题。小说主人公是一对恋人与夫妻,20世纪80年代时男的是偶像级诗人,女的是大学生、偶像崇拜者,90年代后诗人落魄,女的则成为成功人士。一次,她去北京参加一个律师培训班,诗人给她打电话,听到乱糟糟的,就问怎么回事,妻子说下午刚刚听了一个海归余教授的报告,题为《未来中国社会的四大支柱》。成功人士们听得群情亢奋,散场后又到餐馆聚餐,继续热议。诗人为了照顾她的情绪,就装着感兴趣的样子问哪四大支柱,于是有了下面一段精辟对话:

"第一是私人财产的明晰化,第二是宪法的司法化,第三是……后面两个,怎么搞的?我这猪脑子,等我想想。"

"是不是代议制民主和传媒自由啊?"

"没错,没错。就这两条。唉,神了,你又没有听今天的报告,你怎么知道?"

"狗屁不通的四大支柱。不过是食洋不化的海龟们的老生常谈。你可不用瞎激动,人家余教授的支柱可是美国福特基金会。"

下面一段文字,又让人想到刘禾主编的《世界秩序与文明等级:全球史研究的新路径》,而格非与刘禾、李陀夫妇"亲密无间":

如何对人分类，也清晰地反映了社会的性质和一般状况。

比如说，早期的殖民者将人类文明区分为"文明"与"野蛮"两部分，就是一个别出心裁的发明。作为一种遗产，这种分类法至少已持续了两百年。它不仅催生出现代的国际政治秩序，也在支配着资本的流向、导弹的抛物线、财富的集散方式以及垃圾的最终倾斜地。

如今，学生的中文水平越来越成问题，美丽中文有时被糟蹋得不成样子。什么且行且珍惜，痛并快乐着，总有一种什么让我们什么什么。《春尽江南》里的报社主编痛骂入职中文系女生，非常真切，也非常传神：

"我好好喜欢"是×××什么意思？嗯？你是从哪里学来这种不伦不类的腔调？还有这里，"谏壁发电厂的这种做法，像极了古语所云的，怎不叫刚刚踏上社会的我们感到纠结？若不限期改正，广大干部群众情何以堪？"你这叫什么×××句子，谁能看得懂？你说你是南京大学中文系毕业的，谁能相信呢？嗯？你说古语所云，所云什么呀？我看你是不知所云……

80. 影片《男人上路》，具有浓郁的新疆风情，大漠风尘、长河落日、边疆汉子的脾性、塞外音乐的情调，甚至口音、方言等，无不活灵活现。影片的背景在南疆沙漠公路，离库尔勒不远。2016年去新疆大学开会，第二次来到这里。出库尔勒有一条世上唯一的沙漠公路，为塔里木油田所建，影片也是由库尔勒自治州宣传部、塔里木油田指挥部等投拍的，从中可以感受我们新疆好地方，天山南北好风光。主演刘小宁与段奕宏等一样都是新疆人，也向以硬汉形象著称。《男人上路》主题歌选用哈萨克民歌《燕子》：

你的微笑好像星星在闪烁，
啊……
眉毛弯弯眼睛亮，
脖子盈盈头发长，
是我的姑娘燕子啊
…………

81. 偶然看到母亲家里有本郭敬明的《小时代》，闲来无事，随手翻翻。毛主席说,你要知道梨子的滋味,你就得变革梨子,亲口吃一吃。我尝了尝,发现作者并非浪得虚名,也无怪乎受到新一代的热捧。除了文字很精致,很轻巧,很投合现代人的审美癖好,主要也是因为作品与现代都市白领小资的生活息息相关。小说反映的生活可谓文字版的《欢乐颂》,甚至比《欢乐颂》更市侩功利。《欢乐颂》还营造了一种虚幻虚假的现代幸福生活,而《小时代》只有赤裸裸的尔虞我诈,把资本时代"每个人对每个人的战争"演绎得淋漓尽致。应该承认,这些确是当今世界的"核心价值",人不为己,天诛地灭,人为财死,鸟为食亡等,郭敬明无非用冷漠的笔调表现出来而已,唯其如此,也更让人不寒而栗。

郭敬明的文笔与笔调,与20世纪80年代的刘索拉、90年代的王朔一脉相承,也是极尽调侃、戏谑、夸张、嬉皮笑脸、玩世不恭,用学术语言说就是所谓后现代——解构一切,怀疑一切,颠覆一切。想当年,对这些东西也曾趋之若鹜,乐此不疲,刘索拉的《你别无选择》、王朔的《一半是海水,一半是火焰》,曾让我们如醉如痴,走火入魔,由此也就不难理解时下小青年追捧郭敬明、韩寒等。如今看来,在当代中国的精神蜕变过程中,这也是一脉影响至深的暗潮涌动,嘻嘻哈哈、打情骂俏、语不惊人死不休等网络语言就处在这一脉精神文化的延长线上。

刚刚知道,刘索拉是刘志丹的侄女,她母亲李建彤是刘志丹的弟弟刘景范之妻,1944年毕业于延安鲁迅艺术学院,因小说《刘志丹》而受到严厉批判。当下流行观点将《刘志丹》视为"因言获罪"的文案,"用小说反党是一大发明"云云。事实上,小说确实存在政治问题,主要是为高岗等西北局的错误张目,而这些错误中央早有决议。80年代,在胡耀邦主持下,由薄一波等出席,还就小说问题专门听取汇报,再次决定不予出版。由此想到,如果说历史虚无主义的实质在于否定共产党、共和国,方法在于形而上学,抓住一点不及其余、用小细节解构大道理(就像杨天石对"蒋公"歌功颂德),那么这一思潮其实是从否定十七年开始的。2005年,刘索拉还与洪晃等出演了一部自娱自乐的影片《无穷动》。

82. 钱理群《岁月沧桑》论及"1953—1974年间的梁漱溟",以毛泽东与梁漱溟的交往为核心,探讨了中国农村与中国道路。钱理群认为,毛泽东与梁漱溟都是关心"真问题""大问题",并有"深心大愿"之人。梁漱溟虽遭毛泽东的严厉批驳,为此后半生备受压制,但他晚年回答"最伟大的中国人是谁"的问题时,还是说毛泽东,称其为历史上少有的"世界性的大人物"。钱理群指出,他们在解决中国问题的方法上，有四点相同、相似、相通：

一、"全国统一，国权树立。"
二、引入"团体生活"，实现国民和国家的"组织化"。
三、把农村作为整个中国社会改造的出发点。
四、他们都强调"引进团体生活""组织起来"是中国的大问题、真问题。

这里涉及他们都信奉的"集体化"。毛泽东说："这是人民群众得到解放的必由之路，由穷苦变富裕的必由之路。"梁漱溟也认为，社会主义与资本主义的区别，就在于"一个是个人本位，一个是社会本位"。他说，社会主义的本质就是关心人，即所谓"安顿其身而鼓舞其心"，前者属于物质层面，后者属于精神层面，而安顿其身首先得"废除个人私有制而代以社会公有制"。在他看来，"现在资本主义的工商业，只是发财之路，而不是养人之路"，"中国从合作这条路走去，是以'人'为本，不同于资本主义之以'钱'为本"。回顾毛泽东1965年重上井冈山时与张平化那番有名的谈话，如今更有深切理解：

> 我为什么把包产到户看得那么严重，中国是个农业大国，农村所有制的基础如果一变，我国以集体经济为服务对象的工业基础就会动摇，工业产品卖给谁嘛！工业公有制有天也会变，两极分化快得很，帝国主义从存在的第一天起，就对中国这个大市场弱肉强食，今天他们在各个领域更是有优势，内外一夹攻，到时候我们共产党怎么保护老百姓的利益，保护工人、农民的利益？！

83. 回济南带了一摞书，有新买的《人民公开课》，包括李零的两堂课，一是《我劝天公重抖擞》，一是《突围》。所谓突围，即"革命是突出重围"之谓也。开篇先引叶挺的《囚歌》，原来《囚歌》竟是狱中写给郭沫若的祝寿诗，而郭沫若是叶挺的北伐战友，时年五十。李零说：

> 我最喜欢头四句，其中一个原因是我经历过冷战。我们那个年龄的人不仅是"红旗下的蛋"，也是"冷战下的蛋"。冷战下的中国很惨，国门紧锁，但不是自己用"铁幕"把外面的世界锁起来，而是被一批最先进的国家用军事围剿和经济制裁反锁在里面。

监狱里没有自由，所以作者说，"我渴望自由"。

但监狱外的自由意味着什么？"爬出来吧，给你自由！"

另一个原因是我们那个年龄的人还经历过后冷战时代。我到过"自由世界"的"天堂"——美国，那里有许多投奔"自由世界"的人。

什么是自由？……"自由世界的"的"自由"是这样的：

第一，是做买卖的自由。

第二，是打工的自由。

第三，如果失去前两种自由，便只有最后一个自由，那就是做一个待救济者或留宿街头的无家可归者。

反正，美国不养爷，哪怕你是"反共英雄"。

这堂人民公开课的最后，李零讲道：

伊拉克战争爆发后，个别中国公知竟开会公然支持伊拉克战争，讨论前提是美国代表先进。当时除了我和钱理群，几乎所有人都表示支持。13年过去了，美英如何策划这一入侵之事，真相已大白于天下。2016年7月6日，英国的《伊拉克战争调查报告》终于公布，事实证明，布莱尔是个撒下弥天大谎的人……这场战争，英国总共死了179人，伊拉克人死了多少，几十万人呀，光是7月3日的巴格达恐袭就死了292人。欧美遭恐袭，所有大国，悼念慰问，谴责声讨，谁都得赶快表态；其他地方遭恐袭，死就死了，无人过问，这就是我们的世界。

说这些，是因为有些人靠给年轻人骂革命，暴得大名，他们的便宜拳打得太过分。作为过来人，我有责任说几句事实，请大家参考。

84. 韩毓海的《一篇读罢头飞雪，重读马克思》，已经印刷17次。书的结尾写道：

毛泽东晚年其实是怀着无比悲壮、无比沉痛的心情推荐共产党人来读马克思的。也可以说，毛泽东、周恩来是高唱着《国际歌》离开我们的——与无数先他们而去的共产党烈士当年义无反顾地走向屠刀和刑场一模一样。大树无言立北风，残阳如血说英雄，漫道雄关岂是梦，男儿何必尽成功！

85. 《读书》刊发英国文化研究名家威利斯的文章，他以研究英国工人阶级文化而闻名。文章谈到，20世纪60年代他们研究大众文化，"是为了去诠释大众文化的政治含义、去诠释工人阶级文化的变化、去诠释工人阶级文化是否仍代表工人的利益"。而现在"研究文化的目的只是为了学院内部的口舌之争"，"已经不再是为了改变世界"。更有甚者，今天的"研究不仅变得碎片化，甚至是有悖于底层政治的"，"很多文化研究搞来搞去是在支持新自由主义和个人主义"。文章后半部谈威利斯2014年来中国的种种发现与感触，最震惊的是"社会各个阶层和群体对现代性（modernity）所抱有的难以置信的乐观态度"，"包括三个方面：崇拜被繁荣所渲染的城市；崇拜文化商品；完全陷入互联网"。他说，"我坐地铁的时候，发现所有人都在看手机。如果是在英国，你还可以看到有人在读报，有人在聊天，也有人看手机，但是在中国，几乎所有人都在看手机"，互联网像"一条通往未来和全球化的金光大道"。这篇文章由吕途根据现场录音整理而成，读来明白如话，看来他到中国也是吕途牵线搭桥。吕途的新工人研究及其两部著述，也可参考。

86. 偶然看到李希凡回忆录的几处折页，不知道什么时候折的，肯定是看到重要之处，临时做的记号。再细一看，都与新中国、新文化有关。如：

> 从20世纪50年代到60年代中，可以说"确实是所谓十七年"革命文学迅猛发展的时期，也是毛泽东文艺思想的收获期。这当然是现今新派文学史论所不屑承认的，也是一些"重写"文学史的人正在抹杀的，他们可以将中国传统文学末流的武侠公案小说的作者尊为"大师"，将美化汉奸、狂热反共的作家捧上天（90年代王一川等弄了一个大师排行榜，居于榜首的有金庸、张爱玲，而鲁郭茅等退居其次，甚至名落孙山），你还指望他们对建立人民共和国的革命伟业有什么正确的评价！他们又怎能容忍"穿草鞋的"成了作品的主人公的革命文学！……
>
> 这一切，都发生在1958年到"文革"前夕，而且还经历了三年困难时期，至少在我的记忆里，文坛并不寂寞，还可以说，较之50年代的前期更为活跃，特别是对当代文学创作的讨论很多，而且对作品的评价，也有激烈的论争，并非如现代某些文学史所描绘的一片荒芜；相反，这正是毛泽东文艺思想开花结果的繁荣期。有些人虽然企图一笔抹杀它们，但人民和革命文艺却不会忘记它们。直到今天，所谓"十七年"的革命文学作品，特别是那些名作，仍不断地出现在戏剧和影视屏幕上，一曲

歌剧名段"红梅赞",一支电影插曲"一条大河"唱遍全国,至今不衰……

87. 这两天心头交替萦绕着贝多芬的"英雄"与"命运",月明星稀,夜空澄静,在办公室,打开音响,让贝多芬的音流响彻天地,将充满希望的主题灿烂导出!说到贝多芬,上海音乐学院杨燕迪教授作过一个演讲,质疑那种"刑天舞干戚"的印象。贝多芬的作品分为早期、中期和晚期,杨燕迪说:

> 如果说中期的贝多芬体现了"人定胜天"的宏伟气概,则晚期的贝多芬就达至"天人合一"的悠远境界。在前者,"人"与"天"形成对峙,经过硝烟弥漫的抗争,"人"的一方最终胜出;在后者,"人"不再看重外在的胜负得失,而是与"天"求得和解,并最终与"天"达成一致,从而获得内心宁静。……
> 在这里,"小我"让位于"大我"。或者说,从"有我之境"转变为"无我之境"。中期的"从痛苦走向欢乐"深化为晚期的"通过磨砺抵达星辰"。怒不可遏的成分明显减少,超然达观的态度占据上风。

贝多芬从中期转入晚期的一个契机,就是那位"永恒恋人"以及那封有名的书信。贝多芬有句名言:"音乐是比一切智慧、一切哲学更高的启示。"他的晚期创作证明,音乐和艺术不仅仅是生活的消遣和装饰,而且在最严肃的意义上,是一种回答人生命题和探索世界本源的途径。相对莫扎特晚期的宽容、明净、祥和与甘美,贝多芬的意境更多深沉、苍劲、敬畏、升腾、欣喜、幽默与和解。

2017年1月11日,中国艺术研究院音乐研究所的王纪宴在《光明日报》著文,题为《当贝多芬不再与命运搏斗》,也指出金刚怒目的贝多芬是一种人为建构或"伪造",真实的贝多芬并非同命运"死磕",他的音乐其实有更寥廓的时空、更宽广的维度和更深邃的内涵:

> 很多从未完整听过贝多芬的一首交响曲的人都知道所谓的"命运主题",知道耳聋不幸的作曲家与命运搏斗的事迹。但贝多芬的c小调第五交响曲的开头动机真的是"命运在敲门"吗?
> 贝多芬在总谱上并未写下任何与"命运"相关的文字,他在书信和晚年的谈话录中也从未提及这部交响曲与"命运"主题相关。很多人甚至认为贝多芬不会说出这样幼稚的话来。那么,始作俑者是何人?是曾

为贝多芬担任助理、料理各种事务、因而在数年间与贝多芬朝夕相处并且日后写出第一部贝多芬传记的安东·申德勒。申德勒写道，贝多芬曾指着他的c小调交响曲总谱上第一乐章的开头主题说："命运就是这样来敲门的！"但申德勒早已成为臭名昭著的文献破坏和篡改者的同义词，他不仅将贝多芬留下的约400本谈话簿（贝多芬晚年耳聋加剧，与人交谈时需要对方将谈话内容写下来）毁坏了约260本，而且在剩余的不到150本中伪造了大量内容。后世从事犯罪学研究的专家通过笔迹鉴定而确认了申德勒的这种不可饶恕的可耻行径，由此也提醒人们对这位以贝多芬代言人和权威诠释者自居的人所记述的所谓贝多芬言行进行谨慎甄别。关于第五交响曲的开头动机，根据贝多芬的学生卡尔·车尔尼的说法，贝多芬的灵感来自他不期而遇听到的金翅雀鸣啭的节奏，这与所谓"命运的敲门声"相去何其遥远！

因此，自20世纪90年代后，欧美各国主要乐团、演出机构和唱片公司已经逐渐摒弃将"命运"作为贝多芬第五交响曲标题的做法。

88. 美国影片《萨利机长》借难得一见的奇遇，歌颂美国英雄，没想到画虎不成反类犬。事情本身没有多少悬念，任何有经验的机长面临那种千钧一发、即将机毁人亡的状况，都会作出类似的本能决断，哪怕是出于自保。由于机长正确处置而避免了一场巨大灾难，全体乘客与机组人员无一伤亡。这种结果在中国或者在其他国家，都会受到礼赞与尊崇，没想到好莱坞大片弄巧成拙的故事却让人不胜心寒，美国的什么委员会居然以"可能"存在的另一种更好选择，即安全返航降落，既保全人员，又保全飞机而对机长进行质询调查。也就是说，如果这一假设及其论证一旦成立，那么，即便机长创造了奇迹，全体人员无一伤亡，也将面临一系列严重处罚。这里体现了一种冷血的价值与原则，如金钱至上（航空公司的损失、机长的退休金等）。设想此事如果发生在中国，就算存在另外一种更佳选择，但也绝不会有任何人、任何组织敢以这样的理由，对机长提出任何质询，因为，任何中国人都懂得，没有什么比生命更重要——人命关天！

89. 潘绥铭的几部著作聚焦"小姐"问题，如《生存与体验——对一个地下"红灯区"的追踪考察》，让人看到"转型期"的冷酷一面。此书2000年出版，其中涉及东北的情况更是令人心痛神伤！想当年，工人阶级何等扬眉吐气，东北更是全国人民向往的地方，那里有：杨靖宇、赵一曼、八女投江、大庆、铁人、长影、一汽、鞍钢宪法、林海雪原、打虎上山、郭颂《乌苏里船歌》、《老兵新传》北大荒、俄罗斯文化与文学、雄赳赳气昂昂跨过鸭绿江……1974年，遭到"四人帮"阻挠的影片《创业》，以铁人王进喜与大庆石油工人艰苦创业为主题，展现了一代工人阶级顶天立地的群像。清华新闻学院首任院长范敬宜，大学毕业时也为了一种英雄情结，毅然放弃大上海的锦绣繁华，奔向白山黑水，将一生最好的青春年华留在了辽沈大地。遥想当年，金戈铁马，何等热气腾腾，意气洋洋。如今，东北成为亟待振兴的老工业基地，现实主义的电影《钢的琴》以及同名电视剧，同潘绥铭的著述异曲同工。

90. 读完赫拉利《人类简史》，确实生动，有趣，受启发，当然也如王国维所言，可爱者往往不可信。本周《中华读书报》刊文，评论他的《未来简史》，将两书作为姊妹篇，视之为赫拉利个人想法的历史演绎。

日前，又弄了三套大书，一是范文澜、蔡美彪的12卷《中国通史》，二是费正清、崔瑞德的11卷中文版《剑桥中国史》，三是辜正坤主编的39卷《莎士比亚全集》。范文澜不愧通史大家，即使略显陈旧，也不掩高屋建瓴之势。去年读了现任社科院历史所所长卜宪群主编的《中国通史》，虽是为央视同名纪录片撰写的脚本，但才、学、识也可圈可点，一些方面甚至超越前人。江山代有才人出，一代更比一代强。

辜正坤译的《莎士比亚全集》，觉得同样超越了朱生豪、梁实秋。辜正坤对文字、诗语一向非常考究，理论、实践都有不俗之处，如他译的莎翁十四行诗第一首就很有味道：

> 我们总愿美的物种繁衍昌盛，
> 好让美的玫瑰永远也不凋零。
> 纵然时序难逆，物壮必老，
> 自有年轻的子孙来一脉相承。
> 而你，却只与自己的明眸定婚，
> 焚身为火，好烧出眼中的光明。
> 你与自我为敌，作践甜蜜的自身，
> 有如在丰饶之地偏造成满目饥民。
> 你是当今世界鲜美的装饰，
> 你是锦绣春光里报春的先行。

> 你用自己的花苞埋葬了自己的花精，
> 如慷慨的吝啬者将用吝啬将血本赔尽。
> 可怜这个世界吧，否则你就无异贪夫，
> 不留遗嗣在人间，只落得萧条葬孤坟。

据说，辜正坤越来越痴迷中国古典文化与文学，虽是西学背景与出身，曾主编《世界名诗鉴赏辞典》。他认为，白话在前，诗话在后，所以，《诗经》《楚辞》、唐诗、宋词是"进步"，而胡适白话诗则是"退步"。

91. 多年前看到《天涯》主编李少君的文章，其中一个观点还被引入拙著《中国新闻社会史》：中国的宗教就是"诗教"，自古及今，诗对国人而言，就像宗教在欧美日常生活与精神世界的地位。昨天，拿到他主编的《朦胧诗新选》和《台湾现代诗选》，发现他还是武汉大学新闻系毕业的诗人，现任《诗刊》副主编。

在万圣书园邂逅刘禾主编的《持灯的使者（修订版）》，其围绕《今天》的一组回忆文章，涉及北岛、芒克、食指、舒婷等朦胧诗人。戈宝权之女戈小丽谈食指在杏花村下乡的往事，朴实，生动，感人，读来五味杂陈，怅然若失："到现在我还记得那些身穿破棉袄、腰间系草绳（当年知青的典型装束）的男青年，迎着细雨，踏着泥泞，走上通向我们住处的小土坡，破得开了花的棉袄遮不住他们洋溢的青春及脸上透出的知识气息，有的人甚至可以说是风度翩翩。"

92. 长征胜利八十周年之际，《人民日报》文化版策划了一组文稿，谈中外记者与长征，范长江、斯诺、索尔兹伯里等，邀我写一篇谈斯诺及其《西行漫记》的文章。为此，我重读了《西行漫记》这部经典，还翻阅了赵超构的《延安一月》、陈学昭的《延安访问记》，深感"火车不是推的，经典不是吹的"。日前见美国有人推荐十部了解现代中国的图书，全是莫名其妙不入流的东西。网友调侃并随手举出其他著述，如诸子百家、二十四史、三国、红楼、毛泽东等（有人戏谑"你倒是挺实在，把家底都抖搂了"）。其中有位网友就提了《西行漫记》。确实，对不知有汉无论魏晋的大多数美国人来说，斯诺的名作确实可以作为了解中国的入门书。至于陈学昭以及一代先贤的著述，放在古今文脉上有两点最是令人神往，一是晴空一鹤排云上、青春作伴好还乡的磅礴活力，一是"清水出芙蓉，天然去雕饰"的自然魅力。如你说的饱满明亮的情绪和简洁洒脱的文笔。

陈学昭初到延安的时候，就对延安的街道喜欢不已："我想我所欢喜于延安街上的，是民主自由的空气吧。在延安的街上，你尽讲，尽笑，从国家大事，以及你私人的感情事情，你尽讲，大声地讲，是可以的，没有人在你旁边、背后偷听，没有人盯你梢，你放心，不用怕，也不用东张张，西望望。"多么开心、洒脱，谁家寒食归宁女，笑语柔桑陌上来。就连遣词用语都是那么自由自在，随心所欲，毫无党八股、洋八股的腔调——"救赎""视阈""拐点""倒逼"什么的。就此而言，我觉得所谓潮人还不如齐梁文人，因为，齐梁文人虽然无病呻吟，空虚苍白，但在音韵、辞章、锻字、炼句上还是颇有贡献的，从而为后世的唐诗宋词开辟先河。

93. 郭松民针对《软埋》连续发表几篇评论，其中一个观点颇有洞见：《软埋》一类作品之所以层出不穷，如火如荼，是因为文化体制发生断裂，他称为"管理权"与"话语权"的分离。前者还在党和人民手中，后者日益落入智识阶层手中（归根结底是好莱坞、诺贝尔奖手中，而智识阶层类似"买办"，如一些文人学者鼓噪《方方日记》提名诺贝尔奖）。这个认识很深刻，数十年来文化领域包括新闻传播的变化，都体现了这一分离趋势。这一趋势可以更恰当地概括为"行政管理权"与"政治领导权"的断裂。比如，一部影片能否上映、引进，电影局自然握有生杀予夺之权，而影片的政治内涵、美学意味、价值导向等，则由"专家学者评论家"来决定，包括媒体以及媒体知识分子。循此思路，也可将延安新闻范式视为这样一个动态过程：如何使原本分离的或者说貌合神离的行政管理权与政治领导权有机统一起来。

94. 寒假回家带着几本书，由于突如其来的新冠疫情，一步步打乱了生活节奏。后来，随心所欲读了金性尧选注的《宋诗三百首》、余冠英主持编选的《唐诗选》，这两天鬼使神差又重读了《平凡的世界》，掩卷时想起毛泽东主席命笔题写七律《送瘟神》的心情：浮想联翩，夜不能寐。算起来这已是第三遍读了。第一遍其实是20世纪80年代从电台的广播小说节目中收听的，除了故事情节主人公，没有多少深刻印象。第二遍是二十年后在中央党校学习期间读的，当时一个月的集中培训，一半时间在北京，一半时间在延安，便用这段悠闲时间细读了它。这一次，才真正体会了地老天荒的深沉内涵，读完也是浮想联翩，感动不已。如今第三遍读，更是心潮起伏，波涌浪翻。路遥无愧为伟大的人民文学家，恰似聂耳、冼星海是伟大的人民音乐家。如果说五千年文明有旧中国与新中国之别，那么相应的也有庙堂的、古典的旧文化与平民的、现代的新文化,前者的一座高峰是"红楼",后者的当代典范之一是"世界"。"红楼"是幽美精致的小世界,而"世界"是气象万千的大天地,展现了远为广阔的人生画卷和无比丰富的精神蕴含,从天行健君子以自强不息、地势坤君子以厚德载物的古训到劳工神圣、人人平等、人民创造历史的理想。

路遥的精神世界形成于毛泽东时代,而落笔创作《平凡的世界》时,这个精神世界已经开始崩塌,与之相应的现实社会也逐渐变异。因此,与其说他完成的是一部现实主义的书写,不如说是一曲理想主义的挽歌。比如,他常以柳青为楷模,而人们发现,路遥笔下与柳青笔下的农村农民已经不可同日而语:"高家林与乡村的关系就是一个逃离的关系……他跟梁生宝完全不一样,梁生宝完全是把自己融入到他个人或大多数人的命运中间。"(蔡翔)同样,高明在《孙少平的阅读方式与时代意识——兼论路遥的现实主义》一文中敏锐觉察:"路遥不遗余力地以抒情的笔调来赞颂劳动,但在孙少平的经历和某些时刻的心理感受中,劳动者却处于屈辱的地位,劳动及其意义也十分苍白。路遥试图把两者统合起来,可是越发显现出两者触目惊心的分裂。"当然,此类矛盾与错位与其说源于路遥,不如说在于时代及其精神背景。用邵燕君的话说:

> 后来越来越恶化的农民不堪重负被迫出外打工、社会腐败和不公正现象日益严重的情况此时还没有出现。正是这样一个相对的"黄金时代"的生活基础,奠定了这套朴素信仰的"光明内核":社会虽然有无数的不公正,但通过不屈不挠的艰苦奋斗终能获得成功和幸福。这套信仰是民间土生土长的,又合乎资本主义个人奋斗的精神……(《〈平凡的世界〉不平凡——"现实主义常销书"生产模式分析》)

95. 毛泽东一生对魏武情有独钟,往事越千年,魏武挥鞭,还常以魏武之多谋善断,讲政治家办报的道理。"燕许大手笔"的初唐诗人张说,有咏叹魏武的名篇《邺都引》:魏武草创争天禄,群雄睚眦相驰逐。昼携壮士破坚阵,夜接词人赋华屋……

由于小说、戏曲中三国故事等影响,历史上给魏武泼了不少脏水。毛泽东读《三国志》时说:"贴了魏武不少大字报,欲加之罪,何患无辞。"实事求是看,曹操无愧一代了不起的政治家、战略家、军事家和文学家,尤其身当汉末,群雄并起,天下大乱,更显现了其非凡过人。如所谓挟天子以令诸侯,就是一个举重若轻的高招。当年有人也曾建言更有实力的袁绍先下手为强,把汉帝保护起来,从而名正言顺,号令天下。可惜志大才疏的袁绍见不及此,看到曹操手握朝廷四两拨千斤时，悔之晚矣。三曹父子的文采风流同样名扬天下，而魏武横槊赋诗慷慨悲歌更是难以企及：对酒当歌，人生几何，譬如朝露，去日苦多；日月之行，若出其中，星汉灿烂，若出其里；老骥伏枥，志在千里，烈士暮年，壮心不已……

至于受制于白脸奸臣等刻板印象，觉得魏武刻薄寡恩，恐怕也不免以小人之心，度君子之腹。别的不说，读那篇有名的"己亥令"，就可见一斑，不是至情至性，哪有这等正心诚意的剖白。特别是其中对两位历史人物的心仪，更能看出魏武的胸襟。一位是报燕昭王知遇之恩的乐毅，报君黄金台上意，提携玉龙为君死；一位是始皇帝时的名将蒙恬，当时他掌握着三十万抗击匈奴的精锐部队，如果抗命，易如反掌，但他宁愿就戮而"不敢辱先人之教以忘先王"。曹操己亥令说："孤每读此二人书，未尝不怆然流涕也。"当然，人无完人，人民领袖尚且说自己功过七三开，何况往事越千年的封建帝王。其中，欺负汉家孤儿寡母之事虽说事出有因，但也确实过分，令人不忍，后来"司马昭之心，路人皆知"，同样的报应就落在自家头上了。

读《三国志》发现，疫情是历史叙事中往往被忽略的问题。仅从魏武帝、魏文帝、魏明帝的纪传看，各种疫情就时有发生，而且危害不小。如赤壁之战，一般归功于火攻，所谓谈笑间、樯橹灰飞烟灭，而《三国志》的简约文字只说："于是大疫，吏士多死者，乃引军还。"再如，建安二十二年夏四月的王令："去冬天降疫疠，民有凋伤，军兴于外，垦田损少，吾甚忧之。"类似文字在文帝、明帝纪中尤多。可见大乱大疫，雪上加霜。

董卓排行老二，《三国志》关于他的部分题为"董二传"。后之视今，亦如今之视昔，将来国史也会有此类"二人传"等，所谓妖风方炽，幸灾乐祸，阴阳怪气，煽风点火，毛主席诗曰"一从大地起风雷，便有精生白骨堆"。

96. 予独爱莲之出淤泥而不染，濯清涟而不妖，中通外直，不蔓不枝，香远益清，亭亭净植，可远观而不可亵玩焉。黛玉亦然。在泥沙混杂的现实世界，她作为一种精神价值而存在，犹如一神教的彼岸世界，为此岸世界提供一种超验意义。人们常常讨论黛玉、宝钗之优劣，恐怕不得要领。她俩不属于同一个世界，一则此岸，一则彼岸，又如何相提并论呢？世俗生活自然是宝钗，而精神价值则归黛玉——可远观而不可亵玩。

97. 百日读经，晚间读史，怅望千秋，慨然不已。《三国志·魏书·武帝纪》的评语，让人不由想起国父与武帝的神交，评语惜墨如金，言简意赅：

因事设奇,谲敌制胜,变化如神……与虏对阵,意思安闲,如不欲战,然及至决机乘胜,气势盈溢,故每战必克。军无幸胜……御军三十余年,手不舍书,昼则讲武策,夜则思经传,登高必赋,及造新诗,被之管弦,皆成乐章……雅性节俭,不好华丽……可谓非常之人,超世之杰矣。

杜甫的《丹青引赠曹将军霸》,也从后世子孙角度兼及曹操的文武双全:将军魏武之子孙,于今为庶为清门,英雄割据虽已矣,文采风流今尚存。魏文名副其实,雅好诗章学术。汉魏禅让之际,文表往来,反复再三,繁文缛节,不厌其烦,也可见一斑。《文帝纪》中数次提及疫疾,如"初在东宫,疫疠大起,时人凋伤,帝深感叹",在与友人的信中感叹:

生有七尺之形,死唯一棺之土,唯立德扬名,可以不朽,其次莫如著篇籍。疠疫数起,士人凋伤,余独何人,能全其寿?

无怪乎魏文的诗章多身世之慨,"秋风萧瑟天气凉,草木摇落露为霜",与魏武的慷慨悲歌,壮怀激烈迥异其趣。

魏祚不永,三朝而终。魏书只书魏武帝、魏文帝和魏明帝,其余后继者皆不称帝。武帝享年六十六,文帝四十而殁,明帝只活三十六岁,一代不如一代。不过,高贵乡公不负其称,知其不可而强为,拔剑而起,鼓噪而进,宁为玉碎,不为瓦全,即使以卵击石,也不失高贵之风,为短命的曹魏涂抹了最后一丝亮色。

98. 重读通鉴,思接千古,愈发感慨系之。庸庸碌碌的时代,让人也昏昏欲睡,索然寡味。而楚汉争霸、三国逐鹿等时代,但见英雄辈出,气象万千,乃至每个人都仿佛活灵活现,个性鲜明,精神气局更是不同凡响,整个时代都好像注入一种精气神儿,似乎所作所为、所思所想,无不洋溢着生气、活力与浪漫的诗情。读到公瑾谢世等情节,怎不悲从中来,怅然不已?非常俶傥之时,自有非常俶傥之人。"曲有误,周郎顾""东临碣石,以观沧海""鞠躬尽瘁,死而后已"……这些不世出的英雄豪杰,骨子里、生命中何尝不是纯粹的诗人,建功立业、叱咤风云对他们而言何尝不是大诗大美。

99. 陆续看了贾樟柯的几部影片,包括《站台》《小武》《三峡好人》《天注定》,内容相通,格调相似,主题相关,一言以蔽之,可谓对"转型期"中国的写实之作。由于写实,也就显得特别真实、真切,如《站台》对20世纪80年代世道人心的把握,《天注定》对当今一些突出社会问题的反映。不过,写实不等于现实,犹如写实主义不等于现实主义。如果基于贾樟柯的电影而认为中国现实都是如此的话,那么就差之毫厘,谬以千里了。

什么是现实主义?什么是写实主义?这些问题在中外文论中,已有细致入微的探究与论述。一般来说,现实主义与写实主义的实质区别,就在于是否经过"典型化",如巴尔扎克的《人间喜剧》就是对资本主义文明的现实主义写照。现实中,一般不大可能见到"高老头""葛朗台"那样齿刻的人物,但巴尔扎克笔下的这些典型,又是对资本及其人格化代表即资本家的生动刻画,以至于马克思研究《资本论》时从中获得许多启发。现实主义作品不是现实的照片,而是对林林总总的现实生活的"典型化"创造。鲁迅谈小说人物时有段名言,可谓典型化的生动表达:"人物的模特儿也一样,没有专用过一个人,往往嘴在浙江,脸在北京,衣服在山西,是一个拼凑起来的脚色。"经过典型化的人物、事件、环境及场景,在像与不像之际让人感同身受,从而不仅由此及彼、由表及里地揭示社会生活的来龙去脉与普遍联系,而且也不断启发人们对人生、对社会、对历史的反思。至于写实主义则仅仅局限于复写、摹写、拷贝现实生活与社会人生,从而也就使人们的认识与思考拘泥于写实亦即像的层面。简言之,《红楼梦》属于现实主义,《金瓶梅》属于写实主义。不过,相较于《夜宴》《满城尽带黄金甲》《色·戒》《无问西东》等影片,贾樟柯的写实主义已是难能可贵,也难以企及了。

另外,重温若干外国老片,其中几部苏联影片尤感亲切,如《莫斯科不相信眼泪》《两个人的车站》《办公室的故事》等,《莫斯科不相信眼泪》一片尤其堪称现实主义杰作,至今仍然有助于深刻认识苏联社会及其精神世界。两大阵营对峙,不仅是硬实力的较量,而且也是软实力的竞争,苏东在科技、文化、教育、体育、艺术等方面,同样取得了举世瞩目的成就。随着社会主义阵营的瓦解,这些成就也随风飘去了。

100. 所谓"建设性新闻"及其概念确实源于欧美。他们有他们的语境,自不待言,问题在于我们的理论思维为何总是囿于"西方如何如何,所以,我们就如何如何",唯人马首是瞻,看人眼色行事,缺乏"我民族独立之精神,自由之思想"。从毛泽东到习近平无不致力于"中国特色、中国风格、中国气派",而中国特别是新中国的新闻理论与实践自有丰富的传统和遗产,一些人何以对此视而不见,熟视无睹,总觉得西方的月亮比中国圆?故西方不说我们就不能说，我们说了也白说。这种深入骨髓的殖民地半殖民地意识不知何时了。成伯清文章谈到时下学界的"悬浮式学术"，归根结底也在于此。你方唱罢我登场的各路舶来品既悬浮于中国社会现实，也悬浮于新闻理论与实践，只能成为"学术共同体"的小圈子游戏。

就所谓"建设性新闻"而言，远的不说，从梁启超的"向导国民"到《大公报》的"文人论政"，都体现了中国文化刚健有为的进取精神；从孙中山的党报思想到延安《解放日报》改版，更是致力于改造社会、推动进步的宏图伟业。至于共产党人及其新闻业不仅继承马克思"解释世界与改变世界"衣钵，而且彻底打碎了一个黑暗的旧世界并致力于建设一个光明的新世界。如今，西方新闻及其专业主义穷途末路、灰头土脸之际，也开始向这种光明的新闻靠拢。按说应该是他们学我们——不管自觉还是不自觉，结果怎么被我们新闻学界弄得反客为主？李希光老师说，西方新闻是耙粪的，中国新闻是淘金的。世上有真金，也有粪土，就看你把什么放在第一位。中华文明即使在最艰苦卓绝的岁月，也始终怀有天下为公、天下大同的光辉梦想，故中国文化中国人始终对世界抱有温情，甚至以德报怨也在所不惜。由此开出的新闻自然首先体现于建设性，而不是破坏性（包括批判性）。

101. 清华一位研究生，也是新华社记者正在准备学位论文，研究这些年主流媒体的"离职潮"（暂且如此假定）。我觉得，薪水固然是主要因素，但恐怕并非关键因素，毕竟还有更多并没有离职的主流记者。以我对新闻学界的了解，这些年西方专业主义思潮俨然占据主流。受此思潮影响，许多学生往往以所谓无冕之王、第四等级等作为新闻理想，以柴静、小方等作为职业样板，而对"党和人民的耳目喉舌"或敬而远之，或嗤之以鼻。可想而知，带着这种念头进入主流媒体，难免处处拧巴，事事别扭，久而久之，自然萌生去意，此时再有高薪诱惑，就很容易绝尘而去。如果新闻教育新闻学能如范敬宜在清华所为，那么，学生当不会有或少有新闻理想违和感，当年我们培养的一批学生如今都在主流媒体干得很好。由此看来，新时代的新闻教育需要认真反思，否则，既误人子弟，又误新闻业。

102. 第七期《新闻与写作》有篇文章，题为《新时代应警惕"新闻本质真实论"》，看了莫名其妙。

第一，为什么要"警惕"呢？很想看看文章的说法和道理，可惜没有什么干货、硬货。好像是说这个东西不好，可谁说它不好呢？只是举了20世纪80年代讨论时的几个人。问题是他们的一家之言怎么就成为定论呢？谁承认他们是定论呢？相反，实践中、理论中，本质真实的问题随处可见，如政治家办报，大局意识，等等。

第二，文章的主要依据好像就两条。一是那"十大原则"，据此认为新闻只能是现象真实，不能是本质真实，这同教条主义、本本主义有什么区别呢？一是据说记者的本事只能做到现象真实，再高的要求就达不到了，本质只能是哲学家的事情云云。我觉得，这既不符合古今中外大量新闻史的事实，也是对许多新闻高手的轻视，李普曼、法拉奇、范长江、范敬宜等，只能就事论事报道新闻，就不能透过现象看本质吗？"莫把开头当过头"是什么？

第三，文章举了几个"本质真实论"的人物，在我看来也没有任何影响，怎么就引起这般"警惕"呢？归根结底恐怕还是"马新观"与"美新观"的对立，是中国实践与西方教条的对立，这一路思潮好像容不得一点超越"有闻必录"的东西，记者似乎只能冷冰冰、超然物外地讲一个一个又一个的故事，仅此而已，不得逾越。

以上是随便想到、随手写下的一点感想，可以就此写篇回应文章，展开讨论与商榷。另外，这篇东西的文风也让人不舒服，不讲理，扣帽子，空话连篇，大话吓人。毛主席说过，讲真话，"不偷，不装，不吹"。我们也应该注意，实事求是，以理服人。

103. 我的想法，一是要正本清源，从老祖宗那里好好汲取思想营养，尤其是甘惜分、范敬宜一代反复强调的"立场、观点、方法"。最近细读十卷本《马克思恩格斯文集》，也有这样的考虑。二是要多学科、跨学科展开研究，切忌画地为牢，自我封闭，既把马克思主义封闭在一个所谓学科分支或领域，又把新闻问题封闭在所谓专业主义藩篱中。马克思既不是学科分支，也不是研究领域，而是旗帜，是灵魂，新闻学的任何分支、任何领域，都应插上马克思的旗帜，注入马克思的灵魂。刚刚买到刘东主编"讲学社丛书"中的一本，德里克主讲的《后革命时代的中国》，类似思考、研究及其成果都值得关注和借鉴，只有吸取全人类文明成果，才能成为共产主义者。最后一点，也是最重要的一点，即实践，新闻传播的实践，中国社会的实践，人类历史的实践，是新闻研究的源头活水，马克思主义及其新闻学的鲜明标志正在于实践，而前述各方面实践均为此提供了生机勃勃的活力、动力、生命力。不用说，这一切当然都离不开实干，离不开担当，没有担当则陷入犬儒主义。

104. 读书治学需要随时随处带着"问题意识","预警雷达"全天候打开,不断捕捉信息与动向。如此这般,才可能锁定有价值的目标。刚刚翻到《三联生活周刊》的一篇小资文章《张爱玲的后半生》,什么横空出世啦,惊艳上海滩啦。范敬宜的《莫把大资当小资》说得很清楚,这个沦陷区的"附逆文人",在汪伪时期不过如琼瑶、三毛而已,追捧她的除了香艳文人、无良媒体,也就是一些小家碧玉中学生。什么"苍凉"云云,不仅视曹雪芹、鲁迅、托尔斯泰、莎士比亚等巨人为无物,而且也对《玛纳斯》《阿诗玛》《福乐智慧》等民族史诗及其高天厚土的况味极为无知,充满小资的"偏见与傲慢"。

一个文坛的"小家碧玉中学生",如何"被"整成"大家闺秀红楼梦",甚至与附逆文人的畸形婚恋,都成为文坛热捧的话题,民国政府曾治罪的汉奸文人胡兰成及其作品居然堂而皇之地摆上书店的柜台。这一切也不失为一项有价值的研究,其中涉及的问题与领域至少包括冷战与后冷战,香艳文人上海滩,美国中情局与夏志清,媒体转型,小资文化,去政治化潮流,20世纪80年代前后社会思潮(对比韩素音与张爱玲),等等。当年中情局推出帕斯捷尔纳克的《日瓦戈医生》,因为契合西方冷战需要,而纳博科夫说,"从艺术上看,《日瓦戈医生》很拙劣、笨重、陈腐、做作",张爱玲为稻粱谋而替中情局创作《秧歌》《赤地之恋》,同样连一些"张迷"都难以卒读。如此不难理解,《秧歌》《赤地之恋》何以能在美国顺利出版,并得到吹捧,而张爱玲自以为用心的作品,反而门前冷落车马稀。

105. 什么是名记者?对此,见仁见智。我理解,共产党、新中国的名记者应该是"为人民服务、为社会主义服务"的践行者,是服务祖国、服务人民的卓越者。名记者不等于"有名的记者",否则,追名逐利之徒也貌似名记者,那就乱套了。虽然名记者与名气、名望、名衔、名头等或有关联,但我们定义的名记者功盖天下而在普通人那里却可能默默无闻,他们是陆定一说的"人民的公仆"而非"报阀",如时下媒体精英。是"公仆"还是"报阀",这是我们理解的名记者与流俗意义的所谓名记者最本质的区别。

106. 应邀看了《无问西东》。虽有思想准备,对当下影视界也不抱希望,但看完之后还是没想到会到这般地步。习近平的文艺讲话中提到"去思想化""去价值化""去历史化""去中国化""去主流化",在这部炒得火爆的影片中一个都不少,而且不加掩饰,一望而知。"特别是发生在毛泽东时代的那个故事段落,彻底暴露着影片创作者对历史的无知,以及基于这种无知的对那个时代的诬蔑。"(孙柏《〈无问西东〉的青春叙事和历史书写》)。郭松民更是指出：

> 《无问西东》根本问题还不在于美化民国，丑化新中国，而在于这部电影本质上是一部精神贱民的作品。编导从自由主义的视角，重新讲述了最近100年来中国的文化与精神历史，完成了一次精神上的认贼作父！
>
> 把带有浓厚美式风格的自由主义价值观，作为当代中国精神的源头，与此同时，把"十月革命一声炮响，给中国送来了马克思主义"为标志的革命文化、革命传统，剔除得一干二净，不留痕迹，似乎根本就不存在。
>
> 如果一个完全不了解现代中国历史的外国人看了这部电影，他可能会认为是泰戈尔、操着美式英语的教官、神父之类塑造了当代中国人的精神世界，会认为是西南联大拯救了中国，他无论如何也想不到，延安抗大的毕业生，才真正深刻地影响了当代中国的命运。

匪夷所思的是，面对如此历史虚无、价值错乱的作品，各方无所作为，听之任之，一些主流媒体甚至欢呼雀跃。这些年一再发生类似问题，一个重要原因也在于马克思主义及其唯物论被自由主义及其"人性论"所取代，《电影频道》盛赞《无问西东》，用的正是人性论的陈词滥调。《北京青年报》文化记者尚思伽（所思）在《读书》上撰文，批驳李安的电影《色·戒》一路风光大行其道时，也曾谈到这个问题。

107. 在北京已经二十五年了，遗憾的是绝大多数名胜古迹尚未寓目，连长城都无缘再次登临，欣慰的是欣赏了为数不多的一流音乐会。除北京音乐厅、北展剧场等视听之娱，如苏军红旗歌舞团的金鼓齐鸣、小白桦歌舞团的轻歌曼舞，还在人民大会堂、国家大剧院、中山音乐堂等，聆听了梅纽因、小泽征尔、维也纳交响乐团等美妙演出。"维也纳"一场是贝多芬的纪念专场，压轴戏是第五交响曲，当年即2017年，为"贝多芬年"，全世界音乐团体都以贝多芬为主题，举办纪念活动。小泽征尔的音乐会是方汉奇先生邀请，与导师和师母一同去的，在天桥剧场。也是在天桥剧场，2016年春天第一次欣赏了中央芭蕾舞团的《红色娘子军》。2019年夏至，在北京大学百周年纪念讲堂，又第一次观看了上海芭蕾舞团的《白毛女》。也是在这里，半年前刚刚欣赏了俄罗斯圣彼得堡芭蕾舞剧院的《天鹅湖》。这些演出于我无不美不胜收，晴空一鹤排云上，又得浮生半日闲。不过，北京音乐厅的一场钢琴协奏曲《黄河》，却留下终生难忘的糟糕印象。当晚的钢琴演奏家是石叔诚,也是这部名曲的创作者之一。钢琴协奏曲《黄河》诞生于1969年,首屈一指的创作者与演奏者是殷承宗,伴奏是曾经名满天下而如今已经解体的中央乐团,指挥李德伦。这部新中国与新文化的经典,从诞生以来不知多少遍聆听,因为每隔一段听听贝多芬和黄河,可以驱散各种乌烟瘴气。不过,现场聆听钢琴协奏曲《黄河》还是第一次。所以,那天满怀期待,兴致勃勃。作品无愧经典,演奏也堪称一流,问题是当作品高潮来临时,也就是随着钢琴在乐队伴奏的恢宏背景中,一声声敲击出《东方红》,一步步将保卫黄河的气势推向震撼人心的顶点之际,演奏家不是如你期待地弹出光华灿烂的《东方红》,而是陡然逆转滑向哀婉幽怨的《黄河怨》。那一刻,真是别扭之极,憋屈之极,心里"添堵",无以排遣,仿佛奔腾而来的钱塘潮历历在目,心潮逐浪高的时候莫名其妙地无声无息了。"文革"中,为了政治正确,不时删改旧作,没想到改革开放年代,竟也有这种匪夷所思的勾当,同历史虚无主义思潮可谓暗通款曲。

108. 海外历史学家汪荣祖《海外中国史研究值得警惕的六大问题》一文,涉及新清史、蒋介石等问题,也击中当下学界以及意识形态领域的要害,如历史虚无、价值混乱:

  近年来有一批美国学者的研究,号称"新清史",以新视野解释清朝的历史,两岸都有一些中国学者为之惊艳,以为我们以前把清史都看错了,清帝国原来不是中华帝国,而是中亚帝国,中国不过是清帝国的一部分,又认为满人汉化的概念是大汉沙文主义的产物,认为满人不是中国人,满人具有所谓的"族群主权",不承认中国是多民族的国家,坚持中国人只是汉人,满人、蒙古人、西藏人都不是中国人,这岂不是为分裂中国提供理论基础?如此居心叵测的论述,外国人随便说说也就罢了,中国人也去附和,未免太盲目无知了吧!
  西方历史学者对蒋介石早已有定论,多认为是"那个失去中国的家伙"(the man who lost China),深信蒋政权之垮台要因在于其自身之无能与残暴;蒋氏退守台湾之后,在美苏对抗的冷战时期,又建立起令人难堪的右派独裁政权。但是近年来右派势力复起,又故意把蒋介石抬高,于是近年陶涵(Jay Taylor)的英文蒋传《大元帅:蒋介石与近代中国的奋斗》出版,以"坚毅、忠诚、勇敢、廉洁"来溢美蒋介石;说他在台湾为民主与现代化奠定了基础,为中国大陆的现代化提供了典范等等,都是信口开河，却由著名的哈佛大学出版社出版。

109. 2019年寒假读了四大名著（《红楼梦》读了一半），今年寒假读了两部名家的唐宋诗选，即金性尧选注的《宋诗三百首》和余冠英主持编选的《唐诗选》。余冠英是清华校友，文史大家，年轻时同许多热血青年一样，向往光明，追求进步，与恽代英还有过交往。后来成为西南联大教授，与闻一多、朱自清等一起反抗三座大山，投身革命洪流。新中国成立后，撰写了一大批古典文学著述，包括主编《中国文学史》《唐诗选》等，前者还是我们用过的两部中国文学史教科书之一。《唐诗选》完成于"文革"前，出版于"文革"后。看他的前言落款时间1977年10月，不由愀然，那正是我紧张备考之际，"三十八年过去""生年不满百""怅望千秋一洒泪"……而更令人怅然的是，一大批这样的马克思主义大家渐行渐远。故读余冠英《唐诗选》及其著述，一边望风追慕，一边恍若隔世。

读李书磊的《重读经典》，含英咀华，名不虚传！他著述虽不等身而气象非同凡响，就像《1942：走向民间》《村落中的国家》《再造语言》等。多年前，曾经请他来清华的课堂作报告，讲得实在精彩，可惜忘了录音，一直引以为憾。昨日立春，今天飘雪。望着满天飞雪，想起冬天来了，春天不远。

附录
FULU

传播学即宣传学

——兼论传播学在我国的发展方向

在许多不明真相的外人看来,传播学真是高深莫测,令人望而生畏。乍看起来,传播学的确卷帙浩繁、林林总总、叠床架屋、玄秘深奥,恰似千回百折的"迷宫"和藏龙卧虎的"雾谷",怎不使人茫茫然、惶惶然?其实,一旦拨开笼罩在传播学上的那层故弄玄虚的"迷雾",去粗取精,去伪存真,人们就不难发现传播学无非就是宣传学(本文所说的宣传是广义的宣传,并不像常人所理解的仅指政治宣传。按照传播学先驱、美国政治学家哈罗德·拉斯韦尔的经典定义:"广义的宣传,就是运用种种表意方式以影响人们行动的技术。这些表意方式可以是口头的、书写的、图画的或音乐。")传播学与宣传学尽管名称各异,但实际上二者都是围绕着信息的传输和效应展开研究,而且研究的方法和目的也完全一致。

许多迷信传播学的人会觉得本文论点实属荒谬绝伦。在他们看来,传播学是一只"高雅"的白天鹅,而宣传学则是一只"猥琐"的丑小鸭;传播属于一门精深的学问(甚至有人把它视为艳盖群芳的学问,一位众学之王),而宣传学则属于一种实用的权术。且不论这种对宣传学的偏见是如何悖理,单就传播学而言实在谈不上多么高雅,多么精深。我们认为,同国外许多应用社会科学一样,蔚为显学的传播学也是"一半真理,一半扯淡",而那一半真理恰巧就建筑在宣传学之上。平心静气地说,传播学连篇累牍讲的不就是一句话——"传而求通"吗?而"传而求通"与宣传所讲的传达某种信息(包括事实、意见与观念)借以影响或操纵受众的内核又有什么本质上的区别?

有人会说,传播是一种"中性"的信息流动过程,而宣传则带有鲜明的主观色彩。我们认为,人类的传播交流活动从来都不可能是纯粹中性的,都不可避免地会打上主观的烙印,正如当代世界文坛巨著《日瓦戈医生》中所写到的:"任何事实,都有人自己添加的成分,都有人的一定的随意想象和一定的编造成分在内。"[1]

对传播学与宣传学之间关系的另一种最常见的糊涂认识是：传播学涵盖人类的一切传播行为，包括宣传。传播学是"属"，而宣传学则是"种"。换言之，如果把传播学看作"人类"，那么宣传学就是"个人"。我们认为，传播学实即宣传学，二者是一码事，根本不存在属种关系，如果说传播学是穿衣戴帽的"个人"，那么宣传学就是脱去衣帽的同一"个人"。

下面让我们从传播学的理论来源、传播学的研究内容和传播学的实际应用这三个方面，来进一步验证本文的论点——传播学即宣传学。

一、传播学的基本理论来源于宣传研究

传播学诞生于美国。第一位正式地、系统地研究传播学的威尔伯·施拉姆，被视为传播学的集大成者。严格地说，在施拉姆之前并没有今天专门的所谓"传播学"及其研究，有的只是不同社会科学领域内的有关宣传研究，施拉姆所集成的"传播学"，便是以这些宣传研究为基础。传播学的基本理论大都来自在他之前或之后的宣传研究成果，尤其是政治宣传和战争宣传的研究成果，对传播学的建立起了巨大的推动作用。

众所周知，两次世界大战极大地促进了美国的宣传研究。不少政治学家、社会学家、心理学家、人类学家、语言学家等，为了战争需要对有关宣传方式宣传效果进行了大量而深入的专题研究，许多研究项目都直接间接地促成传播学理论的形成。比如第二次世界大战期间，社会学家罗伯特·默顿（传播学先驱拉扎斯菲尔德的同事）对凯特·史密斯主持的广播宣传节目所作的研究，心理学家多温·卡特赖特（传播学先驱卢因的学生）对动员人们购买公债支援战争的宣传运动所作的研究等，至今仍被视为传播学的经典研究。以这种宣传研究的热潮为背景，美国的"宣传分析研究所"于1937年成立。该所不仅包括好几位以后对传播学研究作出贡献的人如埃德加·戴尔、伦纳德·杜布等，而且他们的宣传研究成果《宣传之艺术》（提出七种宣传手法）一书，"可以被看作为态度改变的初期理论探讨。有几种手法研究只不过是猜度而已，然而在以后的态度改变实验中，它们竟成了关键性变数"。

---

[1] 帕斯特尔纳克：《日瓦戈医生》，力冈、冀刚译，漓江出版社，1986，第148页。

在这些宣传研究中,对传播学贡献最大的还要数施拉姆所奉的四位传播学"奠基之父"——拉斯韦尔、霍夫兰、拉扎斯菲尔德、卢因——的宣传研究成果。下面就重点考察这四位传播学"奠基之父"的宣传研究,看看他们究竟如何为传播学"奠基"。

传播学的最早奠基人哈罗德·拉斯韦尔,既是一位政治学家,也是一位著名的宣传研究权威。他的博士论文《世界大战中的宣传技巧》(1927年),描述和分析了第一次世界大战中的宣传战,引起有关方面的高度重视,促成研究宣传的广泛兴趣。"宣传研究"一时成为热门的研究课题,出现不少论述宣传的著作。传播学理论中风行一时的"子弹论",就产生于这个时期的宣传研究热潮中。1946年,拉斯韦尔与史密斯等人合编的《宣传、传播和舆论》一书中,第一次使用"大众传播的科学"这一提法,指出宣传不过是一种特殊的信息传播。拉斯韦尔对传播学理论的建树,主要集中在他的《社会传播的构造和功能》(1948年)一文中。它首次完整提出的"5W"传播模式——谁、说什么、通过什么渠道、对谁说、产生什么效果,长期以来一直是传播学中最有影响的传播模式;它相应于5W而提出的五类分析——控制分析、内容分析、渠道分析、受众分析、效果分析,又为传播学勾勒出一目了然的研究范围,至今传播学研究仍然基本围绕这五类分析进行。很显然,"5W"传播模式是从宣传角度提出的(最明显地体现于该模式的指归在"产生什么效果"上),而五类分析又无不与宣传问题有关(后面将详细论述)。此外,他与人合著的《世界革命与宣传》(1935年)、《宣传与推行》以及他的论文《宣传效果的描述》《宣传内容的描述》等,也都是较有影响的传播学文献。他去世时还有三卷有关宣传的巨著正在付印。

如果说身为政治学家的拉斯韦尔只是因为政治研究的需要而兼及宣传研究,那么心理学家卡尔·霍夫兰则毕生致力于宣传研究,成为举世公认的宣传学专家。第二次世界大战期间,霍夫兰应美国陆军部的聘请,领导耶鲁大学心理学家小组所进行的鼓舞士气的研究,是有史以来规模最大、影响最广的一次宣传研究。它的成果成为传播学中若干重大理论的渊源,它的研究重点(宣传效果)又成为传播学研究中最注重的一个方面即效果分析,这方面的传播学论述为数最多。第二次世界大战结束后,霍夫兰继续从事宣传研究。他设立的"耶鲁大学关于传播与态度改变研究计划",仍以效果分析为重点,旨在"提出科学的见解,以辨别哪些条件可使这类或那类劝服性传播的效果有所增强或减弱"。所以,这项宣传研究项目不仅为美国政府的对外宣传提供重要的理论和政策依据,而且其研究成果汇集成著名的"耶鲁丛书",开拓了传播学的领域,丰富了传播学的研究。正如后来的传播学者所说,霍夫兰领导的宣传研究"意义不仅在于其所得的结果,而且在于引发了此后的多项研究。霍夫兰及其同事组成了一个卓越的群体,其中许多人此后都在传播领域内进行了深入一步的研究。法许巴哈在研究电视暴力方面作出了重要贡献。贾尼斯从他关于惧怕诉求的研究引申出帮助人戒烟的方法,并在政治与政府方面对'群体思想'过程进行了研究。麦戈比把态度改变的理论应用于解决其斯坦福防止心脏病项目的健康传播(实即宣传)问题。威廉·麦圭尔创建了'防疫论',并成为一个杰出的态度改变综合研究者、评论家"。[1]

传播学的另外两位"奠基之父"拉扎斯菲尔德和卢因,虽然不如上述两位在宣传研究上颇多建树,但传播学从他们学说里移植过去的重要理论基石如"两级传播""意见领袖"等,却无不出自他们为数不多的宣传研究项目。换言之,他们正是以其宣传研究成果而为传播学"奠基"。

保罗·拉扎斯菲尔德从社会学角度从事研究。他建立并领导达25年的"哥伦比亚大学社会学研究所",是"主要从事大众传播研究的最著名的研究组织"(施拉姆)。他与该所副所长罗伯特·默顿合作的论文《大众传播、大众鉴赏力和有组织的社会行动》,施拉姆认为迄今仍然是"关于大众传媒的杰作之一"。而这篇所谓的传播学"杰作",实际上是围绕宣传问题,确切说是围绕以大众传媒为手段的宣传问题而展开论述的。文章开宗明义:"大众媒介是宣传媒介。"进而论述了这种"宣传媒介"的有限效果,指出"人们可以回避,抵制以至同化改造大众媒介所传播的思想观点"。也就是说被宣传者并非以前的"枪弹论"所理解的完全处在消极被动的地位,只能毫无保留地接受宣传者的"思想观点",相反他们是积极的、能动的。这种观点后来被系统化为"选择性注意、选择性理解、选择性记忆"的理论,在传播学的效果分析中占有一重要席位。在论述"宣传媒介"的作用有限后,文章接着便提出"宣传媒介"能达到的三个效果,如"提高社会声望"(正面宣传的成果)、"增强社会规范"(反面宣传的效应)等,并论述获得重要宣传效果的三个条件即实行宣传上的垄断、引导而不是改变被宣传者的基本价值观念和以面对面的接触作为补充手段。所以,与其说拉扎斯菲尔德和默顿的这篇文章是传播学的"杰作",不如说是宣传学的重要论著。

当然,拉扎斯菲尔德等对传播学的主要贡献还在于"两级传播"理论。而

---

[1] 塞弗林、坦卡德:《传播学的起源、研究与应用》,陈韵昭译,福建人民出版社,1985,第172—173页。

这一理论正是在研究政党宣传中发现的。1940年总统大选期间，拉扎斯菲尔德与助手们进行了一项研究，试图从社会学角度证明当时宣传领域非常盛行的"枪弹论"，"判断出大众媒介究竟如何形成这种变化"（拉扎斯菲尔德）。也就是要证明竞选人的宣传如何发挥巨大威力，如何通过大众传媒影响选民的决定。结果，出乎他们最初设想，选民态度的改变与竞选人借助大众传媒的宣传活动并无直接的关系，这种宣传活动对选民的影响微乎其微。而且这种有限的宣传影响先到达所谓"意见领袖"，然后经由他们再扩散到大众中去，这便是著名的"两级传播"理论。由此可见，"两级传播"这一传播基石之一的重要理论，与宣传问题及其研究关系何等紧密。

团体动力学的创始人库尔特·卢因，虽然以其"把关人"的概念而享誉传播界，但他对传播学建立起最大推动作用的理论，还在于他的关于团体影响个人的观念、动机、愿望、行为和倾向的团体动力学。第二次世界大战期间，卢因和他的学生在对鼓动军队士气问题的研究中运用过这一理论。卢因的一项最为传播学者所乐道的研究，也是"二战"中他参与的一个力图使人们改变择食习惯的宣传计划。当时最好的肉都运往军队，只剩下一些以往人们不常食用的杂碎。卢因的研究就是想找到一种最佳宣传方式，使人们相信食用杂碎有益无害的宣传。通过研究实验发现：宣传加讨论的效果远远胜过单纯宣传的效果。或者用传播学的表述："有效的传播节目往往是大众传播与人际传播的结合。"卢因的这一发现，与拉扎斯菲尔德等以面对面接触作为宣传补充手段便可获得重要宣传效果的论述，可谓如出一辙，不谋而合。

从上述四位传播学"奠基之父"对传播学的贡献上可以看出，他们的宣传研究及其成果在传播学形成中所起的决定作用。虽然传播学的兴起还有其他因素，但传播学的基本理论却是在四位"奠基之父"对宣传问题的研究基础上形成的。施拉姆正是把他们的宣传研究成果汇总起来，进行系统整理，才形成一门独立的"传播学"。因此，可以说如果没有"奠基之父"对宣传问题的重视和研究，没有他们在宣传研究中的重大学术突破和成果，便没有传播的基本理论，因而也就不会有今天所谓的"传播学"。

二、传播学研究内容围绕着宣传问题

上面已从纵的方面即历史的角度探讨传播学与宣传问题的关系，下面再从横的方面即现实的角度考察这种关系。

埃德温·埃默里等认为："概括来说，大众传播研究是一种对于群众宣传心理的科学研究，它通常要收集第一手的数量分析的材料，它还包括了对宣传者、宣传工具、报道内容的研究。"这段话简单明了地概括了传播学的研究内容。尽管目前传播学研究庞杂纷乱，漫无边际，但其研究方面大都以宣传问题为核心，研究范围基本限于拉斯韦尔提出的五项研究（五类分析），即传播者研究、信息研究、渠道研究、受传者研究和效果研究。这五项研究再加上后来增加的"反馈研究"，实质都是为了解决怎样进行宣传、使用哪种宣传方式、如何取得最佳宣传效果等问题。一言以蔽之，都是为了"传而求通"这个传播（宣传）的根本目标。

所谓传播者研究和受传者研究，无非就是研究宣传者与被宣传者这个宣传过程或"传播过程"的两极，达到"知己知彼""有的放矢"。传播者研究集中在"把关人"研究上。不少国家的"把关人"直接由国家宣传机构担任。西方国家的"把关人"虽然一般不带明显的宣传气质，但实际情况正如拉扎斯菲尔德等所说：他们"不断宣传现存社会结构的合理性"，"强调人们应该义不容辞地接受这个结构"，"鼓吹人们对美国的社会结构抱无头脑的忠诚态度"。所以把关人研究就是宣传者研究。至于受传者研究则与所谓信息研究、媒介研究、效果研究和反馈研究联系较为密切。什么样的受传者对什么样的内容感兴趣、喜欢选择哪种传播媒介，接受信息后产生什么反应，而这种反应又是通过何种方式怎样反馈给传播者等，这一切很显然大都围绕宣传问题，尤其是其中的宣传效果在做文章。因为宣传效果乃是所有宣传者关注的首要问题。正如传播学专家们所说："在商业方面，在推行一个新的广告运动，以改善巴德韦塞牌啤酒在人们心目中的形象之后，需要测量一下这些广告的效果；如促进健康方面，为减少人们心脏发病而推行（实即宣传）戒烟、体育锻炼和节制饮食后，也需要测量效果。无论是政府机构或商业部门，如果得不到一定的资料表明其推行的运动有某些直接效果，就不会继续在这方面作数以百万美元计的投资。"[1]（《传播学的起源、研究与应用》）可见效果研究的重要性。正因为效果研究在传播学中居于众星拱月的地位，所以有关这方面的研究论著为数最多，最受传播学家的重视。

为了进一步论证"传播学的研究内容围绕着宣传问题"，本文将对传播学重点研究领域所涉及的基本内容再作些具体说明。而为使这些说明令人信服，

---

[1] 塞弗林、坦卡德：《传播学的起源、研究与应用》，陈韵昭译，福建人民出版社，1985，第5页。

完整引用西方传播学者对此问题的阐述可能较为妥当。美国得克萨斯大学两位传播学副教授沃纳·丁·赛弗林和小詹姆斯·W.坦卡德,在他俩合著的《传播学的起源、研究与应用》一书中写道:

> 大众传播研究常用于以下几个方面:
> 1. "受传者研究"是专门设计以测量人们对不同大众媒介内容的兴趣大小及其原因的一种研究。关于印刷媒介,受传者研究通常采用"一次性"研究的形式,而电视收看率则经常采用"固定对象"的方式,即在几年之内一再地对某些观众抽样测量。关于使用媒介与媒介信誉的研究、读者兴趣调查、广播"收听率"亦都是此类研究的例子。
> 2. "讯息内容与设计"也许会使人联想到讯息的内容分析,其实内容分析往往要和其他研究方法结合使用,才能取得更佳效果。在实验室内进行的实验往往用于判断一个讯息为在特定对象中达到预期目的应采用哪种方式最有效。关于只说一面之词好还是两面都说为好的研究,对形成恐惧心理的研究,多余信息的最佳限度,语言的使用,以及抗拒劝服的不同方法,都是讯息内容与设计研究的例子。广告公司与公共关系公司所作的旨在判断商业广告节目与广告最有效形式的实地调查亦属此类。
> 3. "效果研究"包括对媒介运动的筹划与效果估价,也包括对媒介的选择。革新推广的研究,媒介正负功能的研究,媒介形成议题之功能研究,观看电影暴力节目效果的研究,都是典型的例子。在商业界,广告户最感兴趣的是扩大销售的最佳途径,公共关系人员寻求着改善某公司形象的最佳方案,竞选运动组织者需要寻求某候选人获选的办法,政治家则需要能使其政策或措施被人接受的最佳方案。效果研究可以运用多种方法——实验、调查研究、内容分析、个案研究,也可以把它们结合起来进行。
> 4. "传播者分析"传统上是与"把关人"研究(个案研究)结为一体的。有关语言在理解、抽绎方面的作用也可以划入传播者分析一类。信源信誉之影响到讯息是否为人接受,也直接关系到传播者研究。关于媒介连锁,联合大企业交叉所有制对媒介内容的影响也都是传播者分析的例子。[1]

---

[1] 塞弗林、坦卡德:《传播学的起源、研究与应用》,陈韵昭译,福建人民出版社,1985,第281—282页。

从上述传播学的研究内容来看，宣传问题犹如一根主线横贯传播学的各个研究领域，把传播的各有关研究课题连成一体。传播学既是从宣传研究发展而来的，同时也是以宣传问题为核心的。传播学实实在在是宣传学。

三、传播学应用范围主要在宣传领域

传播学是一门应用学科。它的应用范围主要在宣传领域，特别在政治宣传（如竞选）和商业宣传（如广告）方面。

传播学在西方迅速生长，蔚为显学，绝非偶然。它的兴起除了与科技发展、传播革命有关之外，更与西方的政治制度和经济体制密切相关。它是西方社会生存竞争的必然产物，是适应着泛滥成灾的各种宣传的需要。不管当代的西方人多么厌恶"宣传"这个字眼，不管"宣传"一词在西方多么声名狼藉，实际的宣传在西方社会里却铺天盖地，无孔不入。早在40年前，拉扎斯菲尔德等就曾在传播学经典之作《大众传播的社会作用》一文中写道："社会中一些主要的权力集团（其中以工商界组织为最突出）日益采用宣传手段代替更直接的控制手段以达到摆布各阶层公众的目的。实业组织不再强迫八岁的儿童每天在机器旁劳动十四个小时了；它们根据详尽的'公共关系'计划进行宣传活动。他们在全国的报刊上刊登大幅引人注目的广告；他们主办许多广播节目；他们根据公共关系顾问们的建议组织有奖竞赛、设立福利基金会并支持正义的事业。经济界似乎已减少直接的宣传，转而进行更为精巧的心理宣传，即主要通过大众传播媒介进行宣传。"今天，五花八门的广告，名目繁多的竞选，更加令人眼花缭乱，难以抗拒。难怪英国评论家威廉·恩普森说："美国人对可能从事宣传的任何人都抱有一种令人难以理解的少女似的恐惧心理。"可以说今日的西方是个宣传的世界，西方人时时处处都为各种各样的宣传包围，生活在宣传的天罗地网之中。

处在这样一个"宣传竞争的时代"，厂商希望了解运用何种媒介、采用何种方式，才能最有效地向受传者推销自己的商品；各政党则希望通过传播媒介来宣传自己的政见，争取选民；军事当局则企图通过传播媒介达到鼓舞士气的目的。所以，以宣传研究为核心的传播学一问世，便赢得人们高度重视，获得长足发展。传播学的研究成果在"各类从事宣传工作的人——报纸杂志的编辑，记者，电视和电台的广播员，广告员，公共关系人员，政府新闻部门专业人员，书籍出版者，影片制作者"当中得到广泛应用。如霍夫兰的研究20世纪50年代曾被用于冷战宣传。此外，传播学的研究方法——抽样调查、问卷设计、个案研究、内容分析等，也在竞选活动、广告业务中经常运用。

虽然各行各业都重视传播学，但对传播学发展起决定性影响的主要在政界和企业界，传播学的应用价值也集中体现在政治宣传（所谓"政治传播"）和经济宣传上。美国传播学者威廉·艾林在《大众传播研究》一书中写道："广告商和舆论测验者都对大众传播媒介的传播对象的组成与反应感到兴趣，前者是要判定新闻媒介对消费购买行为的影响，后者是要判定新闻媒介对选民的投票决定的影响。"所以，他们不但需要宣传的组织——公共关系、民意测验、广告公司等，而且也需要宣传的理论——所谓"传播学"。这些都从反面表明传播学的应用范围在宣传领域。

传播学的研究成果和研究方法不仅广泛应用于宣传活动，而且其理论本身也正是在宣传活动中不断得到完善和改进。大部分的传播学研究项目都是以竞选和广告为对象或目的的——这类事例在传播学研究中俯拾皆是，从中得出的理论又反过来用于指导这些宣传活动。至于许多政治团体和广告公司都聘请有传播学专家，则更使传播学的应用与研究难分难解。

总括以上论述，可以得出以下结论：传播学不论从什么角度——名和实、纵和横、历史和现实、理论和实践——来观察，都可以被看成为宣传学。传播学实为宣传学。它来自宣传，研究宣传，用于宣传，传播学的本质和精华都在"宣传"二字之上。

1982年，全国首届传播学讨论会曾经提出"结合中国实际，建立起符合中国国情的、有中国特点的"传播学的构思。应如何建立中国的传播学？中国的传播学该是什么样？怎样在中国开展传播学的研究？怎样使西方的传播学在中国的土壤上生根、开花、结果？在回答这些问题之前，也就是在确定中国的传播学研究发展方向之前，首先必须从总体上破除对传播学的盲目迷信，澄清对它的糊涂认识，正所谓不破不立。

对传播学的认识看来存在两种近乎迷信的观点。一种认为传播学神通广大，包罗万象，掌握这把锤子，世界万物都可以当成钉子。另一种则认为传播学玄妙深奥，"可远观而不可近亵"，常人只能"临文嗟悼"，望而却步。第一种迷信早在十年前就已被专家所嘲笑："'传播'这一概念，归根结底意味着一切：成群飞舞的蜜蜂和'传送水流'的管道，鸭子呱呱的叫声和铁轨的轰鸣声，猴子的嬉戏和情侣的私语……一个传播研究者，如果他想胜任这一切，要么成为一个无所不知的天才,要么就是一个冒牌的行家。"(瓦格纳和施塔尔库拉)第二种迷信也已被传播学权威施拉姆在无意中破除:"传播学和其他任何一个发展得同样快的科学一样,不可避免地会出现大批繁琐零碎的研究,而且相对说来,真知灼见的研究则寥寥无几。"这两种迷信本质一样,即把传播学神秘化、神圣化。显而易见,这两种迷信(尤其是第二种)都不利于传播学在中国的发展,都妨碍"有中国特点"的传播学的建立与研究。基于这些迷信而展开的传播学研究,或者不着边际,或者于事无补。最后,西方传播学在中国必然会以无本之木、无源之水、无的之矢而寿终正寝。

因而,本文要彻底为传播学"正名"——除去环绕传播学的"神圣"灵光,还它"庐山真面目"。否则,"名不正则言不顺,言不顺则事不成"。弄准西方传播学的真谛所在,搞清传播学的本质以后,如何建立中国式的传播学问题自然也就容易解决了。我国历史悠久,文化灿烂,宣传的传统也源远流长。"攻城为下,攻心为上""四面楚歌""三人成众"等等,都可当成宣传方面的经典。特别是在我党领导亿万民众进行革命和建设的历程上,更是积累了丰富的宣传经验——当然有成功的也有失败的,总结了大量的宣传理论——当然尚欠完整与系统。比如西方传播学者所津津乐道的"面对面接触"的理论,实际上在我国政治生活中所经常采用的集体讨论、加深理解的方式中早已不自觉地得到了体现。这些都是极有价值的传播学研究素材,"将成为建立我国自己的传播学体系的基础"(郑北渭)。另外,随着改革开放政策的深入,我国与外部世界的联系日益密切,如何在国际上树立我国的良好形象比以往任何时候都更显得紧迫和重要。同时,国内的各行各业、各部门对宣传的需要也势必随着改革开放的进程而日渐重视。这些都为传播学的研究提供了无限的用武之地,为传播学的发展展现了广阔的生存空间。所以,如果能够破除对传播学的迷信,把握传播学"来自宣传、研究宣传、用于宣传"的本质,进而从我国得天独厚的宣传实际出发进行研究,把其中许多带有规律性的东西总结出来,并在实践中不断加以验证和修正,那么,传播学研究一定会在我国获得长足发展,一定会在四化建设和两个文明建设中发挥其作用,同时有中国特色的传播学也一定会以令人耳目一新的面目"冲出亚洲,走向世界"。

反思：传播研究本土化的困惑

审视当代中国学术潮流不难发现，20世纪80年代与90年代判然相别，风格迥异。如果说80年代是西学热导致彻底反传统，那么90年代则是国学热带动全面本土化。就传播研究而言，1986年的第二届全国传播学研讨会就曾颇为急切地欲将西方传播学的一整套家当全盘照搬进来，并十分自信地断言"传统"新闻学已走入死胡同，可以寿终正寝；但进入90年代后，国内学界的本土化意识便开始日渐明确，至1993年"首届海峡两岸中国传统文化中传的探索座谈会"召开之际，传播研究的本土化已成大势所趋。不能紧跟洋人亦步亦趋，必须走出自己的路已成天下共识。

学术潮流的转向总是同特定的社会历史背景相关联，90年代出现的这一本土化趋势也非偶然。除去对80年代甚嚣尘上的空疏学风进行反省从而导致更加务实追求建设性的倾向之外，本土化的背后隐含着一种自觉的而非盲目的、深刻的而非肤浅的、清醒的而非狂热的民族主义。哈佛大学著名政治学家塞缪尔·亨廷顿那一引起轩然大波的新理论——"文明的冲突"，针对的正是这种不无离经叛道色彩的新景观。

依据亨廷顿对历史的考察，近代以来世界性冲突历经四个时期，每个时期冲突来自不同的根源。第一个时期是在1893年以前，冲突大都发生在君主帝王之间；第二个时期从法国大革命到第一次世界大战结束，冲突的主线在民族国家之间；第三个时期从十月革命开始，从此民族国家的冲突让位于意识形态的冲突；1989年，随着苏联解体、东欧剧变等一系列重大事件的发生，东西方冷战结束，世界进入后冷战时期，这一时期世界性的冲突就演化为所谓"文明的冲突"。在亨廷顿看来，前三次的冲突——君主、民族国家和意识形态之间的冲突，基本上是西方文明内部的冲突；而第四次冲突的重心"已转到西方与非西方和非西方文明之间的相互作用上"。尽管他把当今世界上的主要文明分为"西方、儒家、日本、伊斯兰、印度教、斯拉夫—东正教、拉丁美洲，以及可能存在的非洲文明"等，但他心目中所关注的主要是儒教与伊斯兰教文明，他把这二者的联合势力视为与西方分庭抗礼的最大"敌手"。

作为替美国政府运筹帷幄的一种策论，文明的冲突一说从学术上当然大可推敲。不过，亨廷顿对后冷战时期各文明间差异性的凸现应该说的确把握得很准，看到了天下大势的要义。事实上，"普遍西化"已在世界历史的屏幕上淡出，而"亚洲化""印度教化""伊斯兰教化""俄罗斯化"等场面则正淡入，肇始于西方曾被普遍当作绝对律令的现代化正越来越受到广泛的质疑。亨廷顿在列举文明之间必然发生冲突的六大理由中，就指出处于权力巅峰的西方正面临着一个日益崛起的非西方社会，而后者正以自己的方式塑造世界，其中自然包括学术的本土化努力。亨氏哀叹道，以往非西方社会的精英通常是最倾向于西方的人，现在完全相反，精英分子本土化和非西方化的情形正在许多非西方国家出现。

说到中国，90年代兴起的国学热，可谓是这一情形在学术方面的突出反映。对此，王焱的看法与亨廷顿倒是不无相似。王焱认为，国学的复兴是在现代多元文化背景下重新审视传统学术的结果，反映了中国学人的文化自觉。在所谓后冷战、后殖民、后现代的背景中，这种文化自觉及其所推进的本土化运动，无非就是对西方种种支配性话语提出疑问和挑战，对近代以来作为知识与真理接受的这些西方话语进行反思和扬弃。与这一潮流相呼应，纯粹的西学包括传播学也开始寻求与传统文化相融合，许多传播学者已在试图建立自主独立的学术话语。由孙旭培组织、由国内几十位学人参与的"中国传统文化中的传播"即为一例。

由此看来，传播研究的本土化顺天应人，无可非议。然而，涉入渐深又使人不无困惑。简言之，中国的国情究竟能为传播学的本土化提供多大的空间？问题看似简单，但在更深的层次上却涉及一系列并不简单的因素，诸如对现代性的评价，对"东方主义"与"西方霸权"的估量，对所谓"后殖民主义"时代的阐释，等等。近代以来，国人对待西方的理论包括传播学似乎总陷入一种思路，即将理论的内容（text）和理论的语境（context）剥离开来，只把理论视为解决某种现实的工具，以为一种理论只要符合"科学"便可放之四海而皆准，我们惯用"Western theory"和"Chinese reality"的提法本身就清楚地体现了这一思路。事实上，各种理论都与特定语境发生千丝万缕的血缘关系，犹如一方水土养一方人，总是生于斯，成于斯，彼此构成一有机的整体。已历百年的"西体中用"究其症结或许就在于割裂这一"文体"与"语境"的血肉关联，忽略了"橘生淮南则为橘，生于淮北则为枳，叶徒相似，其实味不同"的古训。

毋庸讳言，传播学自80年代初倚开放之长风而大举引入我国以来，始终处于一种不尴不尬的境地。虽说这门学科拥有全新的视野、强劲的活力,且凭借西方现代化无可怀疑的优势与力量,一度横扫中华势如席卷。但实际上雷声大,雨点小,不仅迄今未能取代传统新闻学在学界的正统地位,而且一直以非我族类的疏离感游离于主流之外。因为引入一套成形的学术话语并不难,难的是将那套话语所赖以寄生的语境也一并迁来。于是,传播研究者每言及西方总是口若悬河,滔滔不绝,而一旦介入本土顿时张口结舌,语无伦次。

即便中国的市场经济以及现代化运动为传播学本土化提供了足够的条件,即便汉语的"传播""受众""效果"同洋文的"communication""audience""effect"具有完全相同的语义所指和文化蕴意,一句话即便橘生淮北仍为橘,关于传播学中国化本土化的困惑依然存在。本土化的指向自然在于常说的"中国特色",但当人们试图从传统文化中去总结、概括、提炼什么特色时,不是早有固定的范式与框架预先设置在思想之中吗?换言之,以特立独行相标举的本土化,本质上也许恰恰显示出西方话语的支配性。如果这也算是一场"文明的冲突",那么冲突爆发前我们已在思想上被缴械。

这里仿佛面临一个怪圈,一方面要走自己的路去追索真知实理,另一方面又必得遵循别人的章法,依据别人的理路,甚至采纳别人的行话——诚如张汝伦所言,"似乎不用它来叙述与阐述,任何东西都不能具有知识、真理与科学的地位,都没有学术与思想的合法性"。最典型的莫过于从章太炎到冯友兰,尽管曾苦心孤诣想营造中国的学术思想,但所使用的核心概念却无一例外地属于舶来品。从本土化的实绩看,传统文化似乎不像被"弘扬",而倒像被拉到"国际"博览会上去拍卖,一切都得按"接轨"的标准办理,结果就跟金发碧眼的西方女子穿一袭旗袍,让人总感到有种说不出的不伦不类。

综上所述,传播研究本土化的困惑来自两点:一是语境的转换已使真洋鬼子变为假洋鬼子,所欲本土化的东西已来路不正;二是意在自食其力的动机有可能转为替他人作嫁衣的结果,学术的自觉有可能出自学术的盲从。这两点都统摄于特定的同一时空条件下,又都在观念上与现代性的问题纠缠。每位致力于使传播学归化东土的学人,或隐或显恐怕都将遭此困惑。有鉴于此,当务之急是不是应先从正本清源入手,在本土化之前先原原本本、扎扎实实地取回真经?或者,就本着实事求是的原则,直接从传统中引出符合自身文化品格精神风貌的学术思想?然而,新的困惑又随之而来。借用金岳霖先生半个世纪前所说的话:"现在的中国人免不了时代与西学的影响,就是善于考古的人,把古人的思想重写出来,自以为是述而不作,其结果恐怕仍不免是一种翻译。"何去何从,麻烦真是剪不断,理还乱。诚愿以此就教于方家。

学统与学院派

一

不言而喻，学统，是任何一门学科的命脉。即便是经世致用之学，也必以学统作为安身立命的根基，设若学统不存，一切的致用便势必沦为大厦倾覆后的碎瓦残砖。然而，说来难以置信，我们的新闻学严格地讲，至今尚未形成系统的而非零碎的、深厚的而非单薄的、纯正的而非随意的、稳固的而非流变的学统。从这个意义上看，"新闻无学"依旧是一句警策的概括。

诚然，我们的新闻学已有近百年的历史积淀，依方汉奇先生之说，我们同世界新闻学术探讨的主流相比起步并不晚，尤其是近十年来，新闻学研究乍一看颇有一番热热闹闹、欣欣向荣的气象。"根据不完全统计，1979年至1989年，全国共出版各种新闻书籍1080种，这是1949年至1978年30年间的10倍。"[1] 由此说来，新闻学仿佛家学渊源，俨然学统坚实。可惜，学统并不主要体现在时间或数量的外在尺度上，这里关键还得看自主运行、不假外求的学术话语是否健全，各领风骚、相辅相成的学术流派是否形成，"不以物喜，不以己悲"的学术精神是否确立，"藏之名山，传之其人"的学术积淀是否深厚，而这些无疑均属新闻学的阿喀琉斯之踵。倘以其他学科为参照系，新闻学领域的贫瘠与惨淡便显得愈发触目惊心。就拿1979年创刊的权威的《新华文摘》来看，15年中以新闻学入选者竟是屈指可数，而这期间适逢新闻学研究的"兴旺发达"。仅此一端，不就足以显示"新闻无学（统）"的困窘吗？

面对这种不伦不类的局面，有识之士早有所察觉，并力图扭转学林中低人一等的形势，使新闻学名实相副。然而，不管怎么左冲右突，最后还在原地徘

---

[1] 孙旭培：《中国大陆传播研究的回顾与前瞻》，《新闻与传播研究》1994年第1期，第2页。

徊，似乎这片学术地盘天生属于无法开垦的沼泽。于是，想在学术上真有所作为者往往不得不"跳槽"，而一旦跳出便顿时海阔天空，任其驰骋。难道新闻学果真是不毛之地吗？难道新闻学果真与学统无缘吗？如其不是，症结何在？撇开种种"殆天数，非人力"的因素不谈，研究的支点是否立在"学"上最是举足轻重、至关根本的。托马斯·库恩在其影响广泛的《科学革命的结构》一书中，论及"范式"（paradigm，又译为"规范""范型"）对科学研究及其发展的决定性作用。所谓范式，借用美国汉学家黄宗智的解释，"指的是那些为各种模式和理论，包括对立的模式和理论所共同承认的，不言自明的信念"，"它们往往构成不同理论、模式间发生争议时的共同前提和出发点"。[1] 就我们的新闻学而言，首屈一指的范式应该可以归结为"理论联系实际"，亦即所有的理性思考，一切的学术运作都以实际为轴心，以实践为本位，以实用为指归。无论是"大弦嘈嘈如急雨"的宏观建构，还是"小弦窃窃如私语"的微观解析，无论是早年的"小荷才露尖尖角"，还是当今的"接天莲叶无穷碧"，我们的新闻学研究可谓始终如一地遵循着这一范式，坚定不移地立足于这一范式。而恰恰是这一范式而非其他，从根本上制约了学统的形成与完善，从而使新闻学始终局促于浅科学或前科学的层面上，达不到一门学科应有的理论高度，形不成必要的学术品位。很显然，受这一范式的左右，纯学术的探讨自然难以深入，纯理论的求索也总是难以为继。结果，所谓"理论"往往沦为实际的附庸而很难具备规整严正的形态，所谓"联系"也总难免于将学术话语淡化成"how to"一类的指教而失去其海纳百川的功能。如此一来，学统的缺失便是理所当然的了。尽管不少后继学人已迫切感到问题的严峻，但在一事当前功用至上的前提规范下，各种努力便都带有南辕北辙的意味。

应当承认，"理论联系实际"作为新闻学原初的、第一位的研究范式，自有其历史的逻辑性与实际的合理性，且不论中国古代"经邦济世"的实学传统和近代"实用主义"的思潮背景，新闻学发轫之际正值"救亡"成为压倒一切的主题，五四新文化运动的"启蒙"呼声后来也不得不让位于救亡图存的现实。在时危世变面前，学术研究怎能安心于"不切实际"的高蹈之论，又能不专注于立竿见影的功用之术呢？葛兆光先生曾针对20世纪上半叶中国思潮大势写道：

---

[1] 黄宗智：《中国农村的过密化与现代化：规范认识危机及出路》，上海社会科学院出版社，1992，第141页。

"实用"倚"师夷之长技"思想之传统,挟科学主义之威势,借西学诸子之阐扬,靠救亡背景之胁迫,迅速蔓延为"主义"为"思潮","天下熙熙皆为利来,天下攘攘皆为利往",人们似乎都把注意力放在了具体、有效上。现实的有利无利成了价值的尺度,短视的好取恶舍成了行为的准则,对于永久的、超越的价值的信仰却以"不切世用"而无人问津。[1]

当此时,经世致用便被奉为新闻学研究的圭臬,而"象牙塔"便成为被冷落甚至奚落的象征。特别是新闻媒介因对国计民生的巨大影响而被竞相用作"工具"后,如何使用它,如何尽量发挥它的功能,如何有效操纵它的运作等,便成为新闻学首要的话题。久而久之,相沿成习,最初的范式便逐渐内化于新闻学的所有话语中,被视为天经地义、不容置疑。问题是,如此逼仄的理路使新闻学根本无法脱离"术"的境界而上升到"学"的领域,即与其他学科"平等互利的领域,因而也就无法形成真正的学统"。于是,就像黄旦先生所指出的,中国的新闻学终于沦落为一种"记者式研究",它只热衷于新闻实践中的焦点话题,置学科的内在机制长远发展于不顾,闹哄哄你方唱罢我登场,到头来在学术建设上落一片白茫茫大地真干净。不把新闻学建立在严肃的学术环境和学术氛围中,它怎能具有独立的科学品格和严正的学术立场呢?又怎能做出不负"科学"之名的建树,并使其他学人也能有所汲取、有所获益、有所称赏而不再以轻视的口吻嗤笑"新闻无学"呢?

然而,时至今日,学统依然是新闻学中的盲点,恰如实际是它的焦点,似乎有没有"学"并不重要,重要的是能不能对现实状态规定法则,提交策论和进行监导。这么一来,但见千军万马奋战在"学以致用"的边缘地带,而很少有人固守学科的大本营,发展学科的根据地。既然并不侧重于学术自身的完善,并不着眼于学术本体的价值,并不肯在全然不计功利成效的情况下追求纯粹的科学真理,学统又从何而来呢?

---

[1] 葛兆光:《吾侪所学关天意——读〈吴宓与陈寅恪〉》,《读书》1992年第6期,第5页。

二

如何看待学统,往往可以化约为如何看待"为学术而学术"。我们的新闻学从理论探讨到实务操作,这一点向来不是存而不论,就是晦暗不明。倘若有什么明确意识,那就是"为应用而学术",一旦归结不到应用上,学术的意义似乎便值得怀疑(这种怀疑更多地表现为自我怀疑)。其实,现在值得怀疑的不是"为学术而学术",倒是新闻学自身角色的定位。自20世纪80年代末以来,国内社科与人文研究界不动声色地进行了一次意义非常的调整,逐渐将自身纳入纯粹的学术轨道,开始与国际学术主流融合。从脉络上看,它不妨说是被近代历史的大潮大浪一度阻断之学统的延续;从取向上看,它又可以说是曾被"救亡"主题所压抑的"启蒙"精神的复苏。无论怎样,调整的结果都是从中心走向边缘,从热火回归沉静,从与时俯仰转入自给自足。总之,学人不再理会身外世界的喧嚣,不再满足学以致用的浮躁,不再着迷指点江山的辉煌,而开始埋头潜心于实实在在的学问之道。遗憾的是,不知是过分沉溺于新闻界之中,还是过分游离于学术界之外,新闻学对此好像反应迟钝,一直表现漠然,以至于"为学术而学术"即使不被蔑视,至少也遭轻视。

学术风气转换与学术格局的变迁都同知识分子在现代社会中的功能相关,"为学术而学术"也算现代社会为学人圈出的地盘。当代社会学家 Z. 鲍曼在其《立法者与解释者:论现代性、后现代性与知识分子》一书中,曾就此作过颇富洞见的阐发。在他看来,如今的知识分子正不可避免地经历着从"立法者"(legislator)到"解释者"(interpreter)的转型。以往知识分子的作用在于创立权威知识和言论,为舆论、精神或思想"立法"。现在,面对多元并存、各行其是的价值体系,他们日渐失去了作为真善美的代言人与仲裁人的角色及自信,不得不转而在不多的观念标准、知识背景和文化传统中寻求对话与沟通、译解与诠释,"立法者"由此退居为"解释者"。这一退居过程不正暗含着我国当代知识分子从传统形态向现代形态嬗变的过程吗?同时不也昭示着学术热情从外界返诸自身的过程吗?根据鲍曼的分析,知识分子由"立法者"到"解释者"的演化缘由主要在两个方面。首先,国家权力同学术话语的分离,使得知识分子失掉早先"立法者"的地盘。尽管权力机构需要专家和人才,但却不再需要传统意义上的"立法者"。国家科层组织的官员或公务员各怀一技之长,有效地操纵着各种组织机器的运行，知识分子的精神与言论"立法"已显得无足轻重。其次，按照工具理性繁殖出来的"市场机制"或"商品社会"，又再一次剥夺了知识分子的"立法"职能。在商品社会中，市场成为最高的"立法者"，商品价值成为最高价值。真与假、善与恶、美与丑，均须接受市场的最后裁定或检验。市场有自己的机制，商品有自己的法则，这都是知识分子绝对无力控制的。鲍曼指出，面对此情此景，知识分子不得不冷静地反省，重新审视自己的方位、角色和职责。从"立法者"转向"解释者"，正是这种自我审视之后的战略性调整，知识分子由此而重新获得自身赖以存在的根据。[1]

鲍曼所说的调整，未尝不适用于我们的新闻学。言"立法"，则讲激扬蹈厉、指点江山，以学术之力，图参与现实、干预现实、推动现实之功；言"解释"，则讲淡泊宁静、收敛沉潜，追求学术本身相对独立自主存在的客观价值及长远功用。借用苏轼《潮州韩文公庙碑》里的名句，一者可谓"一言而为天下法"，一者可谓"匹夫而为百世师"：一者重在当下此刻盛极一时的"天下法"，一者重在绵延久远、价值长存的"百世师"。就新闻学而言，毫无疑问"立法"的时代也已消逝，"解释"的时代业已降临。倘说过去新闻学尚且难为"天下法"，那么如今在引入现代机制市场功能的局面下，它就愈发无能为力，愈发左右不了现实。倒不是现实"冥顽不化"，也不怪媒介"自以为是"，实在是传播机器自有其章法，谁也奈何不得。事实上，正如小说文本与小说批评分属两个平行世界，新闻界与新闻学也该各行其道。新闻界奉行现实原则，操持大众话语，其权威体现于挟雷裹电令天下动容之中。新闻学执着理想原则，操持精英话语，其权威体现于学术的自我运行和自我完善之中。结构主义宗师罗兰·巴特在其名作《作者之死》中断言："读者之生必以作者之死为前提。"与之相似，新闻学的真正诞生也不能不以新闻界的见背为代价。若非如此，若还继续热衷于为媒介"立法"而不知回归"解释"的学术本位，在今天无异于观众跳到舞台上，不独莫名其妙，而且也差不多等于自绝生路。

张扬学统，倡言"为学术而学术"，并非消极退缩，无所作为，相反它本身正隐含着积极进取的势能。学统的权威一旦树立，无形中即同现实构成张力，对现实形成制衡。李普曼的《舆论》、施拉姆等的《报刊的四种理论》、麦克卢汉的《媒介通论：人体的延伸》等，本属纯然的学术性建设，只求高深于理论，不求闻达诸侯，可实际上却以威重如山之势影响到几代的传播实践。同样，欧

---

[1] Zygmunt Bauman. *Legisators and Interpreters: On Modernity, Post-modernity and Intellectuals*, Polity Press, 1987.

洲的批判学派因其曲高和寡的思想及其贵族式的气质而向遭冷遇。但其饱满的学统却使它如中流砥柱，气宇轩昂，声势盖世。当然，学统本身志不在此，否则便入内圣外王一路，从而又与以前的"立法"接轨。毋宁说，"为学术而学术"只关心固守学术营垒，维护学术纯洁，孜孜以求于探讨科学寻觅真理。正如陈乐民先生就此所言："作为独立治学的精神，它无非指的一种认真而彻底的态度。恩格斯说，理论要彻底才有说服力。'彻底'就是纯然地去采寻事之所然和所以然。"[1] 说到底，"为学术而学术"乃属学术操练，它能否产生即时的效应和实际的作用并不重要，重要的在于它自身已经是流韵无穷的"精神文明"了，就像《舆论》等已成为人类精神世界的宝藏一样。

三

　　毫无疑问，对新闻学来讲，论及学统之际最棘手者莫过于功利实用的诘难，不正视它而只谈为学而学显然说不过去。这里，对此可先反诘一句：必也有用吗？谢遐龄在《寓大用于无所用之中》说得好："不知起自何时，人们凡事都喜欢问上一句'这有什么用？'。说实在话，不少问题很难按这一思路作答。"也许，在以"学"为主的新闻学看来，答复一事当前用字第一的最佳方式，莫过当年欧几里得所采用的。有一次，欧几里得的一个学生听课后问他，这有什么用，欧几里得只好叫来一位奴隶说："去拿三分钱给这个青年，因他一定要从他所学的东西里得到好处。"秉承纯学术精神的新闻学也是如此，如果一定要按"有用无"的标尺衡量，那么它十之八九得归入"无用"之列。问题是，新闻学一定得"有用"才行吗？"无用"必然意味着纸上谈兵、空洞无物、劳而无功、于事无补吗？恐怕结论正好相反。从辩证的观点看，有用者反倒最无用——这已为多少急功近利的东西所证明；而无用者却最有大用——庄子所谓"无用之用"。拿欧几里得的几何学来说，那些看上去"无用"的演绎求证勾勾股股，后来不知产生多少"有用"的功效，罗素曾专门就此写道："在希腊时代没有一个人会想象到圆锥曲线有任何用处的；最后到了十七世纪伽利略才发现抛射体是沿着抛物线而运动的，而开普勒则发现行星是以椭圆轨迹而运动的。于是，希腊人由于纯粹爱好理论而做的工作，就一下子变成了解决战术学

---

[1] 陈乐民：《寻孔颜乐处，所乐何事？》，《读书》1994年第1期，第35页。

与天文学的一把钥匙了。"[1]

毋庸赘言,所谓无用之大用,绝不是说无用就等于大用,而只是意味着大用寓于无用。一味期待无用之大用,从大用的角度强调无用,都无异于重蹈功利实用的蹊径,而且势必面临着难于将无用之黄金即刻全部兑现为有用之钞票的窘境。虽然欧几里得的"纯粹爱好",后来"变成了解决战术学与天文学的一把钥匙",但真正值得称赏的还是他那种不计功利得失、有用无用的探寻精神,而正是这种只究事理不问用途的治学精神,在我们的新闻学研究及其所体现的中国学术传统中甚为匮乏。当我们讥讽中世纪经院哲学家们为八竿子也打不着现实的玄而又玄的问题殚精竭虑、聚讼纷纭之际,殊不知在那学问的象牙塔中已孕育着开启现代文明的思想胚胎。与西方学人总有稳固的学统为依托,总有独立的精神家园和意义王国为归宿相比,中国文士一向都把修身齐家治国平天下当成为学之旨,总想着为自身找到"用"武之地。对此实用化取向,陈寅恪先生曾作过发人深省的剖析:

> 中国古人,素擅长政治及实践伦理学,与罗马人最相似。其言道德,惟重实用,不究虚理,其长处短处均在此,长处即修齐治平之旨,短处即实事之利害得失观察过明而乏精深远大之思。(《吴宓与陈寅恪》)

陈先生所言"实事之利害得失观察过明而乏精深远大之思",不也触及我们新闻学的痛处吗?我们的研究不也正是"惟重实用,不究虚理"吗?

当然,对于一向以"应用学科"而自命自居(且不论其悖谬),乃至自是自得的新闻学来讲,仅用"必也有用"的反诘和"无用之用"的玄理,还不能解决根本问题,还需进一步澄清实际应用方面的认识障碍,否则学统之路仍将受阻。就新闻学实际之应用而言,有形而上与形而下之别。形而上者讲究由此及彼、融会贯通的大智慧,形而下者迷恋鸡零狗碎、现买现卖的小技巧。不言而喻,新闻学即使在实际应用上做文章,也该往深层思考,用思考的智慧去启发人,而不能仅仅满足于经验总结式的雕虫小技。基于经验的条条谁都会总结,也不难总结,唯有智慧的思考才是检验学问深浅的尺度。本源意义的"知识分子"(intellectual)即重在"才智"(intellect),放弃智慧而专事淫巧者,于学问属舍本逐末,于学人则属投机取巧。也许正是有感于斯,北京广播学院的朱光烈先生曾以矫枉过正的口吻提出,新闻学的研究要"脱离"实际。所谓"脱

---

[1] 罗素:《西方哲学史》(上卷),商务印书馆,1963,第271页。

离"实际云云，无非也是追求合乎大道的普遍事理。其实康德早就深刻而敏锐地意识到：经验的事实永远是流变不居的，所以普遍的有效性只能求之于永恒不变的先验形式，而不能基于经验的事实。他晚年曾明确指出："凡是根据理性的理由对于理性是有效的，对于实践也就是有效的。"(《论通常的说法》)就一向胶柱鼓瑟于实际的新闻学而言，真正难能可贵的不是"联系"实际，而是"脱离"实际。唯有"脱离"实际，才会有非同凡响的大智慧诞生，才会有新闻学的"孙子兵法"，而不仅仅是些可怜无补费精神的"操典手册"。

在中国文化传统中，学统、道统和政统一同构成三角鼎立的功业格局，分别体现着立言（学统）、立德（道统）和立功（政统）的旨趣。如果说在新闻传播领域，从业者是政统的化身，那么新闻学就该是道统与学统的象征。道统必须植根于坚实的学统，学统不存，遑论道统？正因学统缺失，我们的新闻学莫说维系道统，就连自身尚在被人"耻笑"（甘惜分）。而学统的缺失，归根结底还在新闻学研究常怀事功之心，未曾认认真真、从从容容积学。加之，又被"应用"的藩篱所禁锢，一越出实际范围便"足将进而趑趄"，一碰上高纯理论便"口将言而嗫嚅"。如此一来，焉有学统之可言？没有学统，新闻学当然也就没有立身之本，没有维系自身价值的切实途径，因而只能随俗趋势，与时俯仰，只能恭居"政统"的附庸。由此可见，新闻学不能再总是王顾左右而言他，而应力求建立系统完整的学术话语和学术规范。这些话语与规范的功能也许能体现为通俗地解决实际事务（像兵法之于作战），但其本质必须是自律的。换言之，凝聚于概念、范畴、经典、训练、考证、推理、校勘、思辨等学术话语与学术规范中的学统，应同实际相对立（对立绝非对抗）而自给自足，绝不应同实际相附合而亦步亦趋。诚如南帆先生在强调学术本位时所言：

> 学术意味着历史积累、学科规范和学科逻辑。一种学术话语的价值只能置于学术范围内予以衡量……换一句话说，学术尺度才是判别学术话语价值的依据，即使学术话语的价值与经济价值或者实用价值相互分裂，人们也不该轻易地迁就后面两者。当然，这并不是说永久回避学术话语的经世致用问题，而是说这个问题不能持续袭用习惯的解释模式。[1]

---

[1] 南帆：《90年代的"学院派"批评》，《天津社会科学》1994年第2期，第73页。

四

当代学术发展的日趋精深,使得维系学统的使命注定只能由学院派来承当,学院派作为学统的外化形态越来越凸显出来。如今,任何一门学科若无学院派,或只有准学院派,那就表明它还未达到正规化的境界,其学统也就无从谈起。虽然学院派同大学、学院、研究院等部门密切相关,但它并不指称一种严格意义的人员构成,毋宁说它是一种研究取向与研究风格的界定,"身在曹营心在汉"者自然不在此列之中。

20世纪八九十年代之交,学院派开始在我国学界普遍崛起,而学院派意识的觉醒正同前述学术的转型相互关联。众所周知,80年代思想空前解放,精神异常活跃的同时,也曾一度导致学术的失范,学界呈现着一片浮躁之象,流露着一派肤泛之气。结果,表面上百花齐放,轰轰烈烈,实际上却于学术并无长进。正如祝华新先生所尖锐指出的:"80年代波澜壮阔的政局搅动着书斋,这一代学人心有旁骛。常常以现实政治需要为学术导向,重观念轻学理,重批判轻建设,追求社会轰动效应。……他们与其说是现代意义上的学者,不如说是传统意义上的'理论工作者'。"[1] 进入90年代,学界经过反省已经意识到重建学术规范的必要与迫切。与此同时,"新一代受过严格的现代学术规范的训练、能够与世界对话的学人已经形成气候"(祝华新),他们痛感学术的凋敝与贫瘠,立志开展正规化的学术建设,力图与国际学术主流融合。于是,在我国学术界悄然出现了一种前所未见的新景观——学院派。学院派最突出的特征在于以学术为本位,秉承彻底的学术精神,维护纯正的学术立场,不能容忍将学术关怀同现实功利搅到一起,泾渭不明、学用不分。学院派的这一信念可以概括为:"上帝的事情归上帝,恺撒的事情归恺撒。"有鉴于此,新闻学研究呼唤学院派就不单是建构学统的内在需要,而且也是大势所趋的外在必然。说白了,新闻学疆域不能再容忍"乌合之众"的瓜分割据,而该由训练有素、装备精良的正规部队即学院派来占领接管,那种不管是谁都能来抡上两句的"群众办报"一般的"研究"时代该结束了。同其他学科一样,新闻学也是高雅严正的艺术殿堂,不是卡拉OK歌舞厅,它同样受科学理性的制约,而不能任由经验感觉所

---

[1] 祝华新:《九十年代读书人的三种选择》,《中华读书报》1994年5月11日。

主宰。另外，同经济学家、社会学家、心理学家等一样，新闻学家得经过正规而严格的学术训练，也得具备广博而坚实的研究功底，也得拥有专精而渊深的思索能力，不是随随便便都能有所成就的。

学院派同就事论事的经验派趋舍异路，判然不同。学院派立足标准的学术视角，借助学术话语的论辩、检验、争议、分析、归纳、证伪等一整套缜密严谨的程式以推进学术，它只关注学统（立言）的尊严；经验派依附于实际，举手投足无不唯实际之马首是瞻，看似言学，实乃政统（立功）的延伸。不难理解，学院派由于面向学术，面向世界，所持话语必然艰深玄奥，只在同行专家中才能产生意义，所谓"可为智者道，难为俗人言"，要想从中换取现世的收益莫说不可能，即便可能也得经由若干层次的化解。与此相反，经验派表现得十分通俗浅易，一览无余，既然切合实际，操作起来大都一"用"就灵。很显然，只有学术话语的坚实运作才有可能达到经验与常识所难企及的境界，亦即学统所存之境界；经验派研究尽可像记者似的抓"活鱼"，但要在学理上与世界学术主流对话则必定无能为力。特别鲜明昭著的是，学院派以其受命不迁的独立精神，坚持一种超验的理想，认为现存的观念和行为都无法彰显那尚未诞生的存在，进而有意识地探寻自己的思想、自己的话语，不肯追随和认同他人。而经验派则是毫无保留地趋向现状，毫无距离地胶着于某种单一的现实需要上，由此也就丧失反思自新的能力。

最后，还需明确的是在坚持学术话语的自律性、强调"回到对象本身去"（借用现代文学界的口号）之际，学院派不应也不能忽略研究中的人文关怀，否则，人文精神的贫竭极易导致冬烘先生的泛滥，根本无法形成生机饱满正气昭然的学统。所谓同现实拉开距离，并不是要舍弃忧生忧世的学术背景，随着功利化世俗化趋势的加剧，学问之道尤需贯穿深挚的人文情怀。像"乾嘉学派"那样退避书斋，从事纯学术活动的学者，往往在把学术当成个人生存方式的同时，也销蚀了学术作为整体对社会对人类的终极关切，最终势必什么也不关心，唯独关心自己的书本。尤其是，在大众媒介已充分发育，传播事业开始急剧滑入商业媚俗一路的时刻，在定于一尊的价值体系日渐瓦解，曾经拥有意义的权威话语日渐削弱的形势下，学人通过学统以显明道统的意义就变得更为重要。除此之外，学院派致力建构的唯一理性化世界，那里只相信理性的价值，只崇拜逻辑的运动，既超然于现实之上，又栖身于科学之中，从而可能使新闻学过于冷漠和清高，无视险象环生的世界而云游天外。弗里德里希·哈耶克曾忧心忡忡地指出，当今知识的泛滥，科学主义的盛行，将无可挽回地损坏人们对道德的责任感和对正义的义务感。对此我们在鼓吹学院派时不能不引以为戒。概言之，学院派的优势不仅应体现在学养深厚上，还应体现在操心人世民生的广博情怀中，"长太息以掩涕兮，哀民生之多艰"方为真正的学院派。

维系学统并不是一项引人注目、令人羡慕的使命，学院派也不是一顶荣耀的桂冠，它与其说显示着高人一等的优越地位，不如说体现着"我不入地狱谁入地狱"的殉难意识。一入此道，便难逃兢兢业业的修炼和默默无闻的煎熬。由于知音难觅，学院派注定要在寂寞中彳亍前行，并要忍受不被理解的孤独，以及诸如"烦琐""玄奥""经院哲学"之类善意或恶意的嘲讽。好在大哲有言："玄之又玄，众妙之门。"不入玄门，焉得众妙？马克斯·韦伯在《学术作为一种志业》里说得很明确："学术训练，是精神贵族的事。"[1] 这里"贵族"二字，并非指"远离群众""孤芳自赏"之类的心态言行，而是指常人所做不到的、不顾一切遵循理智的召唤与指引的人格素质。这样的素质才使学人获得"自我清明及认识事态之间的相互关联"（韦伯），才把作为一种志业的学术活动提升到具有高贵与尊严的生命层次。用韦伯的话来讲：

> 任何人如果不能，打个比方，戴起遮眼罩，认定他的灵魂的命运就取决于他能否在这篇草稿的这一段里做出正确的推测，那么他还是离学术远点好些。他对学问将永远不会有所谓的"个人体验"。没有这种圈外人嗤之以鼻的奇特的"陶醉感"，没有这份热情，没有这种"你来之前数千年悠悠岁月已逝，你来之后数千年岁月在静默中等待"的壮志——全看你是否能够成功地做此臆测——你将永远没有从事学术工作的召唤。[2]

---

[1] 马克斯·韦伯：《学术与政治：韦伯选集（1）》，钱永祥等译，上海三联书店，2019，第167—168页。

[2] 同上书，第169页。

写在后面

本书缘起于"黄河学者"。"黄河学者"是河南大学的"人才引进计划",笔者有幸入选这一计划,从清华到河大,从2013年到2018年,忝列五载黄河学者,既留下诸多美好回忆,也留下一些新闻思考。卸任之际,新闻学院副院长王鹏飞教授牵线搭桥,河南大学出版社总编辑杨国安教授慨然应允,让我选编一本黄河学者"自选集",这就是本书的由来。

河南大学创立于1912年,与清华学校和南洋公学(今上海交通大学)并称三大留美预备学校。作为百年名校,河大与清华颇多相通气息。河大校长、学部委员嵇文甫为《河南大学校歌》填词,起句"嵩岳苍苍,河水泱泱",宛若清华校歌"西山苍苍,东海茫茫"。河大校训"明德新民,止于至善",与清华的学生宿舍如明斋、新斋、善斋等一样,均出自《大学》的"大学之道,在明明德,在新民,在止于至善"。全国十大最美校园评选中,第一名清华,第二名武大,第三名河大。在我看来,河大之美除了校园,更在文化,腹有诗书气自华。

河大坐落在黄河边的古都开封,这里曾是河南省会。清华国学导师陈寅恪有言:"华夏民族之文化,历数千载之演进,造极于赵宋之世。"如此说来,汴梁的文明气象与河大的文化气息,无不渊源有自,一脉相承。河南大学校门上的四个大字,就出自北宋书法家米芾手笔,浑然天成,俊朗雄阔,一种醇厚的文化气息扑面而来。历代士子视为生命的科考,最后一次会试在河南贡院举行,而河大老校区就建于贡院旧址,如今尚有贡院遗址纪念碑。也就是说,唐宗宋祖的科举制度,是在河南大学的地盘上落下帷幕。不过,这里最令我神往的,还数盛唐三位大诗人李白、杜甫、高适相聚汴梁,在古吹台畔留下的风流佳话。

一百年来,河南大学雄州雾列,俊采星驰,范文澜、冯友兰、嵇文甫、任访秋、邓拓、马可、姚雪垠等众多校友驰誉中外。马可与聂耳、冼星海并称"人民音乐家",以《南泥湾》《白毛女》《咱们工人有力量》等传世。今日河大有马可广场,徜徉其间,倍感亲切,耳畔飘来一曲曲响遏行云的时代心声。邓拓是共产党共和国新闻业的先驱者，与清华新闻学院首任院长范敬宜一道，被公认为《人民日报》最受尊敬的总编辑。当年，为躲避国民党特务抓捕，河大学子邓拓从一座教学楼后门逃走，如今这扇门外立有一块碑，镌刻着邓拓的诗作手迹。姚雪垠的《李自成》荣膺首届茅盾文学奖，随着袁阔成的广播深入千家万户，融入一代人的文化记忆。大学时我听过姚雪垠的讲座，印象中他满头飞雪，一身凛然。

我与河大缘分说来话长。我家近亲中第一位大学生就出自河大，河大时称开封师范学院。小时候，父母常以这位舅舅激励我们兄弟，家里还存有一枚他的白底红字校徽。在我懵懂的少年时代，世上只有三所大学真实存在，一是身边的新疆大学，一是远方的河南大学，一是自学无线电时在一部集成电路书上邂逅的清华大学。作为"文革"后第一届大学生，我们入学时，河大郑大，一时瑜亮。由于开封有座北宋的铁塔，属国家首批公布的重点保护文物，郑州又以二七纪念塔闻名，纪念塔为双塔结构，故河大郑大有"铁塔""双塔"之喻。2004年中国新闻史学会年会在开封举行，我代表清华参会，第一次来到河南大学。年会开幕式上，河大校长妙语如珠娓娓谈起校史，使人觉得如饮醇醪，陶然忘机。年会上，结识了河大"七七级"学长李建伟教授，时任新闻学院院长。此后，在我分管清华新闻学院教学工作的几年中，他与杨海军副院长等不时莅临清华。河大中青年骨干张举玺、张珂等老师，也时常交往。

2013年暑期的一天，接到张举玺教授电话，他刚刚出任新闻学院院长，电话里谈起聘我为黄河学者的想法。我从范敬宜院长离世后，已经辞去行政职务，一心优游于读书、教书、写书，吴廷俊教授曾戏言"深居简出"。所以，猛不丁得知河大这番美意，一方面感激人家如此器重，一方面也不免踌躇忐忑，深恐力（包括精力与才力）有不逮而有负所望。不过，在举玺院长的循循善诱下，最终还是一步步"入其彀中"。

十年后我第二次来到河大。就任黄河学者期间，河大上下都给予我悉心关照，全力支持，包括出版这本自选集。与此同时，学院从张举玺院长到杨萌芽院长，从许俊峰书记到王文科书记，从老先生王振铎教授到一干青年才俊王鹏飞（2021年接任院长）、杨波、张珂、许莹、祁涛、李勇、张玉玲、高红波、段乐川、杨利娟、莫凡、刘志杰、涂钢、肖帅、郭晶等老师，我们都相处甚洽，相聚甚欢，也让我每次往返开封，都有宾至如归的温暖与不忍离去的留恋。另外，与河大学子的交往，同样感到载欣载奔。其情其景，张珂老师的代后记也有所体现。

张老师作为黄河学者的秘书，是学院派给我的得力助手，为我省去许多具体事务。在这种优渥条件下，我得以完成一部别致的，颇能体现自己学术理想的《水木书谭——新闻与文化的交响》。该书以黄河学者的名义付梓，得到两位新闻大家的慷慨赐序，即新华社原总编辑南振中与人民日报社原副总编辑梁衡。这部亦学亦文的著述，写得兴味盎然，酣畅淋漓，晴空一鹤排云上，便引诗情到碧霄。张老师的书评《将充满希望的主题灿烂导出》（后在《中国记者》刊出，篇名改为了《将充满希望的主题深入导出——兼读李彬〈水木书谭——新闻与文化的交响〉》，文字略有改动），难免爱屋及乌的谬赞，但也确实道出其中心曲。

令我意外而感动的，还有德高望重的王振铎先生写来一篇奖掖后进的《读书得间，创获新见》，虽然受之有愧，却也备受鼓舞。难忘几年前，在黄河学者办公室，我们有一番海阔天空的畅谈。他是河大老人，又经历数十年风雨沧桑，听他如数家珍谈起不少掌故，真是兴味盎然。说到政治运动的纷纷人事，他的一句知人之论不同凡响：一边是"虾兵蟹将"多，一边是"正人君子"多。拙著以他的文章做代前言，以张珂老师的书评做代后记，于我自是难得的荣耀，更是珍贵的纪念。令人倍感痛心遗憾的是，王老师2022年溘然长逝，与他奉献一生的母校110周年校庆失之交臂，也与本书缘悭一面！

年华冉冉催人老，风物萧萧又变秋。今年是我大学毕业四十年，再过两年，就该退出杏坛，优游林泉了。这部拙稿，既是从清华到河大的新闻思考，也是"绚烂至极，归于平淡"的心路历程，连文风都不再汪洋恣肆，花团锦簇，如年少轻狂，而力求朴实无华，冲淡平易。对拙稿斟酌损益修订时，在闲读《续资治通鉴》，感触尤深的憬悟是，多少伟烈丰功，费尽移山心力，最终只赢得，一段文字，几句评说，两行秋雁，一枕清霜。四十年来，读新闻、教新闻、研究新闻，虽有十余部著述，但古人向往的三不朽不敢奢望，哪怕多少趋近王鼎钧所谓三种认可的境界——专业的认可、社会的认可、历史的认可，都不免心虚。聊以自慰的是这部"由博返约"的书稿，毕竟算是十年磨一剑的心血，作为"封笔之作"，至少能说"尽力了"。

本书的绝大部分文字，都或以文章，或以书稿公开发表，包括附录的三篇旧作——一篇完成于20世纪80年代，也是自己第一篇学术文字，另外两篇发表在90年代。人说"悔其少作"，而我收录三篇旧作，一是它们或曾引起学界惠顾批评，余波至今未平，立此存照，也可见旧日之我与今日之我的藕断丝连。二是即便观点容或改变，但回望少作更见青春年少的无知无畏与傲慢偏见，此类文本对反思既往学风与当今学术或许不无价值。不管怎样，这样的文字现在是写不出来了，因为其中与其说蕴含着邃密群科的求学问道，不如说迸发着血气方刚的生命冲动。

  感谢曾经为上述拙文提供版面的编辑张宁、朱光烈、樊亚平、纪海虹、郭玲玲、郝红、刘鹏、李雪峰、李建红、刘海龙、林安芹、王立钢、张志君、张垒与杨雪梅，感谢前文提到以及无法一一提到的老友新朋，感谢清华大学新闻学院博士武楠、梁骏、王一戎与博士生刘姝君、朱文博在编选过程中的协助，感谢博士生丁远哲、硕士生赵博闻对书稿的校订。愿这一份从清华到河大的心血，也能融入"黄河边的中国"。

李　彬

壬寅清秋时节

代后记：将充满希望的主题灿烂导出

张　珂

嵩岳苍苍，河水泱泱，千年古都，百年河大。2014年3月，河南大学"黄河学者"李彬老师到任，两年之后拿出这部黄河学者的成果《水木书谭——新闻与文化的交响》。

十年前，我与李老师初识北京。当时，我作为河南大学的老师在中国人民大学进修，他应邀参加博士生的论文答辩。由于正读《传播学引论》，乍见仰慕的作者，一时不免紧张。他粲然一笑，邀我有空去清华，参加他的学术沙龙。一间飘着书香和音乐的办公室，一群风华正茂指点江山的青年才俊，一个且高且瘦且阳光的"大老师"——许多年来，第一次造访的情景如画般刻进了我的脑海。

如今，他受聘"黄河学者"，而我则以助理身份协助他工作。于是，老酒新壶，亦师亦友，天高云淡，一转眼600多个日子过去了。其间，耳濡目染，潜移默化，而又习焉不察；及至现在悉心回味，才觉得他传道授业的一点一滴，已经汇成一池碧波荡漾的思想活水。

青青子衿黄河情

初闻李老师受聘"黄河学者"，多少有些吃惊。河南大学由于地理和经济原因，人才外流严重。直到2014年3月，李彬在学院教师的例会上落座，我才确信此事无疑。简单的入职仪式后，李老师便到办公室开始工作，一见我们先约法三章，"吃食堂，住宿舍，不接送"。然后，会客，团队交流，授课，座谈，报告……一切按部就班，有条不紊，从第一次到每一次，乃至此刻回忆时，作为助理没觉得做了什么，脑海中只记得他对领导说"随叫随到"，对我们说"来了也就来了，走了也就走了，你们各忙各的吧"。

如同当年有人质疑范敬宜在清华担任院长是不是"挂名儿",我也偶尔碰到类似问题。而事实表明,身为"黄河学者",李老师尽心尽力为新闻教育、为河南大学贡献心力。在他眼里,河南大学是从20世纪中国教育苦难辉煌的历史中走出的百年名校,千年古都汴梁犹如中华文明悠远历史的缩影,养育着一亿多人口的中原更是中国的底色。每每漫步校园,瞻望巍峨大礼堂,踱步清代最后一次科举考试的贡院旧址,驻足马可音乐广场之际,我们会自然谈及往事,回忆范文澜、冯友兰、邓拓、马可等风云人物。他称道河大师生静水流深,朴实无华,也为河大未进"211"而扼腕。他尤其热衷于同青年教师交朋友,打交道,也关心河大学子的成长,有问必答,每信必复。

相较之下,工作之外的交往更加生动。有朋自远方来,不亦乐乎。对于我们团队成员,除了切磋学问,每次李老师到来也是集结欢聚时刻。登临铁塔,放鸢黄河,他意兴盎然,唐诗宋词脱口而出。觥筹交错把酒临风时,西北汉子总是干脆爽快一饮而尽(仅限啤酒)。团队成员祁涛老师身兼数职,工作勤勉,李老师称"焦裕禄式的好干部";许莹老师笑容灿烂,李老师赞其"阳光,纯净,孩子一般,外加少数民族特有的羞涩",然后,许莹老师就真的有些羞涩了……每当此时,我会想起"美我所美,美人之美,美美与共,美不自禁"。

在开封的日子,黄河是个独特去处。第一次站在柳园口黄河岸边,李老师表情严肃,一脸"怅望千秋一洒泪"的凝重。我体会,在他心里,"黄河学者"是份沉甸甸的责任,"既因为黄河入海流的悠远文化,也由于行行复行行的乡土中国"。仿佛一部天书,从唐诗宋词里走来的中国正重寻中国梦,中国到底是什么,是费孝通的《乡土中国》、曹锦清的《黄河边的中国》,还是《河殇》的中国?这位曾在淮河岸边下乡、又在黄河岸边工作十多年的学者,这位"念白云深处千万家,情难抑"的学者,这位欣赏"泥巴汗水"的学问、服膺"只有眼皮贴着地皮,才能看得见草根"的学者,如今俯身躬耕故乡新闻教育,指导学生调研开封工人阶级70年生活变迁,走出都市,来到基层,村前村后走走,田间地头看看,送夕阳,迎朝晖,披薄雾,闻炊烟,青青子衿黄河情……

读书、教书、写书

和李老师一起交流,话题常常离不开"书"。在新闻传播学界,李彬读书之广、著书之勤、荐书之用心,广为人知,有口皆碑。面对赞誉,他常自嘲"百无一用是书生",也自解,笔墨三十年,无非"读书、教书、写书"。起初,以为是谦虚之言，接触多了发现，这位"名校名家"的确是将读书、教书、写书做得很认真的学者。

李彬酷爱读书，他的著作，往往取精用宏，旁征博引，涉猎广泛。方汉奇先生在《全球新闻传播史》序言中，称他"焚膏继晷，兀兀穷年，淹博多识，好学深思"。在《传播学引论》后记中，他也直言"寂寂寥寥扬子居，岁岁年年一床书"。我曾以为，坐冷板凳苦读书是件辛苦事，而从李老师身上发现，读书、教书、写书原来是以"痴迷"的状态释放生命的意趣与活力，就像他在本书后记中谈及少年时捣鼓无线电，废寝忘食，陶然忘机。同样令人印象深刻的是，《清谭杂俎——新闻与社会的交响》的文字中，一会儿"春日捧得好书归"，一会儿"大雪封门好读书"，而且"每到假期，都是看闲书、听音乐的好时候"，每次"万圣归来"，总是收获满满，载欣载奔，若碰到打折，更像女人逛商场，不问有无狂"淘"一番。在"杂俎"序言中，格非介绍他利用会议间隙奋笔疾书的一幕，读来过目难忘。而在"书谭"中，他自曝一次参加博士生答辩，随手带着方北辰教授的"吕布"，"到了地方一看还有十几分钟，于是猫在墙角，把剩余部分看完，然后，心满意足地走进答辩现场"。随着交往增多，循着蛛丝马迹，我发现他真是手不释卷。每到开封，他的案头总摆放着一两本新书［印象中有《毛泽东年谱（一九四九—一九七六）》《师哲回忆录》《上庄记》《瞻对》《北大南门朝西开》等］；好几次辞别后，房间中留下厚厚一摞各种报纸；有一次团队相约聚餐，早到的他手捧杂志在饭桌前聚精会神地读着……渐渐地，我知道了，外出的日子，他轻装简从，行李箱就是小书箱，海绵挤水，见缝插针，阅读从不间断。在李老师的感染之下，我和祁涛也尝试着化整为零填空读书，坚持下来发现，"零碎的时间就像珍珠一样被串了起来"，居然啃完了一些本以为没空读的大书。反观时不禁感慨，既往日子中，习焉不察间，时间都去哪儿了？

尝到"方法"的甜头，我开始有意向李老师请教学业方面的种种问题，将一些困惑如"每天都在忙，却总是没成效""拖延症""时间不够用""写作很艰涩""书该怎么读"等一一托出。他的回答常常三言两语，如"凡事预则立，不预则废""驽马十驾，功在不舍""兵贵神速""伤其十指，不如断其一指""你打你的，我打我的"等，言简意赅而让我天门洞开。确实，大道至简，纷纷攘攘中人们常常背离了最朴素的道理，而志存高远与脚踏实地才是李老师认同的"成功之道"。

常听清华师友说，李老师"爱兵如子"，有"良师益友"之称，随着交往的增多，我也深有同感，颇为受益。记得刚开始和李老师交往时不自信，抱怨自己并非做学问的材料。他听后迟疑一下，淡淡转述了丁淦林老师讲的一个清华故事，这个故事耐人寻味，也给我启发和激励。当年高校招生，清华大学蒋南翔校长请上海推荐高中生，参与此事的丁老师问"什么标准"，蒋校长的回答是"不必最好，中上即可"。李老师说，"我充其量就是中才之人"。后来，李老师又详细了解我的教学科研情况，得知十多年来我在"外国新闻事业史"课堂上不断践行教学改革，便说自己的著述大多源于课堂，还说只要是个好老师，就不难成为好学者。当时，碍于语言和一手资料，我的"勃列日涅夫新闻体制"研究正陷入困境，他不仅斩钉截铁地对研究价值予以肯定，而且指出解决问题的思路，鼓励我持之以恒，啃硬骨头，做"有思想"的学问。此后，我便常常收到他发来的苏俄研究最新成果，覆盖文学、历史学、档案学、社会学、国际关系、当代马克思主义等领域。悲天悯人的知人论世，潜移默化的春风化雨，渐渐地，李老师激发了我蕴含的潜能，在他的鼓励之下，我也开始沉下心来读书写作，不到一年工夫，就获得了教育部项目，在核心期刊上发表了论文。

此刻，我的脑海中又萦绕起2008年同张举玺教授到清华教学楼拜访李老师的情景。时任教学副院长的李老师正在一名年轻教师的课堂上听课，只见他坐在最后一排边听边记，窗外一树树玉兰正随风摇曳。如今，玉兰花开了谢，谢了又开，学子们来了走，走了又来，荷塘月色，步履匆匆，荏苒之间，他拿起教鞭已三十余年。每周雷打不动的"开放时间"，每堂都"视比天大"的课程，多年如一日地为学生发送"参考资料"，有问必答的教学切磋，对各路青年学者与学子的热情款待……一片初心，两袖清风，三尺讲台。2014年，北京市为他颁发"为党的教育事业辛勤工作30年"的奖章与证书，同一年，他又获得范敬宜新闻教育奖，他的获奖感言发在《中国记者》，题为《培养有梦想、有灵魂、有文化的中国记者》。

作为助手，最惊叹最佩服的当数李老师写作。虽然早就知道李老师才气横溢文思如涌，但亲眼见证一篇篇文章出笼还是颇为惊讶。李老师行文洋洋洒洒，出手之快，令人叹服。其实，了解多了，才知字字句句都是呕心沥血，一篇大作完成后，往往就是一次卧病在床。《新闻爱好者》的《书谭》专栏本是一月一篇，李老师常常提前三四个月，甚至半年便准备好初稿，而且准备两三篇或更多，以便不时修改，反复修改。

起初费解而迄今依然惊叹的是，他的每篇作品无不经过翻来覆去的打磨，每每我刚刚读完第一稿，第二稿就传来，而就在我正琢磨两稿之间的变化时，第三稿又已经修订。一篇文章修订十余稿是常事，但见他如雕如琢，殚精竭虑，精益求精，乐此不疲。2014年暑假，李老师对《新中国新闻论》中的"新时期"

一篇感到不满,决定推翻重来,经过两个多月苦心孤诣,一篇从结构到内容再到思想都焕然一新的十万字长文就摆在我面前。当然,伴随终于"心安理得"的,又有一次卧病在床。河南大学王振铎先生称赞"这个年轻人很勤奋",而我看到他用"奥卡姆剃刀",删去生活的枝枝蔓蔓,以穆斯林般的宁静虔诚拥抱学术。他拒绝繁文缛节,回避名利熙攘,让生活朴素成灰色,将心力与修为都孜孜矻矻投入读书、教书、写书。他常说,是各路学子的砥砺切磋,让他不能马虎,不敢懈怠,就像他在书中引用诗人周涛的比喻:"在诗的领域里,我的对手太强了,他们以惊人的洞察力和才气及对现实的直觉把握向我摆出来一个又一个阵势,尽是些我前所未见的棋局。"为了下好这一盘盘棋,他一直致知穷理,只争朝夕。

专业交响:新闻与社会、新闻与文化

任职"黄河学者"以来,李老师已经完成两部书稿,一部是峨冠博带的高头讲章《新中国新闻论》,一部是边积边发的随性之作《水木书谭——新闻与文化的交响》。早在姊篇《清谭杂俎——新闻与社会的交响》编撰初起之际,作者就希望写出一部清辞丽句的学术随笔,"虽无'宏大叙事'之淹博,却有'私人叙事'之轻灵……更能体现学者的治学旨趣与人生境界,更带有鲜活的灵感与深沉的意趣",而《水木书谭——新闻与文化的交响》就是一部兼及"思想性、学术性与趣味性"的倾心之作。与《清谭杂俎——新闻与社会的交响》多为"一鳞一爪"的余事不同,《水木书谭——新闻与文化的交响》显得更加齐整。首先,每篇都是集义理、考据与辞章于一体的"轻性论文","通过书籍与阅读的视角,随心所欲谈点有文化、有思想的专业话题,希望为新闻爱好者提供一些参考"。其次,每篇都围绕一个主题以及相关主题的若干书籍展开,形式相似,风格统一。最后,都从新闻的视角出发,涉及新闻与文化、社会、政治、历史等诸多领域,无愧新闻传播"交响曲"。

初读《水木书谭——新闻与文化的交响》,仿佛步入新闻与文化的百花园,园子里春和景明,岸芷汀兰,作者闲庭信步,儒雅从容地将百余篇古今中外的名篇佳作娓娓道来,无论是带有古典意蕴的《史家之绝唱,记者之先声》《三国故事》《不学诗,无以言》《新闻与历史:且谈明朝那些事儿》,还是诗意盎然的《闻鼓鼙而思将帅》《不管风吹浪打》《待从头收拾旧山河》《昆山玉碎》,抑或是颇有时代气息的《基辛格,论中国》《回延安》《邓小平时代》《马克思回来了》《对岸的诱惑与中西风马牛》《帝国的好兵，人民的帅克》等，仅看标题，一缕典雅的文化气息便已扑面而来，每篇文章也均延续着作者的一贯风格，才识淹博，文辞清通，读来但觉意蕴丰赡，春风杨柳万千条。

在新闻学界，李彬的文风自来别具一格。"即便是穷究义理的高头讲章，李彬的文字从无佶屈聱牙的生涩之感，反而每每予人含英咀华的酣畅愉悦，其文深入浅出，气势举重若轻，往往将学问轻松点化于诗意之间。"若说二十多年前作者撰写《传播学引论》时，追求弗洛伊德《精神分析引论》式的娓娓道来而又不失学术深度的文风尚属心性所好，那么如今面对愈演愈烈的"机械性僵硬"，疾首蹙额于越来越丧失活力与想象力的逼仄文体、文辞以及"新八股"，作者则在体现日益鲜明的文化自觉与学术自觉时，也显示了日渐纯正的"文风自觉"，也如张承志一般"摸索着用文字的形式，去完成学者的题目"。

作为作者心仪的"爱美的"学问，《水木书谭——新闻与文化的交响》中的学术文字或曰"轻性论文"，较之学院派论文更需功底与功力。诚如顾农所言，除了文采，"写此文章必须胸有成竹，对所论的问题有深刻的观察和透彻的把握，思维活跃，发表有意思的分析和评论"。得益于《书谭》专栏的自由形式，作者的文思在此得以纵横驰骋，三十余年的所学所思及文笔情怀也充分释放，挥洒自如。在熟悉的主题与话题之下，作者往往拈出经典著述，然后思接千古，视通万里，纵横捭阖，侃侃而谈。以《史家之绝唱，记者之先声——读伟大的司马迁与〈史记〉》为例，作者从自己读《史记》的体会开篇，借花献佛地同读者分享名记者南振中的读书经验，由此自然而然地就《史记》"其文直，其事核，不虚美，不隐恶"，谈到记者的实事求是调查精神、讲故事的艺术、新闻人的境界与情怀等内容。而这些专业话题在作者笔下又仿佛只是点缀，极尽笔墨的是《史记》中的人世、人生、人伦、人情，是包括太史公的古代之"士"的志洁行廉，是中国古典文化的现代滋养：范长江、萨空了、傅上伦等"裤腿上永远沾着泥巴"的记者。最后由主客观完美结合的"浪漫的自然主义"，又回到鲁迅、郭沫若、范敬宜、李长之对《史记》的解读与发扬，笔端所及如行云流水，浑然一体。诸如此类，书中比比皆是。

或许，换个角度，拉开时空的距离，离开文本本身，更有助于理解书谭。笔墨三十年，李彬著作颇丰，其学术脉络也经历了自西向东、由论到史、从古至今的转移，不断呈现出鲜明的中国特色、中国风格、中国气派。而每次学术旨趣的流转，除了作者精神追求与学问境界的不断提升，也离不开一路求学问道中社会现实的激荡。换言之，他的学术人生也是个体生命同社会政治、世道人心、文化生活不断"交响"的精神结晶。这位生于广漠新疆的"一野"（第一野战军）后人，少年时代在父辈建设边疆的英雄豪情中度过，"文革"后期作为知青上山下乡，而后迎着改革开放的春潮成为"七七级"大学生，继而成为高校教师一路北上……社会历史波澜壮阔，个人生活起承转合，其间一足一迹、一觞一咏，在每个学术思考的瞬间无不融为背景和底色。当了解了作者的成长背景，知道了彭正普、梁洪浩、方汉奇等恩师在作者求学问道上的提携点化，理解了范敬宜先生与作者在清华筚路蓝缕而引为知音的往事，懂得了作者诗人般的赤子之心和家国情怀，便不难体味作者的笔端总有一股天行健的刚健与地势坤的雄浑，总饱含着对故土家园的依恋，对新中国新闻事业与文化政治念兹在兹苦心耕耘。借着这些背景，循着历史与逻辑、理论与实践相互交织的思想脉络，再听他谈"喉舌论"（《说新闻，道文化》）、宣传工作"内外有别"（《闻鼓鼙而思将帅》）、讲故事的艺术（《天下风云一报人》）、人民性与党性（《马克思回来了》）、现象真实与本质真实（《一九四九：残山剩水与大江大河》）等，也就会更多一份"同情之理解"。

拉拉杂杂写下这些"不成样子的怀念"（王蒙语），虽然还该有对作品的"批评"，但此刻不妨先听作者急管繁弦的"新闻与文化的交响"。熟悉的师友都知道，李彬老师除了读书、教书、写书，还有两大爱好：一是游泳，一是音乐。关于游泳，他为薛文婷教授《体媒人物》作序时，有一番生动叙述。关于音乐，从闲情偶寄的《清谭杂俎——新闻与社会的交响》与《水木书谭——新闻与文化的交响》之结构编排中也可略见一斑。如前书几个板块的题目：十载道情、骊歌声咽、飞鸿回旋、学堂余韵、学问八侑等，均以音乐起兴比附。《水木书谭——新闻与文化的交响》更是采用交响曲的四个乐章编排。交响乐上，他一向独好贝多芬，《英雄》《田园》《合唱》《皇帝》、小提琴协奏曲等百听不厌。书谭后记就以清华九叶派诗人郑敏的名作《献给贝多芬》作结，其中"将充满希望的主题灿烂导出"，又何尝不是他教书育人与著书立说的一片初心呢？那么，我就借用此句作为本文的主题吧——将充满希望的主题灿烂导出……

（作者系河南大学新闻与传播学院副教授）